21世纪实用法学系列教材

婚姻家庭法

蒋　月　主编

浙江大學出版社

《21世纪实用法学系列教材》

主编名单

法理学	王建东	杭州师范大学教授
	陈林林	浙江大学副教授、博士后
宪法	焦洪昌	中国政法大学教授、博士生导师
中国法制史	王　申	华东政法大学教授
民法	罗思荣	杭州师范大学教授
刑法	陆　敏	中国政法大学教授
商法	高晋康	西南财经大学教授、博士生导师
知识产权法	李顺德	中国社会科学院研究员、博士生导师
	余永祥	杭州师范大学副教授
行政法与行政诉讼法	罗文燕	浙江工商大学教授
民事诉讼法	潘剑锋	北京大学教授、博士生导师
刑事诉讼法	张建伟	清华大学教授、博士
经济法	李晓安	首都经贸大学教授、博士
国际公法	王虎华	华东政法大学教授、博士生导师
国际经济法	张丽英	中国政法大学教授
国际私法	金彭年	浙江大学教授
劳动与社会保障法	蒋　月	厦门大学教授、博士生导师
环境与资源保护法	李爱年	湖南师范大学教授、博士
民法总论	罗思荣	杭州师范大学教授
	毛亚敏	浙江省社会科学院研究员
合同法	王建东	杭州师范大学教授
	陈旭琴	浙江大学副教授
物权法	王全弟	复旦大学教授、博士生导师
侵权行为法	张新宝	中国人民大学教授、博士生导师
婚姻家庭法	蒋　月	厦门大学教授、博士生导师
公司法	毛亚敏	浙江省社会科学院研究员

出版说明

随着市场经济的发展、民主政治的推进、依法治国方略的实施,我国的高等法学教育得到了空前的发展,层次众多、形式多样的高等法学教育呈现出一派繁荣的景象。为了适应不同层次法学教育的需要,我社编辑出版了这套以培养应用型法学人才为目标的《21世纪实用法学系列教材》。

一、针对培养应用型法学人才的需要,本系列教材注重理论与实践的联系、原理与应用的结合。强调以丰富多彩的法律实践来说明深奥的理论,以通俗易懂的基本原理来解答实践中的问题。为此,教材不仅重视对法学界研究成果的借鉴和吸收,还特别注重对法律实务部门尤其是司法界研究成果的借鉴和吸收。

二、根据应用型法学人才的就业状况,注重学历教育与国家司法考试的衔接。在满足教育部《全国高等学校法学专业核心课程教学基本要求》的同时,结合国家司法考试的要求,对司法考试要求的知识点进行重点阐述,将理论通说与法律规定以及相关的司法解释紧密地联系起来。

三、为了激发学员的学习兴趣,培养分析问题、解决问题的能力,同时也便于学员课后复习,对教材的体例作了较大的改革。每一章的内容由[导读案例]、[内容讲解]、[复习提要]、[课后练习]四个部分组成,结构完整,逻辑性强。

四、为了充分体现理论性与应用性紧密结合的特色,作者大多为既有丰富教学科研经验,又有较为丰富法律实务经验的学者。本系列教材由杭州师范大学法学院副院长、浙江东辰律师事务所名誉主任、著名建设工程与房地产法律专家王建东教授任总主编,策划拟定编写方案,其中,民商法系列由王建东和罗思荣(杭州师范大学法学院院长、教授)共同担任总主编,负责相关稿件的审定。由北京大学、清华大学、中国人民大学、中国政法大学、复旦大学、浙江大学、华东政法大学、厦门大学、西南财经政法大学、首都经贸大学、浙江工商大学、杭州师范大学、浙江财经学院、中国社会科学院、浙江省社会科学院等教学科研单位的知名学者分别担任各册主编,负责各册教材的编写。

五、对为本系列教材的编写出版而给予大力支持的各个教学科研单位,对为编写本系列教材付出辛勤劳动的各位作者,本社致以衷心的感谢!

浙江大学出版社

“道”“器”并重　学以致用[①]

——《21世纪实用法学系列教材》序

王建东

一

步入21世纪的中国高等教育,正进行着一场广泛而深入的改革。社会的转型,经济的发展,高等教育规模的扩大,呼唤着中国的高等教育从教育理念、教育目的、培养目标,到教学方法、学科建设、课程设置、教材建设等各个方面进行全方位的改革,而所有这些改革都必须以高等教育的正确定位为前提。目前关于高等教育是通识教育还是职业教育、是精英教育还是大众教育、是重学术理论还是重实际应用等问题的讨论,正是高等教育亟须解决的定位问题。

法学教育作为我国高等教育的重要组成部分,其改革的必要性不仅是基于中国经济社会发展的迫切需求,也是适应世界范围内全球性法学教育改革趋势的要求。法学教育的改革同样需要明确法学教育的定位,处理好通识教育和职业教育的关系。20世纪50年代初,我国的高等教育模式受苏联的影响,摈弃欧美大学的综合性模式,转而采用苏联的单科性教育模式,实行“对口教育”、“专才教育”。经过1952年的全国院系调整,除了少数几所大学保留了综合性大学的建制外,绝大多数大学成了单科性大学,同时还出现了一大批单科性学院[②],法学教育同样形成了以政法院校为主体的“专才教育”模式。经过“十年文革”,法学教育的命运与整个法制建设的命运一样,几乎被破坏殆尽。中共十一届三中全会后,为了适应现代化建设的需要,高等教育得到了迅速恢复和前所未有的发展,在办学的理念上由本科“专业教育”逐步向本科“通识教育”回归,在办学

---

① 《周易·系辞上·传》:“形而上者谓之道,形而下者谓之器。”“道”与“器”的关系,可解读为体与用、本质与现象、精神与物质、理念与工具、理论与应用的关系,本文主要指理论与应用的关系。“学以致用”是孔子的重要教育思想,“诵《诗》三百,授之以政,不达;使于四方,不能专对;虽多,亦奚以为?”(《论语·子路》)。《论语》中的许多论述都体现了孔子将“学以致用”作为学习的根本目的。

② 蔡曙山:《论我国大学文科的发展阶段及办学理念》,《学术界》2004年第1期。

模式上由“单科性教育模式”向“综合性教育”模式发展。法学教育在处理职业教育与通识教育的关系上进行了大量的探索，尤其在通识教育、素质教育方面取得了一些成效。但是，法学职业教育和通识教育的关系并没有从根本上得到解决。

法学既是一门研究法律、法律现象以及规律的科学，又是形成法律职业技能的学问基础，是一门社会性、应用性、实践性很强的学科，因此法学的教育模式“应当是结合式的”，是“通识教育与职业教育两个方面的结合”[①]。如果从“结合式”模式来考察我国目前的法学教育，那么无论是通识教育还是职业教育，都有许多亟待改革和完善的地方。我国20世纪50年代开始采用的苏联“专业教育”模式，其实并不是我们现在所倡导的职业教育，甚至可以说是两回事。众所周知，我国的法律职业化改革刚刚起步，此前并不存在严格意义上的法律职业，就不可能出现以培养法律职业人为目标的法律职业教育。改革开放之后，我国在逐步完善法律制度的同时，积极推进依法行政和公正司法，实施依法治国战略，建设社会主义法治国家，为法律职业的形成创造了基本条件，而2002年确立的统一司法考试制度，直接为我国法律职业的形成提供了制度保证。但是，总体而论，我国目前的法学教育并没有跟上法律职业化改革的步伐，以适应法律职业教育的需要。与一些法学教育发达的国家和地区相比，我们的法学教育本身不存在一个专门的职业教育环节，没有一个统一的法律职业职前培训组织和制度，而在四年制的本科教育中除了安排一些案例分析、模拟法庭、实习见习外，对与法律职业密切相关的职业伦理、职业技能、法律思维的教育和训练都相当薄弱，理论与实践的脱节还相当严重，与法律职业教育的要求还相去甚远。[②] 另一方面，从通识教育的角度看，我国的法学教育虽然一直以来比较重视以基本概念、基本知识、基本原理为核心的“三基教育”，也提出了“重基础、宽口径”的要求，但并没有真正确立通识教育的理念，实现通识教育的基本要求。“通识教育以

---

① 孙笑侠、夏立安:《法理学导论》，高等教育出版社2004年版，第2-3页。

② 在一些国家和地区，以培养法律职业人为目标的法学教育中，一般都存在专门的法律职业教育环节。在美国，只有其他专业的本科毕业生才有资格就读法学院，其法学教育本身就属于职业教育，在三年的法律教育中广泛推广案例教育法和法律实际课，法学院毕业通过律师考试再有若干年工作经验的律师才有可能成为法官。在法国，通过考试后要经过国家司法学院两年的职业训练，才有可能担任法官、检察官。在日本，法律本科毕业并通过第二次司法考试的人，还必须完成两年司法研修所的实务教育。在我国香港的法学教育模式中，第一阶段为法律学士教育，第二阶段是以专业知识和技能训练为目的的法律深造教育，要从事律师、法官等法律职业的人必须完成第二阶段的教育。

尊重和满足人的本质需要、促进人的长远发展为出发点”[①],显然法学教育的现状与这一理念的要求还有很大的差距。注重“三基教育”也不等于“重基础”,重部门法学轻理论法学的现象在学科建设、师资建设、课程设置等许多方面都有突出的表现。所谓“宽口径”则需要在专业以内和专业以外两个方面来拓宽。在法学专业范围之内,我国目前法学本科教育课程主要由公共基础课、专业基础课及其他专业课组成,法学院的师资几乎均出自法学教育背景,法学与其他专业的交叉课程或跨学科课程甚少,专业内的“口径”并不宽泛。[②] 在法学专业范围之外,由于通选课只是本科生主要课程以外的附加课,并未受到应有的重视。[③] 而且,以维护社会公平与正义为宗旨的法律职业人需要比一般的专业人才具有更为广博的知识面,除了具有法律专业知识外,还需要具备政治学、经济学、社会学等其他社会科学知识以及人文科学乃至自然科学的相关知识,而我们的法学教育尚无法满足这类教育的需要。因此,有学者一针见血地指出,我国法学教育的弊端在于缺乏实践性和开放性,增强法学教育的实践性和开放性乃是我国法学教育改革的方向[④]。换言之,法学教育中的通识教育和职业教育都有待在改革中加以完善。

二

法学教育定位的另一个问题是精英化和大众化问题。根据美国教育家马丁·特罗的高等教育发展阶段理论(适龄青年的入学率在15%以下为精英教育、入学率在15% ~50%为大众教育、入学率在50%以上普及教育),精英教育是高等教育的三个发展阶段之一,高等教育大众化后,精英教育作为一种教育模式仍然存在。据此,有学者提出,精英教育质的规定性指向有德行有才干的政治家和学术家;精英教育作为质的动态性解读,现代的精英教育是建立在高深学问基础上的一种以心智和人格为核心的高标准教育。随着高等教育的大众化乃至普及化,本科教育的通才教育会越来越明显,而精英性会更加淡化;精英教育作

---

① 蔡达峰:《我们的通识教育:关心人与社会的发展》,《读书》2006年第4期。

② 美国的法学院通常由不同背景的教授所构成,法学也相应地多元化与多样化,跨学科的课程也越来越多,对社会的影响也越来越大。参见周汉华:《法律教育的双重性与中国法律教育改革》,载《比较法研究》,2000年第4期。

③ 甘阳先生据此提出应建立通识教育的“共同核心课程”,参见甘阳:《大学通识教育的两个中心环节》,载《读书》2006年第4期。

④ 周汉华:《法律教育的双重性与中国法律教育改革》,《比较法研究》2000年第4期。

为质的层次性解读，精英是多层次性的概念，应有不同层次的教育机构来培养。[①] 我们不妨按照这一观点，根据高等教育发展的规模及入学率和高等教育培养人才的质量及层次作为标准，来探讨法学教育的精英化与大众化问题。

改革开放以来，随着市场经济的发展，民主政治的推进，特别是依法治国方略实施，法学教育也在改革和探索中得到了空前的发展和提高，目前我国从事法学高等教育的院系已达600多个，在院校建设、专业建设、学科建设、师资建设、教材建设以及教学改革等各个方面都取得了可喜的进步，为中国的民主与法制建设培养了大批各种层次的法律人才，高等法学教育已经进入大众教育的时代。另一方面，如果从法学教育质的规定性来考察，法学教育应该作为精英教育更为妥当。法学在一定意义上是一门治理国家、管理社会、维护正义的学问，这就决定了法学教育的培养目标无论是法官、检察官、律师、法学家等法律职业人，还是政治家、企业家、公务员以及一般的法务工作者，都必须具备良好的道德品行、广泛的知识结构、较好的法学理论素养以及较强的专业技能，他们都应该是精英型人才。

当然，我们将法学教育从本质上定位为精英教育，强调法学人才应具有较高的综合素质，并不是否定法学教育的层次性，事实上法学教育的层次性和多样性是必不可少的。随着法学教育的日益大众化，专科生、本科生、硕士研究生、博士研究生毕业后所从事的职业也许会与其学历教育不一致，即不同层次的法律人才完全可能从事同样的职业或岗位，但不同学历教育的培养目标是不可能相同的。为了适应培养不同层次法律人才的需要，法律教育机构同样应该有所分工，有学者提出我国的高等教育机构应分为三大类，一类为研究型的综合型的（主要是重点综合性大学），二类为应用型的专业型的（一般的高等学校，特别是地方高等学校），三类为职业型的技能型的。[②] 目前第一类大学的法学教育中研究生教育已经成为主体，而其他学校的法学教育层次明显要低得多。而且，在法学本科教育层面也存在一本、二本、三本之分。因此，法学教育的目标应该是根据社会发展的需要培养不同层次的法学精英人才。

三

有关法学教育的定位还有一个问题是注重学术性还是注重应用性。法学在一定意义上既是科学也是技术，是职业教育与通识教育的结合，总体上都要求理

---

① 郭石明、盛颂恩、施建青、汤智：《高等教育：量与质的解读》，《高等工程教育研究》2007年第2期。

② 潘懋元：《中国高等教育的定位、特色和质量》，《中国大学教学》2005年第12期。

论必须与实际相联系，理论素养的培育与实践能力的训练相结合。然而，不同层次法学教育在培养目标上的区别，决定了不同层次教育机构在学术性和应用性上的侧重点是不同的。当年蔡元培先生把高等教育分为“大学”和“专门学校”，认为“治学”者为大学，“治术”者为“高等专门学校”，尽管这种分工未必适合于现代的高等教育，但作为一种基本的教育观念仍然适用于当今的高等教育。一般而言，研究型大学的法学教育更多地注重高深的法学理论，职业型院校更注重实务性教育，而介于两者之间的一般高等学校，应特别强调通识教育与专业教育的结合，既要重视理论素质的培养，又要重视实践能力的训练，也就是要着重培养通常所说的应用型和复合型的法学人才。

不同层次的教育机构为了达到各自的教育目标，就必须采用相应的教学方法和教学内容，而教材往往是教学方法和教学内容的最基本的载体。自 20 世纪 80 年代以来，我国的法学教材从法学教育恢复之初的几乎是苏联教材翻版的一些讲义，到司法部组织编写的统编教材、教育部组织编写的法学教材，到目前种类繁多的法学教材，我国的法学教材建设取得了重大成绩，推动了法学教学内容的不断丰富、完善和提高。但是，我国现行法学教材同样存在一些问题和不足，如教材使用对象定位不够明确，就法学本科教育而言，研究型、教学研究型和教学型三类大学的法学教育，应该有与之相配套的法学教材，以满足培养不同类型法学人才的需要，但目前主流的法学教材，大多由研究型大学编写出版，适用于培养研究型人才。再如重理论轻实务，理论与实践严重脱节，也是现行法学教材的一大不足。理论如何与实践相结合，通过分析实践问题来阐述理论，运用基本理论来解决实际问题，是法学教材应该很好解决的重要问题。

为了适应培养应用型法学人才的需要，本系列法学教材在内容的安排上突出了基础性、针对性和应用性，在法学理论的阐述上突出了通说和通俗性，在教材体例的设置上突出逻辑性和可接受性，力求在理论与实践的结合上有所突破和创新。

以上关于法学教育改革和法学教材建设的粗浅看法可能很不成熟，即使有一些有益的观点也因能力和编写时间的限制，未必能在教材中得到令人满意的体现，恳请法学界同仁和读者批评指正。

是为序。

目　录

第一章　婚姻家庭与法律 …………………………………………（1）
第一节　婚姻和家庭的界定 ……………………………………（1）
一、婚姻和家庭的概念 ……………………………………（1）
二、婚姻家庭关系 ……………………………………（4）
三、婚姻家庭的功能与作用 ……………………………………（9）
第二节　婚姻家庭法概述 ……………………………………（11）
一、婚姻家庭法的概念 ……………………………………（11）
二、婚姻家庭法的法律渊源 ……………………………………（12）
三、婚姻家庭法的效力 ……………………………………（14）
四、婚姻家庭法的救济与责任 ……………………………………（15）
五、婚姻家庭法的地位和体例 ……………………………………（19）
第三节　婚姻家庭法的历史与发展 ……………………………………（22）
一、婚姻家庭制度的历史类型 ……………………………………（22）
二、中国婚姻家庭法回顾 ……………………………………（26）
三、婚姻家庭法的国际新发展 ……………………………………（38）
第二章　亲　属 …………………………………………（42）
第一节　亲属概述 ……………………………………（43）
一、亲属的概念 ……………………………………（43）
二、亲属类型 ……………………………………（45）
三、亲属范围 ……………………………………（46）
第二节　亲系和亲等 ……………………………………（47）
一、亲　系 ……………………………………（47）
二、亲　等 ……………………………………（49）
三、“代”算法 ……………………………………（50）
第三节　亲属关系 ……………………………………（52）
一、亲属关系的发生 ……………………………………（52）
二、亲属关系的效力 ……………………………………（53）

三、亲属关系的消灭 …………………………………………………………… (56)
第三章　婚姻家庭法的基本原则 ……………………………………………… (59)
第一节　婚姻自由 ……………………………………………………………… (60)
一、婚姻自由的概念 …………………………………………………………… (60)
二、婚姻自由的依据 …………………………………………………………… (61)
三、婚姻自由的贯彻 …………………………………………………………… (62)
第二节　一夫一妻制 …………………………………………………………… (64)
一、一夫一妻制的概念 ………………………………………………………… (64)
二、一夫一妻制的依据 ………………………………………………………… (64)
三、一夫一妻制的贯彻 ………………………………………………………… (65)
第三节　男女平等 ……………………………………………………………… (67)
一、男女平等的概念 …………………………………………………………… (67)
二、男女平等的依据 …………………………………………………………… (67)
三、男女平等的贯彻 …………………………………………………………… (69)
第四节　反对家庭暴力 ………………………………………………………… (70)
一、家庭暴力的界定 …………………………………………………………… (70)
二、反对家庭暴力的依据 ……………………………………………………… (71)
三、反对家庭暴力原则的贯彻 ………………………………………………… (73)
第五节　保护妇女儿童和老人的合法权益 …………………………………… (74)
一、保护妇女的合法权益 ……………………………………………………… (74)
二、保护儿童的特殊利益 ……………………………………………………… (76)
三、特殊保护老人的权益 ……………………………………………………… (77)
第六节　计划生育 ……………………………………………………………… (78)
一、计划生育的概念 …………………………………………………………… (78)
二、计划生育的依据 …………………………………………………………… (79)
三、计划生育的内容 …………………………………………………………… (79)
四、计划生育的贯彻 …………………………………………………………… (80)
第四章　结　婚 ……………………………………………………………… (83)
第一节　结婚概述 ……………………………………………………………… (84)
一、结婚的概念 ………………………………………………………………… (84)
二、结婚要件 …………………………………………………………………… (85)
三、结婚制度的历史沿革 ……………………………………………………… (86)
第二节　婚　约 ………………………………………………………………… (89)
一、婚约的概念 ………………………………………………………………… (89)
二、婚约的效力 ………………………………………………………………… (90)

三、礼物返还 …………………………………………………………… (91)
第三节 结婚的实质条件 ……………………………………………… (91)
一、结婚的必备条件 …………………………………………………… (91)
二、结婚的禁止条件 …………………………………………………… (94)
第四节 结婚的形式要件 ……………………………………………… (96)
一、结婚登记的概念和法律意义 ……………………………………… (96)
二、结婚登记的机关和程序 …………………………………………… (97)
三、结婚证 ……………………………………………………………… (99)
四、未经结婚登记而以夫妻名义同居生活问题 ……………………… (99)
第五节 婚姻无效与撤销 ……………………………………………… (100)
一、婚姻无效 …………………………………………………………… (100)
二、婚姻的撤销 ………………………………………………………… (103)
第五章 夫妻人身关系 ……………………………………………… (106)
第一节 夫妻人身关系概述 …………………………………………… (106)
一、婚姻效力的概念 …………………………………………………… (106)
二、夫妻在家庭中的法律地位 ………………………………………… (108)
三、我国婚姻法对婚姻效力的规定 …………………………………… (110)
第二节 夫妻身份效力 ………………………………………………… (111)
一、夫妻姓名权 ………………………………………………………… (111)
二、同居的权利与义务 ………………………………………………… (113)
三、忠实义务 …………………………………………………………… (115)
四、婚姻住所商定权 …………………………………………………… (118)
五、日常家事代理权 …………………………………………………… (120)
六、扶养的权利与义务 ………………………………………………… (123)
七、计划生育的权利与义务 …………………………………………… (126)
八、配偶继承权 ………………………………………………………… (127)
第六章 夫妻财产制 ………………………………………………… (129)
第一节 夫妻财产制概述 ……………………………………………… (130)
一、夫妻财产制的界定 ………………………………………………… (130)
二、夫妻财产制的确立 ………………………………………………… (130)
三、夫妻财产制的种类 ………………………………………………… (132)
四、我国现行夫妻财产制 ……………………………………………… (135)
第二节 法定夫妻财产制 ……………………………………………… (137)
一、婚后所得共同制的界定 …………………………………………… (137)
二、夫妻共同财产的范围 ……………………………………………… (138)

三、夫妻对共同财产的权利 …………………………………… (140)
四、夫妻对共同财产的义务 …………………………………… (141)
五、夫妻共同财产的支出与用途 ……………………………… (142)
六、婚后所得共同制的终止 …………………………………… (143)
第三节 个人特有财产制 ……………………………………… (144)
一、个人特有财产制的概念 …………………………………… (144)
二、夫妻特有财产的范围 ……………………………………… (145)
三、特有财产的法律责任 ……………………………………… (145)
第四节 约定夫妻财产制 ……………………………………… (146)
一、约定夫妻财产制的概念 …………………………………… (146)
二、夫妻财产约定的成立 ……………………………………… (147)
三、一般共同财产制 …………………………………………… (150)
四、限定共同财产制 …………………………………………… (152)
五、分别财产制 ………………………………………………… (154)
六、夫妻财产约定的效力与适用 ……………………………… (155)
第五节 夫妻的债权和债务 …………………………………… (156)
一、夫妻的债权 ………………………………………………… (156)
二、夫妻的债务 ………………………………………………… (158)
第七章 婚姻终止:配偶死亡 …………………………………… (162)
第一节 配偶死亡和宣告死亡 ………………………………… (162)
一、婚姻终止与配偶死亡 ……………………………………… (162)
二、配偶自然死亡 ……………………………………………… (163)
三、配偶被宣告死亡 …………………………………………… (163)
第二节 配偶死亡的法律效力 ………………………………… (164)
一、配偶死亡的身份法效力 …………………………………… (164)
二、配偶死亡的财产法效力 …………………………………… (165)
第八章 婚姻终止:离婚 ………………………………………… (167)
第一节 离婚概述 ……………………………………………… (169)
一、婚姻因离婚而终止 ………………………………………… (169)
二、离婚的分类 ………………………………………………… (169)
三、离婚的立法主义 …………………………………………… (171)
四、中国离婚法简史 …………………………………………… (174)
五、我国现行离婚法的指导原则 ……………………………… (177)
第二节 登记离婚 ……………………………………………… (178)
一、登记离婚的界定 …………………………………………… (178)

二、登记离婚的条件 …………………………………………………… (179)
三、登记离婚的程序 …………………………………………………… (180)
四、登记离婚的效力 …………………………………………………… (181)
第三节 诉讼离婚 ……………………………………………………… (181)
一、诉讼离婚的概念 …………………………………………………… (181)
二、诉讼离婚的法定程序 ……………………………………………… (182)
三、诉讼离婚程序的特别规定 ………………………………………… (183)
四、法定离婚理由与判决离婚标准 …………………………………… (185)
五、判决准予离婚的法定情形 ………………………………………… (191)
第四节 离婚对当事人的效力 ………………………………………… (195)
一、夫妻身份关系解除 ………………………………………………… (195)
二、夫妻财产关系终止 ………………………………………………… (196)
三、离婚的经济补偿 …………………………………………………… (199)
四、离婚时生活困难帮助 ……………………………………………… (201)
五、离婚损害赔偿 ……………………………………………………… (203)
第五节 离婚父母对子女的抚养教育 ………………………………… (208)
一、离婚父母与子女的关系 …………………………………………… (208)
二、直接抚养权 ………………………………………………………… (209)
三、探望权 ……………………………………………………………… (210)
四、离婚父母对子女抚育费的负担与变更 …………………………… (213)
五、离婚父母对子女财产的监管 ……………………………………… (214)
第九章 父母与子女 ………………………………………………… (217)
第一节 父母子女关系概述 …………………………………………… (218)
一、父母子女关系的概念 ……………………………………………… (218)
二、父母子女关系的类型 ……………………………………………… (219)
第二节 婚生子女与父母关系的确认 ………………………………… (220)
一、婚生子女的概念 …………………………………………………… (220)
二、婚生子女的推定 …………………………………………………… (221)
三、婚生子女的否认 …………………………………………………… (222)
第三节 父母与子女的权利和义务 …………………………………… (223)
一、父母有抚养子女的权利与义务 …………………………………… (223)
二、父母有保护和教育未成年子女的权利和义务 …………………… (224)
三、子女有赡养扶助父母的义务 ……………………………………… (225)
四、父母与子女有继承对方遗产的权利 ……………………………… (226)
第四节 非婚生子女与生父母 ………………………………………… (226)

一、非婚生子女的概念 …………………………………………………… (226)
二、非婚生子女的准正 …………………………………………………… (227)
三、非婚生子女的认领 …………………………………………………… (228)
四、非婚生子女与父母之间的权利义务 ………………………………… (230)
第五节 继父母与继子女 ………………………………………………… (230)
一、继父母和继子女的概念与类型 ……………………………………… (230)
二、继父母与继子女之间的权利义务 …………………………………… (231)
三、继父母子女关系的解除 ……………………………………………… (232)
第六节 生殖技术辅助所生子女与父母 ………………………………… (233)
一、生殖技术辅助所生子女的界定 ……………………………………… (233)
二、生殖技术辅助所生子女的类型 ……………………………………… (234)
三、生殖技术辅助所生子女与父母的关系 ……………………………… (235)
第十章 收 养 ………………………………………………………… (238)
第一节 收养概述 ………………………………………………………… (239)
一、收养的界定 …………………………………………………………… (239)
二、收养的简史 …………………………………………………………… (240)
三、收养的类型 …………………………………………………………… (241)
四、收养法的基本原则 …………………………………………………… (242)
第二节 收养的成立 ……………………………………………………… (243)
一、一般收养成立的实质条件 …………………………………………… (243)
二、特殊收养成立的实质条件 …………………………………………… (246)
三、收养成立的形式条件 ………………………………………………… (246)
四、涉外收养 ……………………………………………………………… (249)
五、事实收养 ……………………………………………………………… (250)
六、收养的无效 …………………………………………………………… (251)
第三节 收养的效力 ……………………………………………………… (251)
一、收养的拟制效力 ……………………………………………………… (251)
二、收养的解消效力 ……………………………………………………… (252)
三、禁婚亲的适用 ………………………………………………………… (252)
第四节 收养的解除 ……………………………………………………… (253)
一、协议解除收养关系 …………………………………………………… (253)
二、单方要求解除收养关系 ……………………………………………… (253)
三、解除收养的法律后果 ………………………………………………… (254)
第十一章 祖孙和兄弟姐妹 ………………………………………… (257)
第一节 祖孙关系 ………………………………………………………… (258)

一、祖孙关系的概念 …………………………………………………… (258)
二、祖孙之间的权利和义务 …………………………………………… (258)
第二节 兄弟姐妹关系 ……………………………………………… (260)
一、兄弟姐妹的界定 …………………………………………………… (260)
二、兄弟姐妹之间的权利和义务 ……………………………………… (260)
第十二章 家庭财产 ………………………………………………… (263)
第一节 家庭财产关系 ……………………………………………… (264)
一、家庭财产的个人所有 ……………………………………………… (264)
二、家庭财产的共同所有 ……………………………………………… (265)
三、家庭的用益物权 …………………………………………………… (266)
四、知识产权的财产权 ………………………………………………… (266)
第二节 家庭财产的继承和遗赠 …………………………………… (267)
一、遗产与继承 ………………………………………………………… (267)
二、继承人的范围 ……………………………………………………… (269)
三、法定继承 …………………………………………………………… (270)
四、遗嘱继承 …………………………………………………………… (273)
五、遗 赠 ……………………………………………………………… (276)
六、遗赠扶养协议 ……………………………………………………… (277)
第十三章 监 护 …………………………………………………… (279)
第一节 监护概述 …………………………………………………… (280)
一、监护的界定 ………………………………………………………… (280)
二、监护的功能 ………………………………………………………… (282)
三、监护的类型 ………………………………………………………… (283)
第二节 监护人的确定 ……………………………………………… (284)
一、未成年人的监护人 ………………………………………………… (284)
二、成年人的监护人 …………………………………………………… (286)
三、监护能力 …………………………………………………………… (287)
第三节 监护人的职责 ……………………………………………… (288)
一、对未成年人的监护职责 …………………………………………… (288)
二、对成年病人的监护职责 …………………………………………… (289)
三、监护人的法律责任 ………………………………………………… (290)
第四节 监护的变更、撤销和终止 …………………………………… (291)
一、监护的变更 ………………………………………………………… (291)
二、监护的撤销 ………………………………………………………… (292)
三、监护的终止 ………………………………………………………… (292)

第十四章　家庭扶养 …………………………………………………（295）
第一节　扶养概述 …………………………………………………（296）
一、扶养的界定 …………………………………………………（296）
二、扶养权的性质 ………………………………………………（296）
三、扶养的义务人和扶养权利人 …………………………………（297）
第二节　扶养义务的履行、变更和消灭 ……………………………（298）
一、扶养义务的履行 ……………………………………………（298）
二、扶养义务的变更 ……………………………………………（299）
三、扶养义务的消灭 ……………………………………………（299）
第三节　扶养范围和扶养方式及程度 ……………………………（299）
一、扶养范围 ……………………………………………………（299）
二、扶养方式 ……………………………………………………（300）
三、扶养程度 ……………………………………………………（300）
第十五章　民族婚姻、区际、涉侨及涉外婚姻家庭关系 …………（302）
第一节　民族婚姻家庭关系 ………………………………………（303）
一、民族婚姻家庭关系的界定 …………………………………（303）
二、民族变通规定的制定程序和适用范围 ………………………（303）
三、变通补充规定的主要内容 …………………………………（304）
第二节　区际婚姻家庭关系 ………………………………………（305）
一、区际婚姻家庭关系的界定 …………………………………（305）
二、涉港澳居民的婚姻家庭关系 ………………………………（306）
三、涉台婚姻家庭关系 …………………………………………（307）
第三节　涉侨结婚 …………………………………………………（309）
一、华侨的结婚 …………………………………………………（309）
二、涉侨离婚 ……………………………………………………（310）
三、华侨收养儿童 ………………………………………………（311）
第四节　涉外婚姻家庭关系 ………………………………………（312）
一、涉外婚姻家庭关系的界定 …………………………………（312）
二、涉外结婚 ……………………………………………………（313）
三、涉外离婚 ……………………………………………………（314）
四、涉外儿童收养 ………………………………………………（315）
后　记 ………………………………………………………………（316）

第一章　婚姻家庭与法律

【导读案例】

案例1：张某(女)与刘某(男)青梅竹马一起长大。张某大学毕业后,来到刘某所在城市工作。暂无住房的张某接受刘某邀请,搬到刘某家居住,两个未婚男女各居一室。半年后,张某和刘某开始同居生活。三年后,张某提出与刘某结束同居关系,并搬出去另租房居住。又经一年后,张某与结识半年的黄某登记结婚,搬到黄某住处共同生活。试问:本例中,张某与刘某是什么关系?张某与刘某之间是否有法律上的权利与义务?张某与黄某构成何种法律关系?张某与黄某之间有哪些法律上的权利与义务?

案例2：姜海洋从考上县城某中学的初中部开始,就住在学校附近的伯父姜广元的家中。姜广元夫妇的独生子姜海清在外省读完大学后留校工作了。伯父、伯母说家里有条件照顾海洋,很乐意海洋与他们共同生活,待海洋如己出。海洋很少回乡下自己家,父母常来看望海洋,也总住在伯父家。海洋今年17岁,已是高三学生了。请问:具备哪些条件才能互为家庭成员?本案例中有多少组家庭关系?为什么?

【内容讲解】

第一节　婚姻和家庭的界定

婚姻和家庭是表达性爱、稳定两性关系、繁衍人口、抚养儿童、维护道德和传承文明中无可替代的主要途径。因此,人类长期视婚姻和家庭为社会的基石。国家实行强硬的公共政策保护婚姻和家庭,通过法律规定婚姻制度和家庭制度。

一、婚姻和家庭的概念

婚姻和家庭是婚姻家庭制度中两个最基本的概念,也是婚姻家庭法的基本概念。

(一)什么是婚姻

婚姻是特定人按照当时社会规定的条件和程序确立的相互之间的特殊社会关系。这种关系一旦建立,就赋予婚姻当事人各方多种权利和义务。对于婚姻成立、婚姻效力、婚姻终止等,每一个社会都有符合当时社会主要利益诉求的特定规范予以调整。男女结合,符合这些规定要求的,被社会认可为婚姻;反之,社会则不承认其为婚姻。

婚姻的概念,随国家、民族不同而有较大差别,在同一国家或民族,又由于社会发展阶段的演变而不一。在古代社会,从奴隶社会到封建社会,与小农经济相适应,婚姻作为基本社会关系之一,始终以家族利益为转移。在中国古代社会,父母之命、媒妁之言是婚姻成立的合法形式;婚姻的目的在于祭祀祖先、延续宗族。因此,嫁娶是家长和家族的大事,而不只是当事者双方的事务;结婚、生儿育女是子孙对祖先所负有的神圣职责。在资本主义社会,法律将婚姻定义为一种民事契约。例如,1792 年法国立法会议宣布,"婚姻,是得以离婚而解除的契约"。1804 年《法国民法典》以婚姻契约论为基础制定了法国的婚姻家庭法,并把无合意作为婚姻无效的事由。婚姻是民事契约的理论具有重大历史意义。它彻底否定包办强迫、男尊女卑的封建婚姻制度,要求以具有订约能力的当事人双方本人同意为婚姻成立的条件,确立了男女双方自愿才能缔结婚姻的原则,基本上承认婚姻双方当事人在人身、财产等各方面权利平等。这极大地推动了婚姻进步和社会发展。后来,婚姻契约论得到了资本主义国家的广泛认同,绝大多数资本主义国家或地区都以此为基础制定本国和本地区婚姻法。

婚姻是人类两性结合的社会形式,这是人类曾长期坚持的基本价值观。但是,自第二次世界大战结束后,随着人权运动的发展,自由、平等、反歧视等原则的普及与深入,两性差异作为婚姻制度的基础和前提之一的传统观点,受到了前所未有的挑战。20 世纪 80 年代以来,丹麦、荷兰、德国、法国、英国等多数欧洲国家和加拿大、阿根廷等美洲国家先后通过立法明文承认同性结合,个别国家还制定了同性结婚法,准许同性伴侣享有与异性配偶几乎相同的权利,承担相应义务。因此,家庭形式更丰富了。不过,迄今为止,承认同性结合的所有国家或者地区均没有否定或排斥异性结合的婚姻形式,相反,同性结合这种新的性结合形式基本上是在"学习"传统婚姻,更多地在向传统婚姻靠拢。传统婚姻的价值观并没有被否定。①

在中国现阶段,婚姻是一男一女以终身共同生活为目的、依照法律规定的条

① 鉴于中国法律迄今未承认同性恋和同性结合,本书未讨论同性结合问题。

件和程序自愿结合的夫妻关系。

理解婚姻的概念,应从如下几个方面来把握:

(1)婚姻是当事人双方自愿的结合。结婚须是当事人双方真实意思表示。禁止包办、强迫他人缔结婚姻,禁止买卖婚姻。

(2)婚姻是一男一女的结合。人类长期公认的道德标准和法律理念认为,男女两性的生理差异是婚姻成立的前提和基础。在一夫一妻制下,这种结合建立在一男一女之间。

(3)当事人结合须以夫妻身份终身共同生活为目的。一方面,成立婚姻时,须期待双方白头偕老,不能预先约定期限。当然,我国法律允许依法离婚。另一方面,当事人双方的共同生活,须是在夫妻名分之下进行。这是婚姻与姘居、非婚同居等男女结合的根本区别。

(4)履行法定程序。国家通过一定的结婚管理制度,审核每对当事人的结婚申请是否符合法定要求。凡是符合婚姻家庭法规定的结婚条件的申请,即予以认定,当事人的结合因此获得合法婚姻的效力;反之,不能获得国家法律的承认和保护。

(5)婚姻的内容是法定的。婚姻作为制度,规范社会的基本利益,体现社会基本价值,事关公序良俗,故其内容由法律规定。当事人的夫妻关系一旦依法确立,只能依照法律规定生活,不许当事人自由变更或约定。

婚姻作为以两性结合为特征的社会关系,它的成立只有得到社会和法律的承认,才能产生婚姻应有的效力。婚姻是获得社会普遍认可的两性结合的社会形式。

(二)什么是家庭

家庭是人类血缘关系的社会形式,是由一定范围亲属组成的生活共同体。

(1)家庭是一种生活共同体。家庭成员共同生活是家庭的基本特征。家庭成员一起共同生活,内容丰富。例如,父母养育子女、夫妻相互扶养等,全体家庭成员相互尊重、相互照顾和相互帮助,共同努力实现和维持幸福生活。

(2)家庭是由一定范围的亲属组成的。家庭是由具有亲属关系的人组成的生活共同体。亲属范围较广,人数多,亲疏有别,家庭作为生活共同体只能选取一定范围的亲属组成。他们或者有血缘关系,或者有婚姻关系。家庭包含的亲属种类之多少和范围大小,由社会类型、民族传统、经济制度、居住区域及住房条件等因素综合决定,不同国家和地区、不同时代不尽相同。

(3)家庭成员相互之间享有法定权利、承担法定义务。作为家庭成员的亲属,不论是否共同生活在一起,彼此均互负有婚姻家庭法上的权利和义务。

我国现行法中,家庭成员是指在婚姻家庭法上享有法定权利和承担法定义务的近亲属,主要包括夫妻、父母、子女、兄弟姐妹、祖父母、外祖父母、孙子女、外孙子女。

婚姻和家庭关系密切。通常,婚姻是产生家庭的前提,家庭是缔结婚姻的结果;夫妻是家庭的基本成员,其次是父母子女关系、兄弟姐妹关系等。

二、婚姻家庭关系

婚姻家庭关系是以婚姻形式或家庭形式存在着的现实的社会关系。在不同社会,婚姻、家庭的形式有所不同,即使同一社会时期,婚姻家庭关系也多种多样。婚姻家庭制度是在一定社会中占统治地位的婚姻家庭形态的集中表现。婚姻家庭制度肯定对社会统治有利的婚姻家庭关系,排斥和否定不利于社会统治的婚姻家庭形式。人们只有采用当时社会承认的婚姻形式,两性结合才能取得合法地位;只有采用当时社会承认的亲属组合,才能构成家庭。在每一社会里,婚姻家庭制度只有一种,而婚姻家庭关系则可能形形色色。婚姻家庭制度,在原始社会里主要由人们共同遵守的习惯和道德规范组成;在阶级社会里,则主要由法律来构成。婚姻家庭制度是体现了政治和经济上占统治地位阶级的意志和利益。但由于社会人口构成的复杂性以及人们思想意识与利益的差异,现实的婚姻家庭关系较为复杂。因此,有必要将婚姻家庭制度与现实的婚姻家庭关系区别开来。

(一)婚姻家庭关系的分类

婚姻关系是指因婚姻有效成立而在夫妻之间产生的法定的权利和义务关系,涉及婚姻成立、婚姻效力和婚姻终止。家庭关系是指一定范围亲属之间负担的法定权利和义务关系。我国现行婚姻家庭法律确认的相互享有法定权利并互负有义务的亲属,除夫妻外,包括父母与子女、祖父母与孙子女、外祖父母与外孙子女、兄弟姐妹。这些亲属在家庭中的地位、彼此间的权利和义务,及行使权利和履行义务的条件,都是婚姻家庭法的调整对象。

从婚姻家庭关系的内容看,婚姻家庭关系包括人身关系和由此派生的财产关系。婚姻家庭中的人身关系,是指婚姻家庭中具有特定身份的亲属之间负有的与人身密不可分的身份方面内容的权利与义务。如夫妻之间的姓名权,计划生育的权利和义务,父母抚育子女的权利和义务。婚姻家庭财产关系是指具有特定身份的婚姻家庭成员之间负担的直接体现一定经济内容的权利和义务。如夫妻间的财产权利和义务、父母子女间相互继承遗产的权利等。婚姻家庭关系中,人身关系是基础,财产关系是人身关系派生的结果,且与特定身份密不可分。

人身关系的发生和消灭决定财产关系的发生和消灭；人身关系发生，财产关系随之必然发生；人身关系消灭，财产关系随之消灭。

（二）婚姻家庭关系的特点和本质

婚姻家庭关系具有其他社会关系所没有的特征，即其自然属性，但是，自然属性不具有本质意义，社会属性才是婚姻家庭关系的本质。

自然属性是指不以人的意志为转移的客观自然因素。男女两性的生理差异和人类所固有的性本能，是婚姻的生理学基础；种的繁衍和血缘联络是家庭在生物学上的功能。婚姻家庭关系以两性结合和血缘联络为其产生和存在的自然条件。生理学、生物学领域内的某些自然规律对婚姻家庭关系有不可忽视的制约作用。世界各国婚姻家庭法中关于禁止近亲通婚的规定、法定婚龄规定、禁止患有一定疾病者结婚等，都是婚姻家庭自然属性的体现。自然属性是婚姻家庭的重要特征。

婚姻家庭本质上是一种特殊的社会关系，形成和支配婚姻这种人类两性结合形式和血缘联系的本质力量，是社会力量，而不是自然关系或一般的感情关系。同样，用本能解释婚姻是不对的。社会关系是指许多个人之间基于一定的规则而进行的合作关系。婚姻家庭是人口生产的基本单位。在原始社会，生产落后，生存区域狭窄，人类实行群婚制度，家庭和社会合一。物质资料生产和人类自身生产都在家庭范围内进行，诸种生产关系也如此。后来，社会范围扩大了，家庭便处于从属地位。当然，婚姻家庭也表现出双重性，"一方面是自然关系，一方面是社会关系"①，但是，其本质是社会关系。那些把婚姻的本质解释为性关系、契约关系或爱情关系的观点都不符合人类的婚姻实践。如果把婚姻仅仅视为性关系，"法就是动物法了"②，通奸、姘居、卖淫都可以称为婚姻了。婚姻先于法律问世，也不因法律消亡而消亡，故而不能仅仅使用法律观点解释婚姻。浪漫派则忽视了婚姻与爱情的区别。

婚姻家庭在本质上是一种社会关系，有多方面依据。

(1)人类婚姻史证明，婚姻存在的根本原因在于人类两性结合必须有相应的秩序。从人的本能观察，两性结合，并非必须采取婚姻的形式。马克思指出，"结婚的人并没有创造也没有发明婚姻"③。婚姻形式是历史的产物。人类历史首先是生产发展的历史。物质资料生产和人类自身生产客观地直接或间接支配

---

① 《马克思恩格斯全集》第 3 卷，第 33 页。

② 《马克思恩格斯全集》第 1 卷，第 106 页。

③ 《马克思恩格斯全集》第 1 卷，第 183 页。

人类而形成相应的社会关系。婚姻形式的根本作用就在于借助社会力量形成这种秩序，使人们的两性结合行为秩序化、规范化。婚姻家庭的存在受制于生产方式的联系与制约。

(2)婚姻的产生、发展和变化规律说明，人类婚姻制度通过规范、固定人们两性结合的行为，形成社会所需要的两性结合秩序。婚姻从来就是一种带有强烈规范性的社会关系。人天生是社会动物。社会是人们交互作用的产物。社会必须有一定的规范，作为社会成员的人言行受社会条件制约。人类两性结合不可能仅凭当事人自由意志爱怎么办就怎么办，而必须受社会规律和规范的支配。生产关系的变化必然引起婚姻家庭的变化。随着生产力由低到高地发展，婚姻形式客观上演变更迭，使得出于各种动机目的的男女按照它的要求结合起来，出现了各种类型的婚姻家庭。而这些婚姻家庭“依次构成了一个历史序列”①。人们不可能超越自己所处的时代去选择其他类型的婚姻形式。只有充分认识婚姻形式产生、发展、变化的必然性和它对人们的制约作用，才可能把握婚姻的本质。

(3)婚姻这种两性结合的社会形式与其他两性结合形式有着本质区别。婚姻是得到社会认可的两性结合，符合一定社会的婚姻伦理标准的。什么样的两性结合是婚姻，具备哪些条件的两个人才能结合，是有与一定生产方式和社会条件相适应的社会标准的。这种社会标准的直接形成是社会诸因素(如政治、经济、法律、道德、宗教、习惯等)合力作用所致。婚姻不仅体现着夫妻之间的合作，也体现着夫妻与他人的合作。一对男女要成为夫妻，需要得到社会其他人的认可，才能产生对其他的个人、家庭或通婚集团的排他性；否则，就只是通奸、姘居、非婚同居，而不是婚姻，并随时可能招致他人的干预，甚至受到惩罚。夫妻合作的目的和内容是多种多样的。当事人受什么样的社会条件支配，就会有什么样的动机和目的。有什么样的生产力水平及生产关系，婚姻就会承担其与相适应的职能。迄今为止的人类实践证明，作为人类两性关系文明进步的结果，一男一女的组合才是成本最小而又最稳定的两性关系。

(4)婚姻家庭所承担的职能证明了婚姻家庭是社会关系。婚姻的目的是通过婚姻制度维持两性结合的秩序。

婚姻家庭制度是建立在一定经济基础之上的上层建筑，婚姻家庭形态受经济基础决定，又反作用于经济基础。马克思指出：“在生产力发展的一定状况下，就会有一定的交换和消费形式。在生产、交换和消费发展的一定阶段上，就会有一定的社会制度，一定的家庭、等级或阶级社会，一句话，就会有一定的市民

① 《马克思恩格斯全集》第23卷，第537页。

社会。"[①]研究表明，无论是原始社会还是阶级社会，无论是奴隶社会、封建社会、资本主义社会还是社会主义社会，都有与其经济基础相适应的婚姻家庭制度；婚姻家庭制度的产生、变化和发展，人类历史上各种婚姻家庭形态的依次更替，都是经济基础发生变革的结果。诚然，其他因素对婚姻家庭制度也有不同程度的影响，但是，经济基础才是决定性因素。否认经济基础对婚姻家庭制度的决定作用，单纯以"意志"、"心理"、"欲望"、"本能"、"文化"等因素解释婚姻家庭制度的本质，就无法科学地回答婚姻家庭制度的产生与发展。婚姻家庭制度能够通过自身机制和特定途径促进或阻碍生产力的发展。凡是与同时代经济基础相适应的婚姻家庭制度，能解放生产力，推动生产和经济发展；反之，与所处时代经济基础不相适应的婚姻家庭制度，就会成为束缚和阻碍生产力发展的消极因素。社会制度受着两种生产的制约：一方面受劳动的发展阶段制约，另一方面受家庭的发展阶段制约。劳动愈不发展，劳动产品的数量和社会财富愈受限制，社会制度就愈是在较大程度上受血缘关系的支配。[②] 因此，评价特定社会的婚姻制度时，既不能孤立地仅就这一制度本身考察，亦不能以某种永恒不变的道德标准来衡量，而应当全面地历史地加以分析，归根到底看其在当时对社会生产力发展起了什么作用。

作为上层建筑组成部分的婚姻家庭制度，受上层建筑其他部分的制约和影响。政治、法律、道德、宗教、风俗习惯、文学艺术等因素对婚姻家庭制度有不同程度的影响。经济基础对婚姻家庭制度的要求，是通过上层建筑各个部门的媒介作用反映出来的。

政治在上层建筑领域处于首要地位，其对婚姻家庭的影响十分明显。统治阶级总是采用政治手段对婚姻家庭制度提出要求，干预人们的婚姻家庭生活；而婚姻家庭制度也总是为一定的政治制度服务。恩格斯在论及封建的婚姻关系时指出，对于统治者，"结婚是一种政治的行为，是一种借新的联姻来扩大自己势力的机会；起决定作用的是家世的利益，而决不是个人意志"[③]。我国古代封建专制与宗法制度的统一，典型地反映出政治与婚姻家庭制度的密切关系。中华人民共和国成立以来，党和国家的社会政策和治理思想，是确立、巩固和发展社会主义婚姻家庭制度的基本依据。

在阶级社会里，婚姻家庭法是一国或地区法律体系的重要组成部分，亦是其

---

① 《马克思恩格斯全集》第 27 卷，第 477 页。
② 《马克思恩格斯全集》第 21 卷，第 30 页。
③ 《马科斯恩格斯全集》第 21 卷，第 91 页。

婚姻家庭制度的直接表现和典型形式。一切统治阶级无不运用法律形式把其认同的婚姻家庭形态固定下来,使其规范化、制度化。而法律化后的婚姻家庭制度更具系统性、稳定性,并有强制效力,直接公开地影响人们的婚姻家庭生活。

道德是分辨是非、善恶、美丑和荣辱以调整人与人关系的社会规范体系。道德规范中包含着大量的有关婚姻家庭的信念和行为准则。各个时代的婚姻家庭制度无不吸纳和借助道德的力量来发挥作用。与法律相比,道德对婚姻家庭的要求更高、约束范围更广、影响时间更久远。特定社会中的婚姻家庭关系,可以受到不同价值的道德的影响,统治阶级总是通过舆论宣传等各种形式,强化其道德观念。在我国婚姻家庭制度建设中,应充分弘扬社会主义婚姻家庭道德,发挥其调整婚姻家庭关系的重要作用。

宗教是一种以神的意志和对神的崇拜为核心的信仰与行为准则。宗教的礼仪、戒条和教义中包含着大量的有关婚姻家庭的内容,通过人们的宗教信仰来调控婚姻家庭关系。在信奉宗教的国家、民族、家庭和人们中,宗教直接制约着婚姻家庭生活,在某些国家的一定时期,有关婚姻家庭的立法和司法权甚至直接由教会把持,婚姻家庭制度表现为一种宗教规范,或者将某种宗教的经典作为婚姻家庭立法的根据。在历史上,中世纪的欧洲教会垄断了解决婚姻家庭问题的权力,婚姻家庭制度从形式到内容都归入教会;古代伊斯兰国家,伊斯兰教的教义《古兰经》有关婚姻家庭的内容历来是穆斯林国家婚姻家庭立法的依据;印度教的《摩奴法典》等都不同程度地影响信仰有关宗教的国家或地区的婚姻家庭制度。宗教对婚姻家庭制度的影响在当代许多国家或民族中仍不同程度地存在着,但这种影响自第二次世界大战结束以来已经进一步削弱。我国是多教派的国家,但除个别少数民族外,宗教对婚姻家庭制度的影响较小。不过,封建迷信对国人的婚姻家庭生活有较大影响。中华人民共和国成立后,国家和政府的一贯立场是,尊重公民的宗教信仰,反对利用宗教力量非法干涉婚姻家庭行为。

风俗习惯是人们在长期生活实践中形成的世代沿袭与传承的行为模式,带有较强的民族性、地域性。各国、地区或民族的婚姻家庭领域存在大量的风俗习惯。某些为法律和道德认同的风俗习惯是婚姻家庭制度的组成部分;有些风俗习惯虽未上升到法律或道德层面,但对人们的婚姻家庭生活起着一定调节作用。风俗习惯本身有文明健康与愚昧落后之分,对于广大群众婚姻家庭生活合理总结的文明的风俗习惯,应予以保持和发扬;对于愚昧落后的婚姻家庭习惯应该有意识地否定和根除。

此外,文学艺术通过其生动活泼的艺术形象,反映人们的婚姻家庭生活,并对人们的婚姻家庭观念和行为起着潜移默化的影响,也是影响婚姻家庭制度的一个重要因素。

三、婚姻家庭的功能与作用

组织婚姻家庭实现人类生活，是人类迄今为止普遍而成功的基本经验之一。婚姻家庭是适应人类社会发展的客观需要而产生的，自其诞生之日起就担负着特定的社会职能，在社会生产和社会生活中发挥着重要作用。古代家庭的职能和作用，包括物质资料生产与消费、劳动力再生产、家庭人口抚养、未成年人教育、精神满足。近现代以来的家庭，除了组织物质资料生产的职能有所弱化外，其他各种职能仍完整地保留着，并且至今仍难以为其他社会组织形式所取代。当然，在不同社会制度下、不同社会发展阶段中，这些职能的具体内容和表现形式不尽相同。了解这些职能，对于客观认识婚姻家庭具有重要意义。

（一）实现人类自身再生产的职能

一定的人口和人口再生产是社会存在和发展的必然条件。两性结合、生育后代及其血缘联系是人口生产的过程，这是婚姻家庭的自然属性。男女结婚、组成家庭、生育子女、繁衍后代，是所有社会家庭的共同职能。历史经验告诉人们，生养子女所需的相对稳定的两性结合和和谐的共同生活环境，通过婚姻、家庭形式才能成就。婚姻家庭是人口再生产的社会形式。结婚、离婚必须考虑子女利益，受一定的伦理力量影响。

人口再生产不应当视为一个纯自然的活动。从历史上看，在农业社会，由于受分散的小农经济的制约，家庭成员所需的物质资料主要依靠家庭生产，医药卫生服务水平低，人口再生带有较大随意性，不仅家庭生产的人口数量较多，而且抚育艰难。到了近代社会中，尽管医疗科技水平有了较大提高，人口再生产条件大大改善，但由于受到市场经济规律的调节，婚姻家庭生产的人口并不能完全适应经济社会发展需要。自第二次世界大战以来，人们越来越注重自我发展和自我享受，由一对夫妻和未成年子女组成的核心家庭成为普遍的家庭结构。随着社会保障体系的建立和发展，养老社会化成为社会普遍认同的模式。对父母来说，生养子女更大程度上是为社会作贡献，“少子化”成为工业化国家和地区的普遍社会现象；婚后不生育子女的夫妻数量有所增长，形成了“丁克家庭”现象。

（二）组织经济生活的职能

家庭的经济职能，是由一定社会的生产方式和生活方式决定的。家庭作为物质资料生产单位和消费单位，在社会经济生活中起着重要作用。在古代社会，家庭是组织生产和消费的最重要的经济单位，家庭生活所需的消费品和社会生活所需要的物质资料主要由家庭生产。到了近现代社会，由于大工业的发展和生产组织形式的变化,家庭的经济职能大为削弱,除部分家庭仍保持着组织生产的职能外,许多家庭仅仅是组织物质消费的经济单位。在我国,将长期处于社会主义初级阶段,大量家庭仍担负着组织生产的职能;作为组织消费的经济单位,家庭则是社会分配与个人消费之间的中介。

(三)教育的职能

家庭作为一个教育单位,在人类社会化过程中占有极其重要的地位。家庭教育是社会教育的重要组成部分,夫妻之间、家庭成员之间,特别是父母对于未成年子女的教育,是其他教育不可替代的环节。

在社会教育事业不发达的古代,家庭教育是人类完成社会化的最基本途径。到了近现代,学校教育和其他形式社会教育的诞生为社会教化提供了更多途径,但家庭教育仍发挥着重要作用。因为家庭是人们最初的生活环境和主要活动场所,家庭成员之间的血缘联系、感情联系和经济联系,使家庭教育具有不同于其他教育形式的优势和特点。

(四)抚慰精神和安定心绪的职能

人类是社会动物,婚姻家庭作为家庭成员的共同生活体,恰好满足了人类群体生活的要求,从而实现精神满足与安定。

维持夫妻生活是婚姻所承担的另一个功能。夫妻在日常生活中相互照顾,是其他社会组织机构或个人无法取代的。夫妻生活是人类总体生活中的重要组成部分,这种生活方式是社会物质资料生产顺利进行的必要补充。社会生产方式则直接决定着夫妻生活的内容,包括夫妻一起生活、消费,体力和脑力等方面相互补充,相互帮助、相互照顾,性满足等。夫妻关系包括人身关系和相应的财产关系。夫妻关系无法继续维持,往往是离婚的法定原因。婚姻形式的许多变化与夫妻生活内容的变化有关。

维持和满足家庭成员精神生活,是婚姻家庭的重要职能之一。随着物质文明和精神文明的发展,夫妻精神生活的内容日益丰富,婚姻与爱情统一变得可能和可行。爱情是希求男女双方共同生活、长久相守的一种特殊心理体验。在现代社会条件下,爱情作为夫妻行为准则的“宪法”向现代婚姻提出了许多伦理要求,对婚姻稳定和幸福起着必不可少的作用。当然,爱情的产生也要受制于一定社会条件,并受伦理制约。

当然,家庭作为将家庭成员紧密联系在一起的社会组织形式,以上列举有关生育、性满足、经济、感情、社会化等功能仅是主要功能,而非全部。

第二节　婚姻家庭法概述

一、婚姻家庭法的概念

婚姻家庭法是调整具有婚姻关系和家庭关系的法律规范的总称。

婚姻家庭法作为一个名词，历史由来已久，但古今中外法律文件对其的使用很不统一。我国古代立法从汉朝开始通常以“婚律”、“户律”、“户婚律”等名将之置于诸法合体的成文法中。近代以来，世界各国法律对婚姻家庭法名称的表述主要有四种：婚姻法、家庭法、婚姻家庭法、亲属法。究其原因有两类，一是因调整范围不同导致命名相异，如调整婚姻关系的称婚姻法，仅规定婚姻的成立、终止及婚姻效力，内容不涉及婚姻关系以外的其他家庭关系；调整婚姻家庭关系的称家庭法或婚姻家庭法，如 1995 年《俄罗斯联邦家庭法典》、1987 年《菲律宾共和国家庭法》。英美法系中多数国家和地区，法律采用单行法形式，法律文件名称往往更加具体，如英国的《1973 年婚姻诉讼法》、美国的《统一结婚离婚法》。二是认识差异和传统习惯影响，有的国家称调整婚姻家庭关系的法律为婚姻法，如中国内地；而大陆法系中多数国家或地区则称亲属法。值得注意的是，两大法系都在极力借鉴对方的有益经验，大陆法系传统的国家或地区也在制定婚姻家庭方面的单行法，如德国 1997 年《子女身份法改革法》、1998 年《未成年子女生活费统一法》等；而普通法传统的国家和地区近百年来也陆续制定了内容丰富的诸多婚姻家庭方面的单行法，如英国的《1996 年家庭法》。

婚姻家庭法有形式意义上的婚姻家庭法和实质意义上的婚姻家庭法之别。形式意义上的婚姻家庭法，是指以婚姻法、家庭法等名称直接命名的专门的婚姻家庭法律文件或民法典中的亲属法。如《德国民法典》(1998 年修正)第四编“婚姻家庭法”。实质意义上的婚姻家庭法，是调整婚姻家庭关系的法律规范的总称。这些规范集中系统地存在于形式意义上的婚姻家庭法，同时散见于其他法律法规中。

中华人民共和国成立后，由于革命根据地时期形成的立法习惯，加上受苏联立法模式的影响，自 1950 年颁布《中华人民共和国婚姻法》开始，我国内地一直采用“婚姻法”命名调整婚姻家庭关系之法，及至 1980 年、2001 年两次修正仍沿用婚姻法。

婚姻家庭法具有以下特征：

(1)婚姻家庭法适用对象广泛。婚姻家庭涉及每个公民和家庭的切身利益,作为调整人们在婚姻家庭领域行为基本准则的婚姻家庭法,适用于一切公民。公民自出生至死亡,一生都受到婚姻家庭法的保护和调整。婚姻家庭法是有关一切男女利害的普遍性仅次于宪法的国家根本大法之一。①

(2)婚姻家庭法具有强烈的伦理性。婚姻家庭法属于身份法,其对特定人际关系和财产关系的规定,都以特定的社会伦理道德为基础。婚姻家庭法对人们行为的要求,是特定社会伦理道德对婚姻家庭行为的最起码要求,是"道德底线"。婚姻家庭法与婚姻家庭道德相辅相成,共同调整人们的婚姻家庭行为。另一方面,法定的婚姻家庭权利与义务往往密不可分,某一项法定义务,通常也是改主体享有的权利,仅是不同情形下强调的重点有所不同。婚姻家庭财产关系,不具有等价有偿、平等互利的特点,与一般财产法规定相比较,婚姻家庭法中的财产关系具有强烈伦理性。

(3)婚姻家庭法包含着更多强制性规范。强制性是一切法律的共同特点。而婚姻家庭法中,大部分规定是强制性规范,当事人必须依照法律规定作为或不作为,不得自行或协议变更。法律条文表述较多直接采用"应当"、"禁止"等词指明,当事人若有违反,必须依法承担法律责任。

二、婚姻家庭法的法律渊源

我国的婚姻家庭法以《中华人民共和国宪法》有关规定为依据,以《中华人民共和国婚姻法》为主干,由不同层次的一系列婚姻家庭法律、法规、规范、条例、规定及司法解释共同组成。

(一)宪法

我国宪法中有关婚姻家庭的规定,是我国婚姻家庭法的立法依据。《宪法》第 33 条规定,公民在法律面前一律平等;第 37 条、第 38 条规定,公民的人身自由不受侵犯,公民的人格尊严不受侵犯;第 48 条规定,妇女在各方面享有同男子平等的权利。这些是婚姻家庭法实行男女平等、婚姻自由的依据。《宪法》第 49 条专门针对婚姻家庭规定,强调"婚姻、家庭、母亲和儿童受国家的保护"。

(二)调整婚姻家庭的单行法或专门法

全国人民代表大会及其常务委员会依据宪法制定的婚姻家庭专门法律,是婚姻家庭法的主要渊源。1980 年《中华人民共和国婚姻法》于 2001 年 4 月 28 日经第九届全国人民代表大会常务委员会第 21 次会议《关于修改〈中华人民共

① 陈绍禹:《关于中华人民共和国婚姻法起草经过和起草理由的报告》。

和国婚姻法〉的决定》修正(以下简称《婚姻法修正案》),是调整婚姻家庭关系的基本准则;1991 年 12 月 29 日第七届全国人大常委会第 23 次会议通过的《中华人民共和国收养法》,该法于 1998 年 11 月 4 日第九届全国人大常委会第 5 次会议第一次修订,是婚姻家庭法的重要组成;1986 年《中华人民共和国继承法》是调整亲属间遗产继承关系的最重要法律。

(三)相关法律中的有关婚姻家庭的规定

全国人民代表大会及其常务委员会制定的法律中有关婚姻家庭关系的规定,是婚姻家庭法的法律来源之一。例如,1986 年《中华人民共和国民法通则》(以下简称《民法通则》),2005 年第一次修正的 1994 年《中华人民共和国妇女权益保障法》(以下简称《妇女法修正案》),2006 年 12 月第一次修正的 1999 年《中华人民共和国未成年人保护法》(以下简称《未成年人保护法修正案》),1998 年《中华人民共和国老年人权益保障法》,2000 年《中华人民共和国母婴保健法》,2007 年 3 月 16 日通过的《中华人民共和国物权法》(以下简称《物权法》)等法律中关于婚姻家庭关系的规定是婚姻家庭法的法律渊源。

(四)国务院及其所属有关部委制定的规范婚姻家庭的法规、规范性文件

这些文件中现行有效的主要有:国务院于 2003 年 7 月 30 日公布的《婚姻登记条例》,该条例自 2003 年 10 月 1 日起施行;民政部于 1983 年 3 月、8 月先后发布的《华侨同国内公民、港澳同胞同内地公民之间办理婚姻登记的几项规定》、《中国公民同外国人办理婚姻登记的几项规定》,民政部于 1995 年 2 月发布的《中国与毗邻国边民婚姻登记管理试行办法》。这些行政法规或规章对具体贯彻婚姻家庭法有重要作用。

(五)地方法律中有关贯彻执行婚姻家庭法的有关规定

地方人民代表大会及其常务委员会制定的有关贯彻执行婚姻家庭法的规定,是地方贯彻执行现行婚姻家庭法的具体措施,发布范围内有利于婚姻家庭法的具体落实。民族自治地方制定的贯彻执行婚姻家庭法的变通规定,大多属实施细则或补充规定性质。

(六)最高人民法院印发的适用婚姻家庭法律的指导性意见或批复

最高人民法院在贯彻执行婚姻家庭法过程中,以婚姻家庭法相关规定为依据,在总结审判实践经验基础上下达的正确处理婚姻家庭纠纷的指示或针对具体问题的批复,只要不与现行婚姻家庭法律规定相抵触,也是婚姻家庭法的重要渊源。由于我国 1980 年《婚姻法》原规定较为简略,自 1989 年以来,最高人民法院印发了多个适用婚姻法的专门性司法解释,指导人民法院审理婚姻家庭纠纷。这些解释主要有:1989 年《关于人民法院审理离婚案件如何认定夫妻感情确已

破裂的若干具体意见》(以下简称《认定夫妻感情破裂的意见》);1993 年《关于人民法院审理离婚案件处理财产分割问题的若干具体意见》(以下简称《审理离婚案件处理财产分割的意见》);《关于人民法院审理离婚案件处理子女抚养问题的若干具体意见》(以下简称《审理离婚案件子女抚养的意见》);1996 年《关于审理离婚案件中公房使用、承租若干问题的解答》。《婚姻法修正案》施行后,最高人民法院于 2001 年 12 月 24 日通过的(2001)30 号《最高人民法院关于适用〈中华人民共和国婚姻法〉若干问题的解释(一)》{以下简称《适用〈婚姻法〉解释(一)》}、于 2003 年 12 月印发的《最高人民法关于适用〈中华人民共和国婚姻法〉若干问题的解释(二)》{以下简称《适用〈婚姻法〉解释(二)》}等。需要注意的是,在 2001 年 4 月之前印发的有关适用 1980 年《婚姻法》的司法解释中,①其内容与《婚姻法修正案》规定相抵触的,不再适用。

(七)我国缔结或参加的国际条约中有关婚姻家庭的规定

全国人民代表大会及其常务委员会批准缔结或参加的国际条约中有关婚姻、家庭、妇女儿童的规定,是我国婚姻家庭法的法律渊源。根据《民法通则》第 42 条规定,在涉外婚姻家庭关系的法律适用中,凡我国缔结或参加的国际条约与我国国内法律有不同规定的,适用国际条约的规定,但我国声明保留的条款除外。

三、婚姻家庭法的效力

关于婚姻家庭法的效力范围,我国婚姻法无明文规定。《民法通则》第 8 条规定:"在中华人民共和国领域内的民事活动,适用中华人民共和国法律,法律另有规定的除外。本法关于公民的规定,适用于在中华人民共和国领域内的外国人、无国籍人,法律另有规定的除外。"据此,中国婚姻家庭法律适用于在中华人民共和国领域内的婚姻家庭行为及关系,法律另有规定的除外。

(一)对人的效力

婚姻家庭法是普通法,适用于中国公民。内地居民、香港特区居民、澳门特区居民、台湾同胞及居住在外国的华侨,办理结婚、离婚、复婚、收养及处理婚姻家庭其他关系,一律适用婚姻法,但法律另有规定的除外。婚姻家庭法适用于在中华人民共和国领域内的外国人,无国籍人,法律另有规定除外。中国公民与外国人,或者双方均是外国人,要求在我国实施婚姻家庭行为的,也一律适用我国

① 最高人民法院公布的贯彻执行婚姻法的司法解释,可以通过最高人民法院网站及时查询。网址为 http://www.court.gov.cn。

婚姻法;同时,在不违背我国婚姻法原则前提下,可适当参照外国人一方本国法。中国婚姻家庭法律适用于中国公民。

(二)时间效力

时间效力是指婚姻家庭法有效期间,即自发生效力至终止效力的期间。适用时间应以法律本身载明的生效时间以及相关规定为准。如全国人民代表大会常务委员会《关于修改〈中华人民共和国婚姻法〉的决定》经中华人民共和国第九届全国人民代表大会常务委员会第21次会议于2001年4月28日通过后,江泽民主席当日签署主席令予以公布,并规定"自公布之日起施行"。2001年12月25日发布《适用〈婚姻法〉解释(一)》公告中规定,该解释文件"自2001年12月27日起施行"。

(三)空间效力

空间效力是指婚姻家庭法对发生在哪些领域的婚姻家庭关系有约束力。根据司法主权原则,凡发生在中华人民共和国领土、领空、领海范围内的婚姻家庭行为、关系和案件,均受我国婚姻家庭法调整。

我国各特别行政区制定的调整婚姻家庭关系的法律,各省、直辖市和民族自治地区的人民代表大会制定的有关贯彻婚姻家庭法的地方法规,只适用于本行政辖区内。

四、婚姻家庭法的救济与责任

适用婚姻家庭法,对于法定权利或利益受到侵犯的受害人,应当提供必要帮助;对于侵犯他人权利的行为人,应当给予必要的约束或者制裁,追究其违反婚姻家庭法的行为相应的法律责任。为此,《婚姻法修正案》设专章规定了"救济措施与法律责任"。救济措施是指权利主体实现自身权益过程中遇到障碍或受到非法侵害时,权利人或有关机关依法采取旨在保护或恢复权利实现的各种手段和方法。救济措施有自我救济和公力救济两种。自我救济是指权利主体在法律允许范围内自己实施解救办法,如正当防卫、紧急避险、自助行为等。公力救济是指当法律保护的权利受到侵犯时,由法律授权的国家机关等专门机构或组织提供保护。

(一)社会救助

社会救助主要由基层社会组织承担责任。《婚姻法修正案》第43条规定,"实施家庭暴力或虐待家庭成员,受害人有权提出请求,居民委员会、村民委员会以及所在单位应当予以劝阻、调解。对正在实施的家庭暴力,受害人有权提出请求,居民委员会、村民委员会应当予以劝阻"。第44条规定,"对遗弃家庭成员，受害人有权提出请求，居民委员会、村民委员会以及所在单位应当予以劝阻、调解”。

基层社会组织负有社会救助的法定义务。对于正在实施的家庭暴力、虐待家庭成员、遗弃家庭成员行为，居民委员会、当事人所在单位对受害人负有救助职责。同时，基层社会组织实施救助不以受害人主动请求为前提。基层社会组织无故拒不履行救助职责应承担相应责任。法律赋予基层社会组织救助职责，是为了及时救助受害人，更有力地保障公民在婚姻家庭领域的基本人权。《城市居民委员会组织法》第 3 条第(3)项、第(4)项规定，“调解民间纠纷”、“协助维护社会治安”是居民委员会的任务。这些基层社会组织、当事人所在单位对社会负有一定职责，对本辖区内的居民或本单位的居民，负有一定社会责任。社会救助措施在解决家庭纠纷和冲突上具有独特优势。发生在婚姻家庭内的侵权，居民委员会等有关基层组织，因为与当事人及其家庭联系方便或容易，能够较快获悉纠纷信息，具备及时介入冲突的条件；这类侵权事件中的侵权人与受害人是亲属，相互在人身、财产、精神等方面具有密切联系，受害人常常既需要借助外界力量制止侵害行为的继续发生，以免本人或亲人的合法权益受到进一步损害，希望法律对违法行为人略施薄惩，促使行为人从此改正错误乃至善待家人，又不愿意侵权人受到法律的严厉制裁。基层组织救助受害人的主要措施是劝阻和调解。劝说和阻止婚姻家庭领域内的违法行为，以免违法行为人实施更严重的违法行为，造成严重后果。调解是指由基层组织工作人员通过耐心说服教育的方法化解纠纷。调解是有组织地运用社会力量主动干预婚姻家庭矛盾，实现群众自我管理、自我教育的一种有效形式。基层组织救助是减少和预防婚姻家庭矛盾激化、减少和预防犯罪的重要一环。

(二)公安机关的救助

发生了家庭暴力或虐待家庭成员的，受害人提出请求的，公安机关应当依照治安管理处罚的法律规定出警制止违法行为，必要时依法予以行政处罚。《婚姻法修正案》第 43 条第 2 款、第 3 款规定，对正在实施的家庭暴力，公安机关应当予以制止。这是我国婚姻法第一次引入警察力量，旨在加大力度及时制止严重侵犯家庭成员合法权益的违法犯罪行为，更好地保障公民在婚姻家庭领域的基本人权。

“制止”，是限定、约束、管束之意。公安机关对于正在实施的家庭暴力，应当及时依法采取相应措施，迫使暴力不能继续。公安机关为制止家庭暴力行为，可以采取对施暴者进行批评教育、严厉训斥、距离间隔、将受害人或施暴者带离现场等措施。公安机关应使施暴者得到应有教训，认识到错误，尊重家庭成员的权利和利益。

此外，婚姻家庭成员在受到家庭暴力、虐待、遗弃行为伤害时，依法可以实施正当防卫、紧急避险、自助行为等自我救助，家庭其他成员也应该及时提供帮助，共同制止违法犯罪行为，避免发生严重后果。例如请求有关基层社会组织帮助，报告当地警务机构，及时向人民法院提起有关诉讼。

（三）违反婚姻家庭法的法律责任

法律责任是行为人因其行为违反法律规定而必须承担的法律后果。法律责任区分为民事责任、行政责任和刑事责任。这三种责任形式相互配合，互为补充，在惩罚违反婚姻家庭法行为的同时，发挥个别预防、一般预防的功效，并对受害人的利益给予一定补救。民事责任强调补偿性，当违法行为给受害人造成损害时，民事责任使受侵害利益恢复原状，相对而言是最温和的。刑事责任重在惩罚，即让违法行为人为其犯罪行为付出沉重代价，其责任力度最严厉。只有侵犯婚姻家庭成员权益特别严重或危害后果严重的违法行为，才涉嫌刑事犯罪而追究行为人刑事责任。行政责任介于民事责任和刑事责任之间，能够弥补前两者的不足，具有独特优势。三者法律责任可以单独使用，也可以结合使用，有时一项违法行为可能同时要承担两种或三种法律责任。

1. 行政责任

在婚姻家庭法中，国家行政机关负有保护婚姻家庭的法定职责。行政主体通过积极行为使婚姻家庭关系主体的婚姻家庭权益得到实现，如婚姻登记工作；行政机关通过积极行政行为使婚姻家庭关系主体的婚姻家庭权益免受不法侵害。本节所称行政责任仅指后一种情形。《婚姻法修正案》要求行政主体通过积极的行政行为预防、制止和惩治不法行为。当然，负有法定维权职责的行政主体依法该作为时却不作为，有时也会构成对弱势群体婚姻家庭权益的侵害，为此，行政主体同样应承担行政责任。在婚姻家庭领域，妇女、儿童、老人、残疾人及缺乏劳动能力又没有生活来源的人容易受到家庭暴力、虐待、遗弃等不法行为侵害。尽管社会上对警察介入婚姻家庭存有一定争议，但是对严重侵犯家庭权益的不法行为，公安机关不能坐视不理。从世界主要国家和地区的婚姻家庭立法趋势看，保障居民在婚姻家庭领域的基本人权，是警察机构的重要职责之一。我国的公安机关在保护家庭成员合法权益时应负起相应责任。

对违反婚姻法要求严重侵害家庭成员合法权益的行为，行政机关追究行政责任时应依法予以警告、罚款、拘留的行政处罚。《治安管理处罚条例》第22条第(1)项、第(4)项规定，“殴打他人，造成轻微伤害的”，或者“虐待家庭成员，受虐待人要求处理的”，“尚不够刑事处罚的，处15日以下拘留、200元以下罚款或警告”。警告是行政机关对侵害婚姻家庭权益的违法行为的谴责性警示，是最轻微的行政责任。罚款是指行政机关责令违法者缴纳一定数额金钱的责任形式，是对违法者的经济制裁。罚款的适用范围较广泛。行政拘留是公安机关对严重侵害家庭成员权益的违法行为人在短期内剥夺其人身自由的行政责任形式，是较为严厉的行政责任。只有违反婚姻家庭法的违法行为触犯了《治安管理处罚条例》规定时，才能对行为人实施行政拘留，拘留期限为 1 日以上 15 日以下。

2. 民事责任

民事责任是指民事主体因违反法律规定或契约约定的民事义务，侵害他人财产或人身权益时依法应承担的民事法律后果。家庭成员违反婚姻家庭法的违背强制要求，就会直接侵害家庭成员的合法权益，违法行为人就必须为其行为承担法律责任。家庭成员侵权的民事责任主要为财产责任形式，这是由婚姻法的调整对象、立法目的及民事责任的功能所决定的。通过追究违法行为人的民事责任，惩戒侵害家庭成员权益的行为，填补受害人所受到的损害或恢复被侵犯的权益。民事责任的形式也包括非财产责任形式，如消除影响、恢复名誉、赔礼道歉。家庭成员民事责任的范围与损失大小相当，违法行为人应承担的民事责任应与受害人所受损失范围相适应，以使受害人的财产或精神状况得以恢复。婚姻法上的民事责任由对违法行为采取的强制措施。作为一种独立的法律责任，家庭成员如侵权而承担的民事责任具有强制性。

家庭成员侵权责任有五大构成要件：特定主体、违反婚姻家庭法的行为、损害事实、行为人主观过错、违法行为与损害事实之间有因果联系。家庭成员之间的侵权行为，既可以是积极作为即家庭成员违反了法律禁止性规定，如家庭暴力、虐待，也可能是不作为即负有法定义务者不及时履行该项义务，如遗弃。损害是指因一定的行为或事件使家庭成员的权益遭受某种不利，既包括财产损害，又包括精神损害。财产损害包括既有财产的减损和可得利益的损失。评判精神损害应借助社会一般观念和公平观念，考虑环境、行为性质、主观状态和社会影响等综合断定。过错是指违法行为人实施违法行为时所具有的心理状况，包括故意和过失两种情形。应承担婚姻法上民事责任的，其主观过错以故意为要件，即当事人明知作为违反婚姻法，仍为之。如果损害事实是违法行为所必然导致的，则两者之间存在因果联系。只有违法行为是损害发生的原因时，违法行为人才依法对损害后果承担相应法律责任。

根据《民法通则》、《婚姻法修正案》、《继承法》等有关规定，民事责任的形式主要有：停止侵害、排除妨害、消除危险、返还财产、恢复原状、赔偿损失、消除影响、恢复名誉、赔礼道歉、剥夺继承权、剥夺监护权、中止探望权等。

3. 刑事责任

刑事责任是行为人因实施违反刑法规范的行为应承担的特定法律责任。国家审判机关以刑法和刑事诉讼法为依据，确认行为人的行为具有社会危害性而构成犯罪。刑事责任以刑罚处罚相威胁，依法剥夺行为人的生命或者剥夺、限制其一定期间的人身自由。刑事责任是最严厉的法律制裁。

家庭成员间的犯罪，有两种类型：一类是严重侵害家庭成员人身权利的犯罪，如杀人罪、伤害罪、侮辱罪、诽谤罪、虐待罪、遗弃罪、暴力干涉婚姻自由罪、重婚罪、强奸罪、强迫卖淫罪；另一类是侵犯家庭成员财产权益的犯罪，如盗窃罪、诈骗罪等。我国罪名体系中没有家庭暴力的单独罪名，家庭成员对其他家庭成员实施家庭暴力，行为构成犯罪时触犯的是侵犯家庭成员人身权利的罪名。婚姻家庭领域内发生刑事犯罪，同样应依照《中华人民共和国刑法》（以下简称《刑法》）和《中华人民共和国刑事诉讼法》有关规定，追究犯罪行为人的刑事法律责任。

鉴于许多国家和地区都制定了惩治家庭暴力犯罪的专门法，并取得了有效遏制家庭暴力的成功经验，例如，几乎所有采用民事保护令的国家或地区，对于违反禁令的当事人，法律均赋予警察在有充分理由相信该人违反了禁令时拘留该人或在没有逮捕令的情形下逮捕答辩人，使其进入刑事审判程序。中国婚姻家庭法学界多数学者呼吁我国内地尽快制定防治家庭暴力专门法。

五、婚姻家庭法的地位和体例

对婚姻家庭法性质的认识，在不同时代、不同国家的法律体系中不尽相同。

（一）婚姻家庭法的编制体例

婚姻家庭法的内容、形式和编制方法等，各国或地区因不同时代、社会制度和传统而有所差异。大致可以分成三个发展阶段，即诸法合体的古代婚姻家庭法、资本主义国家婚姻家庭法和社会主义国家婚姻家庭法。

1. 诸法合体的古代婚姻家庭法

中外各国的古代法多采取诸法合体的形式，婚姻家庭法律规范与其他内容庞杂的法律规范一起，规定在统一的法典中。在一个很长时期内，婚姻家庭立法不完备，许多方面靠其他社会规范补充，如伦理规范、道德信条、宗教戒律和习惯在调整婚姻家庭关系上起着重要的作用。此外，古代婚姻家庭法更多地从刑罚角度明确婚姻家庭领域的违规行为，相反，对公民在婚姻家庭领域应当遵守的行为规则较少作出明文规定。

2. 附属于民法的近代婚姻家庭法

资产阶级建立国家后，继承了罗马时代公私法区分的传统，进一步将法律划分成若干部门，分别调整不同领域的社会关系，形成了资本主义法律体系；婚姻家庭法附属于民法。在资产阶级看来，婚姻家庭关系，与其他民事法律关系一样，是民事契约关系。据此，婚姻家庭中的行为，诸如结婚、离婚、收养、非婚生子女的认领与准正等，都成为民事契约关系。民法作为调整一定范围的财产关系和人身非财产关系的法律部门，包含了婚姻家庭关系的调整内容。

大陆法系和普通法系国家编制婚姻家庭法的体例有很大差别。大陆法系各国一般把婚姻家庭法编入统一的民法典，称之为亲属法，如法国、德国、瑞士等，并有法国式编制法和德国式编制法之分。法国式以《法国民法典》为代表，在法典第一编设“人法”，将婚姻成立、婚姻终止、父母子女、监护等有关亲属关系和行为规定其中；将婚姻家庭中涉及财产关系的内容，如夫妻扶养、夫妻财产制、遗产继承等规定在第三编“债权”之中。德国式以《德国民法典》为代表，集中编制婚姻家庭的人身关系和财产关系，作为法典中独立的一编，称为“亲属编”或亲属法或婚姻家庭法。日本、中国台湾地区的民法均采用德国式编制法。在普通法系中，调整婚姻家庭关系的法律由判例法和一系列单行制定法组成，例如结婚法、离婚法、夫妻财产关系法等。不过，这些单行法，在法律分类上，不构成独立法律部门，而被认为是民法的有机组成部分，尽管这些国家没有统一编制民法典。

3. 社会主义国家的婚姻家庭法

在社会主义国家法律体系中，婚姻家庭法的地位，经历了两个阶段，即曾经作为一个独立法律部门的婚姻家庭法和回归民法组成部分的婚姻家庭法。前者是从苏联十月革命胜利后开始的；以后其他社会主义国家先后将婚姻家庭法从本国民法中分离出来，形成独立的法律部门。

中华人民共和国成立后，立法机关和法学界，均明确肯定婚姻家庭法是一个独立法律部门。在“文化大革命”时期，法律虚无主义盛行，政治和政策代替了法律，婚姻家庭法成了仅存的法学教育课程。改革开放后，法学界对婚姻家庭法应否继续作为一个独立法律部门重开讨论。1986 年《民法通则》第 2 条规定，民法调整平等主体间的财产关系和人身关系。据此，部分学者主张，我国婚姻家庭法当回归为民法的一个组成部分。① 当前，我国正在进行民法典的专家稿试拟工作，将婚姻家庭法作为民法典中一编是法学界多数学者的意见。婚姻家庭关系虽是平等主体间的社会关系，但其在本质上有别于商品经济关系。婚姻家庭

---

① 杨大文主编：《婚姻法学》，北京大学出版社 1991 年，第 2 版，第 53 页。

法的调整对象及调整方法都不同于一般民事关系，婚姻家庭及其当事人所受的待遇与其他民事法律关系主体差距甚大。婚姻家庭关系中，人身关系是主要的，财产关系是从属于人身关系的且不具有等价有偿的特点。如果忽视婚姻家庭关系的特性，将民法贯彻的市场经济原则和价值观带入婚姻家庭领域，将冲击婚姻家庭生活。婚姻家庭法在我国法律体系中是否作为独立的法律部门，宜慎重对待。

（二）婚姻家庭法与其他法律部门的关系

婚姻家庭法是我国法律体系的组成部分，它与其他法律部门之间既有联系又各有分工，相互配合。

1. 婚姻家庭法与宪法的关系

宪法作为国家根本大法，具有最高法律效力，是制定部门法的依据，故俗称“母法”。任何法律都不得与宪法相抵触。宪法与婚姻家庭法是“母法”与“子法”的关系。宪法规定了婚姻家庭法的基本原则和精神，婚姻家庭法是对宪法规定的具体化和系统化。

2. 婚姻家庭法与民法的关系

在多数国家和地区，婚姻家庭法是民法的组成部分。我国内地目前没有民法典，仅有民法通则、合同法等民事法律。《民法通则》中部分规定适用于婚姻家庭领域，如公民权利能力和行为能力、监护、宣告失踪、宣告死亡、法定代理、财产所有权等规定。

3. 婚姻家庭法与行政法的关系

行政法是调整国家行政管理机关与行为相对人之间在管理过程中发生的各种社会关系的法律规范的总和。国家行政机关的管理活动是婚姻家庭法依托的基本社会力量，婚姻家庭领域不少方面依赖行政管理，如公民的国籍、婚姻登记、公民户籍、身份、住址的变化等。

4. 婚姻家庭法与诉讼法的关系

诉讼法是关于案件处理程序的法律规范，它从司法程序上保证民事、刑事、行政法律得到遵守和执行。婚姻家庭法与诉讼法是实体法与程序法的关系。处理婚姻家庭纠纷或案件时，实体争议适用婚姻家庭法的有关规定，程序问题适用诉讼法的有关规定。特别是民事诉讼法，与婚姻家庭关系更为密切。正确适用民事诉讼法，对确保公民的婚姻家庭权益，具有重要意义。

5. 婚姻家庭法与刑法的关系

刑法是规定犯罪和刑罚的法律。公民的婚姻家庭权益，既得到婚姻家庭法保护，又最终得到刑法保护。

第三节 婚姻家庭法的历史与发展

一、婚姻家庭制度的历史类型

婚姻家庭制度是指一定社会制度下获得社会普遍认可的婚姻形态和家庭形态。这种形态是由特定社会的各种社会规范所确立的特定的婚姻模式、家庭模式，在一定社会中带有普遍性、稳定性。婚姻家庭制度的产生和后续发展，通常被划分为两个阶段，一是原始社会的婚姻家庭制度，二是阶级社会的婚姻家庭制度。关于后一阶段的婚姻家庭制度，有包括法律在内的各种文献反映，其轮廓和面貌比较清楚。但对前一阶段即史前时代人类的婚姻家庭状态，因时间及资料所限，尚难以有清晰统一的认识。恩格斯的著作《家庭、私有制和国家的起源》揭示了婚姻家庭制度产生和发展的规律，提出了经济基础决定婚姻家庭制度，婚姻家庭的形态随经济基础变化而变化，社会生产力是其根本动力的历史唯物主义观点，对人类婚姻家庭制度的演变模式作了精辟概括，“群婚制是与蒙昧时代相适应的，对偶婚制是与野蛮时代相适应的，以通奸和卖淫为补充的一夫一妻制是与文明时代相适应的”。① 而在群婚出现以前，人类的两性关系没有禁忌，尚未形成婚姻家庭制度。

（一）群婚制

群婚制是指原始社会中一定范围的一群男子与一群女子互为夫妻的婚姻形式。这是人类社会最早的婚姻家庭形态。其特点在于男女两性关系因一定范围血缘关系的排斥而被限定在一定范围内，允许该范围内的男女互有性关系，禁止超出此范围的男女之间发生性关系。群婚制划分为血缘群婚和亚血缘群婚两个阶段。

1. 血缘群婚

血缘群婚亦称血婚制或血缘家庭，是指原始群体内，同一行辈或年龄相近的男女互为夫妻的婚姻形式。在该制度下，禁止直系血亲之间的两性关系，父母与子女间、祖父母与孙子女间不得有性关系，不可互为夫妻；兄弟姐妹因同辈分必然互为夫妻。婚姻集团是按辈分划分的，所有的祖父们与祖母们互为夫妻；所有的父亲与母亲也是夫妻，他们的子女构成第三个婚姻集团。

---

① 《马克思恩格斯全集》第 21 卷，第 88 页。

血缘群婚是人类社会第一个婚姻家庭形态。人类两性关系有了第一个禁忌规则。在同一原始群体内部，根据人的辈分或年龄划分通婚集团；男性多妻，女性多夫，孩子只知其母，不知其父，母亲的兄弟均是孩子的父亲，兄弟姐妹的子女即为自己的子女。整个群体就是一个血缘大家庭。血缘群婚存在于人类社会蒙昧时期的中后期。

2. 亚血缘群婚

亚血缘群婚，也称亚血缘家庭、伙婚制，是指在原始群体内，同一辈分的男女相互通婚，但已排除直系血亲之间以及血缘关系较近的兄弟姐妹之间两性关系的婚姻形式。同一婚姻集团中的男子，属于一个氏族，且互为兄弟，共有一群妻子，但是他们的姐妹除外；一群姐妹共有一群丈夫，但他们的兄弟除外。共夫的姐妹们或者共妻的兄弟们互称为那路亚（亲密伙伴之意）。

亚血缘群婚制下，由于同一群体内年龄相仿者都是兄弟姐妹，不得有两性关系，婚姻的缔结实行族外婚；甲氏族的一群女子与乙氏族的一群男子通婚，所生子女留在母亲氏族内，亲属制度发生了重大变化。除了在血缘群婚时就存在的祖父母、父母、子女、兄弟姐妹等亲属外，人类有了新的亲属类型和称谓。已能明确区分兄弟的子女与姐妹的子女，男子称自己的子女为子女，称姐妹的子女为外甥子女；母亲的兄弟们不再是孩子的父亲，而是舅父；兄弟的子女称父亲的姐妹不再为母，而是姑；兄弟姐妹各自所生子女互为表兄弟姐妹。婚姻家庭制度发展到了一个新阶段。①

（二）对偶婚制

对偶婚制也称对偶家庭，是指一男一女在或长或短的时期内相对稳定地同居生活，但双方仍有与其他异性发生性关系自由的婚姻形式。对偶婚制的典型形式，是一个男子在多个妻子中有一个主妻，一个妻子在多个丈夫中有一个主夫，主夫和主妻过着相对稳定的同居生活。对偶婚制具有四个显著特点：第一，

---

① 关于群婚由血缘群婚和亚血缘群婚两个阶段构成的观点，主要源于一百余年前美国著名人类学家摩尔根（Lewis H. Morgan，1818—1881年）所著《古代社会或人类从蒙昧时代经过野蛮时代到文明时代的发展过程的研究》（中文译本《古代社会》上下册，商务印书馆1981年版）。恩格斯在《家庭、私有制和国家的起源》中，利用摩尔根长期对印第安人调查的大量材料，运用唯物主义的观点和方法，阐述了人类婚姻家庭的历史演变。但是，关于血缘群婚和亚血缘群婚是否是人类曾经普遍经历过的婚姻家庭形态，始终存在学术争论，部分学者始终坚持完全不同的学说和观点。自20世纪80年代，自苏联的F. H. 谢苗诺夫著《婚姻和家庭的起源》（蔡俊生译，沈真校，中国社会科学出版社1983年版）介绍到中国内地后，有些中国学者也对血缘群婚和亚血缘群婚的权威观点提出了不同意见。

与以前的群婚相比,通婚范围进一步缩小,通常是一对男女相对稳定地偶居。第二,婚姻关系极为脆弱。相比较于后来的一夫一妻,对偶婚中的男女性关系不牢固,社会对这种关系的稳定也无要求,因此容易因一方或双方的随意离去而结束。第三,偶居男女各自生活在本氏族内,男不娶,女不嫁,当事者双方同居生活的内容主要是性关系。第四,偶居期间所生子女留在母亲氏族内,由母亲氏族抚养,世系从母。

对偶婚制是群婚制向一夫一妻个体婚制过渡时的中间形态,存在于原始社会野蛮时期。对偶婚制的产生,主要基于发展了的生产力的要求。由于偶居男女仍生活在氏族公有制基础上,不可能脱离氏族独立,因而对偶家庭还不是严格意义上的完整家庭。我国西南地区某些少数民族至近代仍流传的"走婚"和婚后一定时期内女方"望门居"等不落夫家的习俗,反映了对偶婚制的遗迹。①

(三)一夫一妻制

一夫一妻制,是指一男一女结为夫妻的婚姻制度。按照该制度的要求,在同一时间内,任何人不得同时有两个或两个以上的配偶。由一夫一妻组成的个体婚姻,代表着适应生产力发展要求的私有制生产关系,开辟了一个一直持续到今天的个体婚时代。

一夫一妻制的确立,是人类从无阶级社会进入有阶级社会而开始文明时代的标志之一。私有制确立、阶级产生和国家建立是一夫一妻制产生的标志。一夫一妻制产生并最终得以确立,主要是三个因素交互作用的结果:第一,生产力巨大发展带来的财产私有化,为个体家庭脱离氏族成为独立经济单位奠定了物质基础。随着农业、畜牧业和手工业的兴起,男性因生理优势成了社会主要劳动部门的管理者。在社会出现了剩余产品后,他们渐渐利用职权将氏族公共财物据为己有,成为私有财产的主人。而另一部分人没有或很少有私有财产。私有制的确立是一夫一妻制形成的根本原因。第二,男女两性社会地位的变化,瓦解了母系氏族,确立男权统治,个体婚姻家庭形式得以稳定。在生产力发展过程中,男性的劳动逐渐占据了主要地位,妇女的劳动退居其次,氏族的首领不再由妇女担当,父权制替代了母权制。个体家庭形式与父系氏族同时产生。"个体婚在历史上绝不是作为男女之间的和好而出现的","恰恰相反,它是作为女性被男性奴役,作为整个史前时代所未有的两性冲突的宣告而出现的"。② 第三,

---

① 杨怀英、赵勇山等著:《滇西南边疆少数民族婚姻家庭制度与法的研究》,法律出版社1988年版,第88—91、290—291页。

② 《马克思恩格斯全集》第21卷,第78页。

继承观念的产生是一夫一妻制产生的直接原因。随着生产力发展,部分男性占据的社会剩余产品越来越多,产生了死后将这些财产转归自己子女的要求。但是,性伙伴的不稳定和随意性,使男性无法确认自己的亲生子女。为找出能够继承私有财产的亲生子女,男子开始要求与其同居的妇女严守贞操。一夫一妻制应运而生,并日益取得社会的普遍认同。

个体婚制产生至今,经历了长期演变过程。根据社会经济基础不同,依历史发展顺序可将其划分为四个不同阶段,即奴隶社会的婚姻家庭制度、封建社会的婚姻家庭制度、资本主义社会的婚姻家庭制度和社会主义社会的婚姻家庭制度。

(1)奴隶社会的婚姻家庭制度。奴隶社会的婚姻家庭制度,建立在奴隶主占有生产资料并直接占有财产者奴隶的基础上。有关婚姻家庭制度的社会规范形式多样,法律形式尚不充分,原始社会留传下来的婚姻家庭道德和习惯起着重要作用。这个时期的婚姻家庭制度具有如下特点:第一,实行一夫一妻制,但允许纳妾。奴隶是奴隶主的私有财产,由奴隶主指配为婚,年轻女奴是男性奴隶主任意淫欲的对象。奴隶主的一夫一妻是以公开纳妾和蹂躏女奴为补充的。第二,婚姻的缔结带有原始习俗的遗迹,包办强迫是婚姻成立的普遍形式。第三,家庭关系中严格奉行父系家长制。男性家长统领全家,妻、妾、子女没有独立的人身权和财产权,完全依附于家长,家长对家属享有生杀权。男尊女卑、长幼有序。父权、夫权和家长权管理婚姻和家庭。

(2)封建社会的婚姻家庭制度。封建社会的婚姻家庭制度,建立在封建地主占有生产资料和不完全占有生产者农民的基础上,基本上承袭了奴隶社会的婚姻家庭制度,并通过法律、宗教、道德等形式使之更加系统化;但其野蛮残暴程度较之奴隶社会有所缓和。封建婚姻家庭制度的基本特征是,一夫一妻多妾制,实行包办强迫、买卖婚姻;男尊女卑,家长专制,漠视子女利益,但家长不能任意杀戮妻女。农民有一定的人身自由和婚姻缔结权,封建地主不能任意蹂躏农民的妻女。不过,在中世纪的欧洲,法律公开规定封建领主对女农奴享有初夜权。

(3)资本主义社会的婚姻家庭制度。资产阶级革命胜利后,资本主义法律废除了封建的等级制和身份制,确立了男女平等、婚姻自由原则,实行一夫一妻制,禁止重婚纳妾,开始了婚姻家庭关系从身份到契约、从宗教到世俗、从专制到民主的转变,与封建法相比,其历史意义不言而喻。不过,也应当看到,资产阶级的婚姻家庭关系往往被打上了较重的财产烙印;初期法律对妻的要求高于夫;一夫一妻制实际上是以通奸、卖淫、嫖娼为补充的。直到第二次世界大战后,资本主义各国不断改革婚姻家庭法,终于实现法律上的夫妻平等、父母子女关系平等。但男女在事实上尚没有真正平等。

自20世纪初以来,婚前性行为和婚外性行为就开始逐渐成为一种社会现象。第二次世界大战结束后,“性解放”、“性自由”为标志的社会思潮流行于资本主义国家与地区,未婚先孕、非婚同居现象严重,离婚率大幅上升,单亲家庭数量不断增多。随人权保护运动的推进,家庭暴力作为社会问题受到广泛关注,并进入法律规制范围。婚姻家庭的意识、价值观念、调整范围、规范手段等慢慢发生了变化。当然,婚姻家庭的进步仍有待于社会作出更大努力。

(4)社会主义的婚姻家庭制度。社会主义的婚姻家庭制度建立在生产资料公有制为主体多种经济成分并存的基础上,婚姻自由、男女平等、一夫一妻、保护妇女儿童和老人合法权益是其基本特征。实践表明,社会主义婚姻家庭制度建立后面临着巩固、完善的艰巨任务。特别是在社会主义初级阶段,社会关系极为复杂,在婚姻家庭领域,封建的传统思想意识及习惯势力尚未完全破除,资本主义社会的某些腐朽思想日益渗透和侵蚀不容忽视。只有大力发展生产力,提高社会物质文明和精神文明建设水平。加强法制,才能使社会主义婚姻家庭制度不断向前发展,使社会主义法律规定变为婚姻家庭现实。

总之,人类的婚姻家庭制度不断地从低级向高级形式发展,是不以人的意志为转移的客观规律。

二、中国婚姻家庭法回顾

(一)中国古代婚姻家庭立法

在中国奴隶社会,成文法典的制定和公布较晚,婚姻家庭关系主要由维护奴隶主利益的宗法等级制度的礼制以及为统治阶级所认可的习惯调整。

奴隶制时代有关婚姻家庭的礼制,在《礼记》、《仪礼》《周礼》等古籍中留下了比较系统的记载,奴隶制的礼把“合二姓之好,上以事宗庙,下以继后世”作为婚姻的最高宗旨,①“孝”和“梯”作为家庭、宗族关系中至高无上的原则。维护一夫一妻多妾制和包办、买卖婚姻的婚礼,尊崇家长权、父权和夫权的家礼,是中国古代婚姻家庭法最重要的渊源。例如,关于嫁娶的“六礼”程序,婚姻离异方面的“七出”、“三不去”,服制、立嫡和宗祧继承,以及有关家庭财产和家庭秩序的一些基本规则,都发祥于奴隶制时代。

在封建社会里,调整婚姻家庭关系的礼与法并用。一方面,地主阶级继承了古已有之的礼,并加以改造和补充,使之适合于维护封建宗法统治和婚姻家庭制度的需要,另一方面,通过不同时期的立法,使封建婚姻家庭法制获得了相当发

---

① 《礼义·昏义》。

展。李·理所撰《法经》,以奸淫罪入于杂律,秦律中有家罪之名。自汉朝开始,各朝法典,将调整婚姻家庭关系的法律,与户籍、土地、税收等项目合编在《户律》或《户婚律》中。婚姻家庭立法在唐代进入全盛时期,现存《永徽律疏》第四篇"户婚",计46条,在婚姻方面,唐律具体规定了订婚、重婚、婚姻限制、违律为婚的后果、主婚人责任、婚姻离异等,以维护封建婚姻之道;在家庭方面,唐律通过一系列规定强化家长制。在户婚篇之外,唐律将不孝恶逆等列入"十恶",规定亲属相犯时尊卑同罪异罚等。所有这些皆以巩固封建婚姻家庭制度为宗旨。封建王朝在法典之外还采用了户令等其他法律形式,调整婚姻家庭关系。到后期,与律并行的令起着很重要的作用。

中国古代法有关婚姻家庭的规定很不全面,且法律不是调整婚姻家庭关系的最重要手段。封建王朝历来礼法并用,在婚姻家庭领域表现得尤为突出。法典中所规定的,主要是与刑相关的事项,即一旦违反,便处之以刑;其他方面则一概委诸于礼。有关婚姻家庭的礼,实际上起着法的作用,或者说,为国家所认可的婚礼和家礼,是广义上古代婚姻家庭法的组成部分。

我国从公元前22世纪末、前21世纪初夏奴隶制国家建立开始至1840年,在漫长的历史发展过程中,历代王朝的婚姻家庭法基本一脉相承,仅立法形式和某些具体内容稍有变化。中国古代社会的婚姻家庭法具有如下特征:

(1)包办强迫婚姻,男女无婚姻自由。"父母之命"和"媒妁之言"是古代成立婚姻的唯一合法形式。婚姻的缔结不是出于男女当事人自愿,而是由父母、祖父母等尊亲属行使主婚权,决定当事人婚嫁。男不自专娶,女不自专嫁,必由父母。男女结婚,从选择对象、订婚到嫁娶操办,都必须由父母包办,媒妁居中活动。门当户对和婚姻论财,是成就婚事的主要条件,也是父母下命、媒妁传言的实际依据。在等级森严的古代社会,家势门第不同的男女间,存在着不可逾越的通婚障碍。即使在统治阶级内部,婚嫁也有很深的门阀之见。"凡婚嫁,无不以财币为事,争多竞少,恬不为怪也。"聘娶婚往往成为变相的买卖婚。男女当事人无婚姻自由。

法律以成立婚书和收受聘财为订婚的要件。嫁娶程序,基本沿用"六礼",后期有所简化。

(2)统治阶级的一夫一妻多妾与劳动者一夫一妻并存。法律虽然禁止多妻或重婚,但纳妾不在此限。统治阶级的多妻制是通过纳妾实现的,且具有等级特点,纳妾的多寡与纳妾者在统治阶级中所处的地位相一致。劳动人民普遍遵循一夫一妻。

(3)男尊女卑,夫权统治。男女两性在家庭中的地位与其社会地位相一致。

古代中国,在以男性为中心的宗法制度下,家庭中,父与母、夫与妻,子与女、兄弟与姐妹等,由于性别不同,地位极不相同,男尊女卑达到了无以复加的地步。按照礼与法的规定,家庭中的家长权、财产所有权、继承权都归男子享有;妇女只能充当家庭奴隶和传宗接代的工具。例如,要求妇女恪守“三从四德”,就是要求妇女在思想、言行、仪表和家务劳动等方面严守妇道,从属于男子管束之下。

“夫为妻纲”,是旧中国夫妻关系立法的指导思想。丈夫集夫权、父权和家长权于一身,夫妻是统治与被统治的关系,已婚妇女的人身权和财产权受到极大限制。

(4)家长专制,漠视子女利益。家政统于家长,是历代法律规定的家庭关系基本准则。家长对外代表全家,承担社会义务,行使权利,对内统帅家属从事生产、组织消费。家长对家属拥有家长权,实行家长专制。家长权是家长对家属享有的一切权力的总和,主要内容有,统帅家属和家庭财产支配权、婚姻缔结权、教育家属权、对家属的惩戒权等。子女、卑幼要绝对服从家长,同居卑幼未经家长同意私自擅用本家财物,须受法律处罚。漠视子女利益达到了“父为子纲”,“父要子亡,子不敢不亡”的地步。

(5)以“出妻”为主要方式的专权离婚。我国古代婚姻家庭制度下,离婚受到严格限制;离婚权主要属于丈夫和男家,妇女处于无权地位。例如,按照封建法律规定,离婚方式虽有四种,即出妻、义绝、和离、呈诉离婚,但是,实际上,“出妻”是最主要的离婚方式。

(二)中国近代及半殖民地半封建社会的婚姻家庭立法

从1840年到1949年中华人民共和国成立前,中国进入半殖民地半封建社会。随着社会性质和条件的变化,传统的封建婚姻家庭观念和伦理道德受到了巨大冲击,封建婚姻家庭制度开始衰落,尤其经历太平天国革命、戊戌变法、辛亥革命和五四运动之后,婚姻家庭观念和婚姻家庭关系都发生了一定变化。有识之士抨击束缚人们婚姻家庭的封建礼教,主张效法西方,实行男女平等、婚姻自由,促使统治阶级修改婚姻家庭立法。但是,在帝国主义、封建主义、官僚资本主义的联合统治下,社会的封建经济基础和上层建筑仍然存在,封建礼教在婚姻家庭领域中仍具有很大影响。不论是对封建婚姻家庭法稍加改良使旧的婚姻家庭制度得以延续,还是以资产阶级国家亲属法为蓝本制定的婚姻家庭法,仅是立法形式上的某些变化,没有根本改革旧婚姻家庭制度。从总体看,封建婚姻家庭制度在全国范围内仍然居于统治和支配地位。

中国半殖民地半封建社会的婚姻家庭立法,经历了清朝末年、北洋军阀政府统治时期和国民党统治时期三个阶段。

（1）清末及北洋政府时期的婚姻家庭法。清朝末期，清政府被迫宣布实行“新政”，对原有法律作某些修改，于1910年颁布《大清现行刑律》。这部法律是在《大清律集解附例》基础上删改而成，将包括婚姻家庭规范在内的纯民事条款单列，不再科刑，以示“民刑分离”，但是，其内容是大清律例的翻版，极力维护封建宗法制度。例如，规定父母、祖父母主婚；肯定纳妾合法，实行一夫一妻多妾制；以“七出”作为丈夫休妻的条件，剥夺了妇女离婚权；规定祖父母、父母在，子孙不得别籍异财。这部法律颁行不久，清王朝即被推翻。但是，这部法律规定的有关婚姻家庭和其他民事方面的内容，为后来的北洋政府沿用，被称为“民事有效部分”。1911年，清政府完成《大清民律草案》，其内容大体模仿日本、德国的民法，又沿袭了中国封建民事法律的某些原则和内容，其中设有亲属编。由于清王朝迅即覆灭，这部草案未及颁行。

（2）北洋政府时期的婚姻家庭法。北洋军阀政权建立后，1914年着手起草民法典。1915年《民律亲属编草案》草成，共七章141条。1926年起草完成的《民律草案》，内设亲属编。这两部草案内容基本上抄袭资本主义国家亲属法和大清民律草案。两部法律草案均未正式颁行，仅由北洋军阀政府司法部通令各级法院作为内部条例援用。

（3）旧中国的民法亲属编。1928年，中华民国政府设立法制局，起草了《亲属法草案》82条，未公布。其后，开始起草民法。1930年12月26日，公布了《民法亲属编》，并于1931年5月5日起施行。该法共计171条，分通则、婚约、父母子女、监护、抚养、家、亲属会议七章。该亲属编是中国半殖民地半封建社会婚姻家庭制度在法律上的集中反映，其封建和殖民地色彩浓烈。该法一直沿用到1949年大陆解放。①

（三）中国民主革命根据地的婚姻家庭立法

在民主革命时期，中国婚姻家庭制度的改革从属于反帝、反封建的革命总任务。中国共产党成立之初，就提出了解放妇女、实行男女平等的革命纲领；第一次国内革命战争时期，革命势力对封建主义婚姻家庭制度进行了猛烈冲击。运用法律武器，发动广大群众对婚姻家庭制度实行全面改革，则是从第二次国内革

---

① 国民党退踞台湾后，该法在台湾地区沿用至今。其间曾于1985年、1996年、1998年、1999年、2002年、2007年先后六次修订。修订后的民法亲属编共计七章，结构未变，即第一章通则、第二章婚姻、第三章父母子女、第四章监护、第五章扶养、第六章家、第七章亲属会议，但内容已有较大改变。民法亲属编是当前中国台湾地区调整婚姻家庭关系的主要法律依据。

命战争时期开始的。

1. 土地革命战争时期的婚姻家庭立法

1927 年 8 月以后,中国共产党创建了若干革命根据地,建立了工农革命政权。根据地人民政府运用法律手段,改革旧的婚姻家庭制度,发布了取缔娼妓制度、解放奴婢、实行男女平等、禁止买卖婚姻等决议和法令。1930 年 3 月,闽西根据地工农兵代表大会通过了《保护妇女青年条例》和《闽西婚姻法》;1931 年 7 月,鄂豫皖边区第二次苏维埃代表大会通过了《婚姻问题决议案》。这些是为解放妇女、改革婚姻家庭制度采取的最初法律措施。中华苏维埃共和国成立后,1931 年 12 月公布施行《中华苏维埃共和国婚姻条例》。1932 年 2 月的《湘赣苏区婚姻条例》、1933 年 12 月的《川陕苏维埃婚姻条例》等。1934 年 4 月,颁布《中华苏维埃共和国婚姻法》,共计六章 21 条,适用于我国民主革命时期一切革命根据地。

《中华苏维埃共和国婚姻法》是中国共产党领导的革命根据地中第一个以国家名义颁行的内容较完整的婚姻家庭法,具有重要历史地位。其主要内容有:第一,明确废除包办买卖婚姻、童养媳等封建婚姻家庭制度。第二,确立婚姻自由、一夫一妻制、男女平等和保护妇女和子女利益等新民主主义婚姻家庭制度的基本原则。第三,规定了结婚"男子须满 20 岁、女子须 18 岁",禁止三代以内血亲相互结婚、禁止患花柳病、麻风、肺病等危险性传染病者结婚等结婚条件,确立婚姻登记制度;废除聘金、聘礼和嫁妆等陋俗。第四,保障离婚自由。男女一方坚决要求离婚的,即可离婚,离婚须办理离婚登记;如发生争议,由裁判部处理。第五,保护革命军人的婚姻。

2. 抗日战争和解放战争时期的婚姻家庭法

1937 年 7 月至 1949 年 9 月,在中国共产党领导的抗日根据地和解放区,加强了婚姻家庭立法。各革命根据地、解放区先后制定颁行的区域性婚姻家庭法,主要有:1939 年《陕甘宁边区婚姻条例》、1940 年《晋西北婚姻暂行条例》、1942 年《晋冀鲁豫边区婚姻暂行条例》等。此外,有些地区还制定了若干单行法规,如 1943 年《陕甘宁边区抗属离婚处理办法》,同年《山东省保护抗日军人婚姻暂行条例》。

这一时期的婚姻家庭立法具有四个显著特点:第一,婚姻家庭立法具有地区性和时代特色。抗日战争和解放战争期间的婚姻家庭立法都是区域性法规。它们是各地根据本地具体情况制定的,内容不尽相同。第二,继承了苏区婚姻家庭法的基本原则。婚姻家庭立法的基本原则与中华苏维埃时期的婚姻家庭立法完全一致。第三,体现了中华民国民法亲属编的立法精神。抗战时期基于国民党和共产党的合作，边区的婚姻家庭立法也体现了中华民国民法亲属编的精神。相比苏区时期婚姻家庭立法，立法较多地顾及了婚姻家庭习俗的存在和影响。第四，对婚姻家庭关系的调整更具体更慎重。抗日根据地和解放区，随着婚姻自由的贯彻，涌现了大量新型婚姻家庭关系。为反对婚姻家庭问题上的随意性，各地的婚姻家庭条例对结婚、夫妻关系、离婚等问题的调解趋向慎重，更为具体。

总之，新中国成立前革命根据地的婚姻家庭立法，是中国共产党领导的革命政权，运用马克思主义关于婚姻家庭的基本理论具体解决中国婚姻家庭问题的最初法律文献。它们均以废除封建主义婚姻家庭制度、实行新民主主义婚姻家庭制度为宗旨，在中国局部地区以法律形式确定了新民主主义婚姻家庭制度的基本原则。这些法律的贯彻，使自主婚姻有了初步发展，改善了家庭关系，提高了妇女地位，激发了广大群众革命和生产积极性。尽管由于历史条件限制，各地的婚姻家庭改革不平衡，婚姻家庭立法对许多婚姻家庭问题缺乏相应规定，但是，它们在我国婚姻家庭立法史上留下了光辉记录，并为新中国成立后在全国范围内改革婚姻家庭制度积累了经验，为我国新的婚姻家庭制度提供了初步框架，有力地推动了中国婚姻家庭制度的改革。

（四）新中国婚姻家庭立法

1949 年至今，中华人民共和国颁行了 1950 年《中华人民共和国婚姻法》（以下简称 1950 年《婚姻法》）、1980 年《中华人民共和国婚姻法》（以下简称 1980 年《婚姻法》）；后者又于 2001 年进行了首次修订。与此同时，新中国制定的妇女权益保障法、未成年人保护法、老年人权益保障法等法律中也有若干规定涉及婚姻家庭关系的规范。

1. 1950 年《婚姻法》

1949 年 9 月，中国人民政治协商会议制定了临时宪法《中国人民政治协商会议共同纲领》，指出“中华人民共和国废除束缚妇女的封建制度。妇女在政治的、经济的、文化教育的、社会生活各方面，均有与男子平等的权利。实行男女婚姻自由”。1950 年 4 月 13 日中央人民政府委员会第七次会议通过了《中华人民共和国婚姻法》，并于同年 5 月 1 日颁布施行。该法是我国新民主主义革命时期婚姻家庭制度改革经验的总结，又是适应建国后婚姻家庭关系调整的实际需要制定的。它的颁行标志着在全国范围内进行婚姻家庭制度改革的开端。

（1）1950 年《婚姻法》的任务和主要内容。1950 年《婚姻法》的主要任务是在全国范围内废除封建婚姻家庭制度，向封建的婚姻家庭观念、传统和行为作斗争；同时，在反封建的基础上，建立和巩固社会主义的婚姻家庭制度，保障公民在婚姻家庭领域的合法权益。

1950年《婚姻法》以调整婚姻关系为主，对家庭关系的规定比较简略。第一章原则，规定了该法的基本精神、任务和原则是“废除包办强迫、男尊女卑、漠视子女利益的封建主义婚姻家庭制度。实行男女婚姻自由、一夫一妻、男女平等的新民主主义婚姻制度”。第二章结婚，规定了结婚的条件和程序。男女结婚须本人完全自愿；男20岁，女18岁始得结婚；禁止直系血亲和同胞兄弟姐妹相互结婚，其他五代以内的旁系血亲结婚从习惯。结婚男女须向区、乡人民政府申请结婚登记。第三章夫妻间的权利义务。夫妻有各自使用自己姓名的权利，夫妻双方均有选择职业、参加工作和社会活动的自由；夫妻有相互扶养和继承遗产的权利。第四章父母子女关系，规定父母对子女有抚养的义务；子女对父母有赡养扶助的义务，父母子女有相互继承遗产的权利；非婚生子女、养子女和有扶养关系的继子女享有与婚生子女同等的权利义务。第五章离婚。双方自愿离婚，准予离婚，并向区人民政府登记。男女一方坚决要求离婚的，经司法机关调解无效时，即行判决。在女方怀孕和分娩一年内，男方不得提出离婚。现役军人的配偶提出离婚，须得军人同意。第六章离婚后的子女抚养和教育。父母子女间的关系不因父母离婚而消灭，父母仍有抚养教育子女的权利和义务。第七章离婚时财产分割和生活。规定女方婚前财产归女方所有；其余夫妻共同财产由双方协议处理；协议不成时，以照顾女方及子女权益判决。夫妻共同债务，由共同财产清偿，不足时，由男方清偿。男女一方所负债务，由本人偿还。第八章附则，因干涉婚姻自由而致被干涉者死亡或重伤者，干涉者一律应负刑事责任。

(2)1950年《婚姻法》的贯彻执行。1950年《婚姻法》施行后，新旧婚姻家庭思想意识斗争十分激烈。包办婚姻、暴力干涉婚姻自由、侵犯妇女人身权利的现象很严重，杀害妇女或妇女自杀案件时有发生。为了保证婚姻家庭制度改革的健康发展，1952年11月和1953年2月，中共中央、政务院先后发出了三个关于贯彻婚姻法的重要文件，规定1953年3月为全国贯彻婚姻法运动月，并明确规定贯彻婚姻法的任务、方针、方法和各种政策界限。当时，中央和各级人民政府都成立了“贯彻婚姻法运动委员会”；先后在村、工矿和街道进行试点，培训干部，印发宣传资料。1953年3—4月间，全国70%左右地区(少数民族地区和土改尚未完成地区除外)开展了贯彻婚姻法运动，对广大群众进行婚姻法的宣传教育，还检查了县级以上各级人民法院、民政部门和基层干部执行婚姻法的情况。① 这次运动使婚姻法深入人心，家喻户晓，取得了建国初期婚姻家庭制度改

---

① 1953年11月11日，中央贯彻婚姻法运动委员会刘景范副主任在政务院第193次政务会议报告《关于贯彻婚姻法运动的总结报告》。

革的决定性胜利，为婚姻法的继续贯彻执行奠定了基础。

内政部于1955年6月1日公布《婚姻登记办法》，配合婚姻法执行。但是，各地仍碰到了诸多该法律规定不甚明了而实践中又必须解决的问题，例如，如何对待天主教徒的结婚问题；如何处理瘫痪、白痴、聋哑人离婚问题；如何确定子女姓氏；革命军人包括哪些人；不同民族的男女婚姻纠纷如何处理；等等。为了解决执行过程中遇到的疑惑和问题，1950年至1980年间，中央人民政府内务部、法制委员会和最高人民法院、司法部等有关机关与部门分别针对结婚、家庭关系、离婚、革命军人婚姻、民族婚姻、涉外婚姻等几乎婚姻家庭的所有方面，就具体问题做了大量解答或批复、复函。例如，1953年3月7日最高人民法院、司法部《关于"五代内"的解释的复函》规定，"旁系血亲"，是指直系血亲之外在血统上和自己出于同源之人；五代以内，是指从己身往上数，己身为一代，父母为一代，祖父母为一代，曾祖父母为一代，高祖父母为一代，分系血亲如从高祖父母同源而出的，即为五代以内。所有这些司法解释，丰富了婚姻法的内容，使该法规定更为具体和明确；同时为执行中许多实际问题的解决提供了统一根据。

2. 1980年《婚姻法》

1950年《婚姻法》颁行30年间，我国以男女平等、一夫一妻的婚姻家庭制度得以建立和巩固，而且这类婚姻家庭关系成为社会主流。尽管封建意识还影响着我国婚姻家庭建设，但是，30年间我国社会政治、经济、文化、人口状况、妇女的社会经济地位等发生了很大变化。1979年后，执政党和国家工作重点转移到社会主义经济建设上，这就需要充分调动广大人民群众的积极性，造就安定团结的政治局面和社会环境。1980年9月10日，第五届全国人民代表大会第三次会议通过了《中华人民共和国婚姻法》，并于1981年1月1日施行。1980年10月23日民政部颁布了《婚姻登记办法》配合婚姻法实施。1980年12月16日国务院发出通知要求各地认真贯彻执行婚姻法。1980年《婚姻法》是在1950年《婚姻法》基础上，根据30年来社会新情况、新问题和司法实践经验修订的，体现了新时期社会主义建设对婚姻家庭的要求，反映了原婚姻法施行以来改革婚姻家庭制度取得的成果，体现了妇女社会地位和家庭地位的变化，总结了司法实践处理婚姻家庭纠纷的经验教训。该法重申原婚姻法的基本原则，保留了行之有效的规定，同时又适应社会条件变化和调整婚姻家庭关系的实际需要，在内容上作了必要的修改和补充。

1980年《婚姻法》有若干新发展。第一，新增两项基本原则。在原有四个基本原则基础上，增设了实行计划生育原则，使我国实行计划生育有了法律依据；同时还增加了保护老人合法权益原则，保障老人晚年生活。第二，修改了法定婚龄和禁婚血亲范围。将原男20岁、女18岁的法定婚龄，提高到男22周岁、女20周岁；将兄弟姐妹以外的其他五代内旁系血亲是否通婚从习惯的原规定，改为禁止三代以内旁系血亲相互结婚。关于禁止结婚的疾病和结婚程序的表述作了一些修改。第三，扩大调整家庭关系。将祖父母、外祖父母、孙子女、外孙子女、兄弟姐妹纳入调整范围；在夫妻财产制、扶养、抚养、赡养、收养和继父母继子女关系等方面规范上，规定更为具体；增加了父母对未成年子女的管教和保护的规定。第四，修改离婚条款。男女一方要求离婚，可由有关部门进行调解或直接向人民法院提出离婚诉讼。在判决离婚的理由上，明确规定“如双方感情确已破裂。调解无效，应准予离婚”。在离婚后的子女抚养、财产分割、生活安排等问题上，也对原规定作了一些修改。第五，增加了制裁和强制执行条款。对违反婚姻法的行为得分别给予行政处分或法律制裁，对拒不执行人民法院有关扶养费、抚养费、赡养费、夫妻财产分割和遗产继承等具有财产内容的裁定、调解或判决，人民法院得依法强制执行。

1980年《婚姻法》施行后，全国人民代表大会及其常务委员会及有关部门努力通过立法建立和健全配套制度。例如，1980年11月11日，民政部发布《婚姻登记办法》，取代原来的婚姻登记办法。1986年3月15日，民政部发布了修订后的《婚姻登记办法》，废止了原办法。同年4月12日，第六届全国人民代表大会第四次会议通过的《中华人民共和国民法通则》，规定婚姻自主权为重要民事权利之一，明确规定婚姻、家庭、老人、母亲和儿童受法律保护，妇女享有与男子平等的民事权利；规定了涉外婚姻家庭关系的法律适用。1991年12月29日，第七届全国人民代表大会常务委员会第23次会议通过并公布了《中华人民共和国收养法》。这是中华人民共和国第一部收养法。1993年11月10日，司法部、民政部联合发布了《外国人在中华人民共和国收养子女实施办法》，作为收养法的配套法规适用。1994年2月1日，民政部发布《婚姻登记管理条例》，并于公布之日起施行，取代1986年《婚姻登记办法》，该条例对我国婚姻登记管理工作进行了详细规定，弥补了1980年《婚姻法》的某些突出不足。

最高人民法院在总结审判实践经验的基础上，就适用1980年《婚姻法》处理婚姻家庭纠纷，印发了许多具体的司法政策。例如1984年8月30日印发的《关于贯彻执行民事政策法律若干问题的意见》，就离婚、离婚时财产处理、抚养、扶养、赡养、收养作了专门规定。这些司法解释吸取了审判实践经验，也考虑到了我国改革开放后的社会发展，借鉴了外国婚姻家庭立法与司法的若干成功经验，增强了1980年《婚姻法》规定的可操作性，为我国婚姻家庭司法审判提供了重要依据。此外，最高人民法院还就司法实践中遇到的具体问题作出了许多司法解释和批复。凡此种种使我国婚姻家庭法制取得了进一步发展。

3. 2001 年《婚姻法修正案》

1980 年《婚姻法》原规定在施行 20 年后，内容过于简略的缺陷日益突显，一是缺乏亲属制度的一般规定；二是原结婚制度不够完备，欠缺对违法缔结婚姻的处置规定；三是夫妻财产制规定过于简略，特别是关于夫妻财产约定未制度化；四是关于离婚的理由只有概括的原则表述，适用时不易掌握，主观随意性大；五是对父母子女等家庭关系的调整不够重视，离婚父母对子女权利的行使和义务的履行存在一定空白，使得当事人的行为和司法审判无法可依；六是无涉外涉侨涉港澳台婚姻家庭关系法律适用的规定。同时，改革开放以来我国社会生活发生了重大变化，我国婚姻家庭领域出现了一些新情况和新问题，急需从法律上采取相应对策予以解决。法学界于 1990 年提议修改 1980 年《婚姻法》。1992 年，中国法学会婚姻法学研究会正式向有关部门呈交了修改婚姻法的书面建议。1995 年 10 月，第八届全国人民代表大会常务委员会第 16 次会议通过了修改 1980 年《婚姻法》的决定。1996 年底，全国人大常委会委托民政部牵头，组织有关部门和机构成立修改婚姻法领导小组，并成立专家组具体负责起草工作。至 1999 年初，形成了专家试拟稿。1999 年起，全国人大法工委审议修改试拟稿。其间，许多人热情关注婚姻法修改。法学界和社会学界等各方观点不一，争论激烈。各种社会传媒的大规模报道，修改婚姻法过程变成了一场吸引亿万人参加的大讨论。2001 年 1 月，《中华人民共和国婚姻法（修正草案）》，经第九届全国人大常委会第 18 次、第 19 次会议审议，委员长会议决定全文公布婚姻法修正草案，向社会广泛征求意见。2001 年 4 月 28 日，第九届全国人民代表大会常务委员会第 21 次会议通过了《关于修改〈中华人民共和国婚姻法〉的决定》，时任国家主席江泽民当日签署了主席令公布修正案，修正案自公布之日起施行。

修改 1980 年《婚姻法》是婚姻家庭法适应社会发展的需要，也是完善婚姻家庭法制建设的需要。此次修改增加 14 条，修改 33 处，修正后的婚姻法共 51 条。修正内容主要针对社会反映强烈的突出问题作出修改，体现在下列九个方面：第一，加大了维护一夫一妻制的力度。针对改革开放以后出现的部分人对婚姻家庭有放任轻率的倾向，尤其针对直接破坏一夫一妻制的各种名义的婚外同居现象，修正案第 3 条第 2 款新增“禁止有配偶者与他人同居”规定，并在第 32 条、第 46 条规定了违反该禁止性规定应承担的法律后果。修正案第 4 条增设了夫妻应当相互忠实和互相尊重的规定，要求婚姻当事人遵守一夫一妻制。第二，尊重和保护婚姻家庭领域内的人权，为弱者提供更多的救济和保护。修正案第 3 条第 2 款规定“禁止家庭暴力”，新设第五章专章救助措施与法律责任，为家庭暴力以及虐待、遗弃行为的受害人提供多途径救济和帮助。扩大了生活困难帮助的适用范围和帮助措施。第三,增设了婚姻无效和可撤销制度,完善结婚制度。修正案第10~12条针对违法结婚问题,引进了婚姻无效和可撤销制度;并在第8条就事实婚姻问题作了规定。第四,修改夫妻财产制度,使之适应市场经济条件下社会生活需要。修正案增设了个人特有财产制,缩小了夫妻共同财产范围;提供三种类型约定财产制供当事人选择适用,并要求当事人约定财产制采用书面形式。考虑到民事交易安全问题,修正案就夫妻财产契约对第三人的效力及夫妻对婚姻生活期间的债务清偿责任作出了更为明确的规定。注意保护合法婚姻配偶对共有财产的利益。第五,离婚的法定理由具体化,增加了执法的操作性。修正案增设了准许离婚的法定事由,使得准许离婚和不准许离婚的司法裁判标准具体、明确,增加了离婚法定条件的透明度,有利于防止随意性。第六,增设离婚损害赔偿制度。修正案第46条规定,因夫妻一方的过错导致离婚时,无过错一方有权请求损害赔偿。这一制度的建立,有利于预防和制裁婚姻家庭领域的违法行为,在一定程度上填补无过错一方的损害,更好地保护妇女和儿童的合法权益。第七,增设了财产补偿请求权制度。修正案第40条规定,夫妻一方对婚姻家庭作出较大贡献时,符合条件的,离婚时有权向另一方请求补偿。该规定进一步强调夫妻对婚姻家庭有平等的权利和义务,第一次在法律上明确承认家事劳动的社会价值。第八,增设探望权制度,切实保障未成年子女与离婚父母双方的正常联络。离婚后不直接抚养子女的父母一方,享有探望子女的权利,另一方有协助义务;探望权人行使探望权有不利于子女身心健康情形的,人民法院经有关人员请求可暂停探望权行使,中止探望权事由消失后,应当恢复探望权行使。第九,增设了社会救助与法律责任。新中国成立以来的婚姻法,有关法律责任规定欠缺实质内容。1950年《婚姻法》仅在第26条规定了“违反本法者,依法制裁。凡因干涉婚姻自由而引起被干涉者死亡或伤害者,干涉者一律应并负刑事的责任”。1980年《婚姻法》原规定只在第34条规定“违反本法者,得分别情况,依法予以行政处分或法律制裁”。这两次规定没有体现出婚姻家庭法特色。本次修正案规定了家庭暴力、虐待、遗弃、有配偶者与他人同居、重婚行为的民事责任,增设了离婚损害赔偿制度,重申依法追究侵犯婚姻家庭权益行为的行政责任或刑事责任,强调了有关单位特别是司法机关在制止侵害婚姻家庭权益违法行为方面应负的责任,从而使得婚姻家庭权益得到了切实保障,增强了婚姻法的权威性和可操作性。基于法律公平与正义目标的追求,应该采取一切有效而适当的措施保障婚姻家庭的正当权益。这一完善婚姻家庭立法的重要一步,标志着我国婚姻家庭立法指导思想的发展,是中国婚姻家庭立法史上的重大突破。这有助于充分发挥多种法律手段对婚姻家庭权益的综合保护作用，为社会相关部门和司法机关更好地介入婚姻家庭领域提供法律依据。《婚姻法修正案》对于建立和维护平等、和睦和文明的婚姻家庭关系起到积极的推动作用。

4. 保护妇女、儿童和老人婚姻家庭权益的相关法律

这主要由几部具有基本法性质的专门法律有关规定构成。

(1)妇女权益保障法。为了保障妇女的合法权益，促进男女平等，充分发挥妇女在社会发展和建设中的作用，1992 年 4 月 3 日，第七届全国人民代表大会第五次会议通过了《中华人民共和国妇女权益保障法》(以下简称《妇女法》)，并于同年 10 月 2 日起施行。2005 年，该法被第一次修正(以下简称《妇女法修正案》)。

《妇女法修正案》规定了妇女在政治的、经济的、文化的、社会的和家庭生活等各方面享有与男子平等的权利。其中第五章财产权益，规定妇女在社会、婚姻、家庭、继承等所有方面享有与男子平等的财产权益；第六章人身权利，规定了妇女享有与男子平等的人身权利；第七章婚姻家庭权益，规定了妇女享有与男子平等的婚姻家庭权利，包括婚姻自主权、计划生育权、夫妻财产权、未成年子女监护权等。《妇女权益保障法》有关婚姻家庭权益的规定集中体现在该法第 40 条至第 47 条规定上，尤其对离婚时妇女房屋所有权和住房使用权保护、妇女生育权、计划生育问题上的规定，使婚姻法关于计划生育原则和保护妇女合法权益原则具体化。

(2)未成年人保护法。为了保护未成年人的身心健康，保障未成年人的合法权益，促进未成年人在品德、智力、体质等方面全面发展，1991 年 9 月 4 日，第七届全国人民代表大会常务委员会通过了《中华人民共和国未成年人保护法》。该法比较全面地就保障未成年人人身、财产和其他合法权益作出原则性规定。其中第二章“家庭保护”，规定了父母或者其他监护人的职责与义务，内容涉及供养与照顾未成年人生活，教化未成年人的习性，培养良好的性格，保证未成年人受教育权等。这些内容丰富了婚姻法关于父母子女关系的规定。2006 年 12 月，总结未成年人保护法实施的经验，针对中国近年来儿童权利保护遇到的突出问题，1991 年该法第一次被修订。《未成年人保护法修正案》宣告了儿童享有生命权、健康权、受教育权等一系列权利，引导父母及其他监护人正确履行职责，强调尊重未成年人意见，规定有关国家机关和社会组织负有为未成年人的父母或其他监护人提供家庭教育指导的义务。这次修正，将有助于改善未成年人成长环境。

(3)老年人权益保障法。《中华人民共和国老年人权益保障法》在第二章“家庭赡养与扶养”侧重对老年人受赡养权和财产权等在婚姻家庭生活方面的权益作了详细规定，使得婚姻法有关规定具体化，增强了可操作性。

(4)母婴保健法。为了更好地保障母亲和婴儿健康，提高出生人口素质，1994年10月第八届全国人民代表大会常务委员会通过了《中华人民共和国母婴保健法》(以下简称《母婴保健法》)，并于1995年6月1日起施行。《母婴保健法》是中国法制史上第一部优生保健法，它第一次将优生保健事业纳入法制轨道，使母婴保健工作有法可依。该法以保障母亲和婴儿健康、减少和预防先天性缺陷儿出生、提中华民族人口素质为己任，是我国实施计划生育这一国策之必需，是我国婚姻家庭立法的重大发展。

该法共7章39条。第一章总则，规定了该法的任务、原则和母婴保健工作的主管机关及其职责。第二章婚前保健，规定了婚前保健的内容，婚前检查的事项与程序、结果。第三章孕产期保健，规定了孕产保健服务的内容、妊娠监督与服务。第四章技术鉴定，规定了医学术鉴定制度。第五章行政管理，规定了母婴保健的行政管理机构、人员及其职责。第六章法律责任，规定了违背该法规定应承担的行政法律责任。第七章附则，规定了该法专门用语的含义。

(5)人口与计划生育法。为了实现人口与经济、社会、资源、环境的协调发展，推行计划生育，维护公民合法权益，促进家庭幸福、民族繁荣和社会进步，2001年12月29日，第九届全国人民代表大会常务委员会第25次会议通过了《中华人民共和国人口与计划生育法》(以下简称《人口与计划生育法》)，共7章计47条，于2002年9月1日起施行。该法是中国历史上第一部较全面规划人口的专门法，规定了人口发展规划的制定与实施、生育调节、奖励与社会保障、计划生育持术服务、法律责任等内容。

三、婚姻家庭法的国际新发展

自20世纪40年代以来，家庭组织、社会结构、经济环境和人们的观念等均发生了重大变迁，人类的婚姻家庭生活发生了巨大变化，越来越多妇女从事职业劳动，实现了经济自立，承担起家庭的经济供养责任；核心家庭成为家庭的主要形式；离婚率持续升高；单亲家庭成为常见家庭现象；家庭规模不断缩小，少子化现象日益突出；传统家庭职能渐渐由国家责任和社会保障所替代，家庭功能在简化，婚姻、家庭在更大程度上与个人生活方式选择相联系。应对社会发展的需要，婚姻家庭法发生了重大变化，婚姻家庭法融进了宪法精神和人权的概念，延伸到侵权行为法、税法、社会保障法等法律部门之中；传统的婚姻家庭制度经过持续变革获得了重大修正或发展。

(一)婚姻家庭关系更趋平等

第二次世界大战以来，在传统婚姻内部，更强调夫妻平等，无论是夫妻身份行为还是夫妻财产制，均追求当事人双方平等，凡与平等原则不相符合的规则和制度得到了彻底修正。男性家庭成员与女性家庭成员的地位平等。儿童的法律地位与父母平等。

（二）家庭暴力被明文禁止

20世纪70年代以来，英国、美国、加拿大等工业化主要国家和地区将发生在家庭的暴力，与在公共生活中的暴力问题同等对待，积极依赖公权进行治理。法律确认婚姻不是配偶一方违背另一方意愿实施攻击的许可执照，制定了应对家庭暴力问题的专门法律，修订了既有相关法律，防治家庭暴力取得了良好成效。

（三）无过错离婚法普遍流行

20世纪60年代至90年代间，世界主要国家的离婚法实现了从过错离婚主义到无过错离婚主义的转变，配偶任何一方在婚姻无可挽回的破裂时均有权请求离婚，离婚请求的获准不以被告具有过错为必要条件。离婚法改革降低了离婚法定条件，使离婚的社会成本和经济成本最小化；婚姻当事人任何一方均能够单方面决定婚姻的前途和命运，"离婚已经变成快速、便捷和单方的行为"，"无过错离婚实际上是将离婚的权利赋予最想离婚的一方"。对婚姻当事人过错的评价，仅在离婚损害赔偿制度中体现。新离婚程序改变敌对的诉讼程序，旨在减少离婚中的敌意和精神创伤，创造有助于友好离婚的社会心理气氛。世界许多国家的离婚法因此而改变。各国离婚率在随之持续攀升。

（四）非婚同居制度化

非婚同居在工业发达国家已经普遍赢得了法律公开的认可和保护。非婚同居是指两个成年人自愿联盟共同生活，但不构成婚姻。非婚同居，自20世纪40年代后，在西方国家得到越来越多人的认同和接受。随着非婚同居人数持续增长，排斥、否定非婚同居的传统公共政策不得不重新检讨后作出让步，拒绝承认非婚同居的司法立场也基于公平等考量而不得不改变。20世纪70年代以来，从欧洲开始，成年人公开同居而不结婚受到法律保护，非婚同居家庭已获得一定法律地位，非婚同居从部分承认进而发展到全面承认拥有合法地位。

（五）同性结合合法化

自1989年丹麦议会通过《家庭伴侣法》率先承认同性伴侣关系以来，承认同性结合合法的国家和地区越来越多。1999年11月，法国议会通过《民事结合契约法》，凡年满18岁的自然人，无论性别，允许双方签订民事契约组织共同生活。自2002年3月起，荷兰的同性伴侣只要履行登记程序，就可以根据《已登记伴侣法》享有近似婚姻配偶的法律地位。冰岛、挪威、芬兰、法国、德国、西班牙等欧洲国家相继立法或者修法，使同性伴侣关系合法化。英国《2004年民事伴侣关系法》专门适用于同性结合关系，赋予了同性伴侣等同于婚姻配偶的法律地位。2005年7月，加拿大联邦议会经过激烈辩论通过了同性婚姻法，完全承认和保护同性结婚。尽管在每一个国家或地区，法律承认同性结合的过程充满了分歧与争议，但同性结合合法化的国家和地区的数量在增加。

（六）平等生育权特别是妇女的生育决定权受到了普遍尊重

妇女因天然的生理结构和功能，在生育上客观地处于某种优势地位。特别鉴于否定传统文化中歧视妇女立场的必要，当代法律特别强调妻子享有生育决定权。丈夫不得强迫妻子生育，妻子单方终止妊娠不构成对夫生育权的侵害。夫妻在生育利益上发生不可调和的冲突时，夫妻任何一方均可寻求离婚救济。然而，生儿育女毕竟是多数人的合理需求，“家里该有个孩子”是社会主流文化肯定的生活常规。由于受传统意识的影响，男性的“传宗接代”意识似乎更强烈些。因此，最近数十年来，城市人中自愿选择不生育的夫妻对数增多，在很大程度上得益于妇女生育决定权普遍受到尊重。

（七）儿童权利保护受到空前重视

自20世纪初以来，儿童作为权利主体被认识，国际社会开始普遍地关注儿童权利保护。从1924年，国际联盟第五届大会通过《儿童权利宣言》，提出保护儿童权利的五项基本原则，到1959年联合国大会《儿童权利宣言》第一次具体描述儿童的要求和资格，进而于1989年联合国日内瓦大会通过了新《儿童权利公约》，创造性地列举出儿童这个特殊群体应享有的生存权、成员权、受照顾和受保护权、社会参与权、享有文化和教育权、社会保障权等最基本人权的目录，为保护儿童权利提供了更多制度性路径，迄今已取得了丰富成果。联合国1989年《儿童权利公约》在全世界范围内产生了巨大影响，被视为儿童权利保护的试金石，成为促进各国和地区儿童权利保护的重要力量和依据。大多数国家根据该公约，先后制定或修订了本国儿童法或者儿童权益保护法律。“儿童最大利益原则”成为世界各国保护儿童权利的基本准则。父母子女关系的根本，在于父母负担保护、教养未成年子女的职责。父母与子女在法律上已是平等关系。子女最佳利益作为处理有关儿童一切事务的原则，受到重视。为保护未成年子女，不再区分婚生子女与非婚生子女；严格限制父母对子女财产的权利，各国立法加强了身份行为的监督。

婚姻家庭法获得的发展，超过了以往数百年人类婚姻家庭生活与法律缓慢变迁之总和。引发和促成这些“翻天覆地”变化的因素，包括社会经济快速发展和物质财产极大增长、妇女运动进步和妇女解放程度提高、宗教影响进一步削弱、社会保障的发展与社会福利水平的提高、人权运动的积极推动、公平合理价值观渗透到婚姻家庭内部的利益分配中等多种多样因素。特别是人权运动在第二次世界大战期间诞生后,快速介入家庭法领域,人们开始对传统婚姻法的诸多价值观和制度规范提出了质疑。大量的国际条约将人权价值和意识渗透到许多国家的国内法中,人权保护原则越来越多地融进婚姻家庭法中,促进婚姻家庭法进一步变革,并使后者获得了巨大的新发展。婚姻家庭法开始呈现公法化倾向。

总之,人类的婚姻家庭制度不断地从低级向高级形式发展,是不完全以人的意志为转移的客观规律,婚姻家庭生活实践无止境,婚姻家庭法进步的步伐从未停止。

【复习提要】

本章是婚姻家庭法基本理论中最基础的部分。讨论了婚姻、家庭、婚姻关系、家庭关系、婚姻家庭法等本学科中的基础概念,阐述了婚姻家庭关系的自然属性和社会属性;婚姻家庭担负着实现人类自身再生产、组织经济生活、组织日常生活、扶养家庭成员、教育儿童等职能。婚姻家庭法是调整婚姻关系和家庭关系的法律规范,包括宪法有关婚姻家庭的规定、婚姻家庭法律、国务院发布的婚姻家庭法规、相关法律中涉及婚姻家庭的规定、最高人民法院发布的有关婚姻家庭的司法解释性文件、婚姻家庭行政规章、民族区域自治地区有关婚姻家庭的地方性立法、中国参加的国际条约中有关婚姻家庭的规定。婚姻制度形态经过了群婚、对偶婚、一夫一妻。旧中国婚姻家庭制度,包办强迫婚姻、男尊女卑、夫权统治、家长专制、漠视子女利益。新中国成立以来,先后颁行了三部婚姻法案。

【课后练习】

1. 在法律上应当怎样解释婚姻和家庭?
2. 婚姻家庭各自具有哪些功能?
3. 政治、法律、宗教等上层建筑是怎样影响婚姻家庭的?
4. 你对中国婚姻家庭法的历史知道多少?
5. 中国古代婚姻家庭法文化对当今国人有哪些影响?你有什么样的评价?
6. 根据你的生活经历或观察到的社会真实事例,分析评判我国婚姻家庭职能的实现状况?
7. 推动婚姻家庭法进步的因素主要有哪些?
8. 我国现行婚姻家庭法主要由哪些法律规范文件组成?
9. 2001 年修正婚姻法时主要增设了哪些新规定?
10. 你认为婚姻家庭法未来将会有怎样的发展?

第二章 亲 属

【导读案例】

案例1：史大兵(男)与邻村姑娘汪贵兰结婚后，生育三个子女，即长子史国富、次子史民强、幼女史亚梅。史国富大学毕业时与女同学柯庆芳相约共同去西部发展；后相互结婚，并育有一子史建生。史民强与同厂女工吕某结婚后，搬出去单独居住，二人育一女史建红。吕某的母亲方静莹，因吕某的要求，搬到女儿家居住，协助照顾外孙女史建红。史亚梅与父母同住。请问：在本案例中，有几种亲属类型？有多少种亲属关系？并请比较各组亲属之间关系的亲疏远近。

案例2：施某(男)与郑某(女)结婚后，郑某搬到施某家，与施某、施某的父亲施甲、母亲张某共同生活。施某与郑某婚后育有一女施小蕙。施甲的父亲老施、母亲郭某共育有四子二女，依次是施甲、施乙、施丙、施丁、施戊、施己。施甲的兄弟姐妹各自结婚后，先后均育有子女。请问：施某与郑某的父母、郑某与施某的父母是什么类型的亲属？施某如何称呼其父亲的兄弟姐妹？为什么？施小蕙与母亲郑某是几亲等的血亲？施小蕙与施甲、施乙、施丙、施丁、施戊、施己及其他们的子女之间，是什么类型的亲属关系？各属于几亲等？相隔几代？

案例3：侯先生与刘女士自由恋爱三年后，自愿登记结为夫妻。婚后第三年，刘女士生育一子侯彬彬。侯先先与刘女士婚后一直与侯先生的父亲老刘、母亲张秀秀共同生活在一起。逢年过节，侯先生总携妻儿去探望刘女士的父亲老侯、母亲谷敏。刘女士的妹妹刘小兰，结识了侯先生的同事陈大伟，经过一段时间恋爱后，小兰与大伟结婚。请问：在这个案例中，有多少种亲属关系？它们各是因为什么原因产生的？这些人相互之间应如何称呼对方？

【内容讲解】

第一节　亲属概述

亲属是人类社会生活中的一种重要的社会关系。在法律上，亲属是一种身份制度，是赋予享有一定的人以适当的身份，使之享有相应权利和承担相应义务的法律制度。本章阐述亲属身份的发生，变更，消灭，亲属类型和范围。亲属之间的权利和义务在其他章节中详加讨论。

一、亲属的概念

"亲属"是指相互有血缘关系的人。广义上的亲属，是指具有婚姻关系、血缘关系、姻亲关系的人与人之间的关系。这种人与人之间的联络，其范围广泛，纵上可溯及始祖，向下延续至最近的一代，横向上也不容易穷尽。狭义上的亲属，是仅指法律调整范围内的亲属，是因婚姻、血缘或法律拟制而形成的依法相互享有特定的权利和承担义务的特定人与人之间的社会关系，其数量仅是众多亲属中极小一部分人。不同称谓的亲属，反映出了其相互之间的亲属关系，体现了法律上的权利和义务。

血缘观念是亲属观念的基础。亲属本由自然血缘而发生，包括拟制血缘；也包括配偶及配偶的血亲。根据遗传特点，一个人的血缘总是同时含有源于父系的、来自母系的。中国古代法始终以父系血缘为主。近代以来的法律倡导男女平等，在承认父系血缘的同时，承认母系血缘。

(一)亲属的特征

亲属具有以下法律特征：

(1)亲属是一种因婚姻、血缘或法律拟制而形成的人与人之间的社会关系。基于婚姻、血缘或法律拟制而生的，因而区别于其他社会关系。引发亲属产生的法律事实主要有三类：一是缔结婚姻的法律行为；二是自然人出生的事实；三是收养、抚养等法律行为。

(2)亲属具有固定的身份和称谓。身份称谓是基于身份关系而产生的名称，是亲属身份的标志，它反映出一种特定身份关系。亲属关系一旦产生，主体之间身份和称谓便被固定下来，并具有永久性。例如，男女因结婚而获得夫、妻的身份；直接生育自己的人，称之为父母；本人所生育的第一代血亲称为子女；出自同一对父母所生的子女相互之间称兄弟姐妹。父亲、母亲、儿子、女儿、兄、弟、姐、妹等,对特定人而言,是终生的称谓,也即终生的身份,当事人无法改变,直至当事者死亡。因结婚而产生的夫妻身份,除当事人死亡外,还可因离婚而消灭。

(3)亲属身份通常具有一定法律后果。亲属,不仅有亲情存在,常常还会有一定的经济、财产往来。关系较近的亲属,相互关系受到法律调整,依法享有一定权利,承担一定义务。亲属间权利义务的内容,基本上是由法律预先设定和确认的,当事人没有权利选择或者变更,只有全面承受和履行的义务。例如,父母对未成年子女承担抚养教育的权利和义务;祖孙之间,在一定条件下承担抚养或赡养的义务;兄弟姐妹之间在法定情形下承担相互扶养的义务。这些权利和义务,是一定亲属身份的内容,因某一种亲属身份而生,随该亲属身份的消灭而消灭。

近亲属通常还具有共同生活的事实。例如,未成年子女通常与父母共同生活;未成年的兄弟姐妹通常在一起共同生活。不过,共同生活的结束并不意味着原有近亲属关系的变更或者消灭。根据最高人民法院《关于贯彻执行〈中华人民共和国民法通则〉若干问题的意见(试行)》(以下简称《执行〈民法通则〉的意见》)第12条规定,民法通则中规定的近亲属,包括配偶、父母、子女、兄弟姐妹、祖父母、外祖父母、孙子女、外孙子女。

(二)亲属与相关概念之间的关系

亲属与家属、家庭成员等概念不同。家属是与家长相对应的概念。在古代,家庭是由家长和家属组成的,并实行家长制。同居一家的人,被区分为家长和家属。每个家庭设有家长,由男性尊亲属担任,家长处于统治地位,在家庭中享有支配家庭财产和家庭成员人身的权利。除家长以外的人,统称为家属,主要包括家长的妻子、子女、儿媳等近亲属。家属没有独立人格,人身依附于家长,处于从属地位。近代以来,鉴于家长与家属之间的人格不平等,有违"法律面前,人人平等"的原则,这组概念早已被法律所扬弃。例如,我国《婚姻法》使用的是"家庭成员"。社会生活中,人们时常还会使用这两个旧名词,但它们已不具有法律意义,其含义不同于过去。

亲属的范围比家庭成员要广泛得多。家庭成员是指同居一家、共同生活,彼此承担扶养义务的一定范围的亲属。同居一家的家庭成员在家庭中处于平等的法律地位,享有平等的权利和承担平等的义务。家庭成员一般都具有较近的亲属关系,而有亲属关系的人却未必是家庭成员。因此,具有家庭成员身份的亲属,只是广泛的亲属关系中极少的一部分。在几代同堂的大家庭中,家庭成员往往由血缘关系较为密切的近亲属以及其配偶组成。在现代社会的家庭结构中,家庭成员一般由配偶及父母子女等血缘关系极为密切的近亲属组成。我国《婚姻法修正案》规定的"家庭成员",主要指夫妻、父母、子女、祖父母、外祖父母、孙子女、外孙子女和兄弟姐妹。这些亲属因为法律的强制彼此间具有一定的权利义务关系。家庭成员相互都是亲属，但有亲属关系的人不会都共同生活在一起，同居一家的亲属则更少。例如，姑姑、伯父、叔叔、舅父、姨，与对应的侄子女、外甥子女是亲属，但不是家庭成员，通常也不在同一个家庭中共同生活。

二、亲属类型

亲属数量众多，相互缔结为亲属关系的原因有异。从不同角度，亲属可以区分为不同类型。① 现代国家和地区，大都在男女平等的基础上，根据亲属关系产生的原因不同，划分亲属的类别。其中最基本分类，是将亲属区分为配偶、血亲和姻亲三种。② 我国现行是将亲属划分为配偶、血亲和姻亲三种。

（一）配偶

配偶是指男女两性因结婚而形成的亲属关系。在婚姻关系存续期间，夫妻双方互为配偶。在亲属关系中，配偶居于核心的中介地位，不仅彼此关系亲密，而且发挥着承上启下的作用，既是血亲关系产生的源泉，又是姻亲关系形成的中介。因此，配偶不仅被列入亲属范围，而且其法律地位还具有一定特殊性。

（二）血亲

血亲是指基于生物遗传规律，具有血缘联系的亲属。根据血亲关系形成原因的不同血亲，可分为自然血亲和拟制血亲两种。

自然血亲是指基于出生的事实天然形成的、源于同一祖先的具有血缘联系的亲属。如父母与子女；兄弟姐妹；祖父母与孙子女、外祖父母与外孙子女；伯叔姑与侄子女；舅、姨与外甥、外甥女；堂兄弟姐妹；表兄弟姐妹等。自然血亲包括

---

① 中国古代法中，以男系为中心，把亲属划分为宗亲、外亲和妻亲三类。宗亲，又称本亲、本家、本族，是指出自同一祖先的男系血亲及其配偶、未嫁的女性所组成的亲属。宗亲的地位最高。宗亲由下列三部分成员组成：出于同一祖先的男系血亲，通常以九族为断；出自同一祖先的男系血亲的配偶，她们已经脱离了本宗，加入到丈夫的宗族；出自同一祖先的未出嫁的女性，古称“在室女”。外亲，又称外姻、外族、女亲，是指以女系血统为中介联系起来的亲属。其中，与母亲有血缘联系的亲属，称为母族；而出嫁女、出嫁姐妹、出嫁姑的夫族亲属被称作女族；与妻子有血亲缘联系的亲属称妻族或妻亲。这种是以男系宗族为本位的亲属分类，不符合男女平等的价值，已为近代以来法律所否定。不过，中国社会生活中，传统上亲属分类仍有一定影响。

② 德国、法国、瑞士等国仅将亲属划分为血亲和姻亲两种，认为配偶仅是血亲和姻亲产生的基础，并无亲系、亲等可循，不仅未将配偶作为独立的亲属类型，而且不应当被列入亲属的范畴。

全血缘的自然血亲和半血缘的自然血亲,前者是指同父同母的兄弟姐妹,即同胞兄弟姐妹;半血缘的自然血亲是指同父异母或者同母异父的兄弟姐妹。

拟制血亲是指本无血缘关系,但法律确认其与自然血亲具有相同法律地位的亲属,也称为"准血亲"或"法定血亲"。拟制血亲关系产生的根据,是主体之间特定的民事法律行为。根据形成原因不同,我国婚姻法确认的拟制血亲关系有两种:一是因收养关系成立而形成的养父母与养子女关系及养父母的亲属与被收养人之间的关系;二是形成了抚养事实的继父(母)与继子女关系。我国婚姻法承认拟制血亲的近亲属之间有法定的权利和义务关系。

(三)姻亲

姻亲是指以婚姻关系为中介而联系起来的亲属关系。男女结婚后,配偶一方与配偶另一方的亲属之间形成了一定的姻亲关系。姻亲关系可分为下列三种:

第一,血亲的配偶。即指自己的晚辈直系血亲的配偶、旁系血亲的配偶。如儿媳、女婿、嫂子、弟媳、姐夫、妹夫、伯母、婶母、姑父、舅母等。

第二,配偶的血亲。即指自己配偶的直系、旁系血亲。如从妻子角度而言,丈夫的父母(即公婆)、丈夫的兄弟姐妹等,均是妻子的配偶的血亲。对于丈夫而言,妻子的父母(即岳父母)、妻子的兄弟姐妹等,均是丈夫的配偶的血亲。

第三,配偶的血亲的配偶。即指自己配偶的直系或旁系血亲的配偶。如丈夫的兄弟之妻,即妯娌之间;妻子的姐妹之夫,即连襟之间等;均属于配偶的血亲的配偶。

此外,血亲的配偶的血亲,如亲家,在实际生活中,这类亲属的亲密程度较高,对对应的亲属影响较大。但法律上通常既不享有权利,也不承担义务。

姻亲关系的范围较广。哪些姻亲关系受到法律调整,各国有着不同立法例,一般涉及配偶的血亲及血亲的配偶。[①] 对于血亲的配偶的血亲,由于其关系更加疏远,各国法律均不调整这类亲属。我国婚姻法未对姻亲范围做出明确规定,一般情况下,姻亲之间也无权利和义务。但我国《继承法》第12条根据传统,为鼓励扶老携幼,对两组姻亲作了特殊规定:丧偶儿媳对公、婆,丧偶女婿对岳父母尽了主要赡养义务的,作为第一顺序继承人,对公婆、岳父母的遗产享有法定继承权。这一规定在体现权利义务相一致的法律原则的同时,也旨在倡导公民弘扬我国劳动人民敬老、养老的社会美德,有利于家庭的和睦和谐。

三、亲属范围

亲属的范围极其广泛,法律不可能、也不必要将所有的亲属都纳入其调整的

---

① 史尚宽著:《亲属法论》,中国政法大学出版社2000年版,第53页。

范畴。法律所调整的只是一定范围的亲属。此处所称的亲属范围，是指受法律调整的亲属的范围，即负有法律上的权利和义务关系的亲属的范围。由于风俗习惯、国情不同，在不同的国家和一国的不同历史时期，法律调整的亲属范围也不尽相同。一般而言，古代法律所调整的亲属关系范围显然大大宽于近现代的法律。

考察现代主要国家和地区的相关法律，关于亲属范围的限定，主要有两种立法模式。一是概括限定的立法模式，法律从总体上对亲属的范围加以限定，一定范围之内的亲属受法律的调整，彼此间有一定的权利义务关系。而一定范围之外的亲属则不属法律调整的对象，彼此间不存在亲属法意义上的权利和义务。如现行《日本民法》第725条规定：六亲等以内的血亲、配偶、三亲等以内的姻亲为亲属。韩国民法亦属此类立法模式。二是分别限定的立法模式，法律不从总体上限定亲属的范围，而是根据禁婚亲、扶养、监护、继承等具体法律事项的需要，在不同的部门法中分别规定具体亲属之间的权利和义务关系。如德国、法国等多数国家均采用此类立法模式。中华人民共和国成立以来的几部婚姻法均采用此种立法模式。

我国现行法律对近亲属范围有明确规定。在民事法律中，一般认为凡是法律明确规定亲属间具有一定权利义务的，即为近亲属。此外，其他一些部门法也分别根据亲属关系的亲疏远近程度，对亲属的效力作了限定性规定。这就从我国立法上明确了近亲属的范围。《婚姻法修正案》禁止直系血亲和三代以内旁系血亲相互结婚；夫妻之间、父母子女之间、祖父母与孙子女、外祖父母与外孙子女之间以及兄弟姐妹之间负有特定的权利和义务。《继承法》列举规定了享有法定继承权的亲属的范围。《民法通则》及其相关司法解释则根据亲属关系的亲疏程度确定了监护人的范围和顺序。

第二节 亲系和亲等

一、亲 系

亲系是指亲属关系相互联络的系统。亲属间以婚姻和血缘为基础，相互交织组成了纵横交错的亲属关系的网络，除配偶以外，所有亲属都有一定的亲系可循。从人类社会发展历史看，亲系的分类经历了从女系到男系，从母系到父系，从以男性为中心的亲系到男女平等的亲系的发展过程。在各国婚姻家庭法的立法例中，不同时期的规定也有所不同。

按照不同的联系标准，亲属可以区分为不同系列。

(一)直系亲和旁系亲

根据亲属联系是否由当事亲属本人直接产生,亲系可区分为直系与旁系,这是最基本的分类方法。

1. 直系亲

直系亲又可分为直系血亲和直系姻亲。

直系血亲是指彼此之间具有直接血缘联系的亲属。包括己身所从出和从己身出的两类血亲。其中,己身所从出的直系血亲是指生育自己的各代血亲,如父母、祖父母、外祖父母、曾祖父母、外曾祖父母等;从己身出的直系血亲是指自己所生育的后代亲属,如子女、孙子女、外孙子女、曾孙子女、外曾孙子女等。换言之,与自己有着纵向血缘联系的亲属,均属直系血亲。直系血亲包括拟制的直系血亲关系。

直系姻亲一般是指自己直系晚辈血亲的配偶和配偶的直系长辈血亲。如儿媳、女婿、公婆、岳父母等均属直系姻亲;未形成抚养关系的继父母与继子女之间也属直系姻亲。

2. 旁系亲

旁系亲包括旁系血亲和旁系姻亲。

旁系血亲是指除直系血亲以外的出自同源的具有间接血缘联系的亲属。如兄弟姐妹、姑、叔、舅、姨、堂表兄弟姐妹、侄子女、外甥子女等。

旁系姻亲包括旁系血亲的配偶、配偶的旁系血亲、配偶的旁系血亲的配偶三类亲属关系。例如,兄嫂、弟媳、姐夫、妹夫、舅母、姑父、侄媳等是旁系血亲的配偶;如丈夫的兄弟姐妹、妻子的姑叔舅姨等是配偶的旁系血亲;妻子与丈夫兄弟姐妹之配偶、丈夫与妻子的姑父、舅母等是配偶的旁系血亲的配偶。

(二)父系亲与母系亲

根据一个人的血缘一半源自父亲,一半源自母亲的生物学特点,亲属可以区分为父亲系和母亲系。父系亲是指以父亲的血缘为中介而联系起来的亲属。如祖父母、伯、叔、姑、堂兄弟姐妹等。母系亲是指以母亲的血缘为中介而联系起来的亲属。如外祖父母、舅、姨、舅表兄弟姐妹、姨表兄弟姐妹。

(三)男系亲与女系亲

这是按起中介作用的亲属之性别来划分亲属的系列。男系亲是指以男子的血缘关系为中介而联系起来的亲属。我国古代的宗亲就属男系亲。女系亲是指以女子的血缘为中介而联系的亲属。我国古代的外亲和妻亲均属女系亲。

父系亲与母系亲、男系亲与女系亲,其生物学上的序列和等级完全相同。在我国现行法中,这两者的法律地位是完全相同的。不过,在我国古代出于男尊女卑、重父轻母的封建宗法观念,以亲属的性别为标准对亲属所做的划分。

(四)长辈亲、同辈亲与晚辈亲

亲属的辈分又称辈行,是指亲属之间的世代次第。辈分按世代来划分,一世代为一个辈分。根据辈分不同,可将亲属划分为长辈亲、同辈亲和晚辈亲。依尊卑排在横排上,凡与自己属于同一个世代的,为同辈,也称同行辈或平辈,互称为兄弟姐妹;依次递升而为父母辈、祖父母辈等;之下则为子女辈、孙子女辈等。

长辈亲属,即尊亲属,是指辈分高于自己的亲属。包括父母、与父母同辈以及高于父母辈分的亲属。如伯、叔、舅、姨、祖父母、外祖父母等。

同辈亲属,即平辈亲,是指与自己辈分相同的亲属。如兄弟姐妹、堂表兄弟姐妹等。平辈亲又有长幼之分,兄姐为长,弟妹为幼。

晚辈亲,即卑亲属,是指辈分低于自己的亲属。包括子女、与子女平辈以及低于子女辈分的亲属。如子女、侄子女、外甥、外甥女、孙子女、外孙子女等。

中国的礼俗历来重视辈分。例如,收养子女、缔结婚姻不得逾越辈分。不过,在现行法律框架下,只要不违背法律规定,皆为法律所允许的。

二、亲 等

亲等是计算亲属关系亲疏远近的单位。亲等数越小,表示亲属关系越近;亲等数越大,表示亲属关系越远。计算亲等的客观依据是血亲联系,因此能够直接计算亲等的仅以血亲为限。姻亲以血亲的亲等为其亲等。配偶之间不计亲等。

外国法对亲等的计算方法历来有两种,一是罗马法亲等制,二是寺院法亲等制。我国最近两部婚姻法均未采用亲等制,而以世代方法来计算亲属关系的亲疏远近。

(一)罗马法亲等制

这种计算方法自古代罗马法创设,伴随着罗马法在欧洲的传播而被大陆法系国家相继采用,是目前国际上通用的亲属计算方法。其计算方法分别按直系血亲和旁系血亲各自计算。

(1)直系血亲的亲等计算规则。从己身往上或往下数,以一世代为一亲等。两个被计算亲属之间的世代数相加之和,即为其各自亲属数。如从己身往上数,父母为一亲等,祖父母、外祖父母为二亲等,曾祖父母、外曾祖父母为三亲等,高祖父母、外高祖父母为四亲等。从己身往下数,子女为一亲等,孙子女、外孙子女为二亲等,曾孙子女、外曾孙子女为三亲等,玄孙子女、外玄孙子女为四亲等,以此类推。

(2)旁系血亲的亲等计算规则。首先,找出两个被计算的旁系血亲之最近的亲属同源的长辈直系血亲,从一方往上数至该长辈直系血亲,再从该同源之人往下数至要计算的旁系血亲,两边数字之和即为计算的亲属之亲等数。如,要计算自己与姑表兄弟姐妹的亲等数,首先找出自己与姑表兄弟姐妹的同源直系血亲——祖父母,从己身上数至祖父母为二亲等,再从祖父母下数至姑表兄弟姐妹也是二亲等,两边数字之和为四,那么,自己与姑表兄弟姐妹即为四亲等旁系血亲。依此法计算,旁系血亲间不存在一亲等的亲属。

关于姻亲亲等的计算,以姻亲等级从血亲为原则,即姻亲的亲等数以作为发生姻亲关系中介的一方与其血亲的亲等数为依据。如儿媳与公婆的亲等,因丈夫与其父母为一亲等的直系血亲,因此,儿媳与公婆是一亲等的直系姻亲;舅姨与外甥和外甥女是三亲等的旁系血亲,因此,外甥和外甥女与舅母、姨夫为三亲等的旁系姻亲。

(二)寺院法亲等制

寺院法的亲等计算方法自欧洲中世纪的教会创立,其计算方法分别直系血亲和旁系血亲各自计算。

(1)直系血亲的亲等计算规则。与罗马法直系血亲的计算规则完全相同。即从己身往上或往下数(不算己身),一个世代为一亲等。

(2)旁系血亲的亲等计算规则。与罗马法旁系血亲的亲等计算规则有所不同,其计算方法是:首先从己身上数至同源的长辈直系血亲,再从该同源人下数至要计算的旁系血亲,如果两边数字相同,则该相同数即为要计算的亲等数,如果两边数字不同,则以大数定亲等数。例如,要计算自己与同胞兄弟姐妹的亲等数,首先,自己与兄弟姐妹同源于父母,从自己上数至父母是一亲等,从父母下数至兄弟姐妹也是一亲等,两边数字相同,即自己与兄弟姐妹为一亲等的旁系血亲;又如,要计算自己与叔叔的亲等数,自己与叔叔的同源人是祖父母,从自己上数至祖父母是二亲等,从祖父母下数至叔叔是一亲等,两边数字不同,取大数定亲等数,则自己与叔叔是二亲等的旁系血亲;再如,要计算自己与叔叔的子女(堂兄弟姐妹)的亲等数,首先找出自己与堂兄弟姐妹的同源直系长辈血亲即祖父母,从自己上数至祖父母是二亲等,从祖父母下数至堂兄弟姐妹也是二亲等,两边数字相同,则自己与叔叔的子女是旁系血亲二亲等。

姻亲的亲等计算,与罗马法计算规则相似,都是以姻亲等级从血亲为原则的,即以配偶为中介进行换算。如儿媳与公婆的亲等,因丈夫与其父母是一亲等的直系血亲,因此,儿媳与公婆就是一亲等的直系姻亲;按照罗马法的计算方法,自己与堂弟是四亲等的旁系血亲,那么,自己与堂弟媳就是四亲等的旁系姻亲。

寺院法亲等制,由于其在旁系亲计算上不够科学合理,不能准确地反映出亲属关系的亲疏远近,目前只有少数国家仍在沿用。

三、"代"算法

"代"是目前我国内地法律规定的表示亲属关系亲疏远近的单位。中华人民共和国成立后，每部《婚姻法》在禁止结婚条件中使用“代”的概念。“代”即指世辈，一世辈为一代。因此，我国《婚姻法》是以“代”来表示亲属关系的亲疏远近的。一般情况下，代数越小，说明亲属关系越近。代数的计算方法分别以直系血亲和旁系血亲各自计算。

（1）直系血亲的计算规则。从己身开始，以己身为一代，往上数至父母为二代，数至祖父母、外祖父母为三代，以此类推；从己身往下，数至子女为二代，数至孙子女、外孙子女为三代。

（2）旁系血亲的计算规则。找出两个被计算亲属的最近之同源直系血亲，两者各自按直系血亲的计算方法，从己身上数至同源的直系血亲，记下世代数；再从该同源人下数至要计算的旁系血亲，记下世代数。如果两边代数相同，就以该相同数定代数；如果两边代数不同，则以大数定代数。例如，要计算自己与兄弟姐妹的代数，从自己上数至父母为二代，从父母下数至兄弟姐妹也为二代，两边数字相同，则自己与兄弟姐妹是旁系血亲二代；又如，要计算自己与姑姑的代数，首先从自己上数至同源人祖父母为三代，再从祖父母下数至姑姑为二代，两边数字不同，则自己与姑姑是旁系血亲三代。其余以此类推。

应当指出，我国现行的亲属计算法，在旁系血亲的计算上，借鉴了寺院法亲等制的规则，其结果不能准确地反映出亲属关系的亲疏远近，说明我国“代”的计算方法有一定的缺陷。因此，我国《婚姻法》的代数计算法，虽然通俗易懂、简便易行，但不够科学合理，采用当今国际上通用的罗马法亲等计算法取代我国的代数计算法已势在必行。①

---

① 中国古代采用丧服制表示亲属之间的亲疏远近，即指以生者祭奠死者时所穿丧服的等级来区别亲属关系。丧服划分为五等：第一等斩衰，为三年之服；子及未嫁女为父母，妻为夫，儿媳为公婆，嫡孙为祖父母等须服斩衰。第二等齐衰。根据所服对象的不同，服期分别为一年、五个月、三个月不等。为期一年的又分杖期和不杖期两种。例如子为嫁母、出母，夫为妻（父母不在时）等服齐衰杖期，出嫁女为父母，兄弟为在室姊妹等服齐衰不杖期。第三等大功，为期九个月之服。父母为出嫁女，自己为堂兄弟等均服大功服。此为中度丧服。第四等小功，五个月之服。外孙为外祖父母，外甥为舅姨等均服小功服。第五等缌麻，为期三个月之服。女婿为岳父母，妻为夫的曾祖父母，己身为族兄弟。一等丧服最重，依次计算，五等丧服最轻。亲属关系亲者、近者，不仅丧服重，且丧期长。亲属关系疏者、远者，则丧服轻，且丧期短。姐妹均服此服。丧服制体现了以男子为中心、男尊女卑的宗法等级制度。由于丧服的差别不仅以世数为依据，而且还受着尊卑、名分、恩义、性别等影响，不能客观地反映亲属关系的亲疏远近程度。随着我国婚姻家庭法的近现代化，丧服制已成为历史的陈迹。但丧服的某些形式和内容，在我国现实生活中，仍然为民众所认同。

第三节　亲属关系

亲属关系作为一种民事法律关系,必须以一定的民事法律事实的出现作为发生或终止的原因。亲属的性质和种类不同,其发生和终止的原因各不相同。例如,出生这一法律事实的出现,使父母与子女之间产生了亲子关系,父母或子女一方死亡,死者与生存一方的父母子女之间的权利义务就随之终止,并由此产生相应的法律后果。

一、亲属关系的发生

亲属关系的发生,是指当事人之间因一定的民事法律事实的出现而发生一定的亲属关系。不同类型的亲属,其法律关系发生的根据有所不同。

1. 配偶关系的发生

配偶关系因男女结婚而发生。依法结婚,是男女产生配偶亲属关系的唯一原因。在我国内地,取得结婚证,即确立了夫妻关系,因此,取得结婚证的时间,就是确立配偶关系的时间。

2. 自然血亲关系的发生

出生是引发自然血亲关系的唯一原因及根据。出生的法律事实一旦出现,不仅使该出生者(包括婚生子女和非婚生子女)与其父母形成了自然的血亲关系,而且一切与其父母具有血缘联系的人,也与该出生者形成了无法改变的自然血亲关系。这种关系不以当事人的意志为转移,无须当事人双方或对方认可,也不需要履行法律手续。尽管非婚生子女与生父之间的关系,有时须经生父认领或法律确认,但不论认领还是确认都必须以出生这一事实为依据。即便在生父没有认领或者法律没有确认以前,非婚生子女与生父之间实际存在的这种自然血亲关系也是不能否认和改变的。

3. 拟制血亲关系的发生

拟制血亲关系的形成是基于法律的假设或者直接确认。由于种类不同,其发生的原因也有所不同。

养亲关系的发生原因是合法有效的收养行为。收养关系一经成立,养父母与养子女之间形成了拟制的父母子女间的权利义务关系;同时,养子女与养父母的其他近亲属也形成了拟制血亲关系。如养子女与养父母的父母形成了养祖父母与养孙子女、养外祖父母与养外孙子女的关系。

继父母与受其抚养的继子女之间可以发生拟制血亲关系。其发生原因有二：一是基于生父(母)与继母(父)结婚的民事法律行为；二是基于继父母对继子女形成了抚养、教育的事实。即继父母与继子女共同生活，对继子女履行了抚养教育的义务的事实。这两个条件必须同时具备，继父母与继子女间才发生拟制血亲关系。

4. 姻亲关系的发生

男女双方结婚的民事法律行为产生了配偶关系，也随之与配偶的血亲、配偶血亲的配偶产生了姻亲关系。因此，婚姻关系的成立是姻亲关系赖以发生的基础。只有以婚姻为中介，配偶一方才与配偶的血亲或血亲的配偶成为姻亲。婚姻成立的时间即为姻亲关系发生的时间。

二、亲属关系的效力

亲属关系的法律效力，是指一定范围内的亲属所具有的权利义务关系及其在法律上的其他效果。亲属关系一经法律调整，就会在具有亲属身份的主体之间产生法律上的约束力。根据我国法律规定，亲属的法律效力在不同部门法中有着不同的表现。

(一)婚姻家庭法上的效力

(1)互相扶养的权利与义务。根据《婚姻法修正案》规定，夫妻之间、父母对未成年或者未独立生活的子女、成年子女对丧失劳动能力或生活困难的父母，具有相互扶养的权利和义务；在一定条件下，祖孙之间、兄弟姐妹之间也有互相扶养的权利义务关系。

(2)禁止相互结婚。我国《婚姻法修正案》第7条规定，直系血亲相互之间、三代以内旁系血亲相互之间禁止结婚。

(3)共同财产的效力。根据《婚姻法修正案》第17条规定，在婚姻关系存续期间，夫妻双方所得或一方所得的财产，除法律另有规定或夫妻双方另有约定外，归夫妻双方共同所有。夫妻对共同所有的财产，有平等的处分权。

(4)遗产继承权。我国《婚姻法》和《继承法》规定，配偶、父母子女为法定继承人，除丧失继承权者外，享有法定继承权。

(5)其他权利与义务。例如子女应当尊重父母的婚姻权利，不得干涉父母再婚和婚后的生活；未成年子女对国家、集体和他人造成损害时，父母或有其他监护人有赔偿经济损失的义务等。

(二)民法上的效力

(1)法定监护和代理。对于无民事行为能力人或限制民事行为能力人，一定范围的亲属有法定的监护权和代理权。按照《民法通则》第 16 条和第 17 条的规定,未成年人的监护人的顺序为:父母、祖父母与外祖父母、兄姐、关系密切的其他亲属。无民事行为能力或限制民事行为能力的精神病人之监护人顺序,为配偶、父母、成年子女、其他近亲属、关系密切的其他近亲属。无民事行为能力人、限制民事行为能力人的监护人是他的法定代理人。法定代理人有权依法代理无民事行为能力人、限制民事行为能力人进行民事活动。

(2)司法宣告的请求权。一定范围的亲属可以依法提起宣告失踪或撤销宣告失踪以及提起宣告死亡或撤销死亡宣告的申请。依据最高人民法院《民法通则若干问题的意见》的规定,申请宣告失踪、宣告死亡的请求权人的顺序为:配偶、父母、子女、兄弟姐妹、祖父母与外祖父母、孙子女与外孙子女。

(3)财产代管权。《民法通则》第 21 条规定:失踪人的财产由他的配偶、父母、成年子女或者关系密切的其他亲属、朋友代管。

(4)确定法定继承顺序。一定范围的亲属成为确定法定继承人范围和顺序的依据。根据《继承法》规定,配偶、子女、父母为第一顺序继承人;兄弟姐妹、祖父母、外祖父母为第二顺序继承人。他们还可以成为遗嘱继承人;被继承人的子女先于被继承人死亡时,由被继承人的子女的晚辈直系血亲代位继承。丧偶儿媳对公、婆,丧偶女婿对岳父、岳母尽了主要赡养义务的,作为第一顺序继承人。

(三)刑法上的效力

(1)特定犯罪的构成条件。某些犯罪的构成,必须以有一定的亲属关系为前提,如虐待罪的犯罪主体是与被害人共同生活的同一家庭的成员。遗弃罪的犯罪主体则是对于年老、年幼、患病或者其他没有独立生活能力的人负有扶养义务的近亲属。

(2)告诉权。根据我国《刑法》的有关规定,近亲属之间的虐待、暴力干涉婚姻自由等行为,只要没有发生被害人重伤、死亡的后果,须经由受害者本人或其近亲属起诉,人民法院才能受理。

(四)诉讼法上的效力

亲属在诉讼法上的效力,是指亲属关系在民事诉讼法、刑事诉讼法、行政诉讼法上的法律后果。

(1)回避。在刑事诉讼、民事诉讼、行政诉讼中,审判人员、检察人员、侦查人员、书记员等人如果是本案当事人的近亲属或司法人员的近亲属,与本案当事人有利害关系的,以及审判人员、检察人员、侦查人员、书记员、翻译人员和鉴定人接受当事人及其委托的人员请客送礼,违反规定接见当事人及其委托的人等,应当自行回避;如不回避,诉讼当事人可以申请他们回避。

(2)享有辩护权和代理权。刑事案件被告人的近亲属可以担任被告人的辩护人;没有诉讼行为能力的民事案件的当事人,由取得其法定代理人资格的近亲属代为进行民事诉讼活动,法律效力直接作用于被代理人。

(3)享有上诉权和申诉权。在刑事诉讼中,对一审刑事判决,被告人的近亲属经过被告人同意,可以提出上诉;对一审刑事判决的附带民事部分,当事人的法定代理人可以提出上诉。对生效刑事案件,当事人及其法定代理人、近亲属有权向人民法院、人民检察院提出申诉。在民事诉讼中,对于未生效的民事判决,无民事行为能力、限制民事行为能力的当事人的法定代理人可以代其上诉等。

(4)执行请求权。民事案件、刑事附带民事案件、行政案件的判决或裁定及调解协议中涉及财产内容的,义务人到期不履行义务,近亲属作为法定监护人,可以以被监护人的名义申请强制执行。

(五)劳动法和社会保障法上的效力

(1)一定范围的亲属享有探亲的权利。在国家机关、人民团体和国有企事业单位工作满一年的固定职工,享有休假探望与其分居两地的配偶、父母的权利。

(2)一定范围的亲属享有获得津贴的权利。我国《劳动法》第73条规定:劳动者死亡后,其遗属依法享受遗属津贴。另外,死者生前供养的直系血亲可享受领取一次性抚恤费或定期、不定期的生活困难补助费。

(六)国籍法上的效力

(1)一定范围的亲属关系是自然取得中国国籍的前提条件。根据我国《国籍法》的规定,父母双方或一方为中国公民,本人出生在中国,即具有中国国籍;父母无国籍或国籍不明,但定居在中国,本人出生在中国的,就具有中国国籍。

(2)一定范围的亲属关系是申请加入中国国籍的条件。与中国人有一定亲属关系的外国人、无国籍人,或是中国人的近亲属的外国人、无国籍人,可以申请加入中国国籍。

(3)一定范围的亲属是申请退出中国国籍的条件。中国公民是外国人的近亲属的,可以经申请批准后退出中国国籍。

基于亲属关系产生的权利、义务,在其他许多法律和行政法规中,如《未成年人保护法修正案》、《老人权益保障法》、《残疾人权益保障法》和《工伤保险条例》等,都有涉及亲属关系的规定,另外在行政法、国际私法及其他领域也有一定的法律效力。

三、亲属关系的消灭

亲属关系的消灭亦称亲属关系的终止。亲属种类不同，其消灭原因也有所不同。

1. 配偶关系的消灭

配偶关系因离婚或配偶一方死亡（包括宣告死亡）而消灭。因死亡导致配偶关系终止的时间为夫妻一方自然死亡的时间或人民法院的宣告死亡判决书生效之日；因离婚引起配偶关系消灭的时间为从婚姻登记机关取得离婚证的时间或人民法院准予离婚的调解书或判决书生效之时。夫妻双方离婚为配偶关系的绝对消灭。

2. 自然血亲关系的消灭

自然血亲只能以死亡为终止原因，不因任何人为原因而消灭。即使父母将子女送与他人收养，其法律后果也仅终止生父母及其近亲属与该被送养人间的权利义务关系，他们之间的自然血缘联系和法律上的禁婚效力仍然存在。

3. 拟制血亲关系的消灭

拟制血亲关系的消灭，与其关系产生之原因相适应，可区分以下两种情况：

（1）养父母与养子女关系的消灭。养父母与养子女这种拟制血亲关系除因一方死亡导致消灭外，还可因收养关系的人为解除而消灭。当收养关系依法解除时，收养人及其近亲属与被收养人之间的拟制血亲关系即告消灭。

（2）形成抚养关系的继父母与继子女关系的消灭。形成抚养事实的继父母与继子女关系，除可因继父母或继子女一方死亡而消灭，也可基于双方当事人自愿协议而解除，或由一方当事人诉请人民法院依法调解或判决解除。① 关于生父（母）与继母（父）的婚姻关系终止后，继父母与继子女之间拟制血亲关系是否消灭，历部《婚姻法》均未做明确规定。《婚姻法修正案》第27条规定："继父或继母和受其抚养的继子女间的权利义务，适用本法对父母子女关系的有关规定。"根据最高人民法院1986年《关于继母与生父离婚后仍有权要求已与其形成抚养关系的继子女履行赡养义务的批复》以及1988年《关于继父母与继子女形成的权利义务关系能否解除的批复》的精神，继父母与继子女间的权利义务关系不因生父（母）与继母（父）婚姻关系的消灭而自然终止。一方起诉要求解除这种关系的，人民法院应视具体情况做出是否准许的调解或判决。这些规定旨在维护形成抚养事实的继父母与继子女之间关系的稳定。非经法院调解或判

---

① 杨大文主编：《婚姻家庭法》（第三版），中国人民大学出版社2006年版，第90页。

决解除，该拟制血亲关系都依然存在，继父母对尚未成年的继子女仍有抚养教育的义务，而成年的继子女，对抚养过自己的继父母则有赡养扶助的义务。

4. 姻亲关系的消灭

姻亲关系的消灭是一个比较复杂的问题。姻亲关系是否因配偶离婚而消灭，现代各国立法例存在很大差异，有消灭主义和不消灭主义两种主张。如日本和法国等国家采取消灭主义。《日本民法》第 728 条第 1 款规定："姻亲关系因离婚而终止。"而德国和瑞士则采取不消灭主义。如《德国民法典》第 1590 条规定："由婚姻而产生的姻亲关系，不应该婚姻解除而消灭。"至于配偶一方死亡，生存方与死亡方亲属的姻亲关系是否消灭的问题，各国立法也有很大的差异。如《日本民法典》第 728 条和 729 条就规定，生存的配偶一方再婚或明确表示终止姻亲关系的，则姻亲关系消灭。但是，有些国家则对此问题未做限制规定，由具有姻亲关系的当事人双方自己决定。

我国现行婚姻家庭立法对姻亲消灭的原因无规定。一般由当事人按照习惯处理。根据习惯，夫妻双方离婚是引起姻亲关系终止的一般原因。而夫妻一方死亡后，姻亲当事人之间是否仍然保持姻亲关系，则由当事人双方自己决定。在我国，姻亲关系并不因配偶一方的死亡而当然消灭。如果生存方未再婚或虽然再婚，但仍然与死去的配偶的父母和其他近亲属保持生活上的联系或者彼此相互照顾，尽了法定义务的，则姻亲关系仍然存在。《继承法》第 12 条规定："丧偶儿媳对公婆、丧偶女婿对岳父母尽了主要赡养义务的，作为第一顺序继承人。"

应当指出的是，《婚姻法修正案》对亲属关系的规定是不全面的。法条内容简单，调整范围狭窄，欠缺有关亲属制度的通则性规定（包括亲属的范围、种类、亲系、亲等及其计算方法、亲属关系的发生与终止等），监护制度、扶养等方面也需完善。影响其作为调整婚姻家庭关系基本法的作用的发挥。这些问题和不足都需要今后通过立法进一步加以解决或克服。

【复习提要】

亲属关系是婚姻家庭法的基础理论之一。亲属是因婚姻、血缘、收养和法律拟制所形成的人与人之间的社会关系。亲属通常划分为配偶、血亲、姻亲三大类。法律调整的亲属关系，仅限于较小范围内的近亲属。亲属关系因一定法律事实而发生，因一定法律事实出现而消灭。亲属关系具有法律效力或者法律意义。从古到今，罗马法亲等制、寺院法亲等制和"代"法是计算亲属关系亲疏远近的三种主要方法。

【课后练习】

1. 法律是如何界定亲属的？

2. 亲属通常区分为哪些类型？

3. 亲属关系的发生有哪些事由？

4. 亲属具有哪些法律效力？

5. 哪些情形会导致亲属关系消灭？

6. 请利用图表形式列出你认识的所有亲属。

7. 小王与他姑姑的儿子，属于哪类亲属关系？是几亲等？请分别使用罗马法亲等制、我国“代”法予以计算。

8. 请你利用亲等计算方法证明：你与祖父母、你与你的外祖父母之间的关系是同等的。

9. 我国推行的独生子女政策会对亲属法产生哪些显著影响？

10. 学过本章后，与你过去相比，对亲属的认识有哪些不同或变化？

第三章　婚姻家庭法的基本原则

【导读案例】

案例 1：农村姑娘童婉秋自 18 岁时离家进城做工，已两年有余。今年春节，她父母托人捎口信、打电话催其回家过年，说为她相中了邻村小伙子夏某某，各方面条件合适，让婉秋回去结婚。婉秋返回老家后，随母亲一起到男家，见到了 26 岁的夏某某。夏某某对婉秋十分满意，对婉秋说，结婚后她仍可按自己的意愿生活。但婉秋对夏某某说，相亲是她母亲的意思，她本人不打算在农村安家。婉秋父母与夏家商量后，决定在十二月廿六举行婚礼，让两个年轻人在此前约个日期去乡里登记。婉秋不愿意，但见母亲又哭又闹，万般无奈。当夏某某来到婉秋家约她去登记时，婉秋没有拒绝。但结婚登记后，婉秋天天不言不语，到举行婚礼日，婉秋大哭，坚决不去夏家。在众亲友的反复劝说下，婉秋勉强来到夏家。请问：婉秋与夏某某的婚姻是否符合婚姻自由原则？是否合法？为什么？

案例 2：在南方某城市打工的 20 岁姑娘雷琴通过互联网聊天室认识在中原某地的男性施某，双方"网恋"交往 3 个月后，施某来到雷琴工作的城市，并找到工作，雷琴才知晓施某比她年长 8 岁。双方在雷琴住处开始同居生活。半年后，雷琴的父母得知，十分不悦，赶到雷琴所在城市，劝女儿慎重考虑，如果两个人愿意共同生活的，就结婚，否则不要同居。雷琴对父母称她已怀孕数月，会自己照料。当雷琴将其父母的意见转告施某时，施某称他在老家已经结婚，不能与雷琴结婚。数月后，雷琴生下一女取名施莲网。体弱多病的女儿不满周岁时，被查出患有先天性疾病，医疗费至少需 4 万元。施某从此冷落雷琴母女，经常夜不归宿。又过半年后，施某留下 3000 元钱后再未到雷琴住处。雷琴联络施某手机，总处于关机状态，施某网上的 QQ 号也换了。请问：依法应怎样评价雷琴、施某的行为与关系？怎样保障施莲网的生活？

案例 3：在某机关工作的白韦期与某公司职工邵春玲结婚后，夫妻关系起初和睦。后因春玲工作应酬较多，白韦期开始时有怨言，批评妻子身为妇女，晚上经常陪客户喝酒唱歌是"无聊至极"，"迟早会出事"。为了家庭和睦，春玲在白韦期要求下更换了工种。但是，白韦期对春玲与朋友、同事之间的正常交往也不能接受。某日，因公司原重要客户来访，春玲与多位同事一起陪客户用餐，被丈夫无意撞见，韦期十分不满。当晚夫妻发生激烈争吵，韦期打了春玲一巴掌。从此，只要夫妻因事发生争执时，韦期时常会辱骂、怒斥春玲，有时会用力推搡。春玲感到家庭生活压力太大，十分痛苦，寻求帮助。如果春玲向你咨询，你会建议她怎么做？

案例4：冯某与妻子黄某婚后育有两个子女。夫妻双方因为性格不合，长期感情不好，后来处于分居状态。五年前，小女儿成年后，冯某提出离婚，遭到黄某拒绝。黄某认为，多年来双方都相安无事，如今夫妻均年近50岁，她不同意离婚。冯某未再提离婚之事。但是，今年三月，黄某偶然发现丈夫冯某经常出入单身妇女侯某的居处，两人关系暧昧。夫妻为此发生争执，冯某承认他与侯某之间存在男女关系，辩解说这是黄某多年来不同意离婚所致。请问：依法应如何评价冯某与侯某之间的关系？

案例5：袁某（男）与洪某（女）恋爱多年后结为夫妻。婚后，当事人双方时常发生家庭问题争议。袁某和洪某认为，凡家庭问题，夫妻双方意见相同和不同的概率基本上各占一半。为了协调夫妻关系，经袁某提议，双方自愿订立约定“家庭议事规则”如下：凡家庭重大问题，均需夫妻双方事先协商。夫妻双方意见一致时，由妻子做主；当双方意见不一致时，由丈夫做主。请问：你如何评价该协议？

【内容讲解】

第一节　婚姻自由

一、婚姻自由的概念

婚姻自由是指男女双方依法享有自主自愿地缔结或解除婚姻关系而不受对方强迫或者他人干涉的自由。婚姻关系的成立、变更或解除均依据婚姻当事人本人意愿，由当事人自主决定。婚姻当事人有权按照本人意愿选择结婚对象、缔结婚姻和决定离婚，任何人不得加以强制、包办、干涉或侵犯。

婚姻自由包括结婚自由和离婚自由。结婚自由是指缔结婚姻关系的自由，是婚姻自由的主要方面。结婚自由包括结婚自由和不结婚的自由。结婚必须男女双方完全自愿且意思表示真实，不允许任何一方对他方强迫或任何第三人加以非法干涉。当事人有权自己决定是否结婚、与谁结婚、何时结婚。结婚须符合法律规定的条件和程序，不得违反法律规定。离婚自由是解除婚姻关系的自由，是婚姻自由的重要组成部分。婚姻当事人有权共同达成离婚协议，也有权在婚姻关系恶化破裂的情况下单方请求离婚。离婚自由必须依照法律规定的条件和程序进行，法律保障离婚自由，禁止当事人滥用离婚自由权利，反对轻率离婚。离婚会发生一系列社会后果，关系到家庭的解体、子女抚养教育方式的改变和社会安宁，涉及第三人的利益等问题，我国婚姻法规定了离婚的程序和处理原则。婚姻当事人应当依法行使其离婚自由权，不得借离婚之名侵害他人利益和社会公共利益。在婚姻自由中，结婚自由是主要的，是婚姻自由的普遍行为。离婚自由是结婚自由的必要补充，是部分婚姻当事人的行为，但没有离婚自由，无以存在真正的婚姻自由。结婚自由和离婚自由两者相互结合，构成婚姻自由的完整含义，任何一方面都不得偏废。婚姻自由是法律允许范围内的自由，而非绝对自由。

婚姻自由权是法律赋予公民的人身权利，具有专属性，只能由婚姻当事人本人行使。

二、婚姻自由的依据

婚姻自由是近代社会以来人类普通遵从的基本价值观。在古代社会，家长对子女的婚姻有主婚权，实行包办强迫婚姻，婚姻当事人无法按本人意愿自主决定，婚姻无自由。在中世纪欧洲，实行禁止离婚主义，男女一经结婚，除无效婚姻外，在任何情况下都不能解除。夫妻关系恶化以致不能共同生活的，也只能实行别居，暂时免除夫妻同居的义务。婚姻自由作为一项法律原则，是资产阶级在反封建斗争中提出的，婚姻自由被宣布为“天赋人权”之一，主张结婚、离婚应当由当事人按自己的意志去行使。否定了婚姻是神的意志和婚姻不可离异的宗教教条，将婚姻权利赋予婚姻当事人。资产阶级国家率先以法律形式确认婚姻自由。法国 1791 年立法会议宣言提出：“婚姻乃民事契约，得自由缔结之。”1804 年《法国民法典》规定，未经合意不能成立婚姻。同时规定夫妻双方共同请求离婚或一方具备法定离婚理由要求离婚的，法院可以判决离婚。此后其他资产阶级国家法律相继将婚姻自由作为重要的宪法原则和婚姻家庭法的首要法律原则。婚姻自由现已成为各国立法普遍承认的基本价值和重要法律原则。

婚姻自由是法律赋予公民的基本权利。在中国，婚姻自由是婚姻法长期坚持的最重要的基本原则，并受宪法保护。婚姻自由是我国公民的一项基本民主权利。我国《宪法》第 49 条规定：禁止破坏婚姻自由。同时，婚姻自由是公民的一项基本民事权利，是宪法赋予公民权利在婚姻问题上的体现。我国《民法通则》第 103 条规定：公民享有婚姻自主权。因此，1950 年《婚姻法》、1980 年《婚姻法》原规定均明文规定了婚姻自由。现行《婚姻法修正案》第 2 条、第 3 条明确规定：我国实行婚姻自由的婚姻制度，禁止包办、买卖婚姻和其他干涉婚姻自由的行为。该规定从正反两个方面对婚姻自由进行全面规定。

婚姻自由是社会主义道德公认的价值之一。婚姻是以当事人互爱为基础的，爱情只能由当事人本人感知，当事人彼此相爱而自主缔结婚姻，这是合乎人类近代以来的道德规范的。同时，当婚姻当事人感情破裂而无法共同生活时，是继续保持婚姻还是离婚也只能由当事人决定，这是婚姻自由原则的道德基础。

三、婚姻自由的贯彻

婚姻自由的目的在于缔结和维持高质量的婚姻生活，保证婚姻的社会价值和社会功能得以充分发挥。但婚姻自由不是绝对的自由，而是相对的自由。贯彻婚姻自由原则，要反对滥用婚姻自由权利的行为，应自觉地接受法律和社会公共道德的约束，不侵犯他人的合法权益和社会公共利益。为了贯彻婚姻自由原则，法律明文禁止社会生活中有可能出现的妨碍婚姻自由的诸种行为。

（一）禁止包办、买卖婚姻和其他干涉婚姻自由的行为

包办婚姻是指婚姻当事人以外的第三人违背当事人的意愿，强迫包办他人婚姻的违法行为。中国封建社会曾长期强调父母之命，无视婚姻当事人自主意愿，强迫包办婚姻。在我国社会现实生活中，第三人违背当事人的婚姻自主权，包办强迫他人缔结或解除婚姻的事件仍有发生。法律禁止包办他人婚姻的作为。应当注意，包办婚姻不同于父母主持或经人介绍、本人同意而缔结的婚姻。包办婚姻是违反婚姻自由原则的违法行为，而父母主持或经人介绍而本人同意的婚姻，体现的是当事人本人意愿，是符合婚姻自由原则。

买卖婚姻是指婚姻当事人以外的第三人以索取大量财物为目的，包办强迫他人结婚的行为。在现实生活中，为了获利而买卖妇女强迫成婚的案件仍有发生。这是严重侵犯妇女人身权利的犯罪行为，必须依法坚决予以打击。因买卖妇女所缔结的婚姻，依法可以撤销。

包办婚姻与买卖婚姻存在一定的共性，两者均是婚姻当事人以外的第三人违背当事人本人的意愿而包办、强迫他人的婚姻。同时，包办婚姻不同于买卖婚姻，买卖婚姻中的第三人以获利为目的，包办强迫他人结婚仅是其谋利的途径和手段，而包办婚姻不一定以索取财物为目的。买卖婚姻一定是包办婚姻，而包办婚姻并非一定是买卖婚姻。

因包办婚姻、买卖婚姻而生的婚姻纠纷，依法可利用婚姻撤销制度寻求救济。当事人共同生活时间长但确实未建立夫妻感情的，可以申请离婚。买卖婚姻中，第三人借此获取的财产应予以追缴或者责令退赔。包办买卖婚姻当事人在同居期间所得的财产，由双方协议处理，协议不成时，由人民法院根据照顾无过错原则判决。

其他干涉婚姻自由的行为是除包办、买卖婚姻以外的违反婚姻自主权的违法行为。在实践中，这类违法行为，主要是子女干涉父母再婚，干涉男到女家落户，反对丧偶妇女带遗产或子女改嫁，干涉非近亲的同姓之人结婚，胁迫或干涉离婚、干涉再婚等。父母应当尊重子女的婚姻自主权，不干涉子女的婚姻自由；子女同样应当尊重父母的婚姻自主权，不干涉父母离婚、再婚。《婚姻法修正案》第 30 条明文规定："子女应当尊重父母的婚姻权利，不得干涉父母再婚以及婚后的生活。子女对父母的赡养义务，不因父母的婚姻关系变化而终止。"

包办婚姻、买卖婚姻和其他干涉婚姻自由的行为，都是侵害公民婚姻自由权的违法行为，有关部门和人民法院在处理这类纠纷时，应切实保护受害人的合法权益。例如，因受胁迫而登记结婚的当事人，可以根据《婚姻法修正案》第 11 条规定，在法定期限内向婚姻登记机关或人民法院请求撤销婚姻关系。被婚姻登记机关或人民法院撤销的婚姻，当事人双方不具有夫妻间的权利和义务。对包办、买卖婚姻和其他干涉婚姻自由的第三者应依视情形和后果依法予以处理。对干涉婚姻自由尚未使用暴力者，应进行严肃的批评教育或由有关部门给予必要的行政处分。对暴力干涉婚姻自由，对受害人使用打骂、捆绑、限制人身自由等暴力强迫受害人结婚的，情节严重，构成犯罪的，经受害人告诉，根据我国《刑法》第 257 条规定予以刑事处罚，暴力干涉婚姻自由罪处两年以下有期徒刑或拘役，引起被害人死亡的，处两年以上七年以下有期徒刑。

（二）禁止借婚姻索取财物

借婚姻索取财物是将缔结婚姻的当事人一方或其父母等相关人要求另一方给付一定财物作为结婚前提条件的行为。借婚姻索取财物的人通常是婚姻当事人一方本人，或者当事人的父母，多数情形下，是妇女一方要求男方给付一定财物，但男女双方系自愿缔结婚姻关系。

借婚姻索取财物与买卖婚姻具有一定相似性，都是通过缔结婚姻而获利。但买卖婚姻违背婚姻当事人结婚的意愿，是违反婚姻自由原则的违法婚姻，而借婚姻索取财物的当事人对婚姻本身是自愿的，不存在强迫包办的情形，属自主婚姻性质，只是一方以索取财物作为同意结婚的先决条件，应认定为是对婚姻自由权利的滥用。两种违法行为的性质、程度及危害后果不相同，其法律后果也各不相同。买卖婚姻违反法律强制性的规定，所涉财物，原则上应予以收缴。因借婚姻索取财物引发争议的处理，因一方索取财物导致另一方或另一方的家庭生活困难的应责令返还，不存在收缴问题，因该种行为而结婚后，一方要求离婚的，经人民法院调解无效，符合离婚条件的，应准予离婚。

借婚姻索取财物不同于男女婚前自愿赠与财物。婚前，男女自愿赠与财物，是自愿实施的民事行为，应受法律保护。借婚姻索取财物则违背对方的意愿，给付财物一方是因为欲达成结婚而被迫给付；这妨碍婚姻自由原则的实行，应予以禁止。所取得财物的性质是索取还是赠与难以认定的，根据最高人民法院《审理离婚案件处理财产分割的意见》第 19 条规定，可按赠与处理。

借婚姻索取财物与骗婚骗财有区别。借婚姻索取财物的当事人具有自愿与对方结婚的目的，而骗婚骗财则是假借结婚之名，骗取对方的感情和财产，实际并无结婚的意思或打算。诈婚骗财的欺骗行为，如果数额较大，应按诈骗罪追究刑事责任。

第二节 一夫一妻制

一、一夫一妻制的概念

一夫一妻制是一男一女结为夫妻的个体婚姻制度。按照这种制度，任何人不得同时拥有两个或两个以上的配偶，在配偶死亡或离婚生效前不得再行结婚；一切公开的、隐蔽的一夫多妻或一妻多夫均属非法。

一夫一妻制是人类文明进步的结果。一夫一妻制的核心是性关系上的专一性和排他性，即配偶相互在性关系上忠于对方，不与配偶以外的人发生性关系。任何人，不论其社会地位高低，不论财产多少，在特定时期，依法只能有一个伴侣。婚姻关系一经确立，就受到法律保护，婚姻当事人因此享有相应的权利，承担法定义务。在配偶死亡（包括自然死亡和宣告死亡）或离婚生效之前，不得再行结婚。法律禁止重婚，禁止有配偶者与他人同居，禁止任何违反一夫一妻制的行为。

二、一夫一妻制的依据

人类实行一夫一妻的婚姻制度，有人口学、社会学、人类学、政治学和法学等方面的规律作为依据。

人类自身发展规律表明，除战争、瘟疫或其他人为的原因之外，男女两性人口的比例基本平衡。一夫一妻制是反映了男女性别比例的客观要求，保证每个公民成年后都有婚配的机会，建立婚姻家庭生活，防止两性关系秩序混乱。

实行一夫一妻制，是人类两性感情的需要。性爱具有排他性，任何形式的一夫多妻或一妻多夫都与性爱的专一性和排他性不相容。恩格斯说："既然性爱按其本性来说就是排他的……那么，以性爱为基础的婚姻，按其本性来说就是个体婚姻。"①一夫一妻制有利于夫妻感情专一、持久，提高婚姻质量。

一夫一妻制，是法律面前人人平等的保障。一夫一妻制强调，不论任何人的社会地位、经济收入、财产状况，每个公民只能有一个配偶，从而实现两性关系上人人平等，特别是有利于提高妇女社会地位和家庭地位，保护妇女的合法权益。一夫一妻多妾和其他破坏一夫一妻制的行为，严重影响妇女身心健康，使妇女沦为男性的附庸，不利于实现男女两性的平等。

一夫一妻制有利于子女的健康成长。一夫一妻制使夫妻地位平等，避免因多偶制带来的家庭纷争，夫妻能够同心协力抚育子女，共同承担养育子女等家庭责任，有利于子女在良好的家庭氛围中健康成长。

一夫一妻制是人类公认的伦理道德的要求。经法律确认的婚姻关系具有专一、排他的性质，婚姻当事人之间应相互忠实，这是人类公认为基本的婚姻道德。违背一夫一妻制的任何形式的一夫多妻或一妻多夫或其他婚外性行为，都是婚姻伦理道德所不容，应受到道德的制约和谴责。

三、一夫一妻制的贯彻

鉴于婚姻之外的性关系足以破坏夫妻之间的共同生活，《婚姻法修正案》第3条规定，禁止重婚和禁止有配偶者与他人同居。

（一）禁止重婚

重婚是有配偶者又与他人结婚的违法行为。重婚有法律重婚和事实重婚两种情形。法律重婚是指有配偶者又与他人登记结婚的行为。有配偶者，欺骗婚姻登记机关，在前婚未终止前，又与他人办理结婚登记手续，不论是否同居，都构成法律上的重婚。事实重婚是指有配偶者虽未与他人登记结婚，但与他人以夫妻名义共同生活。1994年12月14日最高人民法院关于《婚姻登记管理条例》

① 《马克思恩格斯全集》第21卷，第95页。

施行后，发生的以夫妻名义非法同居的重婚案件是否以重婚罪定罪处罚的批复规定："我国《婚姻登记管理条例》施行后，有配偶的人与他人以夫妻名义同居生活的，或者明知他人有配偶而与之以夫妻名义同居生活的，仍按重婚罪定罪处罚。"因此，在前婚未终止前，有配偶者与他人虽未进行结婚登记，但与他人公开以夫妻名义同居生活的，构成事实上的重婚。在现实生活中，法律重婚少，出现较多的是事实重婚。

重婚是对一夫一妻制的严重破坏，导致家庭破裂，也容易诱发严重的治安事件和社会问题，应受到法律的制裁，依法追究重婚当事人的法律责任。

重婚的法律后果包括下列三方面：第一，重婚是无效婚姻。《婚姻法修正案》第 10 条明文规定，重婚是婚姻无效的法定事由之一。对重婚，婚姻当事人或近亲属及基层组织都有权向人民法院申请宣告该婚姻无效。法律只承认和保护前婚，否认后婚，重婚当事人不具有夫妻间的权利和义务。第二，重婚造成夫妻间感情破裂的，构成离婚的法定理由，同时重婚也是离婚损害赔偿的法定情形之一。根据《婚姻法修正案》第 32 条规定，以一方重婚为由提起离婚之诉的，查证确认有重婚情形的，调解无效时，应准予离婚。第 46 条规定，因重婚造成离婚的，无过错方有权请求损害赔偿。第三，构成重婚罪的，依法追究刑事责任。《刑法》第 258 条规定："有配偶而重婚的，或者明知他人有配偶而与之结婚的，处二年以下有期徒刑或者拘役。"重婚当事人主观上没有重婚故意时，其作为不以重婚罪论处。

（二）禁止有配偶者与他人同居

有配偶者与他人同居又称"姘居"，是指有配偶者与婚外异性，不以夫妻名义，持续、稳定地同居生活的行为或者事实。已婚者与他人同居，违反了婚姻关系存续期间性忠实、单一性关系的要求，严重破坏了一夫一妻制度。因此，法律有必要予以禁止。《婚姻法修正案》第 3 条规定："禁止有配偶者与他人同居。"第 32 条第 3 款规定，有配偶者与他人同居的，调解无效，应准予离婚。第 46 条规定，有配偶者与他人同居，导致离婚的，无过错方有权请求损害赔偿。

因善意提供帮助而留宿他人或者出入他人居所，相互关系没有触犯性忠实底线的，不构成"有配偶者与他人同居"。

有配偶者与他人同居与事实重婚虽有一定的相似性，但有性质区别。事实重婚当事人对外对内均以夫妻相称，以夫妻关系关系同居生活，虽履行着"夫妻"的权利义务。而有配偶者与他人同居，当事人不以夫妻关系相称相待，其同居的目的只是临时的两性关系，双方没有结婚的意愿和目的。

有配偶者与他人同居是婚姻法禁止的违法行为，不同于通奸。

（三）反对通奸

通奸是指男女一方或者双方有配偶的情形下，又与他人隐秘地临时地发生性关系的行为。在一夫一妻制下，性关系应限制于合法的婚姻关系内，反对已婚者在婚姻关系存续期间与他人发生性关系。通奸违反了夫妻相互保持性忠实的要求，破坏了一夫一妻制，应为法律所禁止。

夫妻应当相互忠实。夫妻一方通奸，对婚姻的伤害堪比配偶一方死亡。因此，古今中外诸多国家和地区的离婚法中，配偶通奸均构成离婚的法定理由之一。我国《婚姻法修正案》虽未明文将通奸列入认定夫妻感情破裂的具体情由，不过，“其他导致夫妻感情破裂的情形”涵盖了通奸的情形。

通奸不同于姘居、有配偶者与他人同居，通奸双方不以夫妻相称或共同生活，当事人之间仅限保有性关系，通常不涉及其他生活内容或其他方面利益共享，因而，其社会危害程度相对较轻。

此外，为严格贯彻一夫一妻制，必须反对和禁止嫖娼、卖淫行为。反对已婚者与配偶之外的人发生恋爱关系，违反社会主义道德的行为。

第三节 男女平等

一、男女平等的概念

男女平等是指男女两性在政治、经济、文化、社会生活及婚姻家庭等各方面享有平等的权利，承担平等的义务。在婚姻家庭法中，男女平等原则是指男女两性在婚姻关系和家庭关系中处于平等地位，依法享有平等的权利，负担平等的义务。它既表现为权利上的平等，又表现为义务上的平等，是平等的权利与义务的统一。男女平等主要体现在男女在两性在家庭关系中，人格独立和地位平等，而非权利义务上的绝对平均主义。

二、男女平等的依据

男女平等是我国的一项基本国策，是宪法所确定的基本法律原则之一。我国《宪法》第48条第1款规定：“中华人民共和国妇女在政治的、经济的、文化的、社会的和家庭的生活等方面享有同男子平等的权利。”我国《妇女权益保障法修正案》第2条规定国家保障妇女享有与男子平等的政治权利、文化教育权利、劳动权利、财产权利、人身权利和婚姻家庭权利，从而使贯彻男女平等、保障妇女权益有了具体的法律依据。婚姻法中的男女平等是宪法原则的具体贯彻和体现。新中国成立后,1950 年《婚姻法》明确将男女平等作为婚姻家庭法的一项基本原则。1980 年《婚姻法》、《婚姻法修正案》均坚持男女平等原则。

男女两性在婚姻家庭中的法律地位,是各自社会地位的反映。男女两性在婚姻家庭关系中是平等地位还是尊卑主从地位,取决于社会制度。妇女的地位是由社会生产关系的性质以及妇女在社会经济生活的地位决定的。在原始社会,原始的公有制经济,决定男女两性是一种原始的、朴素的平等关系。人类进入阶级社会后,奴隶和封建私有制经济下,男子掌握和操纵着经济资源,男尊女卑、夫权统治支配着婚姻家庭关系,男女两性在婚姻家庭地位上不可能平等。资产阶级在反封建斗争中提出"人生而平等"的口号,并将男女平等作为一项法律原则写入宪法,为男女平等提供保障。同时,在民事立法特别是婚姻家庭法强调男女平等,如 1804 年《法国民法典》规定:"夫妻互相负忠实、帮助、救援的义务。"人类经济和社会的发展,为男女实现平等创造了条件。列宁指出:"要彻底解放妇女,要使她与男子真正平等,就必须有公共经济,必须让妇女参加共同生产劳动,这样,妇女才会和男子处于同等地位。"[①]随着社会经济文化的发展,男女平等已成为公认的基本法律原则。我国从民主革命时期开始,就重视男女平等,在革命根据地制定的婚姻家庭法中确立男女平等原则。

随着社会的发展,妇女经济地位的独立,妇女的社会地位、家庭地位都有很大程度的提高。但是,我国几千年来遗留的男尊女卑,重男轻女、歧视妇女等旧意识、旧习俗仍在一定程度上存在,夫权思想,不能平等地对待妻子,虐待妇女,遗弃女婴,侵害妇女合法权益,剥夺和限制妇女人身自由等现象仍有存在。坚持男女平等原则,逐步消除男女两性在社会生活、家庭生活的实质不平等,切实保障妇女享有与男子平等的权利,仍是不容动摇。

(一)男女平等是人类和谐生存和发展,维护人类尊严的需要

人类就存在男女两性,两性是否能够和谐生存,彼此平等对待,决定人类自身的生存和发展。人类男女两性生理存在天然的差异,妇女的生理特点是人类传承的需要,为人类再生产作出不可替代的贡献,但男女两性事实上的差异不能成为男女不平等的依据和借口,更不能成为贬低妇女的理由。作为人类本身的组成部分,男女两性在生命价值、人格和尊严上是没有区别的,张扬某一性而歧视另一性,是对人类本身尊严的亵渎。男女两性的生理差异是人类生存和发展的需要,是人之所以为人的一部分。男女平等,追求的是实质意义的平等,而非

① 《列宁全集》第 4 卷,第 72 页。

形式意义的平等,更不是量化下权利义务的平等。因此,追求男女平等,必须尊重两性的生理差异,特别照顾妇女的特殊利益,切实保障男女实质平等。

(二)男女平等是近代以来社会公认的道德准则和基本的法律规范

社会经济文化的发展,人类文明程度提高,人类更加重视两性地位平等,两性共同进步,促进社会向前发展。男女平等成为现代社会世界各国普遍认同,处理两性关系的最基本原则。男女平等已不仅仅局限于作为法律原则,而是已成为人类基本的道德理念。

(三)男女平等是克服男性主导的文化传统的前提和条件

自古代社会以来,人类历史上长期盛行的男尊女卑、以男性为主的传统思想意识并没有因为男女平等的法律规定而在短时期消除的。保护妇女合法权益,实质意义上实现男女平等,消除男性文化的遗毒,有必要强调和坚持男女平等基本原则。

(四)男女平等是建设文明婚姻家庭生活的需要

现实生活中仍存在的男女不平等、歧视妇女权益等现象,在文明化发达的今天,任何国家和地区仍无法完全实现男女平等。我国社会生活中,男女在婚姻关系方面仍存在不平等现象,如丈夫限制妻子人身自由,干涉或限制、阻止妻子参加社会工作、劳动、继续接受教育、社会交往等社会活动;妻子承担着大量的抚育子女、操劳家务等。因此,应进一步落实男女在婚姻关系上享有和承担平等的权利和义务,以保障男女平等原则的贯彻实施。

三、男女平等的贯彻

在婚姻家庭领域,贯彻男女平等,不同性别的家庭成员享有独立而平等的人格和尊严,有利于文明和睦的婚姻家庭关系的建立,有利于保障婚姻目的和家庭职能的实现。我国婚姻法规定的男女平等原则,具体实施和贯穿在婚姻家庭的各个方面。

(一)婚姻关系上夫妻平等

男女有同等的缔结婚姻和解除婚姻的权利和自由;结婚后,男方可以成为女方的家庭成员,女方也可以成为男方的家庭成员;在夫妻关系上平等,男女享有平等的权利,承担平等的义务。夫妻享有人身自由,都有独立的姓名权,夫妻相互忠实,夫妻共同享有和履行计划生育的权利和义务,夫妻对共同财产享有平等的占有、使用、收益和处分的权利,夫妻享有平等的财产约定权,夫妻对特有财产独自享有所有权,夫妻有相互扶养的义务,夫妻有相互继承遗产的权利。离婚时,男女享有平等的离婚请求权;男女双方都有权依照法律规定合理地分割夫妻共同财产；对子女的抚养权、探视权，父母双方在条件相同时平等；对共同债务的清偿义务和离婚时的损害赔偿请求权、家事补偿请求权、经济帮助请求权等方面，男女双方的权利义务也是平等。

（二）家庭关系平等

不同性别的家庭成员各自享有独立人格，享有独立的姓名权、人身自由权、财产权等。不同性别的家庭成员之间在法律地位上完全平等。家庭成员不分男女，依法平等地享有权利、平等地履行义务，如抚养、赡养、继承等。父母有平等地抚养教育子女的义务；子女有平等赡养父母的义务；父母子女有相互继承遗产的权利。在其他家庭关系上，在一定条件下祖孙之间、兄弟姐妹之间互负扶养、赡养义务，互有遗产继承权。祖父母与外祖父母的权利与义务平等，兄弟与姐妹的权利与义务平等，在遗产继承时，孙子女与外孙子女享有平等的代位继承权等。

（三）推动传统观念变革和经济社会发展，为男女平等提供更好的社会条件

妇女的解放，只有在妇女可以大量地、社会规模地参加生产，而家务劳动只占她们极少时间的时候，才有可能。而且，只有依靠现代化工商业才能办到。因为现代工商业不仅容许和要求大量妇女劳动，而且把越来越多的私人家务劳动融入到公共服务事业之中。同时，只有全社会形成了尊重妇女，两性平等的大环境，以及家庭领域的两性平等，始能真正实现。

当然，法律上的平等不等于实际生活中的平等。在现实生活中，重男轻女或剥夺女儿合法权益包括受教育权、遗产继承权等，溺、弃女婴等的现象仍有存在。因此，必须大力宣传和推行在家庭关系中的男女平等原则。

第四节 反对家庭暴力

一、家庭暴力的界定

平等、和睦的家庭生活是人生幸福的重要内容，文明、稳定的家庭结构是社会稳定的基础。禁止家庭暴力是建立平等、和睦、文明的婚姻家庭关系的必然要求。随着人权运动的发展，人的尊严与人格、人的健康权、生命权，成为基本人权，受到法律更加细致的保护。家庭暴力侵害家庭成员的健康权、生命权，损伤受害人的人格尊严，侵扰家庭的安宁和稳定，因而必须予以禁止。家庭暴力是一个全球性的问题，世界上主要的国家和地区都制定了反家庭暴力法律。《婚姻

法修正案》第3条明确规定，禁止家庭暴力。这是中国内地法律第一次明确反对和禁止家庭暴力。随后，我国许多省、市相继制定了预防和制止家庭暴力的地方法规。

家庭暴力是家庭成员之间一方对另一方在身体、心理和性三方面权益的侵害行为，包括身体暴力、精神暴力、性暴力三类。以受侵害客体为依据，常见的家庭暴力分类：身体暴力是通过殴打等外在暴力手段直接伤害受害人的身体，这种伤害经常体现为受害者的身体外伤；精神暴力是家庭成员之间实施采用精神折磨等方式经常性地侵害人格尊严的行为，这种伤害更多体现在受害者产生恐惧等精神伤害后果；性暴力是不同性别的家庭成员之间强行实施性侵害，如丈夫违背妻子的意愿强迫发生性关系就是最常见的性暴力。当然，对家庭暴力的分类，从不同角度，可以作不同的分类。例如，根据受害人不同，将家庭暴力划分为对妇女的暴力、对儿童的暴力、对老人的暴力、对男性的暴力。联合国《消除对妇女的暴力行为宣言》第2条将对妇女的暴力行为界定为对妇女造成或可能造成身体、心理及性方面伤害或痛苦的任何基于社会性别的暴力行为，包括身体、心理和性三方面的暴力行为。《婚姻法修正案》没有予以具体界定家庭暴力。在禁止家庭暴力的同时，规定了禁止家庭成员间的虐待和遗弃，使得家庭暴力与虐待、遗弃行为各自独立。

司法审判实践中，作为法定离婚事由、离婚损害赔偿事由的家庭暴力是指家庭成员一方严重侵害另一方的人身的违法行为。最高人民法院《适用〈婚姻法〉司法解释(一)》第1条规定："家庭暴力是指行为人以殴打、捆绑、残害、强行限制人身自由或其他手段，给家庭成员的身体、精神等方面造成一定伤害后果的行为。"我国法院对承担民事责任的家庭暴力，强调受害家庭成员在身体、精神受到较重的伤害后果，家庭暴力的施暴者才会被强制承担一定法律结果。

家庭暴力具有严重的社会危害，是一种侵犯公民人身权利的违法行为，使受害人身体健康直接受到损害，也导致受害人尊严受损，对其身心健康造成负面影响。家庭暴力还会经常引发受害人自伤、自杀等事件或伤人、杀人等犯罪案件。

二、反对家庭暴力的依据

家庭暴力是世界性普遍问题。在不同的国家、不同地区、民族，不同的文化传统、社会阶层、职业等，都不同程度地存在家庭暴力。家庭暴力的发生，受到历史传统、心理因素、经济条件、社会环境、法制状况等多方面因素的影响。家庭暴力会造成受害人身体、心理和精神的伤害，严重侵犯受害人的人格尊严、生命权、健康权和正常家庭生活的权利。

（一）我国现阶段婚姻家庭领域存在家庭暴力

家庭暴力，是我国婚姻家庭领域的一个突出问题。据估计，内地近三分之一的家庭存在家庭暴力。近十余年来，严重的家庭暴力事例不断地被公之于众，使人们不得不客观面对家庭暴力问题的存在。家庭暴力是婚姻和家庭关系破裂的主要原因，作为引起离婚的主要原因之一，因家庭暴力导致的离婚占离婚案件总数相当的比例。在有的地区，家庭暴力还较严重。因此，有必要明确禁止家庭暴力。

（二）保障家庭领域基本人权的需要

人权是指人之所以成为人所拥有的尊严和基本价值。人的生活包括社会公共生活和个人生活两大方面。个人生活则主要在婚姻家庭领域内实现。公民在婚姻家庭领域的人权是否得到了切实保障，直接决定着一个国家或地区的基本人权保障状况。1980年《婚姻法》原规定及其他法律法规，因受制定时的历史条件和认识水平等因素所限，其反对和惩治家庭暴力的精神不够具体、明确，解决因家庭暴力引起的一系列问题时针对性不强。《刑法》与《治安管理处罚条例》规定对家庭暴力的处理存在一定空当。

随着人们思想观念的逐步转变和法律意识的逐渐增强，人们开始重视个人在家庭中的尊严、权利和平等地位，开始意识到家庭暴力的危害性；国家和政府应发挥其社会管理职能及时有效地制止家庭暴力，以更好地保障居民的人身权利和财产权利，使人们享有有尊严的、体面生活。

（三）消除落后的婚姻家庭意识，倡导正确平等文明观念的需要

中国传统文化中，“清官难断家务事”的意识，数千年来在国人头脑中根深蒂固。许多人至今仍把家庭暴力视为家务事，认为“不该管”、“管不好”，甚至错误地认为丈夫打老婆、父母打孩子是天经地义的事。然而，家庭暴力不是家务事，而是家庭成员之间的大是大非的原则问题。婚姻法旗帜鲜明地反对家庭暴力，在总则中作出禁止性规定，是对上述落后的传统意识的否定，为公民树立正确的婚姻家庭观念提供了新依据。

（四）进一步完善法制以切实保障公民合法权益的需要

家庭暴力因发生在家庭内部而具有隐蔽性，且危害后果很严重，妇女是家庭暴力的主要受害者，在身体、精神、性等方面遭受伤害和摧残。同时，家庭暴力具有自身特点，适用《刑法》有关杀人、伤害等犯罪规定处理，有时不完全适当；特别是家庭暴力往往没有达到犯罪程度，不具备适用刑法的条件的情形常见，原因在于我国原有关于治安管理处罚规定处理家庭暴力问题不够全面。因此，有必要根据家庭暴力的特点，作专门规定，为处理这类问题或争议提供基本依据。

《婚姻法修正案》明确禁止家庭暴力，原则性规范了实施家庭暴力者法律责任，为受害人提供一定的救助与救济，相信这些规定对保障公民在婚姻家庭领域内的基本人权将发挥其积极作用。

三、反对家庭暴力原则的贯彻

（一）为家庭暴力受害者提供社会救助和法律救济

《婚姻法修正案》第 43 条规定，对实施家庭暴力的，经受害人请求，可由当事人所在单位或当事人所在的居民委员会、村民委员会进行救助。救助的方式多样，可予以劝阻，责令施暴者停止侵害，对受伤的受害人及时救治，有条件的情况下对引发家庭暴力的纠纷进行调解等。对正在实施的家庭暴力，经受害人请求，当事人所在单位、居民委员会、村民委员会以及公安机关有义务予以制止。受害人向公安机关报告的，公安机关应及时出警，采用措施予以制止，必要时对施暴者采取拘留等强制措施。

对于正在发生的家庭暴力，应采取积极救济的方式，避免遭受暴力继续侵害，其中可实行自力救助即正当防卫。正当防卫是法律赋予公民的一项权利，当家庭成员遭遇不法侵害时，为维护合法权益，受不法侵害的一方可以对正在进行的不法侵害进行防卫。根据《婚姻法修正案》有关规定，家庭暴力的受害者有权向所在单位、住所地的居民委员会、村民委员会和公安机关请求救助；居民委员会、村民委员会等应当予以劝阻、调解，公安机关应当积极干预。

（二）依法追究家庭暴力施暴者的法律责任

（1）民事责任。《婚姻法修正案》第 32 条规定家庭暴力是诉请离婚的法定理由之一。因实施家庭暴力，夫妻一方要求离婚的，经调解无效，应准予离婚。《婚姻法修正案》第 46 条规定家庭暴力构成离婚损害赔偿的事项之一。一方实施家庭暴力导致离婚时，无过错方有权请求离婚损害赔偿，家庭暴力施暴者应依法承担离婚损害赔偿责任。同时，根据我国《继承法》第 7 条的规定，故意杀害被继承人，情节严重的，丧失继承权。这里所指的杀害应包括实施家庭暴力而杀害被继承人。凡实施家庭暴力，故意杀害被继承人，无论是既遂还未遂，在受害人死亡发生遗产继承后，都应当依法剥夺施暴者的继承权。

（2）行政责任。我国《婚姻法修正案》第 43 条规定，对于实施家庭暴力的，受害人可以请求公安机关按照治安管理处罚条例予以行政处罚，如警告、罚款、拘留等。

（3）刑事责任。家庭暴力情节严重，造成受害人伤害等严重后果的，应根据《刑法》有关条款追究其刑事责任。

(三)构建反对家庭暴力的良好社会环境

反对家庭暴力,不仅是受害者本身采取合法有效的积极措施予以预防和救济,而且应形成反对家庭暴力的综合治理环境。第一,应形成全社会反家庭暴力的氛围,正确树立文明的婚姻家庭观念,正确认识家庭暴力问题,消除落后的传统意识,旗帜鲜明地反对家庭暴力,重视与家庭暴力作斗争,保障家庭成员的人身安全和身心健康。第二,有关机关和组织如所在单位、居民委员会、村民委员会、妇联等应积极参与反对和制止家庭暴力,舆论应宣传家庭暴力的危害性及预防、救助措施,构建反对家庭暴力网站,基层公安机关应跟踪家庭暴力个案,提供便利化、整合式的服务,采取有效措施防治家庭暴力。第三,借鉴其他国家或地区法律干预家庭暴力的经验,完善我国相关立法和司法。有关国家颁布反家庭暴力专项立法,建立反家庭暴力专门法庭,存在专门的家庭暴力伤残鉴定机构,提供家庭暴力受害者心理抚慰和法律咨询,引进民事保护令,受害人可以向法院申请民事保护令,包括限制令(禁止加害者再度施暴)、禁止接触令(禁止加害者打电话、写信或其他骚乱行为)、迁出令(命令加害者搬出住所)、隔离令(命令加害者远离某些特定场所)、暂时使用权(命令加害者交出生活、工作及教育上必须用品)、暂定监护令(暂时指定子女监护权)、暂时探视令(规定加害者探视子女的方式或禁止探视)、给付令(命令加害者负担房屋租金、子女抚养费、医疗费、辅导费等费用)、戒治令(命令加害者接受暴力戒瘾、接受精神治疗、心理辅导或其他必要治疗辅导)以及其他必要的保护措施。

第五节　保护妇女儿童和老人的合法权益

一、保护妇女的合法权益

我国婚姻法在男女平等的基础上,针对男女两性实际社会地位的差异,特殊照顾和保护妇女的利益。男女平等是一般性原则,特殊保护妇女权益是对男女平等原则的必要补充,两者相辅相成,促进男女平等的实现。在婚姻家庭领域,保护妇女的合法权益体现为两方面:一方面,妇女享有与男子平等的权益,这反映在男女平等原则上;另一方面,妇女依法享有的特殊权照顾和保护,这由保护妇女合法权益原则来体现。

(一)特别保护妇女权益的立法依据

对妇女利益给予特殊照顾,是基于妇女长期受压迫的历史传统至今仍有较大影响，是鉴于现实社会生活中男女没有实现事实上平等。在人类进入近代以前，妇女长期处于被压迫、受奴役的地位，深受政权、族权、神权和夫权的束缚，社会地位和家庭地位低下，妇女没有独立人格，没有独立财产权。妇女特别是已婚妇女获得独立仅有近百余年历史的社会事实。在中国当代，婚姻法等有关法律重视保护妇女的特殊权益，但鉴于历史原因，男女不平等仍较普遍地存在，妇女合法权益得不到应有尊重的事件常常发生，侵害妇女人身权或财产权的情形并不少见。1980 年《婚姻法》原规定及《婚姻法修正案》针对这一社会背景，特别强调在保护妇女权益时给予照顾，以弥补妇女自我保护不足，增进男女实现实质意义上的平等。

特别保护妇女权益，是基于对女性生理特点的尊重，是社会公共利益需要。男女两性存在生理差异，妇女承担着生儿育女，实现人类再生产的任务，基于事实上存在的妇女生理特点，对妇女特殊权益予以特别的法律保护，是实现男女平等的基础。《婚姻法修正案》就妇女在结婚、家庭关系、离婚等方面予以特殊保护。

（二）特别保护妇女权益的内容

保护妇女的特殊权益主要体现在下列四个方面：

（1）在婚姻自由方面，保护妇女的婚姻自主权，禁止包办强迫妇女结婚，禁止干涉妇女结婚、离婚自由，并在一定时期限制男方的离婚起诉权，即妇女在怀孕期间和分娩后一年内，或按照计划生育的要求中止妊娠的，在手术后六个月内，男方不得提出离婚。

（2）在夫妻关系方面。首先，在夫妻人身关系方面，妇女结婚后有使用自己姓名的权利，任何人不得强迫妇女婚后改变其姓名。妇女有从事政治、参加工作、生产、学习和其他社会活动的自由，任何人不得加以限制或干涉。妇女人身自由权受到法律保护，任何人不得非法限制妇女人身自由。妇女有生育的自由，也有不生育的自由。夫妻双方均有承担计划生育的义务。其次，在夫妻财产上，实行婚后所得共同财产制为法定财产制，承认家事劳动的社会价值，保障从事家务劳动的妇女享有与其丈夫平等的财产权。离婚时，夫妻的共同财产由双方协议处理，协议不成时，由人民法院根据财产的具体情况，照顾子女和女方权益的原则判决。切实保护妇女的房屋所有权和使用权，夫妻共有的房屋，离婚时达不成协议的，人民法院应依据照顾女方和子女权益原则判决。女方离婚时生活存在困难的，男方负有经济帮助的责任。

（3）在子女的抚育和监护方面，保护妇女的合法权益。父母双方对子女承担平等的抚养、教育的权利与义务。离婚时，妻因实施绝育手术或者其他原因丧失生育能力的，子女抚养问题，在有利于子女权益的条件下，应照顾女方的合理要求。

(4)在其他方面，妇女享有与男子平等的继承权。出嫁的女儿也是第一顺序的法定继承人。丧偶的儿媳对公婆尽了主要赡养义务的，作为公婆的第一顺序法定继承人，其继承地位不受到子女代位继承的影响。反对干涉寡妇带遗产改嫁。

二、保护儿童的特殊利益

儿童是国家、社会、民族的未来和希望。

保护儿童，使他们在德、智、体、美各方面健康成长，是国家的任务，也是家庭的职责。我国《宪法》明确规定，儿童受国家保护，禁止虐待儿童。为保护儿童的特殊权益，《未成年人保护法》规定：对未满 18 周岁的未成年人提供国家保护、家庭保护、学校保护、社会保护和司法保护，以保护未成年人的身心健康，保障其人身、财产和合法权益不受侵犯。将照顾儿童的责任强加在某些具有适当资格的人身上，是必要的。一方面，人是生物，死亡威胁着人类的生存和社会结构的稳定，任何社会都得预备社会的新陈代谢机制，以维持人口安定。另一方面，人从婴幼儿成长为具有必要的自我生存和自我保护能力的成年人需要 18 年，这期间不仅需要适当的物质供养和营养，还需要得到适当的教育，才能习得社会生活所要求的观念、行为准则和行为方式。为了使儿童有尊严地存活下来，为了社会整体利益，社会道德和法律迫使成人社会承担照顾儿童的责任。

婚姻家庭法对儿童在婚姻家庭领域享有的权益，作了具体明确的规定。主要体现在下列四方面：

(1)父母有抚养、教育和保护子女的权利和义务。《婚姻法修正案》第 21 条规定，父母对子女有抚养教育的义务。父母对未成年子女的抚养义务是无条件的；父母不履行抚养义务时，未成年的或不能独立生活的子女，有权利要求父母给付抚养费。抚养费包括日常生活费、医疗费、教育费等。对未成年子女有抚养义务而拒绝抚养的，情节严重的，应追究遗弃罪的刑事责任。同时，父母应承担着对子女教育的义务，在思想、品德、学业等方面对子女进行全面培养。父母和其他监护人应当尊重未成年人接受教育的权利，保证未成年子女接受义务教育，不得迫使在校接受义务教育的未成年人辍学。父母应以良好的道德品质和适当方法教育未成年子女，使未成年子女身心健康地成长，预防和制止未成年人吸烟、酗酒、流浪以及聚赌、吸毒、卖淫等。父母作为未成年子女的法定监护人，应当对未成年子女的人身、财产和其他合法权益予以保护，有预防和排除来自外界危害的权利和责任，使未成年子女的身心处于安全状态。

离婚父母双方依法仍应继续履行抚养教育子女的义务。父母离婚不影响父母子女间的权利义务，离婚的父母双方继续共同承担抚养教育未成年子女的义务。无论子女由父母哪一方直接抚养，不免除另一方对子女的抚养教育义务。未与子女共同生活的离婚父母一方，有探视子女，与子女保持正常联络的权利义务。

在未成年子女对国家、集体或他人造成损害时，父母有承担民事责任的义务。父母或其他监护人应当依法履行对未成年人的抚养义务和监护责任，不得虐待、遗弃未成年人，禁止溺婴、弃婴或其他残害婴儿的行为，否则应依法承担法律责任。

(2)特定情形下祖父母、外祖父母或兄姐对未成年的孙子女、外孙子女或弟妹有抚养义务。父母死亡或没有抚养能力时，有负担能力的祖父母、外祖父母或者兄姐，有义务抚养尚未成年的孙子女、外孙子女或者弟妹。

(3)子女在法律地位上一律平等。《婚姻法修正案》规定，非婚生子女与婚生子女的法律地位相同，有关父母子女之间的权利义务关系，如抚养教育、管教保护、赡养扶助和遗产继承等，适用于非婚生子女与其生父母之间。任何人不得危害和歧视非婚生子女。不直接抚养非婚生子女的生父或生母，应当负担子女的生活费和教育费。当非婚生子女的生父母不尽抚养义务时，非婚生子女有权要求生父母给付抚养费，直到非婚生子女独立生活为止。国家保护合法的收养关系，养父母和养子女之间、继父母和受其抚养教育的继子女之间的权利与义务适用父母与子女关系的规定，法律保护养子女、继子女的合法权益，不得虐待、遗弃、歧视养子女、继子女。同时，禁止歧视女性未成年人和有残疾的未成年人。

(4)凡就涉及未成年人的事项作出决定时，应听取有意思表示能力的未成年人本人的意见。根据《未成年人保护法修正案》规定，未成年人享有更多权利，作为社会成员，受到更多关注。他们只要有意思表示能力，就有权就本人义务和相适当的社会义务发表意见。

三、特殊保护老人的权益

老年问题是全球性的社会问题。各国采取措施对老年人权益予以不同程度的特殊保护。尊重老人是中华民族的传统美德。保护老人合法权益是我国宪法的要求。老人为社会的建设和发展、为抚育子女付出毕生的心血和精力，在他们年老体弱时，应受到社会的尊重、保护和子女的关怀、赡养。我国《宪法》第45条、第49条规定："中华人民共和国公民在年老、疾病或者丧失劳动能力的情况下,有从国家和社会获得物质帮助的权利。""禁止虐待老人"。《婚姻法修正案》继续将保护老人的特殊权益作为一项基本原则。我国《老年人权益保障法》专门规定老人权益保护。

特别保护老人权益,主要体现在下列四方面:

(1)婚姻自由权。在婚姻上,老年人的婚姻自由受法律保护,子女或其他亲属不得干涉老年人再婚自由。《婚姻法修正案》第30条规定:"子女应当尊重父母的婚姻权利,不得干涉父母再婚及婚后的生活。"

(2)受赡养权。老年人在年老、丧失劳动能力、生活困难时,子女、孙子女和外孙子女具有赡养扶助老年人的义务。赡养老人包括在经济上供养、生活上照料和精神上慰藉,赡养人不得以放弃继承权或其他理由而拒绝履行赡养义务。赡养义务不因老年人的婚姻关系变化而消除。赡养人依法不履行赡养义务的,老人有请求给付赡养费的权利。人民法院对赡养费的诉请,可依法裁定先予执行,以保护老人的特殊需要。

(3)人身自由权。子女和其他家庭成员不得虐待和遗弃老年人。对丧失劳动能力,生活不能自理的老人不得以各种借口拒绝赡养。虐待老人、遗弃老人情节严重的,应依法追究行为人的刑事责任。

(4)遗产继承权。任何人不得侵犯、剥夺老年人的合法继承权。老人有权依法处分其个人财产,有依法继承父母、配偶、子女和其他亲属遗产的权利,有接受遗赠的权利。

第六节 计划生育

实行计划生育是我国的一项基本国策。《婚姻法修正案》第2条明确规定"实行计划生育。"为了保障这一原则的实施,《婚姻法修正案》第16条还规定:"夫妻双方都有实行计划生育的义务。"

一、计划生育的概念

计划生育是指有计划地调整出生人口数量,提高人口质量。计划生育既可以是有计划地降低人口发展速度,也可以是有计划地提高人口发展速度。我国现行计划生育目标,是稳定人口低生育水平,提高出生人口质量。中国《人口与计划生育法》专门规范计划生育。《婚姻法修正案》第16条规定了已婚夫妻的计划生育义务。《妇女权益保护法》及其修正案还特别强调保护妇女享有不生育的自由。

二、计划生育的依据

人类为了生存和发展，必须进行物质资料生产和人口再生产，两者应保持一定的发展比例，才能协调发展。恩格斯指出："生产本身有两种，一方面是生活资料即食物、衣物以及由此所必需的工具的生产；另一方面是人类自身的生产，即种的繁衍。一定历史时代和一定地区内的人们生活于其下的社会制度，受着两种生产的制约。"①有计划地调节人口发展速度，是两种生产客观规律的必然要求。目前，我国人口基数达 13 亿，人口自然增长率高，为提高人民的物质文化生活，有计划地控制人口增长是必然的要求和选择。

我国《宪法》第 25 条规定："国家推行计划生育，使人口的增长同经济和社会发展计划相适应。"1980 年《婚姻法》从我国国情和实际需要出发，在 1950 年婚姻法基础上增设计划生育原则，并将计划生育作为夫妻必须履行的义务。《婚姻法修正案》保留计划生育原则。2001 年通过的《人口与计划生育法》全面规范我国计划生育工作，相关的规定与婚姻法中的计划生育原则相辅相成，共同推进我国计划生育的贯彻实施。该法第 2 条规定："国家采取综合措施，控制人口数量，提高人口素质。"这是计划生育法对人口发展的原则性要求。

实行计划生育，符合我国的土地面积、环境资源、人口数量等国情和实际需要，是不断提高人民物质生活水平的需要，有利于提高人口素质，也是我国社会经济可持续发展的重要条件。

三、计划生育的内容

《人口与计划生育法》第 18 条规定："国家稳定现行生育政策，鼓励公民晚婚晚育，提倡一对夫妻生育一个子女；符合法律、法规规定条件的，可以安排生育第二个子女。"我国计划生育原则的主要内容是：有计划地控制人口数量，提高人口素质，提倡晚婚、晚育、少生、优生、优育。

（一）提倡晚婚晚育

婚龄与人口生产存在密切关系。《婚姻法修正案》规定法定结婚年龄是男不得早于 22 周岁，女不得早于 20 周岁。但同时规定，晚婚晚育应予鼓励。男女的法定婚龄各推迟 3 岁，即男 25 周岁、女 23 周岁为结婚的晚婚年龄。实行晚

---

① 《马克思恩格斯全集》第 21 卷，第 29 页。

婚,能较为有效地延缓我国目前的人口增长速度。

晚育是指女性23周岁开始生育第一胎。从科学表明,女性24至30周岁生育是最佳生育年龄,有利于保护妇女身体健康,有利于子女的身心健康。

适当的晚婚晚育,不仅有利于延缓人口出生的周期,达到降低人口出生率的目的,而且存在科学的医学依据,为优生、提高人口素质奠定基础。

(二)实行少生

我国13亿多人口中,汉族人口占总人口的绝大多数,因此,汉族的计划生育要求重点在于控制人口数量,提高人口素质。当前控制人口增长的关键性措施是提倡一对夫妻终身只生育一胎。对某些有特殊困难的夫妻,经申请和县以上计划生育行政机关批准,允许有计划地生育第二胎。但无论何种情况都不允许生育第三胎。禁止无计划生育。对多胎生育的当事人,给予必要处理,以保证计划生育原则的贯彻实施。

少数民族也要实行计划生育。我国各少数民族由于人口发展不平衡,对少数民族计划生育的具体要求也有所不同。人口在1000万以上的少数民族,与汉族实行同样的要求;人口在1000万以下的少数民族,生育子女的数量可适当放宽。夫妻双方都是少数民族的夫妻可生育两个子女,特殊情况经过批准可生育第三个子女,但严禁生育第四个子女。人口特别稀少的少数民族,不限制生育子女的数量,但有节育要求的,给予鼓励。

(三)倡导优生优育

提高人口素质是实行计划生育的重要内容。我国《婚姻法》、《母婴保健法》都特别规定,禁止直系血亲和三代以内的旁系血亲结婚、禁止医学上认为不应结婚的疾病者结婚。禁止有遗传疾病的夫妻生育子女。国家还通过优生优育知识的宣传教育,提供优生优育指导,完善产前检查和婴幼儿体检和保健等措施,以切实达成保障和提高人口的身体素质。

四、计划生育的贯彻

为贯彻计划生育原则,国家保障公民选择安全、有效、适宜的避孕节育措施,实行计划生育的育龄夫妻免费享受国家规定的有关计划生育技术服务,育龄夫妻应接受计划生育技术服务指导,自觉落实计划生育避孕节育措施。

在我国,国人由于长期深受"多子多福"、"重男轻女"、"传宗接代"的传统观念的影响,加之经济社会发展程度不高,违反计划生育原则的行为仍有发生。除加强计划生育原则的宣传教育外,对违反计划生育原则的行为应追究其法律责任。我国《人口与计划生育法》第六章规定了违反计划生育法之行为应承担的法律责任。公民无计划或者超计划生育子女的，应当依法缴纳社会抚养费。无计划或者超计划生育人员是公职人员的，除缴纳社会抚养费外，还应由所在单位给予行政处分或者组织纪律处分。有关单位或个人非法为他人实施生育手术的，或利用技术手段为他人进行非医学需要的胎儿性别鉴定，或者为选择性别而实施人工终止妊娠的，或实施假节育手术、出具虚假医学鉴定、出具不真实的计划生育证明的，由计划生育部门或卫生行政部门依据职权责令改正，给予警告、没收违法所得。对伪造、变卖、买卖计划生育证明的，由计划生育行政部门没收违法所得。拒绝、阻碍计划生育行政部门及其工作人员依法执行公务的，构成违反治安管理行为的，依法给予治安管理处罚。对拒绝、阻碍计划生育行政部门及其工作人员依法执行公务的，或伪造、变卖、买卖计划生育证明的，有关单位或个人非法施行计划生育手术等，情节严重构成犯罪的，分别按《刑法》有关规定追究刑事责任。公民认为行政机关在履行计划生育管理职责过程中有侵犯其合法权益的，可以依法申请行政复议直至提起行政诉讼，寻求司法救济。

【复习提要】

婚姻家庭法的基本原则是我国婚姻家庭立法的指导思想，反映其基本价值取向，是制定具体婚姻家庭法和政策的依据。我国婚姻家庭法的基本原则包括婚姻自由、一夫一妻制、男女平等、保护妇女儿童和老人的合法权益、计划生育、反对家庭暴力。婚姻当事人有权按照法律规定自主地决定本人的婚姻问题，不受任何人的强迫和干涉。禁止包办婚姻、买卖婚姻，禁止借婚姻索取财物，禁止干涉婚姻自由的其他行为。实行一夫一妻制的婚姻制度，在同一个时期，任何人只能有一个配偶，夫妻应当相互忠实。禁止重婚、禁止有配偶者与他人同居，反对通奸、姘居等破坏一夫一妻制的行为。在婚姻家庭领域，男女两性地位平等，享有平等的权利，平等地承担义务。对妇女、儿童和老人的利益给予特殊照顾，保护他们的合法权益。实行计划生育，贯彻晚婚、晚育、优生、优育，稳定低生育率，提高出生人口的素质。禁止家庭暴力，禁止虐待和遗弃，尊重每位家庭成员的人格尊严和合法权益，维护家人的健康和安全。婚姻家庭法的基本原则在婚姻家庭法中处于核心地位，概括表述了我国婚姻家庭制度的基本内容和主要特征，是实施婚姻家庭制度的准则和依据。我国婚姻家庭法的基本原则倡导建立平等、和睦、文明的婚姻家庭关系，所有家庭成员互相尊重、敬老爱幼，互相帮助。由于婚姻家庭生活的复杂性，基本原则不仅是立法、司法机关解释婚姻家庭规范的重要依据，而且具有弥补成文法不足的作用，在缺乏具体婚姻家庭法律规范时，司法机关可援引基本原则处理相关婚姻家庭争议。学习和理解婚姻家庭法的基本原则,对于准确把握婚姻家庭法的精神,正确适用婚姻家庭法具有重要意义。

【课后练习】

1. 我国婚姻家庭法的基本原则有哪些?
2. 为什么要实行婚姻自由?
3. 怎样才能彻底消除包办婚姻或者买卖婚姻?
4. 试论一夫一妻制度的合理性。
5. 为什么近年来我国社会舆论广泛关注“包二奶”等婚外性关系现象?
6. 为什么必须实行男女平等? 你认为男女能够真正实现平等吗?
7. 论男女平等原则与保护妇女合法权益原则之间的关系。
8. 试就“家庭暴力”问题,完成一项社会调查,并分析调查所得与你本人对该问题的认识是否有差异?
9. 你如何评价中国儿童权利保护的现状?
10. 试评价计划生育原则在哪些方面显著地改变了中国人的婚姻家庭生活?

第四章 结 婚

【导读案例】

案例1：23岁的盛根发与在同公司的20岁外省籍的女工高胜美相爱。但是，根发的父母以胜美无本地城市户籍、无医疗保险等社会福利，将来家庭负担太重为由，想方设法反对并阻拦这对年轻人往来。胜美的父母则认为，根发是城市青年，不了解农村，两个人将来在一起为容易发生问题，建议女儿找一个有同样农村背景的男青年。为避免冲突，根发和胜美悄悄交往。根发和胜美用二人的所有积蓄加上借款，以高胜美的名义购置了一套公寓房，使胜美拥有了城市户籍。可是，根发的家人知悉后认为胜美自私，是要骗根发的钱，让根发马上断绝与胜美的来往，让胜美把根发投资买房的钱还给他。根发认为，他俩干脆结婚，他家人就无话可说了；但是，高胜美觉得，要结婚就光明正大地结，最好是经过父母同意，她不愿意瞒着男方家人就结婚。请问：从法律上分析，盛根发与高胜美是否符合结婚条件？他们如果真想结婚，该履行哪些法律手续？

案例2：韩道理与汤阿妹明确恋爱关系后，阿妹带韩道理见过父母和家人。没想到，过了数周，阿妹父母了解到韩道理自幼体弱多病，患有严重哮喘，劝女儿中断与男友的往来，还说严重的哮喘病患者，有可能不宜结婚。阿妹曾见过道理哮喘病发作的情形，也有些担心这病情若加重，会影响将来的生活。请问：法定禁止结婚的疾病名单有哪几种？如果这对当事人分别求教于你，你会给他们什么建议？

案例3：某大学二年级男生许某与同专业学妹蔡某一见钟情。一年后，许某与蔡某见过双方各自父母后，获得一致认可，许某父母出面，邀请蔡某父母一起，为两位年轻人举行了订婚仪式。从此，许某自愿分担蔡某在学习期间的生活费用，假期旅游开支也均由许某支付。许某大学毕业工作后，每月按时为蔡某寄去所需全部生活费用，并为蔡某购置了金项链、价值不菲的名表等。但蔡某毕业后，与许某朝夕相处中，认为双方性格不合，难以长期共同生活，提出“分手”。许某见蔡某态度坚决，只得同意结束双方特殊关系，但要求蔡某退还恋爱期间赠送给她的所有物品，退赔四年生活、旅游开支5万元。请问：许某的要求在法律上是否有依据？

案例4：18岁姑娘朱某高中毕业当年远赴他乡做工。半年后在返乡探亲的火车上认识20岁的同乡小伙子李某，两人互生好感。不久，两人建立恋爱关系。不到一年，李某向朱某求婚，朱姑娘欣然接受，但表示要回家征得其父母同意。请问：依据现行《婚姻法修正案》规定，19岁的朱姑娘与20岁的李某的结婚要求，能获得准许吗？朱姑娘的父母对女儿的结婚依法是否享有同意权？

案例5：农村青年邵某与邻村姑娘田某经人介绍相识后，经过一年多交往，相互甚为满意。当邵某告诉父母，他准备娶田某为妻时，邵某的父母决定在该年元旦为邵某和田某举办隆重婚礼，宴请邵家的亲友和同村人，将田某迎进门。但是，田某认为，邵某应当先与她一起去乡政府登记后，再举行婚礼。请问：结婚登记和婚礼，依照《婚姻法修正案》规定，究竟何者应为先？举行婚礼是结婚的法定要求吗？

案例6：19岁的祝银娥姑娘与24岁男青年廖学高相爱一年整，两人决定在年底结婚，元旦举行婚礼。考虑到银娥未到法定结婚年龄，银娥与长其2岁的姐姐祝银英商量，借用银英的身份证去申请结婚登记。银英认为，妹妹借用身份证只是为办结婚登记，便同意了。12月25日，祝银娥持祝银英的身份证，以祝银英的名义与廖学高前往乡政府申办结婚登记。由于姐妹俩长得相像，登记工作人员没有发现破绽，准予办理了结婚登记。二年后，姐姐祝银英又持妹妹祝银娥的身份证并以祝银娥的名义与青年余大力登记结婚。可是，数年后，廖学高因与祝银娥感情恶化后，要求与妻子协商离婚，遭到妻子拒绝后，又以妻子当年借用他人身份证冒用祝银英名义与其登记结婚为由，主张其婚姻无效，还说至少他与祝银娥之间的婚姻是可以请求撤销的。请问：祝银娥与廖学高、祝银英与余大力各自的婚姻，是否属于无效婚姻？是否属于可撤销婚姻？当事人应当怎么办？

【内容讲解】

第一节　结婚概述

一、结婚的概念

结婚，也称婚姻成立，是指合法有效的婚姻关系的发生，即男女双方依照法律规定的条件和程序缔结夫妻关系的行为。婚姻成立是婚姻效力产生的前提。

结婚概念的解释，有广义和狭义之别。广义上，结婚包括订婚和结婚。古代法律多采用广义说。狭义理解结婚,则不包括订婚。近现代以来的法律大多采用狭义说。新中国成立以来的婚姻法,对结婚的界定均采用狭义理解。

结婚是重要的民事法律行为。婚姻一旦成立,会产生一系列法律后果。因此,法律必须调整结婚。合法有效的婚姻受法律保护。

二、结婚要件

婚姻成立的要件是国家从社会利益与需要出发,兼顾当事人及其子女利益,对公民结婚所作的必要法律限制。在任何时代,社会都有与其生产方式相适应的结婚要件,它是国家干预婚姻行为的手段。各国均无一例外地要求婚姻必须依法成立。国家通过法律公开明确地为婚姻成立设定各种条件。

婚姻家庭法理论上,通常将婚姻成立的要件划分为实质要件和形式要件两类。在我国婚姻家庭法学及司法实践中,历来将婚姻成立的实质要件称为结婚条件,将婚姻成立的形式要件称为结婚程序。

(一)实质要件

实质要件是指结婚当事人本人在缔结婚姻关系之时依法必须具有的情形及相互关系。

实质要件又进一步区分为必备条件和禁止条件。结婚的必备条件,也称积极要件,是指当事人必须具备某些法定情形始得结婚。结婚的禁止条件,也称消极要件或婚姻障碍,是指申请结婚的当事人依法不得具有的情事。这一正一反规定,相辅相成,共同构成婚姻成立的实质条件。

(二)形式要件

形式要件是指符合法律要求的婚姻成立的方式或程序。形式要件是婚姻取得社会承认的方式,具有公示、公信的特点。社会采取何种方式承认婚姻,与价值观念、文化传统、婚俗习惯等密切相关。

当代国家的结婚法多实行要式婚制,即申请结婚的当事人必须履行一定程序,婚姻才得以成立。从世界范围看,婚姻成立的形式有三种类型:登记婚制、仪式婚制、登记与仪式结合婚制。当事人具备结婚的实质要件,只意味着具有结婚的可能性,履行法定结婚程序才使这种可能性变成现实,所缔结的婚姻为国家法律承认并受保护。

登记婚制是一种法律婚制度,它是指申请结婚的当事人必须到国家指定机关依法请求结婚登记,获准登记的,婚姻即告成立。登记婚制简便易行,具有无可争议的公示性,也有利于国家管理和监督婚姻成立,因而被越来越多的国家立法采用。

仪式婚制是指结婚必须举行一定公开仪式向社会告示，仪式完成，婚姻即成立的制度。采用仪式婚制的国家和地区较多。仪式婚制又具体区分为宗教仪式、世俗仪式和法律仪式三种。宗教仪式是指结婚须在特定宗教场所内由神职人员主持完成仪式，婚姻始宣告成立。世俗仪式是指当事人须举行公开仪式向社会告示结婚，仪式完成其婚姻始得成立的程序。法律仪式是指在法律指定机关由婚姻官员主持举行结婚仪式后，婚姻即告成立的结婚程序。

各国和地区关于结婚形式的要求差别较大。有的国家实行单纯的登记婚制度，如俄罗斯。有的实行户籍申报制，如日本。有的要求当事人举行公开结婚仪式并有证人在场证明。有的国家和地区同时实行登记制和仪式婚制，如中国台湾地区。① 有的国家则要求当事人先申请主管部门颁发的结婚许可证，后再举行结婚仪式或办理结婚登记，婚姻才宣告成立，如菲律宾。②

此外，也有学说根据结婚条件是否关乎社会公共利益之标准，把婚姻成立的要件区分为公益要件和私益要件。公益要件是指与公共利益有关的条件。如近亲不得相互结婚，当事人须是单身等。私益要件是指仅与私人利益有关的情事。如结婚须出于当事人自愿。缔结婚姻时违背公益要件的，通常其婚姻无效；违背私益要件缔结的婚姻，其效力可依撤销制度处置。

三、结婚制度的历史沿革

结婚制度内容丰富，此处以结婚方式变化为主要线索，简述结婚制度的历史变迁。

(一)古代结婚制度

在个体婚制形成后，整个古代社会结婚方式大致有掠夺婚、赠与婚、有偿婚、聘娶婚、宗教婚等。

掠夺婚即抢婚，是指男子以暴力手段抢夺妇女为妻成婚的结婚方式。掠夺婚是从对偶婚制向一夫一妻制转变的过程中出现的。中国古代典籍有抢婚记载。赠与婚是指有主婚权的父母、尊长或主人将女子作为礼物赠与他人为妻成

---

① 中国台湾地区“民法”第982条规定：“结婚应有公开之仪式及二人以上之证人。经户籍法为结婚之登记者，推定其已结婚。”

② 《菲律宾共和国家庭法》第3条规定，结婚当事人须持合法结婚许可证，在婚仪主持官员面前举行结婚仪式，须有两位以上达到法定年龄的证人参加，并由本人宣誓以对方为配偶，婚姻始得成立。详见中国法学会婚姻法学研究会编：《外国婚姻家庭法汇编》，群众出版社2000年版，第225页。

婚而且不直接索取代价的结婚方式。赠与婚下,被赠女子作为赠与标的物而不被当作人看待。有偿婚是指男子须支付一定代价始能换取女子为妻成婚的结婚方式。支付代价的方式多种多样,其中互易婚、劳役婚、买卖婚较为典型。互易婚,亦称换亲,是指双方父母或家长以自家女子换取对方家庭中的妇女为媳妇,或者男子以各自姐妹交换为妻的结婚方式。20 世纪末,中国内地某些经济贫困地区的少数家庭,换亲之事仍时有发生。劳役婚是指男方须为女家从事一定期间的劳动或完成一定劳务始得与女方成婚的结婚方式。这种方式,在古代中国及其他某些民族的历史上常能见到。直至今天,中国农村婚俗中还能看到某些劳役婚的残迹。买卖婚是指男方或男家向女方或女家给付一定金钱或其他等价物以换取女方身价得以成婚的结婚方式。这种以财货易妻室的结婚方式曾普遍盛行于古代世界的许多民族。聘娶婚是指男家须向女家依礼交付一定聘金、聘礼以取得娶对方妇女为妻的结婚方式。

中国古代自奴隶制时代到封建制时代,一直以聘娶婚为主要结婚方式,历经数千年而不衰。"六礼"就是礼制确定的聘娶婚的具体程序。"六礼"依次为纳采、问名、纳吉、纳征、请期和亲迎。自纳采至纳征而定婚约;经请期、亲迎并行合爱之礼后,始为完婚。六礼备,谓之聘;六礼不备,谓之奔。六礼之制,历代有所变迁。后世不及早期严格,庶民百姓较之王公贵族简略。

宗教婚是中世纪欧洲各国主要的结婚方式。当事人结婚必须履行一定的宗教仪式:结婚须向当地相关教会申请,婚事须经教会当局公告,举行婚礼须由神职人员主持。直至宗教改革和婚姻还俗运动之后,宗教婚才逐渐衰微。至今,仍有部分国家或地区实行宗教婚。

(二)近现代结婚制度

近现代的主要结婚方式是共诺婚,也称自由婚或者契约婚,是指经男女当事人双方意思表示一致而成立婚姻。近现代的结婚方式,是从封建主义婚制向资本主义婚制转变过程中出现的。宗教婚逐渐被民事婚所取代是其中重要标志之一。

从结婚立法看,首先承认民事婚的是 16 世纪的荷兰。民事婚是指按照世俗方式而非宗教方式完成婚姻成立之仪。不过,当时的荷兰,实行宗教婚和民事婚双轨制,当事人可以自由选择采用宗教婚或者民事婚,无论选用哪一种方式,婚姻均为有效。其后,法国在 1787 年开始实行民事婚制度。法国大革命后,1791 年法国宪章规定,"法律婚仅为民事契约"。法律婚彻底取代了宗教婚。此后,欧洲各国资产阶级革命胜利后相继改革其结婚方式。共诺婚以契约学说为依据,是自由、平等价值观念在民事法律领域的体现。与漠视当事人意志的封建婚相比,共诺婚是一个重大历史进步。不过,早期资本主义婚姻立法仍保留一定的封建残余。

中国结婚法的近代化始于20世纪初。自1911年《大清民律草案》开始,有关结婚的法律开始模仿和借鉴资本主义国家的婚姻制度。1931年施行的旧中国民法亲属编关于结婚的规定,明显仿效德国、日本等资本主义国家法律,但在结婚方式上,未采取法律婚,而继续坚持仪式婚制,结婚须举行公开仪式,并有二人以上证人证明。实际生活中,仍普遍实行传统的聘娶婚。

(三)当代结婚制度

当代各国法律对结婚条件和程序均有明确具体规定。资本主义国家如此,社会主义法律体系也如此。社会主义法律体系下的结婚制度创始于十月革命后的苏联。苏联早期结婚法原则上实行法律婚,规定当事人结婚须向户籍机关办理登记,同时有条件地承认事实婚。但1944年以后,不再承认事实婚。第二次世界大战后,朝鲜、东欧国家均采用法律婚,有的实行单一的登记婚制,有的实行登记与仪式相结合的方式。

对欠缺实质要件的事实婚姻,大多数国家的法律以无效婚或者可撤销婚处置。对于欠缺形式要件的事实婚姻,各国立法的态度大不相同;有的法律不承认事实婚姻具有合法婚姻的效力;①有的则正相反,采取承认主义,法律赋予符合结婚实质要件的事实婚姻具有合法婚姻同等法律效力,如英国法和美国若干州;还有采用相对承认主义,即法律为事实婚姻设定某些有效条件,符合这些条件者转化为合法婚,具有法律效力,反之,则不承认事实婚有合法婚姻的效力,如1998年修正的《德国民法典》。②

新中国成立以来,婚姻法坚持实行登记婚制度,从未在立法上承认事实婚。然而,最高人民法院的司法政策对事实婚的态度反复变化。自建国初期至1989年间,根据有关司法解释③,司法承认符合结婚实质要件的事实婚姻具有合法婚

---

① 例如,《日本民法》第379条规定,婚姻,因按户籍法规定所进行的申报而发生效力。第743条规定,不进行婚姻申报时,婚姻为无效。曹为、王书江泽,王书江校:《日本民法》,法律出版社1986年版。

② 《德国民法典》第1310条第3项规定,户籍官员已接受婚姻双方的一项家庭法上的、以存在婚姻为其生效前提的声明,且婚姻双方已为此而被颁发一份在法律上有规定的证明,婚姻双方此后以夫妻身份共同生活10年或者共同生活至婚姻一方死亡——在此情形下至少共同生活5年,也视为婚姻。

③ 最高人民法院1989年11月21日印发《关于人民法院审理未办理结婚登记而以夫妻名义同居生活案件的意见》。

姻的法律效力,并给予保护。自1989年11月至1994年2月,采取更严格的有条件承认主义,并确立了不承认事实婚效力的时间表。自1994年2月至2001年4月,事实婚不再具有民事效力,但事实重婚者仍须承担重婚罪的刑事责任。2001年12月27日《适用〈婚姻法〉解释(一)》施行,又回到有条件地承认事实主义。①

第二节 婚 约

一、婚约的概念

婚约,是男女双方以将来结婚为目的预先所作的约定。婚约的成立,亦称定婚或者订婚,是婚姻预约。婚约是男女双方当事人意思表示一致的行为。婚约成立后,当事人双方产生未婚夫妻关系,承诺将来相互结婚。通常,订婚具有一定形式,以便让公众知悉当事人之间未婚夫妻身份的确立。

关于婚约的性质,在婚姻家庭法学界有契约说和非契约说两种不同主张。契约说认为,婚约即订婚契约,是对作为本约的结婚契约的预约;对婚约的违反,

---

① 对我国是否应该承认事实婚问题,内地学术界争议较大,主要有三种观点。第一种观点主张不承认事实婚。其理由有三,一是我国自1950年《婚姻法》施行以来一直实行婚姻登记制度、结婚登记单轨制,申请结婚的当事人必须亲自到有关机关履行结婚登记。如果司法实践承认事实婚,违背婚姻登记的强制性要求,将结婚形式要件双轨化,这对遵守结婚登记的婚姻当事人不公正。二是坚持结婚登记制度是我国计划生育的要求。承认事实婚极可能冲击人口控制与管理。第二种观点正相反,赞同承认事实婚。其理由有二:一是婚姻的最根本特点在于当事人双方以夫妻名义共同生活。不论法律对婚姻成立有何要求,也不论法律对事实婚采取何种对策,事实婚姻在世界各地始终与法律婚如影相随。婚姻法应该以人为本,尊重和保护当事人的利益。二是从当代世界的情况看,承认事实婚是个大趋势。第三种观点认为,根据我国的历史、现状和当代世界的情况看,承认事实婚是个大趋势。第三种观点认为,根据我国的历史、现状和世界各国婚姻制度的发展变化,应当有条件地承认事实婚姻的民事效力。其理由有三:一是承认和保护事实婚在中国法制史上由来已久;二是不承认事实婚效果不大;三是婚姻本身具有事实先行性,各种业已形成的婚姻家庭关系对双方、子女、家庭及社会都会产生一系列影响,婚姻法不能完全漠视不管。我们倾向于第一种观点。承认事实婚或否认事实婚,这两种观点在理论上并无优劣之别。但就我国内地目前人口管理的需要看,目前不具备实行双轨制的条件,需要继续推行登记制度。《适用〈婚姻法〉解释(一)》既强制推行结婚登记又悄悄地承认事实婚的做法,实际上是就婚姻成立实行双轨制,这对依法行事的当事人似有不公。因为法律对这个问题的立场应是所有人一视同仁。

不能漠视不管,而应承担契约责任。非契约说认为,订婚是一种事实,不具有契约性质,这种事实是按照法律规定而发生一定效力的;违反婚约的责任是一种侵权责任。

二、婚约的效力

在不同时代、不同国家,法律对待婚约的态度有很大区别,婚约的效力大不相同。

在古代社会,婚姻的成立须经订婚和结婚程序,婚约是婚姻的组成部分。因此,婚约具有法律效力,男女双方及家庭必须履行婚约;否则,不履行婚约一方须承担相应法律责任。订立婚约取决于长辈或父母的意志;当事人本人只能服从和接受长辈所订婚约。古代法律对婚约有较全面规定。订婚在中国古代礼制和法制中具有重要地位。历代户婚律均以成立婚书、收受聘财作为订婚的依据。订婚后,已发生婚姻的部分效力。

在近现代自由婚制度下,订婚不是结婚的必经程序,婚约也非婚姻的组成部分。婚约的订立纯属自愿,未订婚者依法可径行结婚。婚约成立后,一方不履行时,另一方不得依诉讼程序请求强制对方履行。婚约缔结简便、解除容易,不具有法律约束力。

在当代社会中,仍有部分国家和地区的法律明文调整婚约。关于婚约的订立,男女双方当事人须基于合意自行订定;当事人双方须达到法定的订婚年龄,未成年人订婚须得其法定代理人同意;婚约预期的婚姻不得违背法律关于禁婚的规定。多数国家和地区视婚约为不要式行为,对婚约成立的形式,法律一般不作规定;但也有国家对此有特别规定的。① 婚约订立后,当事人之间不产生身份关系,婚约无强制性,不得请求强制履行。当事人双方或者一方可基于合意而解除,也可基于法定理由而解除。但是,无故违反婚约一方,须赔偿另一方因此而遭受的损失;基于法定理由解除婚约时,无过失一方有权向过错一方请求赔偿。赔偿范围包括物质损失和精神损失。

中国历史上素有订婚传统。我国近代法律对订婚仍有规定。中华民国初年,北洋政府大理院解释:"订婚为成婚之前提,据现在继续有效之前清现行律载,男女订婚,写立婚书,依礼聘娶,又载虽无婚书,但曾受聘财者亦是等语,是婚约必备此要件之一,始能为有效成立,苟无一具备,虽已成婚,于法律上仍不生婚姻之效。"旧中国民法典第 977 条规定,"婚约解除时,无过失之一方,得向有过

---

① 如《墨西哥民法典》第 139 条规定:订婚须以书面形式制作为社会所公认的婚约。

失之他方请求赔偿其因此所受之损害”。新中国成立前的革命根据地时期,某些地区的婚姻条例对婚约也有明确规定。我国台湾地区“民法”对婚约仍有较详细规定。

三、礼物返还

中华人民共和国成立后,婚姻法均未规定婚约。根据有关部门对婚约所作解释①,订婚不是结婚必经程序,男女双方自愿订婚,听其订婚;任何包办强迫的订婚,一律无效;一方要求解除,得通知对方取消。法律对婚约采取不规定不干预的态度,并不是说可以轻率地不负责任地订立婚约和解除婚约。当事人应该自觉按照社会公认的关于恋爱婚姻的道德要求,严肃慎重地对待和处理婚约问题。

对因婚约解除而引起的财产纠纷,长期以来一直是司法受理的对象,对当事人双方往来的财物,应区分情况妥善处理。当事人订婚期间,一方自愿赠与对方的财物,解除婚约时原则上不得请求返还;但如果赠与物价值较大,赠与人要求受赠人返还的,可由双方协议处理;协议不成时也可经由诉讼程序处理,必要时准予酌情返还,但不能因返还财物影响当事人的婚姻自由。借婚约之名骗取对方财产的,可根据欺诈行为的法律后果规定,责令骗取财产一方在婚约解除时将财产返还给对方。一方借订婚之名玩弄异性的,婚约解除时,已赠送给对方的财产不得索回。

第三节 结婚的实质条件

一、结婚的必备条件

(一)男女双方有结婚合意

结婚合意是指当事人双方对相互确立夫妻关系的意思表示完全一致。这是当代结婚法的通例。我国婚姻法将之表述为“自愿”。《婚姻法修正案》第5条规定,“结婚必须男女双方完全自愿,不许任何一方对他方加以强迫或任何第三者加以干涉”。这是结婚自由的主要内容。男女双方完全自愿,应理解为双方

---

① 1950年6月26日,原中央人民政府法制委员会《有关婚姻法施行的若干问题与解答》;1953年原中央人民政府法制委员会《有关婚姻问题的解答》。

自愿而非一方自愿、当事人本人自愿而非父母等其他人同意。

当事人有结婚合意始得结婚，是婚姻自由的必然要求。结婚俗称终身大事，双方当事人自愿结婚，才能实现男女双方以夫妻身份长久共同生活，婚姻才能稳定。坚持结婚以自愿为前提，是保障公民人权的重要方面。结婚合意在所有结婚条件中具有重要意义。

结婚合意必须同时符合下列条件：

1. 当事人必须具有婚姻行为能力

婚姻行为能力是指达到法定结婚年龄并能以自己的行为承担婚姻的权利和义务的资格。未达到法定结婚年龄，或者虽达到法定结婚年龄但欠缺完全民事行为能力的人，不能为有效的同意结婚的意思表示。在法定婚龄低于成年年龄的国家和地区，未成年人同意结婚的意思表示还须父母或其他法定代理人同意，否则不得结婚。

2. 同意结婚的意思表示必须真实

结婚是创设夫妻关系的重大身份行为，只有当事人真心愿意相互结婚，婚姻的缔结才符合法律本旨。通常，当事人的内心意思与其外在表意相符；但在特殊情况下，由于某种客观或主观原因，也可能发生二者不一致的情况，这种不真实的意思表示不能产生结婚的后果，即使婚姻已经缔结也可以依法撤销。

结婚合意中的意思表示不真实，主要有三种情形：第一，意思表示虚假。如为了某种婚姻外的目的，双方串通故意为虚假同意结婚的意思表示，并无结婚真意。对此的处理，各国立法例不同。有的持意思说认定其结婚无效，有的持表示说认为已缔结的婚姻有效。《婚姻法修正案》采纳表示说。婚姻是复杂的生活过程，当事人在已依法定程序缔结婚姻的情况下，应推定当初的意思表示出自内心，但有相反证据证明当事人一方或双方同意结婚的表示虚假的除外。第二，意思表示不自由。这主要指当事人因受到威吓、胁迫、暴力干涉等外在强力干涉被迫违心作出同意结婚的意思表示。这时的意思表示不是本人自主自愿的，因此，所缔结的婚姻违背婚姻自由原则，否认该意思表示的效力是保障人权的需要。第三，意思表示错误。当事人因受欺诈或重大误解而作同意结婚的意思表示，是当事人陷于错误认识的结果；如果了解真相，本不会同意结婚。由于当事人作出同意结婚意思表示时考虑的因素纷繁复杂，对待意思表示错误必须十分慎重。我国《婚姻法》没有赋予当事人因意思表示错误而否认婚姻效力的权利。

3. 同意结婚的意思表示方式必须符合法律规定

婚姻行为是要式行为，双方同意结婚的意思只有以法定方式表示，才具有结婚合意的效力。我国实行婚姻登记以来,申请结婚的男女双方必须亲自到婚姻登记机关向登记官员表示同意结婚,始产生结婚合意的效力。在未成年人结婚须得父母等法定代理人同意的国家和地区,法定代理人的同意也须采用法定形式表示。

此外,基于婚姻关系的特殊性,结婚合意不得附加条件和期限。婚姻的效力只能法定,不能由当事人契约限定或变更。

(二)达到法定结婚年龄

法定结婚年龄,简称法定婚龄,是指法律允许结婚的最低年龄。通常,法定婚龄是结婚年龄的下限,到达法定婚龄始得结婚;未达法定婚龄者不得结婚。法律并不规定结婚年限的上限,达到法定婚龄后何时结婚,悉听当事人自便。

规定法定结婚年龄主要基于两方面理由。第一,自然因素,即人的身心发育程度。婚姻是男女两性的结合。人只有达到一定年龄,才具备适婚的生理和心理条件,才能对婚事作出理智的判断和决定,才能在婚后负担起法定的对配偶、子女的法定权利和义务。第二,社会因素,即一定的生产方式以及相应的社会条件。任何国家和地区确定法定婚龄,都受到特定时期人口政策与状况、历史传统、风俗习惯等影响。不同时代、不同国家、同一国家的不同历史时期,法定婚龄既不会相差较大,又可能有一定差别。总体看,古代各国的法定婚龄较低,随着社会发展,近现代各国的法定婚龄普遍有所提高。

《婚姻法修正案》第6条规定,"结婚年龄,男不得早于22周岁,女不得早于20周岁。晚婚晚育应予鼓励"。该规定既考虑了青年身心发育程度,学习、就业、独立生活条件等情况,又考虑了计划生育社会政策的要求。鼓励晚婚晚育的规定具有中国特色。

执行法定婚龄规定,要处理好依法结婚和提倡晚婚的关系。不到法定婚龄不得结婚,但法定婚龄并非最佳结婚年龄。从世界范围看,我国现行法定婚龄属少数高婚龄的立法例。达到法定婚龄的当事人双方坚持要求结婚的,依法应给予准许。同时提倡晚婚晚育。我国自古有早婚习俗,历代封建王朝大力提倡早婚。这种以小农经济为基础的早婚习惯和多子多福的生育观在我国特别是农村至今仍有一定影响。为此,国家采取措施鼓励人们晚婚及在婚后适当晚育。

(三)单身

申请结婚的当事人,无论男女,均须单身,无婚姻。通常情形下,结婚申请人从未曾结婚。若曾有过婚史的,原婚姻须已依法获准离婚,或配偶他方已经死亡,或者已被依法撤销或被宣告无效的。这是一夫一妻制度的要求。

二、结婚的禁止条件

(一)禁止重婚

重婚是指有配偶者又与他人结婚的违法行为。一夫一妻制是我国唯一的婚姻制度。已经成立有合法婚姻关系的男女,在既存婚姻终止前,不得再行结婚;否则构成重婚。重婚受到《婚姻法修正案》明文禁止,重婚的婚姻无效。

将重婚作为禁止结婚条件是近现代各国和地区婚姻家庭法的通例。① 我国早在革命根据地时期的婚姻立法中就明确禁止重婚。新中国的历部婚姻法均明文禁止重婚。任何人不得同时有两个或两个以上的配偶,重婚的婚姻无效;有配偶者重婚,或者明知他人有配偶而与之结婚的,依法应承担重婚罪的刑事责任。

实践中,处理重婚问题应注意三方面界限:第一,正确界定重婚。有配偶者又与他人登记结婚,构成重婚;虽未履行结婚登记,但确以夫妻名义同居生活的,依法也构成重婚。第二,区别重婚与姘居的关系。姘居是指有配偶者与婚外他人持续地稳定地在一起共同居住,但不以夫妻名义相称的事实。姘居不是重婚。第三,历史原因构成的重婚不以重婚论。1950年《婚姻法》施行前已经形成的重婚、纳妾,是历史遗留问题,如果当事人相安无事,法律不予追究,而且当事人的婚姻关系受到法律保护。因时间关系,由历史原因形成的重婚现所剩不多。

(二)禁止结婚的血亲关系

禁止一定范围内的亲属相互结婚,是各国和地区婚姻家庭法的通例。这有两方面依据。第一,禁止一定范围亲属结婚,是自然选择规律作用的结果,具有优生学根据。人类生活的长期实践证明,血缘关系越近的男女通婚,越容易把父母双方的疾病和缺陷遗传给后代,严重影响出生人口素质和民族健康。现代遗传学研究表明,父或母亲都只把一半遗传物质传递给后代。一个亲代每传一代即把二分之一遗传物质传递给后代,有"亲缘关系的人具有相同基因的机会比两个不相关的人多,所以近亲结婚的一个明显效应,就是使纯合子的频率增加"。② 换言之,近亲结婚的父母极易把自身的缺陷传递给后代。第二,禁止一定范围亲属相互结婚,是人类不断进步的伦理观念的要求。近亲结婚有悖于婚姻道德。中外各民族的婚嫁习俗和法律中都有亲属通婚限制。古代法的禁婚范围大于近现代。随着科学的进步,人们越来越清楚地认识到近亲结婚的危害性,

---

① 如《日本民法》第732条规定,"有配偶者,不得再婚"。详见曹为等译:《日本民法》,法律出版社1986年版,第144页。

② 杜传书、刘祖洞主编:《医学遗传学》,人民卫生出版社1983年版,第274页。

现代人近亲通婚的可能性和事例远远小于古代。

《婚姻法修正案》第 7 条第 1 项规定,禁止直系血亲和三代以内旁系血亲结婚。这一禁婚亲范围较为适中。中外禁婚亲的立法例中,禁止直系血亲相互结婚,绝无例外。禁止旁系血亲相互结婚的范围,各国立法规定不一,宽严差别较大。有的国家禁止二亲等内旁系血亲相互结婚,有的禁止三亲等内旁系血亲相互结婚,有的则禁止四亲等内旁系血亲结婚。新中国的婚姻法,向来禁止直系血亲相互结婚;但对于旁系血亲的禁婚范围,历次婚姻法规定差别较大。1950 年《婚姻法》第 5 条规定,直系血亲或同胞兄弟姐妹或者同父异母或同母异父的兄弟姐妹禁止结婚;其他五代以内旁系血亲间禁止结婚的问题从习惯。我国多数地区的习惯并不允许五代以内旁系血亲结婚,却允许甚至鼓励表兄弟姐妹通婚。为禁止中表婚,从 1980 年《婚姻法》原规定开始,就禁止三代以内旁系血亲相互结婚。

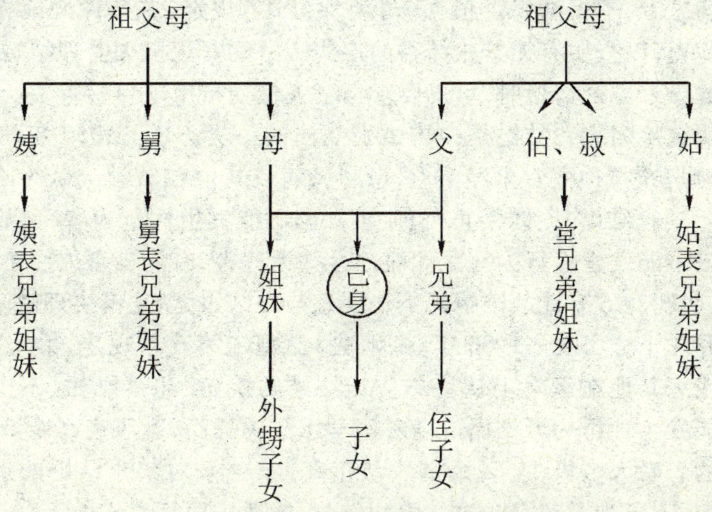

三代以内的直系血亲、旁系血亲图

适用禁婚亲规定时,应注意三个问题:第一,正确界定血亲。婚姻法规定的血亲,既指自然血亲,也包括拟制血亲。第二,正确理解禁婚亲的范围。禁婚亲是指法律禁止相互结婚的亲属。婚姻法禁止直系血亲相互结婚,应理解为只要是直系血亲关系,不论相隔多少代,都不得结婚。三代以内旁系血亲,是指出自同一祖先的三代以内旁系血亲。继兄弟姐妹能否结婚,应区别情况,已形成扶养关系的继兄弟姐妹不宜结婚,无扶养关系的继兄弟姐妹结婚,不受禁止。第三,直系姻亲能否相互结婚,法律虽无明文规定,但是,根据婚姻伦理,也为避免血亲关系混乱,不应允许其相互结婚。

（三）禁止结婚的疾病

禁止特定疾病患者结婚，是部分国家和地区婚姻家庭法的通例。这是保护结婚当事人利益和维护社会公共利益的需要。多数国家禁止患有足以丧失婚姻行为能力的疾病以及患有足以严重危害对方和后代健康的疾病患者结婚，并明确规定，存在该类结婚障碍者违法缔结婚姻的，该婚姻无效。

患有医学上认为不应当结婚的疾病患者，不得结婚。《婚姻法修正案》第7条第2项规定了禁止结婚的疾病的范围，没有列明禁止结婚的疾病的种类或病名。认定某人患有不应当结婚的疾病，必须有充分依据，必要时应当经专门的医学鉴定。通常，医学上认为不应当结婚的疾病有两类：第一，严重的精神疾病导致当事人丧失行为能力的。严重的精神病患者，没有民事行为能力，无法缔结婚姻。第二，严重的传染性或遗传性疾病患者。如麻风病患者、艾滋病患者等传染性强的疾病患者，不得结婚。根据《母婴保健法》规定，有条件的地方应当开展婚前健康检查，以查明有无禁止结婚的疾病。婚姻登记机关受理结婚申请后，发现当事人健康有可疑情形时，可以要求当事人接受指定项目检查。

禁止特定疾病患者结婚是中国婚姻立法的一贯态度。1950年《婚姻法》规定，“患花柳病或精神失常未经治愈，患麻风病或其他在医学上认为不应当结婚之疾病者”，禁止结婚；同时禁止“有生理缺陷不能发生性行为者”结婚。考虑到有生理缺陷不能发生性行为对配偶对社会并无危害，有的当事人由于年龄、健康等因素，在明知对方有此缺陷情况下仍同意与之结婚，禁止有生理缺陷不能性行为者结婚并非十分必要。1980年《婚姻法》原规定第6条规定，禁止“患麻风病未经治愈或患其他在医学上认为不应当结婚的疾病”患者结婚，不再禁止有生理缺陷不能发生性行为者结婚。随着医学水平的提高，麻风病已能治愈，且我国患麻风病的患者人数极少。《婚姻法修正案》第7条对禁止结婚的疾病只作了概括性规定，不再列举病名。这一立法例，更能适应医学科学的不断进步和疾病类型的变化情况。

第四节　结婚的形式要件

一、结婚登记的概念和法律意义

结婚登记是指申请结婚的男女双方必须本人同时到婚姻登记机关依法办理结婚登记，获准登记的，婚姻即告成立的法律制度。

结婚登记制度是我国婚姻登记制度的重要组成部分。婚姻登记项目包括结婚登记、离婚登记和复婚登记。我国《婚姻登记条例》对此有专门规定。其中，结婚登记是数量最多的一项经常性工作。

实行结婚登记，是贯彻法定结婚条件的需要。要求结婚的公民不仅应当具备结婚条件，还必须办理结婚登记，才能缔结合法的婚姻关系，取得婚姻的法律效力，婚姻才受国家和法律保护。登记制度有利于保障婚姻自由的实现，防止包办婚姻、买卖婚姻和其他干涉婚姻自由的行为；有利于防止重婚，保障一夫一妻制度；便于防止早婚、近亲婚和禁止结婚疾病患者结婚，保障男女双方及其后代的健康。经过结婚登记审核，避免违法结婚的发生，预防、减少婚姻纠纷，既符合当事人利益，又符合社会公共利益。实行结婚登记是国家对婚姻成立进行管理和监督的有效手段，有利于维护婚姻制度的严肃性。此外，通过结婚登记，还可以大力开展婚姻法制的宣传和婚姻道德教育，破除婚姻问题上残存的落后传统和旧思想，促进婚姻家庭领域的文明建设。

在我国，结婚登记是一项严肃的法律制度。只有依法履行结婚登记，取得结婚证，婚姻才具有法律效力。是否举行结婚仪式，悉听当事人自便；但举行婚礼只能在获准结婚登记之后。获准结婚登记后举行一定的结婚仪式是民间较普遍的做法。

二、结婚登记的机关和程序

(一)办理结婚登记的机关

居民申请办理结婚登记的机关，是县级人民政府的民政部门或者乡(镇)人民政府。省、自治区、直辖市人民政府可以按照便民原则确定农民居民办理婚姻登记的具体机关。婚姻登记机关的管辖范围，应与当事人户籍相适应。

(二)结婚登记程序

结婚登记程序，依法可分为申请、审查和决定三个相互联系的具体阶段。根据《婚姻登记条例》第 4 条、第 5 条规定，具体程序如下。

1. 申请

要求结婚的男女双方，必须亲自共同到一方户口所在地的婚姻登记管理机关申请结婚登记。申请结婚当事人双方的户口在同一地区的，到共同的户口所在地婚姻登记机关办理；当事人双方户口不在同一地区的，可以到任何一方户籍所在地的婚姻登记机关申请办理。结婚不得单方申请，不得委托他人代理。

申请结婚登记时，当事人双方必须同时持有下列证件和证明：(1)户口证明、居民身份证；(2)本人无配偶以及与对方当事人没有直系血亲和三代以内旁系血亲关系并经本人签名的书面声明。有离婚经历的当事人申请再婚或者复婚，还应持有已发生法律效力的离婚证件。

鼓励申请结婚当事人双方接受婚前健康检查。为保障婚姻当事人双方的合法权益，促进婚姻幸福和家庭稳定，申请结婚登记的当事人宜接受婚前医学检查。当事人可到县级以上医疗机构接受婚前医学检查。《母婴保健法》建立了强制性婚前医学检查制度，自该法于 1995 年 6 月 1 日施行开始，凡实行婚前医疗检查的地区曾强制要求结婚申请人到指定医疗机构接受健康检查，未查出患有医学认为不适合结婚的疾病的人，凭该健康检查证明始能办理结婚登记。在尚未开展婚前医学检查的地区，婚前医学检查不是结婚登记的必经程序；当事人自愿要求检查的，应予以支持。但是，2003 年《婚姻登记条例》规定当事人申请结婚登记应提供的证明文件中，没有列入婚前医学检查报告。由此，自该条例生效以后，普遍认为我国强制婚前健康检查制度已修正为自愿性婚前健康检查。①

结婚申请须采用书面形式，即由当事人填写结婚登记申请书。当事人确因客观原因不会书写的，可由婚姻登记员代为填写。申请结婚登记的当事人，当如实向婚姻登记管理机关陈述情况，提供上述证件和证明。

2. 审查

婚姻登记机关受理当事人的结婚申请后，代表国家全面审核当事人的结婚申请，以确定当事人是否符合结婚法定条件。审查必须认真、细致，依法进行。如遇情况不明之处，应当向当事人询问，必要时有权进行调查要求当事人提供证明材料，或指定项目要求当事人进行医学鉴定。

3. 决定

婚姻登记管理机关审查当事人的结婚申请后，如认为结婚申请符合结婚条件的，应当及时准予登记，发给结婚证。离过婚的当事人申请结婚获准的，应当注销其离婚证件。当事人自取得结婚证之日起，即确立夫妻关系。

经审查，发现当事人的结婚申请有下列情形之一的，婚姻登记机关依法不准予登记：(1)未达到法定婚龄的；(2)非自愿的；(3)已有配偶的；(4)属于直系血亲或者三代以内旁系血亲的；(5)患有法律禁止结婚或者暂缓结婚的疾病的。

---

① 从法律位阶看，以国务院令的形式颁布的《婚姻登记条例》显然低于经全国人民代表大会常务委员会通过的《母婴保健法》，以行政条例为依据否认全国人大通过的法律条款明文规定的婚前医学检查制度，是没有说服力的。加之，推行自愿婚前健康检查以来，各省市先天性出生缺陷儿的比例有所提高。为此，2004—2006 年，应当如何理解和执行婚前健康检查，引起了社会各界较大关注，各方面参与的讨论曾经十分热烈。

婚姻登记管理机关对当事人的结婚登记申请不准予登记的，应当以书面形式说明不予登记的理由。当事人不服婚姻登记机关不予登记决定的，可以依照行政复议条例的规定申请复议；对复议决定不服的，可以依据行政诉讼法提起诉讼。

复婚登记适用结婚登记程序。

三、结婚证

结婚证是婚姻登记管理机关签发给当事人收执的证明其婚姻关系成立的法律文件。只要男女双方履行了结婚登记程序，取得结婚证，夫妻关系即依法成立。当事人双方的婚姻关系受法律保护。至于当事人双方是否举行过婚礼，是否开始同居生活或者同居生活时间长短，均不影响男女双方具有合法夫妻关系，依法享有配偶的权利，负担配偶的义务。

结婚证被毁损或者遗失的当事人，可以持所在单位、村民委员会或者居民委员会出具的婚姻状况证明，向原办理结婚登记的婚姻登记管理机关申请出具"夫妻关系证明书"。婚姻登记管理机关审查后认为当事人所述情况属实，并根据原始婚姻登记档案，为其出具"夫妻关系证明书"。夫妻关系证明书与结婚证具有同等法律效力。

四、未经结婚登记而以夫妻名义同居生活问题

《婚姻法修正案》第 8 条规定，"未办理结婚登记的，应当补办登记"。根据最高人民法院《适用〈婚姻法〉解释(一)》第 5 条规定精神，对未办理结婚登记而以夫妻名义同居生活的情形，应分别认定和处理：一是认定为事实婚姻关系，适用婚姻关系的有关规定；二是认定为非法同居，属于无效婚姻。

事实婚姻是法定婚姻的对称，是指符合法定结婚条件的男女，未办理结婚登记而公开以夫妻名义同居生活的两性结合。由于传统习惯影响、法制观念淡薄、交通不便及婚姻登记管理机关工作不力等原因，未履行结婚登记程序即以夫妻名义公开同居生活的现象，自 1950 年《婚姻法》施行以来一直存在。对此问题的认识与见解各个时期有所不同，故不同时期的有关司法政策曾有过不尽相同的立场。根据现行司法解释的精神，对未办理结婚登记而以夫妻名义同居生活的当事人的关系，具体认定和处理如下：

(一)认定

1994 年 2 月 1 日前男女双方已符合结婚实质要件的，按事实婚对待。1994 年 2 月 1 日后，男女双方符合结婚实质要件的，应当补办结婚登记；未办理结婚登记的，应认定为非法同居关系。

1994年2月1日《婚姻登记管理条例》公布施行之日，是界定承认或否认事实婚的时间界限。按照原有司法政策，该条例施行之日后，凡未办理结婚登记的男女，不论是以何种名义共同生活，一律认定为非法同居。《适用〈婚姻法〉解释（一）》继续坚持沿用这一时间作为区分事实婚和非法同居的时间界限，以尽可能维护法律的严肃性。

男女双方根据《婚姻法修正案》第8条规定补办结婚登记的，婚姻关系的效力从双方均符合婚姻法所规定的结婚实质要件时起算。

（二）法律后果

凡符合事实婚认定条件的当事人，双方的关系适用夫妻关系的有关规定处理。当事人不符合事实婚认定条件的，为非法同居关系，当事人依法不享有配偶的权利，不负担配偶的义务。

第五节 婚姻无效与撤销

一、婚姻无效

（一）婚姻无效的概念

婚姻无效，也称无效婚姻，是指因不具备法定结婚实质要件或形式要件的男女结合，在法律上不具有婚姻效力的制度。无效婚姻的婚姻关系一般自始无效，它以婚姻的无效性为前提。结婚必须符合法定的条件和程序，婚姻才具有法律效力。凡不符合法定结婚条件和程序的男女结合，就是违法的，不能产生婚姻应有的法律效力。无效婚姻不是婚姻的一种类型，而是一种专用于处理违法结婚的法律制度，是结婚制度的必要组成部分。其作用在于，保证婚姻成立法定要件的贯彻执行，促进和保护合法婚姻的建立；否认违法缔结的婚姻的效力，预防和制裁违法结婚行为。各国法律一般都有婚姻无效或撤销制度。

新中国成立后，1950年《婚姻法》和1980年《婚姻法》原规定对违反其定者，仅笼统规定，“得分别情况，依法予以行政处分或法律制裁”，缺乏婚姻无效的规定。20世纪60年代初，最高人民法院的司法解释就重婚问题指出，“重婚是违法行为，必须严肃处理。原则上应当维持原配夫妻关系，宣布重婚关系无效”。这是建国后司法解释首次使用婚姻无效。由于1980年《婚姻法》在原规定对违法婚姻的效力无明确具体规定，司法实践长期将违法结婚问题人事实婚姻，按离婚程序予以处理。然而，这种做法，不仅在法律逻辑上是误的，而且造成法律概念和适用的混乱,不利于贯彻结婚制度。为此,1986 年 3 月颁行的《婚姻登记办法》第 9 条规定了婚姻无效的某些情形,“婚姻登记机关发现婚姻当事人有违反婚姻法的行为,或在登记时弄虚作假,骗取结婚的,应宣布该项婚姻无效,收回已骗取的结婚证,并对责任者给予批评教育。触犯刑律的,由司法机关依法追究刑事责任”。1989 年最高人民法院《关于人民法院审理未办理结婚登记而以夫妻名义同居生活案件的若干意见》,对欠缺结婚形式要件的违法婚姻,以时间为界限,以是否符合结婚实质要件为基准,区分为事实婚姻与非法同居关系,并规定了二者不同的法律后果。其中关于非法同居关系的认定及后果的规定,实质上是无效婚姻的部分情况。1994 年 2 月颁行《婚姻登记管理条例》,初步建立起无效婚姻制度。《婚姻法修正案》第一次直接明确建立婚姻无效制度,弥补了我国婚姻立法对违反法定结婚要件的情形无规定的缺陷。不过,婚姻无效的立法规定还相当简略,《适用(婚姻法)解释(一)》就有关请求权人、审理程序等作了具体解释。

(二)婚姻无效的法定事由

婚姻无效的事由是指依法导致婚姻无效的法定情形或事实。依据《婚姻法修正案》第 10 条规定,在我国,婚姻无效的法定事由有以下四种情形:

(1)重婚。已有配偶者再婚,违背一夫一妻制原则,重婚的婚姻当然不可能取得合法婚姻效力。

(2)有禁止结婚的亲属关系。男女双方属于直系血亲或者三代以内旁系血亲,依法属于禁婚亲范围。违禁结婚,有损社会公序良俗,同样不能实现结婚的目的。

(3)婚前患有医学上认为不应当结婚的疾病,婚后尚未治愈。当事人一方婚前患有法定禁止结婚的疾病,依法本不可以结婚;违法缔结婚姻后,所患疾病仍未治愈的,对配偶另一方健康是极大威胁,也可能影响后代先天素质,所缔结的婚姻应当无效。

(4)未到法定婚龄。一方或双方未到法定婚龄而结婚,虽非直接威胁当事人个人利益,但损害了社会公共利益,有必要否认所缔结婚姻的效力。

(三)确认婚姻无效的程序

我国的无效婚姻采取宣告无效制度,即无效婚姻在依法被宣告无效时,才确定该婚姻自始不受法律保护。

根据《婚姻法修正案》第 12 条和《适用〈婚姻法〉解释(一)》第 8 条、第 9 条规定,请求权人依法可以向人民法院申请宣告婚姻无效。人民法院审理婚姻无效案件,对婚姻效力的审理,应当依法作出判决,不适用调解;有关婚姻效力的判决一经作出,即发生法律效力。对财产分割和子女抚养争议,可以调解。调解达成协议的，另行制作调解书。不服财产分割和子女抚养问题的判决，当事人有权上诉。申请宣告婚姻无效时，法定的无效婚姻情形已经消失的，人民法院不予支持。法院审理重婚导致的无效婚姻案件时，涉及财产处理的，应当准许合法婚姻当事人作为有独立诉讼请求权的第三人参加诉讼。当事人依据《婚姻法修正案》第10条规定向人民法院申请宣告婚姻无效，人民法院根据当事人申请，依法宣告婚姻无效的，应当收缴双方的结婚证，并将生效判决书寄送于原婚姻登记管理机关。

司法程序是宣告婚姻无效的唯一法定程序。《婚姻登记条例》未授权婚姻登记机关受理宣告婚姻无效的申请。因此，请求权人只能向有关人民法院请求确认婚姻无效。① 人民法院查实申请人陈述的情况真实，已缔结的婚姻确存在无效原因的，依法应宣布该婚姻关系无效，并收回结婚证。

（四）请求权人的范围和行使请求权的期限

根据《适用〈婚姻法〉解释（一）》第7条规定，有权依据就已办理结婚登记的婚姻申请宣告婚姻无效的请求权人，是婚姻当事人及其利害关系人。

利害关系人的范围，因主张无效原因不同而有别：

（1）以重婚为由申请宣告婚姻无效的，为当事人的近亲属及基层组织；

（2）以未达法定婚龄为由申请宣告婚姻无效的，利害关系人为未达法定婚龄者的近亲属；

（3）以有禁止结婚的亲属关系为由申请宣告婚姻无效的，利害关系人为当事人的近亲属；

（4）以婚前患有医学上认为不应当结婚的疾病，婚后尚未治愈为由申请宣告婚姻无效的，利害关系人为与患病者共同生活的近亲属。

（五）婚姻无效的法律后果

无效婚姻不具有婚姻效力，自始无效。当事人间不产生配偶身份及夫妻间的权利义务。但是，无效婚姻存续期间，当事人形成了一定的共同生活事实，会涉及有关子女抚养、财产处理等问题。根据《婚姻法修正案》第12条和最高人

---

① 自2003年10月1日之前，婚姻登记机关可以受理婚姻无效申请。1994年《婚姻登记条例》第24条规定，“未到法定结婚年龄的公民以夫妻名义同居的”，其婚姻关系无效，不受法律保护。但有关婚姻效力发生争议时，仍须有关部门依法认定和处理。当事人申请婚姻无效的，请求权人依法有权选择任一程序：既可向人民法院起诉，请求司法宣告婚姻无效，也可由婚姻登记管理机关依行政程序确认后宣告无效。但是，现行《婚姻登记条例》没有赋予婚姻登记机关确认婚姻无效的权力。

民法院《适用〈婚姻法〉解释(一)》第15条规定,婚姻无效的法律后果如下:

(1)确认婚姻无效理由成立的,应一律依法判决宣告当事人所缔结的婚姻无效。

(2)无效婚姻当事人双方所生子女与其父母的关系,适用婚姻法有关父母子女关系的规定。子女抚养,由双方协商处理;协商不成的,人民法院应根据子女利益和双方的具体情况判决。

(3)财产处理。同居生活期间,当事人所得财产,属于双方共同共有的财产,但有证据证明为当事人一方所有的除外。对同居期间的所得财产,由无效婚姻当事人双方协议处理;协议不成时,由人民法院根据照顾无过错方的原则判决。但对重婚导致的婚姻无效当事人财产的处理,不得侵害合法婚姻当事人的财产权益。同居生活期间所生债权债务,按共同债权债务处理。

(4)无效婚姻关系存续期间,当事人一方死亡的,另一方无继承权。根据相互扶养的具体情况,生存方按照我国《继承法》第14条规定可作为法定继承人以外的人,适当分得对方遗产。

此外,当事人违反法定结婚条件和程序缔结无效婚姻的行为,属于违法行为。人民法院和婚姻登记管理机关在处理这类案件时,应予以批评教育;对违法情节严重的,应按照《婚姻法修正案》、《婚姻登记条例》、《民法通则》和其他相关法律法规的规定,给予相应的民事制裁。

二、婚姻的撤销

(一)可撤销婚姻的概念

可撤销婚姻,也称婚姻的可撤销,是指违反结婚的某些法定要件的婚姻,其效力是不确定的,是可以依法撤销的法律制度。

从世界范围看,婚姻无效制度与婚姻可撤销制度有合并为婚姻无效制度之趋势。在理论上,可撤销婚姻通常无溯及既往的效力。婚姻无效或撤销不同于离婚。从二者性质和原因看,前者是对违法两性关系的处理和制裁,其婚姻无效或可撤销的原因发生在婚前;后者是对合法婚姻关系的解除,离婚的原因一般发生在婚后。从二者的请求权看,前者既可由无效婚姻当事人本人提出,又可由具有利害关系的第三人提出;后者只能由婚姻当事人本人提出。从二者的效力和后果比较,前者从婚姻成立之日起就不具有法律效力,在被宣布无效后,其法律后果与解除非法同居关系的法律后果相同;后者的婚姻自成立之日起就具有法律效力至离婚生效而终止,法律后果也不同。

《婚姻法修正案》第11条、第12条首次建立了单一原因的撤销婚姻制度。

（二）婚姻可撤销的法定事由

因受胁迫而结婚是请求撤销婚姻的唯一法定理由。胁迫是指行为人以给另一方当事人或者其近亲属的生命、身体健康、名誉、财产等方面造成损害为要挟，迫使另一方当事人违背真实意愿结婚的情形。

（三）请求权

因受胁迫而请求撤销婚姻的权利，只能由婚姻关系中受胁迫的当事人本人享有和行使。受胁迫而结婚的当事人提出撤销婚姻的请求，应当自结婚登记之日起一年内提出。被非法限制人身自由的当事人请求撤销婚姻的，应当自恢复人身自由之日起一年内提出。该一年时间为除斥时间，不适用诉讼时效中止、中断或者延长的规定。一年时间届满，受胁迫而结婚的当事人本人未行使请求撤销权的，该撤销请求权归于消灭。

（四）程序

申请撤销婚姻请求权人，依法应当向婚姻登记机关或者人民法院提出。人民法院审理婚姻当事人请求撤销婚姻的案件，应当适用简易程序或者普通程序。因胁迫结婚的，受胁迫的当事人依据《婚姻法修正案》第 11 条规定向婚姻登记机关请求撤销其婚姻的，应当出具下列证明材料：本人的身份证、结婚证；能够证明受胁迫结婚的证明材料。婚姻登记机关经审查认为受胁迫结婚的情况属实且不涉及子女抚养、财产及债务问题的，应当撤销该婚姻，宣告结婚证作废。

（五）法律后果

从外国法例看，撤销婚姻制度下，婚姻关系自撤销之日起无效，而在此之前已经过的期间仍具有法律效力。但在我国，依据《婚姻法修正案》第 12 条规定和最高人民法院《适用〈婚姻法〉解释（一）》第 13 条、第 14 条规定，婚姻被依法撤销的，自始无效。法律后果与婚姻被依法宣告无效完全相同。

【复习提要】

结婚是重要的民事行为，将导致一系列法律后果，故我国法律历来对结婚予以规范。婚约不具有法律效力。我国现行法律调整结婚，主要有两个方面内容：一是规定准备结婚的当事人应当具备的条件，包括当事人双方自愿结婚、达到结婚年龄、单身、不存在禁止相互结婚的血亲关系，不患有医学上认为不宜结婚的疾病；二是结婚须履行法定登记手续。凡违反法定结婚条件要求的或者未履行法定结婚程序所缔结的婚姻，无效。不同原因导致的婚姻无效，有权请求宣告无效的申请人不完全相同。因不符合结婚自由要求所缔结的婚姻，受害人有权在法定期间内请求撤销。无效婚姻、被撤销的婚姻均自始无效，不具有婚姻效力，当事人之间不负担夫妻的权利和义务。当事人所生子女受法律保护。

【课后练习】

1. 当事人须具备哪些法定条件始得结婚?

2. 法律确定结婚条件时主要需考虑哪些因素?

3. 为什么要禁止三代以内旁系血亲相互结婚?

4. 当事人在恋爱期间或订婚后收取的财物,在恋爱关系终止或婚约解除时提供财物一方要求对方返还财产的,依法是否应当给予支持?为什么?

5. 哪些情形下当事人缔结的婚姻无效?婚姻无效应当由哪个机关宣布?

6. 肖鹿晴18岁时与21岁的同村男青年朴南云举行婚礼后同居。次年,肖鹿晴听朋友说,她结婚时年龄没有达到法律规定要求,他们的婚姻不受法律保护,鹿晴很担心。如果由你来帮助她,你会给她什么建议?

7. 你如何看待中国年轻人结婚大多会举行奢侈婚礼的现象?

8. 为什么受欺诈不宜成为撤销婚姻的法定理由?

9. 滕努尔自幼与他舅舅的女儿郝彩霞感情深厚。成年后,两个年轻人愿意结为夫妻,听说法律禁止表兄妹相互结婚,是出于优生考虑,滕努尔和郝彩霞准备让滕努尔去做绝育手术,认为这样就可以符合法律规定的结婚要求了。你怎么评价这对年轻人的考虑?如果你是其中一方的亲友,你打算怎么帮助他们?

10. 婚前健康检查由强制要求改为自愿遵守是否适当?

第五章　夫妻人身关系

【导读案例】

案例1：马建华与詹美芳结婚后，居住在詹美芳父母的房屋中，与美芳父母共同生活。数年后，建华利用夫妻俩的积蓄和部分贷款购置了一套二房一厅公寓，和美芳一起搬出去单独生活。孩子出生后，建华动员在外省的父母来到家中协助照顾宝宝。但孩子2岁余，美芳以与公婆生活习惯差异太大，长期共处容易发生冲突为由，要求携子搬回娘家居住。建华则认为，夫妻已经能够独立居住生活，不想再与岳父母共住。美芳的父母提议，他们家中住房宽敞，建议建华搬回来住，可以把外面的房子留给亲家养老。你认为，建华美芳夫妻怎样处理这个问题为好？

案例2：辜小妹与郑大功结婚后，为是否生育子女问题争执不下，原因是双方婚前曾协商确定婚后不生育子女，但婚后三年，小妹改变了想法，希望能有自己的孩子；郑大功则忙于提高学历、发展事业，不愿意考虑生育。双方各自的父母知悉后，都劝大功趁年轻精力好，赶紧生个孩子，有什么困难，老人们都愿意尽力帮助。妻子希望生育的愿望越来越强烈，丈夫则不愿意，还说若非生不可，也要等他40岁后再考虑。夫妻俩为此时常闹得很不愉快。如果当事人双方各自分别向你咨询求助，你会给他们什么建议？

【内容讲解】

第一节　夫妻人身关系概述

一、婚姻效力的概念

夫妻关系包括夫妻人身关系、夫妻财产关系两方面，均为婚姻的直接效力之内容。夫妻人身关系是婚姻在身份上的效力；夫妻财产关系是婚姻在财产上的效力。从法律角度而言，夫妻关系是夫妻之间的权利和义务的总和。

婚姻效力是指男女因结婚而产生的法律拘束力。它随婚姻关系成立而发生，并随婚姻关系消灭而终止。婚姻效力是婚姻家庭法学的基本理论之一。婚姻效力有多种解释。广义的婚姻效力泛指因婚姻而产生的一切法律后果。就民法以外的效果而言，如诉讼法上的回避、刑法上的重婚罪、行政法上国籍的取得与丧失等，其内容不以婚姻家庭法规定为限。在民法上，婚姻效力是指因婚姻在夫妻相互之间、夫妻与第三人间发生的法律效果。对夫妻而言，如申请死亡宣告、因侵权行为而享有损害赔偿请求权、配偶一方丧失行为能力时他方即有法定监护人资格、配偶继承权、为失踪配偶的财产充当管理人等；对第三人而言，例如子女的婚生性、姻亲关系、结婚的障碍等。以上所述，可归入附随夫妻身份而生的效果。狭义理解，婚姻效力指婚姻在婚姻家庭法上的效力。狭义的婚姻效力可进一步区分为直接效力和间接效力，前者是指因婚姻成立而在当事人之间产生的配偶的权利和义务；后者是指因缔结婚姻而与第三人发生的法律上的效果，如父母子女关系等。本章阐述仅限于婚姻的直接效力。

夫妻人身关系是指夫妻之间存在的与配偶身份紧密相连而不具有经济内容的权利义务关系，主要包括姓氏权、同居义务、忠实义务、婚姻住所商定权和日常家事代理权等内容。① 夫妻财产关系是指夫妻之间具有直接经济内容的权利义务关系，主要指夫妻财产制、扶养的权利与义务、配偶继承权等。夫妻人身关系派生出夫妻财产关系，夫妻财产关系以夫妻人身关系为依据。夫妻是否和能否在家庭中占有和支配一定的财产，以及所占有或支配的财产之多少，是决定夫妻地位的基本因素之一。正确处理夫妻财产关系，对增进夫妻感情、稳定婚姻关系，具有重要意义。

在现代社会，法律干预婚姻的方法直接而明确：规定婚姻制度，明确夫妻之间的人身关系；运用财产所有权制度、扶养制度、继承制度等，使得婚姻的基本方面依照社会要求运行，同时使得婚姻得以稳定，社会不受婚姻纠纷的过多干扰。婚姻的直接效力是婚姻家庭法的核心内容之一。婚姻效力的法律规定，体现了社会对男女两性关系的基本立场和态度，旨在依照社会要求在夫妻之间分配婚姻的利益与负担，形成婚姻内部的秩序。男女一旦缔结婚姻关系，彼此之间就产生了夫妻之间的权利与义务。这不是根据婚姻当事人一方或双方的意愿，而是

---

① 近十余年来，中国内地有部分学者主张用配偶权概括夫妻人身关系。提出配偶权是规范基于配偶特定身份而生的权利与义务的身份权。也有部分学者反对配偶权的提法。关于配偶权究竟能否成为一项民事权利，学术界观点不一。

基于社会对婚姻的要求。因此，从时间上看，婚姻依法成立之时，男女双方即获得配偶身份，夫妻间的权利与义务同时产生。它是保护未成年人和老年人合法权益的需要，是实现国家作为社会管理者职责的重要手段之一。法律加强对夫妻关系的调整，有利于巩固一夫一妻的婚姻制度，更好地实现婚姻家庭在社会生活中的职能。

二、夫妻在家庭中的法律地位

夫妻在家庭中的地位是由男女两性的社会地位决定的。夫妻关系的性质和特点，归根到底决定于一定社会的经济基础。随着社会经济基础及与之相适应的婚姻家庭制度的发展，夫妻在家庭中的地位也随之变化。在不同历史时期，夫妻在家庭中的法律地位大不相同。

（一）不同社会发展时期的夫妻关系

以男女两性社会地位与社会制度的内在联系为依据，可将夫妻关系的历史发展分为三个不同时期。

1. 男尊女卑、夫权统治时期

这是奴隶社会和封建社会的夫妻关系。在整个古代社会，妇女没有独立的社会经济地位，社会生活中男尊女卑。家庭生活中，女性在经济上依附于男子，已婚妇女受夫权统治；夫妻关系是尊卑、主从关系。统治阶级为了维护其统治，炮制了一套唯心主义天命观，欲说明男尊女卑、夫权统治是天经地义的。礼教不遗余力地维护男尊女卑和夫权统治，提倡“男帅女，女从男，夫妇之义由此始，妇人从人者也，幼从父兄，嫁从夫，夫死从子”①；“夫为妻纲”②；妇女“须于舅姑，和于室人，而后当于夫，以成丝麻布帛之事”③。妇女被圈禁在家庭内，被排除在社会生活之外。尽管已婚妇女也有等级之分，少数妇女还有封爵，但那不是依其本人享有的独立权利，而是其夫地位的附属。妇女自出生至死亡一生处在从属于男子的地位，服从丈夫，无独立人格，无人身自由，夫妻地位有天壤之别。

古代法律公开确认夫妻之间的不平等关系。例如，封建法律规定，妻无独立姓名权，凡已婚而随男方居住的妇女，皆须冠以夫姓，所生子女只能随父姓；妻无财产权，家庭财产由家长管理和处分，妻在使用时须秉承夫意，妻无权继承丈夫的遗产；丈夫有纳妾和休妻的特权，妻子却只能从一而终，无离婚自由。在刑法

---

① 《礼记·郊特性》。

② 《白虎通·三纲大记》。

③ 《礼记·昏义》。

上，夫妻同罪不同罚，对丈夫从轻减轻处罚，对妻子则从重加重处罚。《唐律疏义》认为，“其妻虽非卑幼，义与其卑幼同”。男尊女卑、夫权统治，是我国古代夫妻关系的基本特征。

2. 夫妻地位在法律上渐趋平等时期

这主要指资本主义国家早期的夫妻关系。资产阶级在反封建斗争中，主张天赋人权、人生而平等，提出了男女平等的口号。以此为基础制定的婚姻家庭法，承认已婚妇女人格独立，在许多方面都反映了男女平等的精神。这是重大的历史进步。然而，资本主义国家早期的婚姻家庭法并未完全摆脱封建影响，而是继续肯定丈夫在婚姻中的特权，已婚妇女的人身权利和财产权利及她们的行为能力受到丈夫的限制，法律要求妻顺从夫意，视操持家务为妻的天职。直到19世纪末，部分资本主义国家法律才相继赋予已婚妇女若干参加社会活动的权利，从事和选择职业的自由权是其主要内容。第二次世界大战后，资本主义国家开始了新的法律改革运动，但各国态度相差明显。法国等国家赋予了妻子自由选择职业的权利，而瑞士等国家仍然对妻子的权利设定种种附加条件。20世纪70年代以来，许多资本主义国家再一次改革婚姻家庭法，从此，夫妻的权利和义务在法律上已基本相同。

3. 从法律平等向事实平等过渡时期

现当代社会的夫妻关系正处于由法律平等向事实平等过渡时期。社会主义制度下，男女两性的社会地位在法律上完全平等，夫妻在家庭中的法律地位同样完全平等。我国《宪法》坚持男女平等原则。《妇女权益保障法》第2条规定，“妇女在政治的、经济的、文化的、社会的和家庭的生活等方面享有与男子平等的权利”。第40条规定，“国家保障妇女享有与男子平等的婚姻家庭权利”。我国的婚姻家庭法充分贯彻了宪法要求。《婚姻法修正案》第13条规定，“夫妻在家庭中地位平等”。这是处理夫妻关系的原则，是我国夫妻关系的基本特征；夫妻人身关系和财产关系均依照此精神作了双方平等规定；如遇婚姻家庭法律中没有明文规定的事项，处理时应依照夫妻在家庭中地位平等的精神予以妥善处理。

夫妻地位，从法律平等到事实平等需要经过漫长艰苦的斗争与努力。我国还处于社会主义初级阶段，生产力发展水平比较低，广大妇女在社会和家庭中平等地位的实现受到一定客观条件限制；数千年封建社会的夫权思想意识，在部分人头脑中根深蒂固，至今仍是实现男女平等的一大障碍。我国部分家庭中夫妻地位现状与法律要求之间存在着一定差距，丈夫不平等对待妻子的现象还存在。我们坚信，随着社会经济的发展，随着法律改革发展，夫妻地位的事实平等终将实现。

当代资本主义国家,夫妻地位同样正朝着事实上平等的方向努力。

(二)夫妻地位立法例的变迁

在资本主义国家的法学理论中,法学家们往往采用不同立法原则的变化解释夫妻在家庭中的地位及其演变。

1. 夫妻一体主义时期

夫妻一体主义,是指男女结婚后合为一体,夫妻的人格相互吸收,共同拥有一个独立人格。这种立法主义,主要为古代和中世纪的婚姻家庭法所采用。根据这种立法主义,男女结婚后,妻子的人格为丈夫所吸收,丈夫的人格为妻子所吸收,从表象看,此立法原则下制定的法律规定中,夫妻在家庭中的地位应是平等的。然而,实际上,按照当时各国法律规定,普遍情况是,妻子的人格为丈夫所吸收;妻子在姓名权、财产权和行为能力等方面都丧失了自主权;丈夫获得了几乎支配妻子一切行为的权利,成为婚姻实体的唯一代表;至于丈夫的人格为妻子所吸收的情况,只发生在男子入赘之时。正因如此,夫妻一体主义不过是夫权主义的别名。例如我国古籍载"夫妇,一体也";"妇者,服也。服于家事,事人也"。欧洲中世纪盛行的宗教法规也采用夫妻一体主义。

2. 夫妻别体主义时期

夫妻别体主义,亦称夫妻异体主义,男女结婚后在婚姻关系中处于独立的、对等的地位,各自保留其独立人格,相互负担平等的权利和义务。

随着资本主义的发展、个人主义的发达和女权运动的开展,以家庭为本位的立法思想已不适应社会生活和家庭的要求,各国婚姻家庭立法相继改为以个人为本位。资产阶级国家的婚姻家庭法采取夫妻别体主义,承认夫妻在家庭中的法律地位基本平等。例如日本宪法第 24 条规定:"夫妻关系以享有平等权利为根本,应当维持相互关系。"以立法例作划分依据,我国婚姻法对夫妻关系的规定,当属夫妻别体主义。

但是,男女两性经济社会地位的实际不平等,决定了夫妻在家庭中不可能真正地享有完全平等地位。在大多数情况下,丈夫是有收入的人,赡养家庭的人,这就使丈夫占据了无须任何法律保护而享有的特权地位。因此,立法例的不同,不能完全说明不同社会制度下夫妻关系的性质和状况。

三、我国婚姻法对婚姻效力的规定

我国《婚姻法修正案》对婚姻在夫妻之间效力的规定,主要集中在第 13 条至第 20 条、第 24 条、第 31 条至第 34 条、第 39 条至第 42 条、第 46 条、第 47 条。

从内容分析,在我国现行法下,夫妻人身关系包括姓名权、同居义务、忠实义务、婚姻住所商定权、参加生产工作学习和社会活动的自由、计划生育的权利义务、离婚请求权;夫妻财产关系包括夫妻相互扶养的权利与义务、配偶继承权、夫妻财产制、离婚时补偿请求权、困难帮助请求权、离婚损害赔偿请求权等。鉴于第六章专章阐述离婚制度,本章不涉及与离婚有关的内容。夫妻双方都有参加生产、工作、学习和社会活动的自由①,体现了我国婚姻家庭法注重保障已婚妇女独立人格,夫妻在家庭中法律地位平等的规定是关于夫妻家庭地位的标志性条款。

第二节 夫妻身份效力

一、夫妻姓名权

(一)姓名权的概念和立法意义

姓名是确定和代表社会成员个体并与其他人相区别的文字符号和标记。姓是表示家庭或家庭系统的符号,是血缘团体的象征,体现每个社会成员所属亲属团体;名则是代表每个个人的语言符号,是区分每个个体的标志性符号,二者组合表示该个人与群体之间的内在联系。姓名具有重要的社会功能和丰富的社会内涵。姓氏在古今中外均具有特殊意义,且在不同法律背景下具有不同意义。

夫妻姓氏被视为婚姻效力之一,一方面基于姓名权是一种重要的人身权利,另一方面因传统上为表明婚姻共同体的同一性,夫妻使用相同姓氏。在现代社会以前,有无独立姓名权,是有无独立人格的一种标志。对夫妻关系而言,当事人婚后是否变更姓氏,意味着是否发生新的从属关系。在古代社会,实行男娶女嫁和夫妻一体主义,女子婚后即加入夫家的宗族,妻从夫姓是中外各国的通例。已婚妇女应在本姓之前"冠以夫姓",这标志着已婚妇女归属于夫的亲族,置于夫权之下。由此之下,子女姓氏从父,单纯为父亲家族传宗接代。而男子,除赘婿外,不论结婚与否,从来是使用自己的姓名,所谓"行不更名,坐不改姓"。赘婿的法律地位同于已婚妇女,没有独立人格,处于妻家的父权之下,社会地位极为低下。

---

① 夫妻都有人身自由的规定,属于独立人格权保障的内容。本章论及夫妻人身关系内容时不再专门论述。

直到第二次世界大战结束,资本主义国家立法在夫妻姓名权问题上长期沿袭传统。当代西方国家法律,关于夫妻姓氏及有关问题有两种不同态度。一种是继续沿袭妻从夫姓的传统。例如《瑞士民法》虽屡经修订,但"妻从夫姓并取得夫的身份权"这条始终未曾改变。另一种是在姓氏权问题上改采夫妻平等。如1957年德国《男女同权法》规定,以夫之姓为夫妻及其家族之姓,但妻得以对身份官员为意思表示,附加其婚前姓;1981年修改婚姻法时,允许夫妻双方协议选定一个婚姻姓氏,并向婚姻登记官员声明,进行登记即可。资本主义国家关于夫妻姓氏问题的法律改革在进步。

(二)夫妻均有独立的姓名权

《婚姻法修正案》第14条规定:"夫妻双方都有各用自己姓名的权利。"夫妻各自享有的姓名权,不因婚姻成立或终止而发生变化。无论双方的民族、性别、年龄、职业、收入、财产如何,夫妻都有各用自己姓名的权利。夫妻姓名权不因夫妻相互扶养关系而发生变化,也不因居住方式的变化而变化。

夫妻有各自独立的姓名权,并不排斥夫妻双方在自愿基础上经过平等协商,就姓名问题作出约定。只要当事人双方达成协议,无论是妻从夫姓或夫从妻姓,或者夫妻双方共同选定第三姓,均为法律所允许。按照《民法通则》规定,在婚姻关系存续期间,夫妻任何一方都有权使用或依法改变自己的姓名,他方不得干涉,不得盗用或假冒。

夫妻双方都有各用自己姓名的权利,该立法平等地保护夫和妻各自的姓名权,不过就保护侧重点而言,旨在推翻"妻从夫姓"的传统,赋予已婚妇女独立的姓名权,维护已婚妇女的独立人格。

新中国成立以来婚姻法基于男女平等原则,都明确规定夫妻双方都有各用自己姓名的权利。这充分肯定了夫妻双方婚后继续具有独立的和平等的人格,有利于破除落后婚姻习俗对妇女的负面影响,有助于促进已婚妇女在家庭中享有与男子平等地位的实现。姓名权是一种人身权。我国《民法通则》第99条规定,"公民享有姓名权,有权决定、使用和依照法律规定改变自己的姓名,禁止他人干涉、盗用、假冒"。在婚姻家庭关系中,当事人所享有的姓名权不受婚姻关系的影响。

对于已约定从对方姓氏的夫妻而言,夫妻一方死亡或双方离婚后,生存配偶或已离异的前夫或前妻要求恢复本姓,在法律上当无障碍。夫妻离婚后,一方要求继续保留原有对方姓氏,则应由双方协商解决。

此外,夫妻姓名权还会涉及子女姓氏、夫妻双方各自父母的姓氏等问题,对此,应依据男女平等原则和夫妻人格独立的精神妥善处理。

二、同居的权利与义务

（一）同居的概念及其立法意义

同居是指男女双方以配偶身份共同生活，其内容包括物质生活、精神生活和夫妻性生活等重要方面。男女结婚后，应当相互尊重、相互理解、相互安慰，夫妻应当在一起共同生活，相互扶助，共同承担家庭生活的责任。

夫妻互负同居义务，系指夫妻永久同居而言。如果夫或妻只偶尔一两日或十数日居住在婚姻居所，并未满足同居义务的要求。同居义务，唯已结婚而有夫妻身份的当事人，始得相互负担；仅有婚约而未依法结婚的，不负有与他方同居的义务。同居以配偶一方正当、合理的要求为限。夫妻一方有正当理由暂时分居，不得视为违背同居义务；法律也允许夫妻因感情不和而分居。

同居是婚姻自然属性必然派生的权利。婚姻乃两性结合，同居是夫妻共同生活不可缺少的内容，法律规定夫妻有同居的权利和义务，将人的本能需求合理地置于婚姻制度保护之下，使婚姻与人的本性相协调，符合婚姻当事人意愿的，有助于婚姻关系的稳定和巩固。同居是夫妻间的本质性义务，是夫妻关系的基本表现，是婚姻关系存在并得以维持的基本条件和表现。男女一旦决定结为夫妻，理当意味着承诺与对方共同生活，没有同居，婚姻徒有其表。把婚姻内部关系的调控权完全交给当事人或者完全依赖道德规范是不够现实的。1980 年《婚姻法》施行以来特别是近十年的社会实践，规范婚姻家庭关系、两性关系时，道德伦理、法律等应当多管齐下，不可偏废。

同居权利与义务的立法，经历了两个不同的历史发展阶段。资本主义国家早期婚姻家庭法对夫妻同居的规定，明显地歧视妇女，有的甚至作为妻子的单方面义务要求。这些反映了在配偶同居问题上法律的不平等要求。随着女权运动的发展，妇女参加社会活动的增多，男女平等日益成为婚姻家庭法公认的基本价值之一。自 20 世纪 40 年代始，为顺应男女平等潮流，各国纷纷修订婚姻立法，对夫妻同居的规定渐趋平等。例如《日本民法》第 752 条规定，“夫妻须同居，相互协力，相互扶助”。《法国民法典》第 215 条规定，“夫妻相互负共同生活的义务”。

早在新中国成立前，革命根据地婚姻法曾规定夫妻有同居义务。① 1950 年《婚姻法》第 7 条规定：“夫妻为共同生活之伴侣……”这显然包含着夫妻互负同居义务的精神。这些规定在生活中发挥过积极作用。但是，1980 年《婚姻法》删

---

① 1943 年《晋察冀边区婚姻条例》第 11 条规定：“夫妻互负同居义务，但有正当理由不能同居者不在此限。”

除了1950年《婚姻法》中的上述内容。这是导致现实生活中部分婚姻当事人婚后为所欲为的制度原因。鉴于同居问题的重要性,1989年,最高人民法院有关司法解释,把婚后"未同居"、"分居满3年"、判决不准离婚后分居1年等视为婚姻已名存实亡,作为准予当事人离婚的若干法定情形。这正说明法律规范同居之必要。从《婚姻法修正案》第2款规定"禁止有配偶者与他人同居"、第4条规定"夫妻应当相互忠实",及第32条、第46条有关规定,可推论出夫妻有同居的义务。①

(二)同居是夫妻双方平等的权利与义务

夫妻互负同居义务,双方在一起共同生活,这正是当事人缔结婚姻时的愿望和追求。夫妻任何一方均有义务与对方共同生活,也有权利要求与对方共同生活,当然,有正当理由者除外。同居要求夫妻在一起共同生活,在共同生活中实现相互扶助与抚慰。没有共同生活,违背了婚姻作为一个共同体的利益,不符合夫妻作为共同生活伴侣的要求。有家不回一方即使定期或不定期地承担了部分或全部家庭经济开支,也仅仅是履行了经济扶养责任,其行为仍没有达到同居的要求,因而也是一种违背夫妻义务的行为。

下列情形构成停止或免除同居义务的充分理由:

(1)因正常理由暂时中止同居。如一方因处理公务或私事需要,在较长时间内合理离家在外居住生活;一方因生理原因不能完成夫妻性生活的;一方因健康原因住院治疗或其他情形无法全部履行同居义务或只能履行部分同居义务的等。这类原因的同居中断,对一方而言确有必要或出于无奈,另一方也能给予理解或谅解,故对夫妻关系不产生负面的或实质性的影响。当中止同居的原因消失后,夫妻双方自然恢复同居。因此,引发同居中断一方不需要为此承担法律责任,法律对这类情形通常不作规定。

(2)因具有法定事由而停止同居。法律对此常有专门规定。如夫妻一方违背互负忠实义务,夫妻他方有权停止同居;一方提起离婚诉讼,夫妻同居义务理当免除;因感情不和,夫妻不履行同居义务合情理,不涉及法律责任;一方的健

---

① 有学者认为规定同居义务不可取。主要理由是:第一,性权利是一种天赋的权利。不论结婚与否,性权利始终是自己的,通过性活动获取愉快、表达感情和维护健康也是自己的,规定夫妻有同居义务意味着将一个人的性权利交给另一个人去支配,是荒诞的。第二,规定夫妻有同居义务,会使婚内强奸合法化。认为我国刑事审判实践肯定婚内强奸为犯罪,以1989年河南信阳地区人民法院以被告人当众强行奸淫长期分居的妻子被判强奸罪名成立并处以6年有期徒刑为例佐证。第三,认为同居义务规定不利于现实生活中易受损害的妇女权益的保护。

康、安全、名誉因夫妻共同生活而遭受到严重威胁时,受到威胁一方有权拒绝同居;因婚姻关系破裂而协议分居;夫妻一方擅自将住所迁至国外或在不适当的地点定居,配偶他方不愿意前往同居,属情理之中。

同居义务的履行,虽不能强制,但是无故拒绝履行同居义务的行为人,应承担相应法律责任,以此体现同居作为一项法律义务的强制效力。从外国法看,无故违反同居义务的法律后果,大体有两种:第一,受害人可以请求损害赔偿。在婚姻关系中合格履行了同居义务的一方或要求继续履行同居义务的一方,在对方无故拒绝同居的情形下,有权向法院提起损害赔偿之诉,请求司法裁决对方承担赔偿责任。这种赔偿责任包括财产损害赔偿和精神损害赔偿。第二,无故拒不履行同居义务构成遗弃。夫妻一方要求他方履行同居义务,他方无正当理由拒不履行同居义务的,要求同居一方可以据此申请司法保护。义务人在司法限期内没有恢复履行同居的,构成遗弃,应承担遗弃的法律责任。在我国,有配偶者与他人同居,是构成离婚的法定情形之一;离婚时,无过错一方有权请求过错一方损害赔偿。

三、忠实义务

(一)忠实的概念及其立法意义

忠实主要是指夫妻不为婚姻外之性交,在性生活上互守贞操,保持专一;也包含夫妻不得恶意遗弃配偶他方,不得为第三人利益牺牲、损害配偶他方利益。

《婚姻法修正案》第4条规定,"夫妻应当互相忠实,互相尊重"。这是该修正案增设的一项新内容。尽管关于夫妻忠实的要求规定在总则中,带有宣言性,但它专门针对夫妻关系作出规定,应当理解为夫妻权利与义务的组成。

自人类实行一夫一妻制以来,调整两性关系的立法普遍规定夫妻应当相互忠实。在父权家长制时代,出于维护男系血统的需要,法律对妻子的贞操要求极其严格,严厉惩处失去贞操的妇女;对丈夫的通奸行为却相当宽容,甚至承认男子纳妾。资本主义早期法律虽规定贞操为夫妻双方义务,通奸、重婚作为离婚的法定理由,不允许通奸者结婚,但法律对贞操的要求严于妻而宽于夫。如1804年《拿破仑民法典》规定,夫得以妻与他人通奸为由诉请离婚,而妻子仅能以夫与他人通奸并在婚姻住所姘居为由诉请离婚。日本旧民法也有类似规定。直到第二次世界大战后的现当代,资本主义国家修订婚姻家庭法,才渐渐删去旧有的不平等法律,普遍将夫妻置于平等地位,忠实为对夫妻双方的平等要求,并将其视为维护夫妻关系的特质及其婚姻稳定的要素。法国民法典、瑞士民法典、意大利民法典、瑞典婚姻法、美国的许多州立法都明文规定相互忠实是夫妻的义务。

世界各国立法不规定夫妻忠实的并不多见。

两性关系限于合法婚姻之内，是个体婚姻的本质要求，也是一夫一妻制度与其他婚姻形态的最大区别。在一夫一妻制下，婚姻的稳定和家庭和睦，很大程度上取决于配偶双方是否相互忠实。婚外性关系乃至不洁性生活，将危及婚姻存亡及后代健康。其一，夫妻相互忠实是落实一夫一妻制度的根本要求。《婚姻法修正案》第2条规定，我国实行一夫一妻的婚姻制度。而夫妻不忠是足以破坏一夫一妻制度的情形之一。为贯彻一夫一妻制，《婚姻法修正案》第4条规定夫妻应当相互忠实，明确要求已婚者将性关系限制在婚姻之内。其二，夫妻相互忠实是婚姻当事人共同一致的强烈要求，而非法律的创造。将性关系限制在夫妻之间，并且给予配偶的利益与自己利益同等注意，不为第三人损害配偶，这是绝大多数婚姻当事人的共同意愿。如果没有夫妻互相忠实的信念和要求，一夫一妻制将形同虚设。法律向所有已婚者提供统一标准和公力救济途径，节省了社会成本，避免婚姻当事人、婚姻、家庭付出沉重代价，有利于维护社会公平。其三，夫妻相互忠实，是子女血缘清白的保证，是保护配偶身心健康的需要。尽管生物科学技术的发展已经使人类对自身或个体的认识达到了前所未有的程度，但是就整个社会而言，通常情形下人们认识或识别后代，主要通过判断不同社会关系的组合来完成，而不能完全依赖于诸如DNA之类的技术。夫妻双方的性关系限制在婚姻内部，所生育后代的血源来源单一、清楚。这不仅是社会公共利益的要求，也符合婚姻当事人个体的利益及婚姻整体的利益。其四，明确夫妻有相互忠实的法定义务，为调整婚姻关系的其他具体制度提供了法理依据。婚姻受宪法保护，侵害合法婚姻的行为就是违法，应当承担相应的法律责任。为此，各国和地区的婚姻法均明文规定，配偶一方有不忠于另一方的行为，应承担离婚损害赔偿等责任。现实生活中，第三者插足、通奸、姘居、非法同居等已造成了大量婚姻破裂。为弥补1980年《婚姻法》原规定之不足，1993年出台司法解释明确规定，分割夫妻共同财产时，应适当照顾无过错一方。① 这意味着对有婚外性关系等过错的配偶一方，追究某种法律责任。修正案关于忠实义务规定为追究侵犯合法婚姻的违法行为提供了法律依据。这对不忠于婚姻的当事人及介入他人婚姻的违法行为人，具有警示和威慑作用，对多数已婚者，保护婚姻胜过保护个人其他利益。要求破坏合法婚姻者承担侵权责任，是十分必要和合理的。

部分学者反对婚姻法规定夫妻忠实。反对意见主要有三种。一曰“无为

---

① 1993年11月最高人民法院《关于人民法院审理离婚案件处理财产分割的若干意见》。

说”,认为婚姻本身意含着夫妻相互忠实义务,法律不必另作规定。二曰“不通说”,主张夫妻确应相互忠实,法律要求夫妻相互忠实的用意是好的,实际上却行不通。主张增设照顾无过错方这一原则,在离婚分割夫妻共同财产时体现对无过错一方的照顾及追究过错方的民事责任,维护法律公平与正义。三曰“倒退说”,声称法律规定夫妻互负忠实义务是一种历史倒退,婚姻法规定忠实义务不能适应21世纪人类两性关系的要求。各种反对意见尚不足以服人。法无禁止不违法。法律不要求夫妻忠实,认定不忠实配偶一方的行为违法源出何处?持“不通说”的担忧是多虑的,其论点与对策的法理不通。夫妻没有相互忠实义务,对当事人不忠实于婚姻的行为加以惩罚,无凭无据。按照“倒退说”,已婚者在性问题上“跟着感觉走”,男女婚后仍有与其他异性发生性关系的自由,夫妻有多个性伴侣不足为患。如此婚姻,与人类历史上的对偶婚制并无异样。这种论调,混淆了两性关系的道德评价,追究个人感觉和利益,视违法为合法。迄今为止,传统婚姻构成的传统家庭,父母双方共同养育子女,仍是未成年人成长和发展的最好环境。倒退说完全没有考虑子女的利益。夫妻不忠实于婚姻,受害的还有未成年子女。

(二)夫妻互负忠实义务

忠实针对夫和妻双方而言,在婚姻关系存续期间,夫应该在性关系上忠于妻;妻应该在性问题上忠于夫。夫妻各方均有权要求对方忠于自己,不与婚外异性发生或保持性关系。

忠实虽不能强制执行,但违背忠实义务的行为应承担相应的法律责任,法律同时赋予受害配偶一方一定权利,以示救济。通奸、姘居、重婚等婚外性活动是违背夫妻忠实要求的主要形式。[①]《婚姻法修正案》第32条、第45条、第46条就夫妻一方违背忠实要求的行为应承担的法律责任作出了明确规定,夫妻一方重婚或者与他人同居,配偶另一方有权要求离婚;离婚时,无过错方有权向过错一方请求损害赔偿;过错一方的重婚构成犯罪的,依法承担刑事责任。受害人可以依照刑事诉讼法的有关规定,向人民法院自诉;公安机关应当依法侦查,人民检察院应当依法提起公诉。这些规定不仅明确确认夫妻一方不忠于婚姻的行为是违法行为,是侵权行为,而且确定行为人必须为此承担相应法律责任。《婚姻

---

① 近年来,互联网给人与人之间的交流带来前所未有空间的同时,网络上的不道德或者不文明行为日益显现,出现了若干对婚姻有一定影响的新情况,值得关注。例如同上虚拟空间的亲密接触。部分已婚者热衷于在虚拟空间中与网友进行亲密的语言交流,甚至相互谈婚论嫁,这类行为明显超过了友谊的范畴,会对既存婚姻产生负面影响。

法修正案》显然加大了对违背夫妻忠实要求的行为的法律调控力度。不过，根据《适用〈婚姻法〉解释(一)》第3条规定，当事人仅以婚姻法第4条规定为依据提起诉讼的，人民法院不予受理；已经受理的，裁定驳回起诉。可见，据该解释规定精神，夫妻一方欲对有通奸行为的另一方配偶追究民事责任尚有难度。

关于与婚姻当事人一方通奸的第三人的法律责任，各国和地区的规定不一。不少国家和地区的婚姻家庭法有责任追究制度规定，或者适用侵权行为法，既赋予受害方向与其配偶通奸的第三人提起停止妨害之诉，又赋予受害人提起损害赔偿之诉的权利。① 我国《婚姻法修正案》对此无明文规定。根据最高法院《适用〈婚姻法〉解释(一)》第28条规定，承担离婚损害赔偿责任的主体，为离婚诉讼当事人中无过错方的配偶。可以说，内地法律对与夫妻一方通奸的行为人并不追究民事责任。

四、婚姻住所商定权

(一)婚姻住所的概念及其立法意义

婚姻住所是指夫妻共同居住和生活的主要处所地。婚姻住所商定权是指夫妻在平等协商基础上共同选择、决定婚后共同生活住所的权利。《婚姻法修正案》虽没有直接明文提出夫妻的婚姻住所商定权，但是该法第8条和第42条规定包含有婚姻住所问题的法律精神。

婚姻住所是夫妻共同生活中的一个重要问题，是夫妻共同生活的必需和当然效果。婚姻住所是维持婚姻关系的基本条件。婚姻关系成立后，男女当事人双方即以夫妻身份开始共同的婚姻生活，这是婚姻的效力。夫妻生活需要一个具有较强隐秘性的稳定场所，使夫妻的婚姻整体获得一定独立性，并与其他社会

① 例如，中国香港特区《婚姻诉讼条例》第14条规定，被指称的奸夫列为法律程序的一方，“如由丈夫提交的离婚呈请书中指称有通奸事，或丈夫在答辩书请求离婚并称有通奸事，该丈夫须将被指称的奸夫列为共同答辩人，但如果法院基于特殊理由而予以免除的，则不在此限。如果由妻子提交的离婚呈请书中指称有通奸事，法院若认为适当，可指示将被指称奸妇列答辩人。只有在上述情形下呈请人完成证据后，法院认为未有足够证据指证该名男子或女子，法院可指示上述共同答辩人获免作为该诉讼案的一方”。关于通奸的损害赔偿问题，中国香港《婚姻诉讼条例》第50条规定，“呈请人可在离婚呈请或裁判分居呈请中，或在只要求损害赔偿的呈请中，以某人与呈请人的妻子或丈夫通奸为理由，向该人申索损害赔偿。对于在任何该等呈请中讨回的损害赔偿，法院可指示接何种方式予以支付或运用，并可指示将全部或部分损害赔偿，为该宗婚姻的子女(如有的话)的利益而作出授产安排或作为供给该妻子的赡养费”。

成员之间保持适当的距离与间隔，以实现婚姻的特有内容。婚姻住所是夫妻行使权利和履行法定义务的场所，对夫妻关系具有法律意义。夫妻作为婚姻当事人，在何处履行义务理当由法律加以规范。为方便生活，婚姻住所问题还与夫妻财产相联系。婚姻住所是婚生子女特别是未成年子女的基本生活条件与环境，法律规定婚姻住所是保证未成年子女利益的需要。

夫妻共同生活的居所如何确定，古今中外立法不尽相同。在实行一体主义立法的奴隶社会和封建社会，夫权至上，婚姻生活以夫为主，同居之制，当属委人夫家，妇从夫居被视为天经地义；婚后住所决定权专属于夫，已婚妇女服从于夫对居所的指定。资产阶级建立国家后，各国立法的早期通例仍明确将婚姻住所决定权授予丈夫，妻处于从属地位。现代社会以来，随着男女平权观念的提倡及女权运动的发展与影响，夫妻平等意识渐入人心。各国涉及婚姻住所的立法才体现出夫妻平权。自第二次世界大战后，许多国家对婚姻住所的立法进行重大改革，有关法律规定对夫妻趋于平等。当代西方国家关于婚姻住所商定权的立法大体分为三种类型：一是继续实行夫方本位制。如《瑞士民法典》第 160 条规定，"夫决定婚姻住所并应以适当的方式扶养妻及子女"。二是改变立法角度，强调夫有提供婚姻住所的义务，妻有在该住所居住的权利。如英国《1967 年婚姻住宅法》和《1970 年婚姻诉讼及财产法》，即使夫对婚姻住房并无产权，未经司法裁判，不得强制令妻迁移。三是改造旧法，采用夫妻协商决定婚姻住所原则。一方不同意他方的决定时，无服从的义务。如法国 1975 年 7 月将原民法规定的妇从夫居修改为"家庭的住所应设在夫妻一致选定的处所"。《日本宪法》规定，"选定夫妻住所，应以个人尊严及两性平等为根据"。

新中国成立后，1950 年《婚姻法》未对婚姻住所作出明文规定。1980 年《婚姻法》原第 8 条规定，"登记结婚后，根据男女双方约定，女方可以成为男方家庭的成员，男方也可以成为女方家庭的成员"。从立法用意看，当初设定该条文主要是为提倡男到女家落户，解决独生子女政策推行后有女无儿户的实际困难。严格地讲，它不是对婚姻住所的直接规定。不过，该规定对于破除男娶女嫁、妇从夫居的传统具有积极意义，客观上赋予夫妻双方平等地享有婚姻住所的决定权。现行法未明文规定婚姻居所。为解决离婚妇女的居住困难，本次修正案第 42 条明确赋予离婚时住房困难一方请求帮助的权利。作者认为，为尊重夫妻间设定住所的意愿，以期达成婚姻幸福的目的，未来立法应以明文规定夫妻各自享有协商确定婚姻住所的权利为宜。

(二)夫妻双方有平等的协商决定权

夫妻平等商定住所，意味着夫妻双方平等地享有婚姻住所决定权。婚后夫妻共同生活的住所，由夫妻双方平等协商，自愿约定；一方不得对另一方进行强迫，第三人也不得加以干涉。夫妻双方经过协商，既可选择夫家或妻家的住所为婚姻住所，甚至成为对方家庭的家庭成员，也可另择住所，不加入任何一方原有家庭。有关婚姻住所的协议，既可通过协商确立，也可通过协商予以变更或解除。

婚姻住所的确定不单是法律问题，而且是一个复杂的社会问题，受到传统观念与习惯的影响，也受到客观现实条件的制约。

五、日常家事代理权

（一）日常家事代理权的概念和由来

日常家事代理权是指夫妻因处理日常家庭事务或因该类事务而与第三人交往时法定互为代理人，一方的意思或行为视同夫妻双方共同的意思表示，配偶他方承担连带责任。日常家事代理权是法定代理权。所谓日常家事，是指一般家事日常所需处理的事项，不仅包括客观上属于普通家庭日常生活处理的事项，也包括在特定家庭中日常所处理的事项。决定某事项是否属于日常事务，宜以夫妻双方的经济能力和收入水平为评判依据。第三人由于难以了解相关人的收入状况，宜以其所见的相对人的生活水平为评判依据。

日常家事代理权具有如下特征：

(1)日常家事代理权基于配偶身份而生，不以明示为必要。日常家事代理权是基于夫妻身份当然享有的权利，其范围限于日常家事，行使时不必以被代理人名义行使。由此这种代理与一般民事代理不同。

(2)日常家事代理是对当事人真实意思的推定，符合当事人利益。夫妻关系中，通常情形下配偶双方有一致的利益，一方实施的日常生活行为一般也符合另一方的意思和利益。确定夫妻有日常家事代理权有利于维护简单的民事交易，有利于维护交往第三人的利益。

(3)日常家事代理权主要是为婚姻共同生活的便利而设置的。在日常生活中，凡事夫妻二人事必躬亲，既加大了婚姻生活成本，又不便于生活。从该权利设置的目的看，是基于夫妻终身共同生活便利，以适应日常家事处理需要，这与一般代理设立的宗旨有别。

日常家事代理权是婚姻效力之一。① 夫妻为婚姻共同体的成员，夫妻互享有

---

① 也有理论解释日常家事代理权来源于委任。委任说认为妻子的日常家事代理权是根据丈夫的委任产生的。也有学者称此种委任为家事委任或默示委任。委任说与日常家事代理权起源于古代罗马法。1942 年修正的《法国民法典》第 220 条规定，明确将之定为法定委任。

日常家事代理权是婚姻的当然效力。据此理论，德国民法认为日常家事代理权为法定代理权的一种。而瑞士民法将此权认定为法定的婚姻共同体的代表权。我国台湾地区和内地学者对于日常家事代理权是否属于法定代理权的认识存有分歧。基于婚姻是夫妻共同生活的法律要求和事实，以及婚姻生活需处理的日常事务琐碎繁多，夫妻确有相互代理的需要，日常家事代理应是婚姻法应有之义。

日常家事代理权起源于古代罗马法。在古罗马，妇女婚后发生人格减等，不再具有完全民事权利能力，成为他权人，没有缔结契约和自行承担债务的能力。后来，随着经济发展，家长事必躬亲的制度逐渐不适应商品经济发展的需要，大法官创设包括"奉命诉"的各种诉权，使得家属和奴隶代理家长从事交易成为可能，妻子取得了在丈夫委任之下为一定民事行为的能力，日常家事代理包含在其中。丈夫是婚姻共同体的首长，为了日常生活便利，给予担任家政的妻子处理日常家事的权限。大陆法系各国民法基本上都继承了罗马法关于日常家事代理的认识。早期的资本主义民法仅承认妻子就日常家事为丈夫的代理人。随着社会进步和妇女地位的提高，男女平等原则在家庭法领域得到越来越彻底的贯彻，夫妻互享家事代理权的思想得到越来越多国家的认同。资本主义国家婚姻家庭法渐次得以修正，逐渐赋予了妻子与丈夫同等的处理家事的权利，承认夫妻双方互为日常家事代理人，对于日常家事行为，夫妻双方均有权利并承担义务。① 英美法系国家和地区也有家事代理规定，表述为"必要的代理"、"同居的代理"等。必要的代理是指在丈夫不供给妻子必要的扶养时，妻子在法律上享有以丈夫的信用购置必需品的代理权。有关由同居的代理的判例确定的法律规则与精神，与大陆法系日常家事代理权的规定十分类似，代理范围小于大陆法系国家的规定。在英国，《1970年婚姻诉讼及财产法》承认夫妻双方互有家事代理权。我国香港特区的《已婚妇女地位条例》第11条肯定了家事代理权。苏联和东欧国家的婚姻家庭法，多数无夫妻相互代理权规定，仅规定子女教育和其他家庭生活，由夫妻共同解决，仅有个别国家曾对夫妻相互代表有专门规定。

《婚姻法修正案》没有明文使用家事代理概念，但从具体内容分析，包含有日常家事代理的精神，视夫妻日常家事相互代理权为法定代理权。《适用〈婚姻法〉解释(一)》第17条明确规定了"夫妻因日常生活需要而处理夫妻共同财产的，任何一方均有权决定"。这是内地婚姻法对于家事代理权的第一次明确表态。新中国成立以来的婚姻法曾长期未涉及日常家事代理权，法学界也较少讨论此问题。

---

① 1965年修正的《法国民法典》第220条规定，"夫妻双方有平等的日常家事代理权"。《瑞士民法典》第163条第二项规定，"妻为家计日常需要之处理，与夫同样代表共同体"。

我国婚姻法基于夫妻家庭地位平等和互爱互敬的感情基础,强调夫妻相互协商,共同解决家庭生活问题。但是,随着中国经济、社会的快速发展,人们的权利意识增强,家庭生活应该职责分明,法律明文规范家事代理权已有必要。

(二)日常家事代理权的行使

夫妻相互享有日常家事代理权,对男女双方是平等的。一般认为,日常家事代理权只存在于具有合法婚姻关系的配偶之间,没有合法婚姻关系的男女之间不存在互享日常家事代理权。夫妻一方滥用日常家事代理权时,他方虽然可以限制之,但这种限制不得对抗善意第三人。当然明知夫妻一方越权代理仍然与之为法律行为的恶意第三人,不得主张代理权的存在。已离婚的男女就共同子女教育等某些特殊方面仍可以保留这种代理权。

夫妻行使日常家事代理权原则上以共同名义进行。丈夫和妻子均是夫妻共同体的代表,应当以夫妻俩人的共同名义行使为好,仅以一方名义进行的,另一方仍须负连带责任。凡规定有日常家事代理权的国家或地区,法律对日常家事代理权及其责任均有明确规定,相对人只要知道这是在日常家事范围内的行为即足以满足需要。夫妻一方行使日常家事代理权所取得的权利与负担的义务,原则上应由夫妻双方共同负担。但夫妻在行使日常家事代理权时,负有与为自己事务时同等注意义务。如果夫妻一方行使日常家事代理权时违反这一注意义务要求,需要承担相应法律后果;夫妻一方行使日常家事代理权,除基于侵权行为外,他方不得因此请求损害赔偿。日常家事代理权并不排斥夫妻双方事先协商一致。实际上,婚姻当事人对涉及财产问题、子女教育问题、赡养老人等事务,通常宜事先协商取得一致后,方由一方代表双方实施。

夫妻行使日常家事代理权时不得超越日常家事范围。日常家事代理权的行使出现违规,只能是代理人所代理的事务超出了日常家事范围,属于依法应适用委托代理制度规范内容。下列事务不属日常家事范围:处分夫妻任何一方的不动产,但妻或夫非处分对方的不动产不能维持家庭生活,又不及待配偶对方授权时,配偶处分对方不动产以支付家庭生活必要费用的行为除外;处分具有重大价值的共同财产;诉讼行为;公司事务;与配偶另一方人身有密切关联的事务。超越日常家事代理范围的代理的事项,在婚姻内部,其后果应由行为人个人自负其责,以其个人特有财产或分别财产制下的个人财产承担财产责任。

日常家事范围具有一定的灵活性,对行为相对人来说,从行为外部很难作出是否属有权代理的正确判断。为此,许多国家特别是大陆法系传统的国家或地区,为保护无过失第三人利益,承认适用表见代理解决责任。由于夫妻关系的特殊性和隐秘性,日本、英国、美国、瑞士等许多国家法律采取依外观推定,保护无过错第三人利益的态度。适用表见代理有利于保护善意相对人的利益,维护社会交易安全。①

六、扶养的权利与义务

(一)扶养的概念与立法意义

广义地解释,扶养是赡养、扶养、抚养的统词,是指一定范围亲属间相互供养和扶助的法定权利和义务。我国刑法、继承法采纳此解释。国外大多数国家和地区立法采广义说。狭义地讲,扶养是指平辈亲属相互之间经济上供养和生活扶助的法定权利和义务。我国婚姻法上,扶养专指夫妻间相互供养和生活扶助的法定权利和义务。

从世界各国立法看,依据扶养关系主体间亲属关系的亲疏远近不同,扶养条件也不同。以扶养程度为据,可把扶养区分为两类:一是生活保持义务,二是一般生活扶助义务。生活保持义务是指扶养义务人必须无条件地履行供养和扶助的责任,以维持对方具有与扶养人相同水平的生活。如父母抚养未成年子女、夫妻相互扶养即是。一般生活扶助义务是指扶养义务人在对方不能独立生活或者需要扶养时才提供供养和扶助。这是一种有条件的扶养,扶养义务人仅在不降低本人生活水平限度内给予扶养,扶养人与受养人无须保持同一水平的生活。如兄弟姐妹间的扶养、祖孙间的扶养等。

婚姻是人们的基本生活方式之一。结婚后,配偶相互供养和扶助,是婚姻的一大社会功能。夫妻作为共同生活的伴侣,离不开彼此的扶养与扶助。整个婚姻生活就是配偶相互扶养、相互扶助的过程。扶养权利义务的规定旨在保障婚姻共同生活,是婚姻关系的结果。这是由婚姻效力而生的。在婚姻关系中,相互扶养是婚姻关系的必然要求,是保持夫妻关系的基本表现。夫妻之间理当保持相同的生活质量,接受同一生活水平的生活。

各国法律均明确规定夫妻有相互扶养的义务。早在罗马后期,法律就有协助义务的规定,其主要精神是夫应保护其妻,妻应协助夫料理家务,并可为他方进行自由民身份之诉。中世纪,在夫妻一体主义的立法思想下,法律不重视夫妻协助义务。近代资产阶级国家家庭法大多对此有规定。例如《法国民法典》第212条规定:"夫妻负相互……帮助、救援的义务。"1900年《德国民法典》第1360条规定:"夫应依其社会地位、财产及收益能力扶养其妻。如夫不能扶养自己

---

① 例如《瑞士民法典》第163条第2款规定,妻超越代理范围的行为,在不能为第三人所辨识时,夫应该承担责任。

者,妻应依夫妻负有相互扶养的义务,照其财产及收益能力给予夫社会地位相当的扶养。”日本、瑞士、比利时也有类似规定。而一方不履行协助义务构成离婚的法定理由,以作为违反协助义务的法律后果。

东欧国家的婚姻家庭法典,除规定夫妻间有相互扶养的义务外,还规定夫妻一方不履行其义务时,他方有要求对方给付扶养费的权利,以保证夫妻扶养义务的实现。可见,在配偶相互扶养上,各法系国家的立法是一致的。

(二)扶养是夫妻的权利和义务

夫妻之间的扶养,带有明显的身份特征,既是义务,也是权利。夫妻都有扶养对方的法定义务,同时有权要求和接受对方的扶养。《婚姻法修正案》第20条规定,“夫妻有相互扶养的义务。一方不履行扶养义务时,需要扶养的一方,有要求对方付给扶养费的权利”。理解这一规定,应把握四个方面:

(1)夫妻扶养是基于婚姻效力而生。配偶在经济上相互供养、在生活上相互扶助,是在婚姻共同生活中实现的。从程度上讲,配偶间扶养应理解为生活保持义务。夫妻间在扶养上具有优先受扶养的权利和率先为扶养的义务。

(2)扶养是夫妻的法定权利。夫妻任何一方均有权要求对方扶养。当一方不主动履行扶养时,需要扶养的一方有权要求对方付给扶养费。根据《婚姻法修正案》第44条规定,受遗弃配偶有权请求居民委员会、村民委员会以及所在单位予以劝阻、调解。受害人有权通过诉讼强令另一方履行扶养义务。

(3)扶养是夫妻的法定义务,具有强制性。夫妻一方没有生活来源或者无独立生活能力,或者因其他原因需要扶养时,另一方必须履行扶养义务。义务人无故拒不履行扶养配偶另一方的义务,应承担相应法律责任。

(4)夫妻有相互扶养的权利与义务,对于夫妻双方是对等的,但就立法的侧重点及实际需要而言,更在于保护已婚妇女的受扶养权。

配偶的扶养是对自我扶养不足的补充和保障。如果夫妻一方具备劳动能力并有劳动岗位,却不愿意劳动,一味依赖对方扶养,这与我国婚姻法规定的精神不相吻合。

(三)扶养的内容、程度和方式

《婚姻法修正案》第9条和第14条规定,夫妻在家庭中地位平等,夫妻有相互扶养义务。

1. 扶养内容

夫妻在经济上相互供养、生活上相互扶助和精神上相互尊重与慰藉。

2. 扶养程度

这是指应给予扶养权利人的扶养水平与标准。扶养程度应按照扶养权利人的需要和扶养义务人的能力等均衡确定。这里所称需要,以全部生活的正当且必要的需求为限。如果扶养权利人提出过高要求,即使扶养义务人有此能力,也是不合理的。

综观世界多数国家法律,扶养标准有下列三种立法例:一是扶养包括供给全部生活必需费用,例如德国。二是无具体内容的概括性规定,通常文字表述为"适当的扶养"或类似之意。三是依协议确定扶养程度,必要时由法院裁决,如日本。

我国婚姻法对扶养程度向来无规定。根据夫妻家庭地位平等的精神,应理解为包括供给被扶养人全部生活必需费用以及精神和生活上的扶助。在具体婚姻关系中,家庭生活水平及费用,应与夫妻双方的收入、财产、年龄、健康状况及需要供养人口数等相适应。夫妻应该尽力扶养对方,扶养义务人与受扶养人的生活水平应该基本相当或接近。

3. 扶养方式

世界各国关于扶养方式的规定,主要有两种情形:

(1)共同生活扶养。即扶养义务人与扶养权利人同住,在共同生活中实现扶养。通常情形下,夫妻相互扶养是在共同生活中实现的。

(2)定期支付扶养费、探视和提供扶助。也可以采用定期提供实物履行扶养义务。不在一起共同生活的扶养义务人还应定期探望扶养权利人,提供体力上的扶助,给予精神上的慰藉等。

夫妻相互扶养理当以第一种扶养方式为主。不过,当事人也有自行协商确定扶养方式的权利。在少数国家,有特别理由时,扶养义务人有权请求采用其他方法获得扶养。我国台湾地区民法对扶养方法规定,允许当事人协议外,亲属会议也有决定权。

我国《婚姻法修正案》没有明确规定扶养方式。但一方不履行扶养义务时,需要扶养的一方有要求对方给付扶养费的权利。

(四)扶养权受侵犯时的救济

通常,夫妻能够主动履行扶养义务。但是,也有些夫妻因种种原因为扶养问题发生争议。发生此等情形,需要扶养一方,可以通过有关组织或者部门进行调解,要求对方给付扶养费;也可以直接向对方户籍所在地或者常住地的人民法院起诉,请求司法保护。人民法院审理此类纠纷,可以先行调解,调解无效时,应依法尽速判决责令扶养义务人给付扶养费。对情况紧急的受扶养人,人民法院应依法先予执行扶养费。对于拒不执行有关扶养费判决或裁定的当事人,人民法院得依法强制执行,有关单位负有协助执行的义务。《婚姻法修正案》第 32 条第 3 款规定,遗弃配偶的,构成诉请离婚的法定理由;第 46 条规定,遗弃配偶的,无过错一方享有离婚损害赔偿权。拒不履行扶养义务,情节严重构成遗弃犯罪的,依据我国《刑法》第 261 条规定,追究其刑事责任。

七、计划生育的权利与义务

(一)计划生育的概念和立法意义

对家庭而言,计划生育是指夫妻的生育活动应依法有计划地进行,包括是否生育、生育时间、生育子女数量、避孕或节育措施及对子女的抚育。

人口的繁衍直接关系到人类的生存和社会发展,用法律手段调节人们的生育行为,确立相应的导向和要求,在历史上不鲜见。在当代,人口的增长与素质,与可持续发展密不可分,受到世界广泛关注,计划生育已经成为公认的概念和重要话题。1994 年在埃及开罗召开的国际人口与发展会议,把"计划生育"以专节写进了《行动纲领》。许多国家都在从不同角度制定和完善人口与生育方面的法律。实行计划生育关系到我国国民经济发展和人民生活的改善。我国是世界上人口最多的国家,据第五次人口普查统计已达 13 亿人,占世界人口总量的五分之一还多,而社会经济发展水平还十分低下,生产力不发达,基本上是农业国,底子薄、基础差,自然资源有限。而人口增长过速大大超过了国民经济发展速度。实行计划生育就是要使人口增长与社会发展水平相适应,尽快提高人民的生活水平。

(二)计划生育是夫妻双方的权利与义务

《婚姻法修正案》第 16 条规定,"夫妻双方都有实行计划生育的义务";《妇女法修正案》第 51 条规定,妇女有按照国家规定生育子女的权利,也有不生育的自由。《人口与计划生育法》第 17 条规定:"公民有生育的权利,也有依法实行计划生育的义务,夫妻双方在实行计划生育中负有共同的责任。"据此,夫妻的生育权受法律保护。计划生育,既是已婚当事人的权利,也是义务,夫妻同为生育主体,在生育问题上的权利和义务平等。

首先,生育是公民的权利。婚姻当事人双方共同享有按照国家有关规定生育子女的权利,该权利受国家法律保护,任何人不得侵犯。夫妻也有不生育的自由,任何人不得强迫或干涉。育龄夫妻双方按照国家有关规定计划生育,有关部门应当提供安全、有效的避孕药具和技术,保障实施节育手术的夫妻的健康和安全。其次,计划生育是夫妻的法定义务,必须严格履行。育龄夫妇应当按照国家有关计划生育的政策和法律规定生育子女,不得计划外生育。如果婚姻当事人的生育行为违背法律规定,应承担相应法律责任。实行计划生育是夫妻双方共同承担的法定义务。夫妻任何一方都不得拒绝履行该项义务,不得将计划生育视为女方单方面承担的义务。

公民依法享有生育权，夫妻双方都有生育权。《妇女法修正案》第47条把计划生育设定为夫妻双方共同义务的同时，也蕴含了对夫妻双方生育权的认可，《人口与计划生育法》更是明确保护公民享有生育权。计划生育只是对夫妻双方行使生育权的法律限制。关于是否生育孩子及何时生育，以及妻子怀孕后是继续妊娠或者人工终止妊娠，应该由夫妻双方协商决定。生育后代是人的正常合理需求。由于受传统意识影响，中国人婚后传宗接代意识较为强烈，男性尤其明显。关于婚后是否生育、何时生育等问题，夫妻应当充分考虑到本人意愿、配偶态度，本着对家庭、对未来孩子及对社会负责任的态度，由夫妻双方协商决定。[①] 针对我国历史上长期将妇女视为传宗接代工具，将生育责任单方面强加给妇女的情况，《妇女法》原规定及其修正案均规定，妇女有按照国家规定实行计划生育的权利，也有不生育的自由。丈夫或其亲属不得强迫妇女生育。

由于几千年的封建统治，国人的生育观念向来存在着“多子多福”、“重男轻女”、“传宗接代”的旧思想、旧习俗；部分人欠缺科学的生理知识，认为生育是妇女的事，将计划生育的责任错误地推给妇女单方面负担。这些陈腐的观念阻碍着计划生育的贯彻，违反计划生育要求的行为时有发生。为此，《婚姻法修正案》第21条第4款规定，“禁止溺婴、弃婴和其他残害婴儿的行为”。《人口与计划生育法》第22条规定，“禁止歧视、虐待生育女婴的妇女和不育妇女。禁止歧视、虐待、遗弃女婴”。育龄夫妻双方按照国家有关规定计划生育，有关部门应当提供安全、有效的避孕药具和技术，保障实施节育手术的妇女的健康和安全。凡违反国家法律和政策，侵犯婚姻当事人计划生育权的行为应负相应的法律责任。

八、配偶继承权

配偶继承权是指夫妻相互为对方遗产的法定继承人。它随夫妻关系成立而生，随夫妻离婚而消灭。配偶相互间具有密切的人身关系和财产关系。通常情况下，夫妻一方的所得和财产，包含着另一方的贡献。夫妻本应相互扶养，一方死亡使得生存方无法行使扶养权。赋予配偶继承权，提高了生存配偶一方的自我扶养能力，在一定程度上弥补了死者未尽事宜。《婚姻法修正案》第24条第1款规定，“夫妻有相互继承遗产的权利”。我国《继承法》第9条、第10条进一步

① 近年来，围绕丈夫的生育权曾引起讨论，还有人诉诸法律寻求司法保护。参见《生孩子究竟谁说了算》，《人民法院报》2001年3月4日第4版转载《华商报》2001年2月27日报道。又参见汪一新：《男人有没有生育权》，《新民晚报》2001年2月23日第17版。

具体规定:继承权男女平等。遗产按照下列顺序继承,第一顺序:配偶、子女、父母;第二顺序:兄弟姐妹、祖父母、外祖父母。据此,配偶是法定第一顺序继承人,夫对妻的遗产享有继承权,妻对夫的遗产享有继承权。

夫妻间的人身关系还涉及夫妻人身自由权。《婚姻法修正案》第15条规定,夫妻双方都有参加生产、工作、学习和社会活动的自由,一方不得对他方加以限制或干涉。这条规定平等地适用于婚姻当事人双方,但立法侧重点在于保障已婚妇女的独立姓名权和人身自由权。夫妻的人身自由特别是已婚妇女的人身自由问题在古代社会和近代社会早期立法中均为婚姻效力之一,但是在我国现行法下,公民人身自由不因婚姻成立或解除而发生变化,故未将夫妻双方的人身自由权纳入婚姻效力予以讨论。

【复习提要】

婚姻效力是婚姻所产生的法律后果或约束力。它自婚姻成立而发生,并因婚姻关系的消灭而终止。夫妻在家庭中地位平等。夫妻有各用自己姓名的权利,夫妻双方都有参加生产、工作、学习和社会活动的自由。夫妻应当相互忠实,双方有同居义务,夫妻应当在自愿基础上协商决定婚后住所,在日常家庭事务范围内,夫妻有法定的代理权,夫妻有相互扶养的权利和义务,有计划生育的权利和义务。

【课后练习】

1. 我国现行《婚姻法修正案》规范夫妻人身关系的原则是什么?
2. 在我国现行法框架下,夫妻有哪些特定人身权利和义务?
3. 我国《婚姻法修正案》第4条规定“夫妻应当相互忠实”,你认为这是倡导性规定还是法定义务要求?
4. 夫妻在人身关系方面发生争议时,有哪些救济途径?
5. 我国《婚姻法修正案》对婚姻住所有无规定?
6. 于2002年11月开始实施的《吉林省人口与计划生育条例》规定,决定终生不再结婚的妇女采取合法的医学辅助生育技术手段,可以生育子女。你怎么评价这一地方立法规定?
7. 你怎样评价“贞操”问题?
8. 你认为我国婚姻法是否应该明文规定“夫妻有同居义务”?
9. 你了解国人在婚姻住所方面有哪些想法和做法吗?
10. 夫妻人身关系未来将会有怎样的发展?

第六章　夫妻财产制

【导读案例】

案例1：某私人公司的老板檀某(男)与在其公司管理财务的女员工谢某产生感情，正在考虑结婚。但是，檀某觉得自己资产千万，担心谢某是看上他的财产，而且谢某是财政专业毕业的大学生，一旦结婚，婚后这些财产会不会改姓谢而不再姓檀了？该怎么办才好，檀某想找个法律专业人士请教。谢某则顾虑，双方结婚后，老板与员工关系变成夫妻关系，成了一家人，留在公司做同样工作还能要求丈夫发工资吗？婚后丈夫再投资生意，生意赚的钱，她有份吗？如果公司欠了债，她是否要承担法律责任？请问：如果这对当事人先后向你咨询，你会给他们各人什么建议？

案例2：范某(女)与男友许某结婚前，她已拥有100平方米面积的公寓一套、价值20万元的金银首饰等个人财产。许某拥有价值200万元的个人财产。结婚后，经夫妻双方协商，许某的房屋作为婚后家庭共同生活的居所，范某的房屋出租他人，月租金收入3000元人民币。范某继续在某电脑公司工作，年薪30万元人民币。许某在某汽车公司任部门副主管，年薪25万元。请问：本案例中，哪些财产是范某、许某的夫妻共同财产？

案例3：倪祖禧与肖柔萱是夫妻关系。某年春节，肖柔萱的少年时代好友简佟从国外回国度假时，赠送给柔萱2万元，并当着倪祖禧的面说，这是她送给好姐妹个人的私房钱。肖柔萱表示她很珍惜彼此的友情，会将这笔钱存起来养老用。请问：案例中的2万元是否属于肖柔萱的个人特有财产？为什么？

案例4：同为大学教师的徐某(男)与萧某(女)于三年前结婚。今年，夫妻双方约定：各自婚前的财产归各自所有，各人婚后所得财产原则上也归各自所有；家庭日常生活开支由夫妻二人各承担一半；凡有大笔开支，另行协商，经济能力强的一方适当多承担些，经济能力弱的一方可以少承担些。请问：徐某和萧某约定实行的夫妻财产制是哪一种类型？这种约定在日常生活中常见吗？假如你的亲友遇到对方提出这类约定，你会建议他(她)怎么做？

案例5：包和平与欧阳菲香6年前结婚，婚后育有一子包闻多，孩子现年5

岁。两年前,包和平向同事鞠某借款 15 万元、连同自己的积蓄 20 万元合计 35 万元与朋友涂某共同投资成立某咨询公司。不料,经营不顺,连年亏损,包和平无力偿还该借款。如果今年包和平与妻子因故离婚,当年借款 15 万是否属于夫妻共同债务?为什么?

案例 6: 巩建家的母亲一直与长子巩建国共同生活。某年母亲重病需医疗费 20 万元。建国与建家商定,一人承担一半即 10 万元。但是,建家婚后因为收入不高,妻子无稳定收入,家庭经济一直不宽裕,建家妻子认为大哥建国经济条件好,应当多承担婆婆的医疗费,建家就是付医疗费借的 5 万元,这辈子不知何时才能还清。但是,建家最后还是向同学辛某借了 10 万元交到了医院。请问:建家的债务是否属于夫妻共同债务?为什么?

【内容讲解】

第一节　夫妻财产制概述

一、夫妻财产制的界定

夫妻财产制是指规范夫妻婚前财产和婚后所得财产的归属、管理、使用、收益和处分,婚姻对外财产责任,婚姻终止时财产的分割与清算,以及夫妻财产制的设立、变更与废止的法律制度。

夫妻财产制事关婚姻家庭基本物质生活条件,同时与民事交易安全密切相关,因而受到各国和地区婚姻家庭法的重视。

我国古代法下,夫妻一体主义,妻子无财产能力,故无所谓夫妻财产制。近代以来,受欧洲法律的影响,承认夫妻人格独立,倡导男女平等,始创设夫妻财产制。夫妻财产制贯彻下列原则:男女人格独立与平等;婚姻共同生活的和谐,保护交易安全。

二、夫妻财产制的确立

夫妻财产制的确立,实行法定原则。夫妻财产制是通过法律而固定的,有关夫妻财产制的规定大多属于强制性规范,当事人不得自由创设夫妻财产关系。

确立夫妻财产制度,通常有法律直接规定和当事人依法约定两种途径。相应的,夫妻财产制度有法定夫妻财产制与个人特有财产制、夫妻约定财产制。夫妻未以契约订立夫妻财产制的,以法定财产制为其夫妻财产制。

法定财产制是法律强制婚姻当事人适用的明确指定的夫妻财产制度。在理论上,法定财产制区分为普通法定财产制和非常法定财产制。前者是指依法律直接规定普遍适用于婚姻当事人双方的财产制;后者是指在特殊情形下具备法定事由时,依据法律规定强制婚姻当事人适用的夫妻财产制。非常法定财产制又可细分为当然非常法定财产制和宣告非常法定财产制,前者是指在适用通常法定财产制或约定财产制期间,因发生特定情事,依法律规定直接适用某一种财产制;后者是指出现法定事由时,经夫妻一方或债权人的请求,由法院裁决宣告婚姻当事人改采分别财产制。法定财产制的意义在于推定婚姻当事人的意愿,为处理夫妻财产关系提供明确的法律依据。由于婚姻特点和传统影响,世界上大多数国家和地区的居民,多数人不约定处理财产。有了法定财产制,婚姻当事人未就夫妻财产关系作出约定或者约定无效时,其夫妻财产关系一律适用法定财产制。法定财产制原则上是对婚姻当事人双方最公平的财产规则。法定财产制内容在法律上有详细规定,且不允许当事人自行变更,当事人任何一方都不可能利用自身的财产、职业、知识背景等优势从制度上为自己谋得比对方更多的利益,实施法定财产制的后果对婚姻当事人是相同的。实施法定财产制简单方便,成本节省。

个人特有财产制是指法律直接规定一定范围内财产归所得者个人所有,并排斥其配偶共有的财产制度。特有财产是指专属于配偶一方个人所有并排斥配偶共有的财产。特有财产制是与财产共同制相匹配的财产制度,是对共同财产范围的缩小与限制。由于婚姻当事人的财产中,部分财产具有严格个人性质,或者财物价值不大却具有特别意义,纳入共同财产分割有所不妥。为方便婚姻当事人保持个人生活的连续性与完整,多数国家和地区立法确认特有财产制度。各国规定的个人特有财产范围并不一致。确定哪些财产为夫妻一方个人特有财产,既要考虑婚姻和家庭生活的物质保证和正常运作,也应适当尊重财产原所有人的意愿及公民个人生活的方便。

约定财产制是指当事人在自愿基础上协商一致,于结婚前或者结婚后,以协议从法律所规定的夫妻财产制中,选择适用某一种夫妻财产制为现实财产制并排斥法定夫妻财产制适用的制度。约定财产制的效力高于法定财产制,只要当事人有夫妻财产约定,且约定有效,其夫妻财产关系的处理优先适用约定而排斥法定财产制的适用。约定财产制有开放型和封闭型两种。开放型约定制是指法律未限制财产制的种类,允许婚姻当事人以契约方式自由选择任何一种夫妻财产制处理婚姻关系存续期间的财产关系的立法模式。在此模式下,只要当事人具备完全民事行为能力，自愿达成的夫妻财产协议，其内容不损害国家、集体和他人利益，协议都将得到法律的尊重和承认。这种模式赋予当事人充分自由，但也导致现实的夫妻财产关系种类繁多，不仅当事人自身识别、掌握困难，还可能对民事交易安全构成潜在威胁。封闭型约定制是指法律允许当事人以契约方式协商选定法律明确规定的若干种财产制度之一种为现实的夫妻财产制，超出法律允许范围的约定无效。这种立法模式下，契约夫妻财产制度脉络清晰，后果能够预知和预期，当事人只要选定财产制名称，其权利与义务即明确，不必事无巨细一一协商。以此，封闭型约定财产制是世界上多数国家或地区夫妻财产制立法所采用的模式。

三、夫妻财产制的种类

自承认已婚妇女有财产权以来，已出现的夫妻财产制度主要有五种：嫁资制、统一财产制、联合财产制、分别财产制和共同财产制。各种夫妻财产制的实质，在于是否承认以及在多大程度上承认已婚妇女的财产权。总体看，保护已婚妇女财产权益是一个渐进过程。

（一）嫁资制

嫁资，亦称妆奁或奁产，是指妇女在结婚时带往夫家的财产。嫁资原本是对妇女出嫁后丧失继承权的补偿，后逐渐演变为家庭生活费用的补助和分担。嫁资制是指规范嫁资的提供、归属、管理、使用、收益和处分及返还的制度。

在古代社会，多数国家或民族都有妆奁的普遍习惯，部分国家还有明确的法律规定。例如，古罗马法律对嫁资有较详细规定。嫁资是妻或妻的血亲因结婚而对夫所为的赠与。早期，嫁资的所有权归属于夫；到帝国时期，夫在婚姻关系解除时负有返还嫁资义务。后来夫对妻嫁资的权利仅限于使用收益，一定程度上提高了妻的地位。罗马的嫁资制对后世影响深远。在印度等少数国家，按习俗，女子结婚必须携入妆奁，作为对夫家的特殊补偿；无奁产的妇女成婚难，成婚后在夫家得不到应有尊重。[①] 我国古代虽无夫妻财产制度，但自妆奁习惯，妇女出嫁时，家长通常会陪嫁一定的妆奁财产，且妻的妆奁与夫家财产并不完全混

---

① 1961年，印度制定了禁止妆奁法，规定给予、接受、索取甚至约定给予或借用妆造奁的行为，均属犯罪、行为人将受到监禁6个月或罚款5000卢比或其他相当处罚。印度刑法规定，虐待妆奁不足的妇女，违者构成“有关婚姻的犯罪”，给予刑事惩处。但是，这些法律被认为是最难实施的法律之一。要消除妆奁制度的消极影响，除了法律作用外，更有赖于妇女地位的彻底改善。

合。律法对妆奁财产也有所规定。至今,我国居民嫁女仍沿袭陪嫁习惯,特别是在广大农村地区,妆奁传统仍有较强生命力。基于对几千年固有传统的尊重,1950年《婚姻法》规定,妻子婚前财产归妻所有,丈夫婚前财产纳入夫妻共同财产。① 至1980年《婚姻法》原规定,基于男女平等考虑,夫妻各自婚前财产均属于个人所有。

(二)统一财产制

统一财产制是指婚姻成立后妻将其全部财产的所有权转移给夫,仅保留返还请求权;该婚姻终止时,夫或夫的继承人对妻或妻的继承人负返还妻财产或原财产价金的义务。较之古代普遍不承认已婚妇女的财产权,统一财产制毕竟承认已婚妇女的财产权利,有很大进步。然而,妇女结婚时,即丧失全部财产的所有权,换得婚姻终止时的返还请求权,物权变成债权,使妇女处于不利地位,有失公允。这种带有浓厚夫权主义色彩的财产制度,多为早期资本主义国家婚姻家庭法所采用。在现当代社会,法律不承认夫权,统一财产制已不符合男女平等的基本价值观。

(三)联合财产制

联合财产制是因夫和妻的财产联合为一个经济单位,由夫管理、收益而得名,又称管理共通制或收益管理制。② 按照这种制度,夫妻在保留各自财产所有权的前提下,将双方财产合并在一起,由配偶双方共同管理、使用和收益。但是,在实践中,婚姻成立时,夫即占有妻的全部财产,并与夫本人的财产一起,均由夫管理,夫对妻的财产有使用、收益的权利,甚至对妻财产所生孳息享有所有权;同时夫负担家庭生活的全部费用。直到20世纪40年代后,基于男女平等观念,联合财产制内容不断被修正,夫和妻对联合财产的权利和义务才趋于平等。

联合财产制,因承认夫妻人格独立而承认夫和妻对各自的财产享有所有权,赋权丈夫管理妻财产的同时,要求丈夫承担家庭生活费用和财产管理费用给付义务;妻实际以财产收益承担了对家庭的经济责任,不再负担家庭费用。联合财产制度具有分别财产制的某些色彩,有一定的公平性。但是,这种制度是以妇女有财产或丈夫有足够财产养家为前提,可以说联合财产制较适合上层社会的夫

① 1950年4月13日中央人民政府委员会第七次会议通过。该法第23条第1款规定,“离婚时,除女方婚前财产归女方所有外,其他家庭财产如何处理,由双方协议;协议不成时,由人民法院根据财产具体情况,照顾女方及子女利益和有利于发展生产的原则判决”。

② 我国习惯称联合财产制;但在外国,因认识不同,有关联合财产制的名称并不完全相同。例如《瑞士民法典》称其为“夫妻财产合并制”。

妻财产制。联合财产制存在于中世纪、近代社会。第二次世界大战后,原采用联合财产制的多数国家和地区因其不合时代潮流而陆续予以废除或改造。当代只有个别国家和地区坚持采用联合财产制,但也已经改造。①

（四）分别财产制

分别财产制是指夫妻各自婚前婚后所得财产归本人所有,并各自独立享有管理、收益、使用和处分的权利,不受对方的支配和干涉的财产制度。按此制度,夫和妻各自所得财产及其孳息都归各自所有,配偶没有婚前财产、婚后财产之分,也无所谓特有财产。婚姻成立不改变彼此的财产关系,婚姻共同生活所生费用由夫和妻共同分担。

分别财产制不否认夫妻因配偶身份带来的伦理变化,肯定夫妻有相互扶养的义务。长期共同生活使夫妻权属不明的财产,推定为夫妻共有,以免失之偏颇。资产阶级在建立国家过程中,倡导人生而平等,人人具有独立人格,不受他人的支配和干涉。在婚姻家庭领域,没有夫权,只有男女平权,妻与夫处于同等法律地位,各自拥有独立人格,互不干涉。以夫妻别体主义为理论基础的分别财产制正符合此价值观,分别财产制也与资本主义私有财产神圣不可侵犯原则相符合,因而得到不少国家法律的肯定,影响日益扩大。分别财产制源自英国。②随着历史上英国对世界影响的扩大,英国法观念传播到许多地区。至今,分别财产制是英美法传统国家和地区的法定夫妻财产制。

分别财产制保证了已婚妇女独立的财产权,从理论上看,它是最典型的夫妻平等的财产制度。但是,由于妇女就业机会和经济收入多低于男子,这种制度对配偶(多数情况下是妇女)从事的家务劳动无适当评价,使得法律赋予的男女平等权利无法真正实现。为了弥补分别财产制的不足,保护家庭主妇利益,即使在普通法国家,也有的用婚姻财产制取代分别财产制,或在离婚分割财产时采用公平分割原则,而不问是否为分别财产。

（五）共同财产制

共同财产制是指夫妻的全部财产或部分财产合并为共同财产归夫妻双方共同共有,但特有财产除外的夫妻财产制度。依夫妻财产共有范围不同,具体分为一般共同财产制、所得共同制、动产及所得共同制、劳动所得共同制、剩余共同

---

① 关于分别财产制的渊源的另一种说法,认为源自罗马法。罗马时代的自由婚姻中,妻无须服从夫权,夫无权支配妻的财产,被视为夫妻别体主义下的分别财产制。

② 中国台湾地区“民法”第1016条至第1030条。林纪东、郑玉波等编纂:《新编六法全书》,五南图书出版有限公司1998年1月修订版。

制等。

一般共同财产制，亦称一般共同制，是指夫妻婚前婚后财产及所得，除特有财产外，合并为共同财产，归夫妻共同共有。所得共同制，即婚后所得共同制，是指婚姻关系存续期间夫妻所得财产归双方共同共有，法律另有规定的除外。动产及所得共同制是指夫妻婚前动产及婚后所得财产归夫妻共同所有。劳动所得共同制，是指夫妻婚后一方或双方劳动所得归夫妻共同共有，因继承、受赠等非劳动所得归所得者个人所有的夫妻财产制。剩余共同制，亦称净益共同制、所得参与制、婚后所得共享制等，是指在婚姻关系存续期间，夫妻所得归各自分别所有，但归夫妻双方共同享有而不分割；待婚姻终止时，配偶各方所得的财产扣除当初财产之后，剩余财产较少的一方对剩余财产较多的一方有多余差额二分之一的请求权。

共同财产制早在中世纪的许多国家就存在。资产阶级建立国家后，采用共同财产制的国家和地区较多。随着社会发展，20 世纪以后，夫妻财产共同制发生了重大变化，而且风行世界。自 1920 年以后的 50 余年时间里，瑞典、德国、法国、瑞士、我国台湾地区等许多国家和地区的夫妻财产制与共同财产制发生了联系。所得共享的目的是为在婚姻期间因献身家庭和孩子而无法获得自己的收入或积蓄的妻子提供帮助。

共同财产制的根本，在于谋求夫妻经济生活与身份生活的一致，内部与外部的一体，既符合婚姻共同生活的本质目的，又保障因从事家务劳动而无收入或收入较低配偶一方的权益，有助于实现实质意义的夫妻平等。所得共同制是共同财产制中的基本形态，剩余共同制或所得参与共同制等是分别财产制与共同财产制的折中或复合形态。共同财产制一方面确保夫妻经济独立，另一方面公平合理保护在家庭中承担不同分工的配偶双方。从夫妻财产制进化演变角度看，共同财产制是最具有现代意义的财产制度。正因如此，许多国家和地区把共同财产制作为法定夫妻财产制，或作为契约财产制之一。

四、我国现行夫妻财产制

根据《婚姻法修正案》第 17 条、第 18 条、第 19 条规定，我国实行法定财产制和约定财产制双轨制，当事人有财产约定时从约定；无财产契约或约定无效时适用法定财产制。以婚后所得共同制为我国法定夫妻财产制，增设个人特有财产制，适度缩小了夫妻共同财产制范围；充实了我国约定夫妻财产制，采取半封闭型立法模式，当事人只能在一般共同制、限定共同制和分别财产制三种制度之内选择其一。

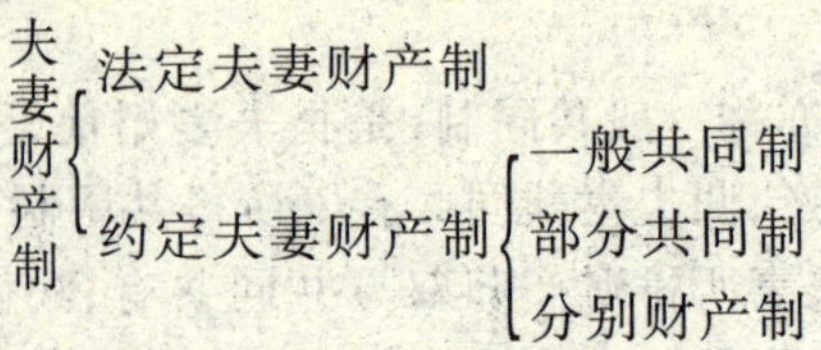

夫妻财产制示意图

夫妻财产制的这种结构,基本上能满足我国社会生活需要。

夫妻财产制的构建离不开特定的社会背景。立法设计夫妻财产制度,必须综合考虑影响夫妻财产制立法的各种因素,主要包括生产力发展水平、所有制结构、家庭职能、传统文化等的社会历史因素,居民在夫妻财产问题上的观念、立场、愿望和要求等,并受立法技术与水平的限制。

首先,从社会因素看,人类历史上生产力的每一次飞跃,都给夫妻财产制度带来重大影响。我国生产力水平的每一次大提高都影响着居民的夫妻财产关系。家庭规模和结构的变化同样影响着我国的夫妻财产制度。社会经济制度也在一定程度上制约着夫妻财产制立法。一切财产法律问题都受到生产力发展水平的影响,立法必须适应总的经济状况,必须是它的表现。夫妻财产制立法必须适应生产力水平要求。我国现阶段社会生产力的发展水平较低,人们的收入与个人财富有限。夫妻财产制度受所有制支配,并为后者服务。我国实行以公有制为基础多种经济成分并存发展,随着市场经济的推行,财产关系复杂多样,市场主体多元化,夫妻财产关系法必须与之相适应。夫妻财产制还受到家庭职能的约束。现阶段我国家庭担负着组织生产职能、组织消费职能、扶养扶助职能等,而且家庭承担的包括养老育幼在内的扶养扶助负担重。所有这些职能的履行,均须建立在家庭的经济条件或者财力之上。设计夫妻财产制的种类及共同财产范围时,必须充分考虑到家庭普遍担负的任务和具有的功能。无论夫妻财产制的种类如何,在家庭收入有限的条件下,都必须首先能够满足家庭的共同生活需要,且还应当肯定家事劳动的社会价值。此外,必须注意到,中国古代数千年奉行的夫妻一体的思想意识还深深地根植于国人心底,受此传统影响,人们普遍赞同婚后财产不分你我,分别财产制难为多数人认同。在这种环境中,共同财产制适合我国绝大多数婚姻的实际情况;而且共同财产的范围不宜限制过多,才能维持共同生活正常运转。此外,夫妻财产制,不仅关系到夫与妻之间的财产关系,而且关系到与夫妻进行交易活动的第三人利益。夫妻财产制有必要与民事交易安全保障相协调。

其次是居民在夫妻财产制上的意愿和态度。据有关专项调查显示,内地居民愿意采用的夫妻财产制类型，按所选比例从高到低依次为：婚后所得共同制、一般共同财产制、限定部分共有制、婚后劳动所得共同制、剩余共同制、联合财产制、夫妻分别财产制。①

从古代社会普遍不承认夫妻财产，到近代资产阶级各国普遍确认夫妻财产制，从开始的简单的夫妻财产制规制到日趋完善的夫妻财产制立法，反映了夫妻财产制立法的发展规律。《婚姻法修正案》一定程度上注意到了上述问题，作了若干有针对性修订。立法者不太可能制定出所有人都满意的无缺点的夫妻财产制。对夫妻财产制的设计与规范，只要符合社会现状并具有一定前瞻性，能为社会多数人所接受，就是合情合理的。

第二节 法定夫妻财产制

根据现行《婚姻法修正案》第 18 条规定，婚后所得共同制是我国现行法定夫妻财产制。

一、婚后所得共同制的界定

婚后所得共同制是指婚姻关系存续期间夫妻一方所得和双方共同所得的收入和财产，均归夫妻双方共同共有，但特有财产除外的夫妻财产制度。我国法定夫妻财产制是婚后所得共同制。

按照这种制度，夫妻共同共有开始于婚姻成立之时。婚姻的合法缔结是夫妻共同财产制开始的标志，婚姻成立之前男女各自所有的财产在婚后依法属于个人财产。夫妻共有财产的范围是婚姻关系存续期间所得的全部财产和收入，但特有财产除外。夫妻共有的形式是共同共有，即共有人对共有财产不区分份额大小平等地享有所有权，夫妻双方对共有财产的权利相同，而不考虑各方对共同财产积累的贡献大小。

婚后所得共同制在伦理上与夫妻关系较为吻合。夫妻作为共同生活伴侣，无论何方所得财产归夫妻双方共有共享，有助于加强婚姻内部的凝聚力。在婚姻当事人收入有限的情形下，共同共有是满足家庭生活必需并有计划地逐步提高家庭生活水平的有力手段。

婚后所得共同制作为我国法定夫妻财产制，主要理由如下：

---

① 蒋月：《我国夫妻财产制若干重大问题的思考》，《现代法学》2000 年第 6 期。

(1)这是由我国生产力发展水平所决定的。我国大多数公民的个人财产不多,婚后家庭共同生活正常运作有赖于双方财产共有共享。婚后所得共同制使夫妻的经济生活和身份生活趋于一致,鼓励夫妻同甘共苦,增加夫妻间的凝聚力,促进婚姻的稳定。同时,实行婚后所得共同制,承认家事劳动的社会价值,有助于保障因长期从事家事劳动致使经济收入减少或无收入配偶一方的合法权益。婚后所得共同制,使婚姻共同体内差异消减到最小限度,较合乎国人传统婚姻心理。

(2)这是比较各种夫妻财产制后所作的选择结果。如前所述,各种夫妻财产制均各有所长又各有所短。我国现实是,男女事实上的平等远未实现,从整体看,妇女受教育程度、就业收入大不如男性,已婚妇女在生育子女和操持家务上付出更多。婚后大部分财产共同所有对婚姻当事人双方才是尽可能公平。

(3)它是由婚姻关系的特点决定的。夫妻是一种比其他任何关系都更为密切的关系,在财产上不可能分得一清二楚。在共同生活期间,通常情况下,一方配偶在婚姻存续期间所取得的财产,都是双方共同努力的结果。现实生活中,几乎不可能判断配偶一方在获得财产收益时,另一方配偶提供了多少帮助。婚后所得共同制为在婚姻期间献身家庭和孩子的配偶一方提供了有力的保护,在各种财产制中,其适应性更强。

(4)顺应夫妻财产制立法潮流的需要。夫妻财产制立法既应重视国人的传统与习惯,又应尊重夫妻财产法发展的轨迹。如前所述,共同财产制特别是婚后所得共同制和所得共享制是当今国际上被最广泛地采用的夫妻财产制度。2001年婚姻法修订活动正赶上20世纪90年代以来婚姻家庭法的又一改革潮流,婚后所得共同制较好地体现了传统与发展的结合。

二、夫妻共同财产的范围

夫妻共同财产的来源包括婚后夫妻一方或双方共同劳动所得及其他合法收入和财产,但法律另有规定的除外。根据《婚姻法修正案》第17条规定,夫妻在婚姻关系存续期间所得的下列财产,归夫妻共同所有:工资、奖金;生产经营的收益;知识产权的收益;因继承或赠与所得的财产,但遗嘱或赠与合同确定只归夫妻一方的财产除外;其他应当归共同所有的财产。

(一)劳动报酬

劳动报酬是劳动者为他人劳动应得并从他人处得到的金钱或实物。其形式种类多样,通常形式有工资、奖金、津贴、福利等。婚姻是夫妻共同经营的事业,无论是配偶双方参加职业劳动谋得收入,还是一方劳动所得而另一方料理家事、养育子女，同样是为共同事业作贡献。一方劳动所得，与另一方的感情、生活、事业等各方面的支持分不开。劳动所得由夫妻共享的安排，是婚姻共同性的体现，也是对家事劳动价值的承认。

用劳动报酬添置的财产，只是转化了财产的外在形式，并没有改变财产的法律性质或地位。

（二）从事生产、经营所得的收益

从事生产活动、商业活动获得的收益或增值，依法属夫妻双方共有。鉴于我国社会主义市场经济的进一步发展，从事生产、商业经营性活动的公民个人、家庭或者由个人或者家庭投资的法人或非法人组织越来越多，这类财产或收入也将提高其在夫妻共同财产中可能占据的比重。

（三）知识产权的收益

知识产权是指人们可以依法就其智力创造的成果享有的专有权利。知识产权是人身权与财产权的结合，其中的财产权是指知识产权人依法通过各种方式利用其智力成果给权利人带来经济利益的权利。知识产权的收益是指知识产权中的财产权带来的实际利益。作为夫妻共同财产的知识产权是指其中的财产权和收益。

（四）因继承得到的财产，但遗嘱确定归一方所有的除外

继承是指继承人依法取得死者生前所有的财产和财产权益。继承发生在继承人的婚姻关系存续期间，继承人通过继承得到的死者的遗产依法归夫妻双方共有。我国继承制度规定的继承人，均是与死者具有近亲属关系的自然人。这些继承人在继承遗产之前，往往对被继承人尽过抚养、扶养或赡养义务，无论是时间、精力和财产的投入，扶养义务的履行都是夫妻共同财产积累的某种减少，是婚姻整体对死者生前的一种贡献。因此，不能说继承人继承得到的财产与配偶他方完全无关。

但是，如果被继承人事先通过遗嘱确定只归继承人个人所有的，夫妻一方继承得到的财产依法不纳入夫妻共同财产。这是由于被继承人生前作为财产的所有者，依法享有财产处分权。被继承人通过遗嘱确定财产只能归继承人个人所有，是对其财产的某种处分，理应得到法律的尊重和保护。所谓遗嘱确定，按照立法本意，应该理解为适用于所有继承，即包括法定继承或遗嘱继承。

（五）因赠与得到的财产，但赠与合同指明归一方所有的除外

通常，夫妻一方因赠与得到的财产，归夫妻共同共有；但只要赠与人和受赠人以书面形式确定受赠财物不归夫妻共有，所得受赠财产依法归受赠人个人所有。一方面，赠与人作为原财产所有者，赠与是其依法处分财产的一种形式，理

当受到法律保护,赠与人有权为其财产的命运或去向作出安排;另一方面,赠与的发生通常是基于赠与人与受赠人之间存在充分信任和私人感情,受赠人是否已婚及其婚姻状况如何,往往与赠与人的赠与行为实施无关联。

(六)其他应当归夫妻共有的财产

这项规定作为兜底条款,将法律无法详尽列举婚姻关系存续期间得到并应归夫妻共有的财产的具体情形,统统纳入其中。结合第17条和第18条规定,凡依法不属于夫妻一方个人所有的财产,依法应无例外地全部属于夫妻双方共同共有。如夫妻一方或双方受雇单位分发的福利;偶然中奖所得的奖品和奖金;股票、债券买卖所得收益等。

三、夫妻对共同财产的权利

《婚姻法修正案》第17条规定,夫妻在婚姻关系存续期间所得的财产,归夫妻共同所有,但法律另有规定的除外;夫妻对共同所有的财产,有平等的处理权。所有权是指所有人对其所有物依法享有的权利。我国《民法通则》第71条规定:"财产所有权是指所有人依法对自己的财产享有占有、使用、收益和处分的权利。"根据这些规定,夫妻对共同财产依法享有平等的占有权、使用权、管理权、收益权和处分权五方面权利。

(一)夫妻双方对共同财产有平等的占有权

占有是指对财产的实际掌握和控制。对物的占有是行使使用权的前提条件。夫妻双方对共同财产有平等的占有权,意味着夫妻二人都有权占有共同财产。

(二)夫妻对共同财产享有平等使用权

使用权是指按照物的性能和用途对物加以利用,以满足生产或生活需要的权能。行使使用权是实现物的使用价值的手段。夫妻任何一方均有权使用共有财产,不受他方的限制或排斥。

(三)夫妻对共同财产有平等管理权

管理是保管和料理之意。任何一方单方面要求掌管全部共同财产,不允许另一方插手的想法和做法,都不符合法律要求。

(四)夫妻对共同财产有平等的收益权

收益权是指收取原物所生的新增经济利益的权能。夫妻对共同财产的孳息或新增价值有同样的收取权、享有权。通常,夫妻财产由夫妻自己占有、使用从而收益。由于种种原因有可能将部分夫妻共同财产交给他人占有、使用,以谋取更多利润。

(五)夫妻对共同财产有平等处分权

处分权是指依法对物进行处置以决定物的命运的权能,包括事实上的处分和法律上的处分两种形式。夫妻对共同财产的处分,主要是满足生活需要的消费行为,也有相当处分是为了通过商品交换谋取利润。随着夫妻共同财产积累不断增加,夫妻为实现利益增值而实施的处分行为将更多。根据《适用〈婚姻法〉解释(一)》第 17 条、第 18 条规定,夫和妻在处理夫妻共同财产上的权利是平等的;对夫妻共同财产作重要处理时,双方应当平等协商,取得一致意见,但因日常生活需要而处理夫妻共同财产的,任何一方均有权决定。现实生活中,夫妻双方在自愿基础上,经协商一致确定由夫妻一方单独承担管理共同财产之责,或者由夫妻双方轮流管理,或者区分共同财产的情况由双方分别管理的模式,只要不违背管理权平等原则,均为法律所允许。经夫妻协商一致处分权主要由一方行使的,也为法律所允许。夫妻一方独自管理全部或者大部分共同财产的,应尽心尽职地履行管理职责,有义务定期或者不定期地向对方报告财产状况;对于未实际管理或处分财产的配偶一方提出的合理建议,应予考虑。如果管理财产一方行为明显不利于共同利益,另一方可以要求管理者放弃实施该行为,已实施的,应及时采取补救措施,尽可能地减少损失或者挽回损失。管理者利用管理之便为本人谋私利,未经对方同意擅自对共同财产作重大处分等行为,不符合法律精神。

四、夫妻对共同财产的义务

夫妻对共同财产的义务是指婚姻当事人依照婚姻法规定负担的为保障一方或者双方共同实现婚姻家庭利益而为一定行为或不为一定行为的约束。这种义务由婚姻法确认,也可由夫妻双方依约定而生,其核心在于为满足婚姻家庭共同利益或者对方合法利益而为一定行为或者不为一定行为。作为义务,对婚姻当事人双方都是一种约束或限制,如果义务人未履行其对共同财产的法定或者约定的负担,或者履行义务不符合相应要求,义务人应当承担相应的民事法律责任。

在共同财产制下,婚姻双方的权利与义务是相对应的,夫妻双方对共同财产平等地享有前述的五方面权利,相应的夫妻各方的义务是:不得妨碍配偶他方平等地享有和行使对共同财产的占有权、使用权、管理权、收益权、处分权。夫妻一方对共同财产行使占有、使用、管理、收益和处分权时,遇到另一方的非法干涉或者妨碍,该方有权根据其所受干涉或者妨碍的具体情况,请求排除妨碍。夫妻一方或双方行使对共同财产的权利时,受到了第三人的非法干涉或者妨碍,婚姻当事人同样有权利请求排除干涉或妨碍、恢复原状、返还原物、赔偿损失等。

在婚姻对外财产责任上,他人有理由相信夫妻一方的行为为该方夫妻双方共同意思表示的,夫妻另一方不得以不同意或不知道为由对抗善意第三人。

五、夫妻共同财产的支出与用途

夫妻共同财产首先应用于负担家庭生活费用。家庭生活费是指为维持家庭生活正常运行及进一步提高生活水平所作的支出,主要包括维持共同生活的费用,抚育子女的费用,家庭成员所需的医疗费用,夫妻一方或者双方及其子女所需的教育费、职业培训费,在家事范围与第三人交往时所需的经济支出以及其他属于维持家庭正常生活所需的费用。其次应用于负担婚姻生活期间的对外财产责任,如作为夫妻共同财产管理人的配偶一方,为了家庭共同利益,或夫妻双方共同或夫妻一方经另一方同意缔结的债务或财产责任,夫妻共同财产上的所有税费支出,维护由家庭使用的个人财产而支出的税费,夫妻共同赠与或共同承担的其他合理支出等。

夫妻一方在本次婚姻存续期间所生的非婚生子女的抚养费,夫妻一方因其违法行为或犯罪行为所应承担的财产责任,通常不应由夫妻共同财产负担。作为债务人的配偶,无个人特有财产或个人财产不足的,可以从共同财产中属于债务人配偶应得份额的财产中垫付,所垫付财产应在分割或清算夫妻共同财产时予以扣除。

婚后所得共同制下,夫妻对家庭生活费用的负担是平等的,应由夫妻共同承担。有共同财产的,首先应由共同财产负担;共同财产不足时,由夫妻以个人财产分担。诚然,夫妻各方由于资产、收入、健康状况、年龄及能力等各方面情况不同,夫妻双方应该合理地负担家庭生活费用。如果婚姻当事人一方专职从事家事劳动,婚后无所得或者无个人财产,其完成的家事劳动应当视为其对婚姻家庭生活费用的负担。如果夫妻一方因健康原因或者无经济能力分担家庭生活费用责任,另一方理当负担家庭生活费用的全部,并扶助对方。夫妻共同财产不足以履行上述开支义务的,夫妻双方应以个人财产共同承担支付责任。夫妻有权约定家庭生活费用的负担。夫妻双方在自愿的基础上,根据双方的具体情况,协商一致确定不均等地分担家庭生活费用,为法律允许。

夫妻一方有能力而拒不履行对家庭生活费用的分担义务,损害了配偶他方的财产利益,可能危及子女的生活,应该设法及时予以纠正。及时履行了自己义务的一方,有权要求对方履行义务;因义务人没有及时履行法定经济供养义务而受到损害的权利人,有权提起诉讼,要求强制义务人履行义务。夫妻一方以其个人财产单独垫付了全部家庭生活费用的,该方享有依法向另一方追回超过其本人份额部分的支出费用。

六、婚后所得共同制的终止

（一）终止原因

婚后所得共同制作为法定夫妻财产制度，适用于具体婚姻关系。发生下列情形之一，则该制度终止：

（1）夫妻一方或双方死亡。夫妻一方或双方死亡，包括自然死亡和宣告死亡，夫妻财产关系的主体一方或双方不复存在，则该财产制度终止。

（2）夫妻离婚。夫妻双方依照法定程序解除了婚姻关系则夫妻婚后所得共同财产应依法予以分割；分割完毕，共同财产关系随离婚生效而终止。

（3）夫妻双方商定改行约定财产制。一个现实的婚姻只能适用一种夫妻财产制度调整婚姻双方的财产关系。如果男女婚前没有达成财产协议，婚后当然适用法定婚后所得共同财产制。但经过一定时间的共同生活，由于种种原因，夫妻双方自愿商定采用约定财产制中的某种夫妻财产制度，则自约定生效之日起婚后所得共同制终止。

（二）终止的法律后果

婚后所得共同制终止后，原属夫妻双方共同所有的财产依法应当进行分割。

夫妻分割法定共同财产，应在自愿基础上协商解决；协商不成，任何一方均可向人民法院提起民事诉讼，请求依法分割夫妻共同财产。根据夫妻对共同财产有平等所有权的规定，分割夫妻共同财产，应坚持夫妻平等原则，原则上应均等分割，夫和妻应分得相同的份额，而不论夫妻各方对财产贡献的大小或收入多少。同时，应坚持照顾妇女利益和照顾未成年子女利益原则，根据财产具体情况予以分割。凡是与未成年子女共同生活的一方，分割夫妻财产时应予以适当照顾，尽可能地为未成年子女的健康成长创造良好的生活环境与条件。

在婚姻关系存续期间，改采约定财产制之一种而不再实行法定共同财产制的，夫妻可以协商分割原共同财产，协商不成的，可就分割法定共同财产提起诉讼，请求司法分割。如果夫妻一方死亡或双方均死亡，其夫妻共同财产依法应予以分割或清算。如果是一方死亡，则夫妻共同财产原则上均等分成两份，一份为生存一方应得的夫妻共同财产份额，另一份才是死者生前应得的夫妻共同财产的份额，构成死者的遗产，由其合法继承人继承。如果夫妻双方均死亡，则夫妻共同财产制分成均等两份后，由他们各自的合法继承人继承。如果死者生前负有债务的，应在遗产价值范围内先行清偿债务，清偿有余的，剩余财产才是死者遗产，由其合法继承人继承。

第三节　个人特有财产制

一、个人特有财产制的概念

特有财产是指专属于配偶一方个人所有并排斥夫妻共有的财产。特有财产制是与财产共同制相匹配的财产制度，是对共同财产范围的缩小与限制。

我国确立个人特有财产制度确有必要。在法理上，婚后所得共同制不排斥夫妻一方对某些财产的个人所有权。确认个人特有财产与划定夫妻共有财产范围，是一个问题的两个方面，相辅相成。从社会生活实际看，婚姻当事人的财产中，确有部分财产具有严格个人性质，或者对一方当事人具有特别意义，一概强制纳入共同财产分割确有不妥。为方便婚姻当事人以及尽量保持个人生活的连续与完整，有必要不改变某些财产的个人所有性质。婚姻当事人要求某些财产不与配偶发生法律联系的意愿较为迫切。设立个人特有财产制度，能为婚姻当事人提供灵活处理财产关系的空间，减少纠纷。在司法实践中，明确夫妻共同财产范围和个人财产界限，既可使婚姻当事人明确财产权益的范围，又可使司法裁决夫妻财产权益争议有明确的法律依据，提高了司法审判的透明度和效率。

1980 年《婚姻法》原来未明文确立特有财产制度，但承认特有财产。按照 1980 年《婚姻法》原第 13 条规定，男女双方婚前财产依法归个人所有；约定婚后财产为个人所有的，也归个人所有。这种个人所有的财产，性质上就是特有财产。贯彻婚姻法过程中，最高人民法院有关司法解释就直接确定婚姻当事人的某些财产为其特有财产。例如，《法院审理离婚案件处理财产分割的意见》第 3 条规定："婚姻关系存续期间，复员、转业军人所得的复员费、转业费，结婚时间 10 年以上的，应按夫妻共同财产进行分割。复员军人从部队带回的医药补助费和回乡生产补助费，应归本人所有。"换言之，复员、转业军人的婚姻存续期间未满 10 年的，其所得复员费、转业费归本人个人所有；复员军人从部队带回的医药补助费和回乡生产补助费，归其本人所有。这就将两种情形下原应纳入夫妻共同财产的财产排除在共同财产之外，成了复员转业军人的个人特有财产。《婚姻法修正案》明文建立了个人特有财产制度。

从外国立法经验看，多数国家和地区的婚姻法确认特有财产制度，对个人专有财产有明确完整规定。但各国规定特有财产范围并不一致。如，《法国民法典》第 1404 条规定，下列财产，即使在婚姻期间取得，仍为个人自有财产："属于夫妻一方使用的衣、被及其他布织品；对本人受到的身体或精神伤害请求赔偿的诉权；不得让与的债权与抚恤金；一般而言具有人身性质的所有财产以及专与人身相关的一切权利；夫妻一方从事职业所必需的劳动工具。"[1]即《瑞士民法典》规定，特有财产是"特为配偶一方使用的财产，妻经营职业所需要的财产，妻自己的劳动所得"。[2]

二、夫妻特有财产的范围

从我国实际情况看，确定夫妻共同财产范围时，既要考虑婚姻和家庭生活的物质保证和正常运作，也应适当尊重财产原所有人的意愿及公民个人生活的方便。《婚姻法修正案》第 18 条对个人特有财产范围作了明确规定。

下列财产，均为夫妻一方的个人特有财产：

(1)一方的婚前财产。男女双方结婚前各自的财产，无论是动产、不动产，在婚后均归原财产所有人个人所有。

(2)夫妻一方因身体受到伤害得到的医疗费、残疾人生活补助费等费用。夫妻一方因本人身体受到伤害所得到的各种赔偿金，特别是其中的医疗费、残疾人生活补助费包含着未来时间医疗和生活的必要支出，作为身体受到伤害的夫妻一方的个人财产，合乎情理。

(3)遗嘱或者赠与合同中确定只归夫或妻一方的财产。遗嘱或者赠与合同中确定为夫妻一方个人所有的财产，应认定为所得者个人财产。凡能确定是遗嘱确定为只归夫妻一方个人的，或者能确定赠与合同确定只归夫妻一方个人的，均符合特有财产归类要求。

(4)夫妻一方专用的生活用品。这类财产要成为个人特有财产，必须同时具备两个条件：一是须是生活用品，二是须是这些生活用品为夫妻一方专用。个人专用的生活用品主要指满足日常生活所需的个人必要用品。

(5)其他应当归夫妻一方的财产。例如夫妻一方因其特殊贡献而获得的奖章、带有明显纪念意义的奖品。

三、特有财产的法律责任

夫妻个人特有财产的效力，也即特有财产的法律责任。

---

① 罗结珍译：《法国民法典——民事诉讼法典》，国际文化出版公司 1997 年版，第 307 页。

② 殷生根译：《瑞士民法典》，法律出版社 1987 年第 1 版。

特有财产所负债务，应由特有财产负责清偿。夫妻双方协商确定以一方个人特有财产承担清偿责任的协议，对婚姻当事人双方具有法律拘束力。如果债权人事先知道这个约定的，或者事后同意的，也可以对抗第三人；否则，夫妻约定债务清偿责任由一方个人特有财产承担的协议，对债权人不产生对抗效力。设立特有财产制度，是为方便婚姻当事人个人生活。凡利用特有财产制度规避法律责任特别是对外财产责任的做法，都违背特有财产制度设立的宗旨。

第四节 约定夫妻财产制

一、约定夫妻财产制的概念

约定夫妻财产制是指夫妻以契约方式商定婚前财产和婚后关系存续期间所得的归属、管理、使用、收益、处分及债务清偿，婚姻终止时财产的分割与清算等事项，并排除法定夫妻财产制适用的制度。

为使婚姻当事人有灵活处理夫妻财产关系的余地，我国明文允许婚姻当事人以契约方式规范其夫妻财产关系。随着我国社会主义商品经济的发展，公民个人财产构成出现了新情况，财产价值正日益增大、种类不断增多，部分社会成员拥有巨额个人财富；财产的用途多样化。同时，妇女普遍就业，经济地位有了较大提高，为夫妻在财产权利上的现实平等提供了一定的经济基础。考虑到我国不同法域夫妻财产制的差异及中外居民通婚后婚姻财产关系的特殊性，单一的法定财产制难以满足复杂多样的夫妻财产要求。婚姻家庭立法有必要反映社会经济变化，满足社会成员的合理要求，提供相宜法律环境。《婚姻法修正案》重视反映社会现实需要，以适应社会生活复杂情形，促进社会进步。

夫妻财产约定制度在我国已有较长历史。我国历史上正式有夫妻财产约定立法，始于1930年的《中华民国民法亲属编》。依其规定，夫妻得于结婚前或结婚后以契约形式约定夫妻财产制；该项契约的订立、变更或者废止，非经登记不发生对抗第三人的效力；夫妻须在共同财产制、统一财产制和分别财产制中选择其一为约定财产制。中华人民共和国成立后，1950年《婚姻法》虽未对夫妻财产约定作明文规定，却允许实行夫妻约定财产制。中央人民政府法制委员会《关于中华人民共和国婚姻法起草经过和起草理由的报告》指出，婚姻法关于夫妻财产关系的"概括性的规定，不妨碍夫妻间根据男女权利平等和地位平等原则作出对于任何种类家庭财产的所有权处理权与管理权相互自由的约定；对一切种类的家庭财产问题，都可以用夫妻双方平等的自由自愿的约定方法来解决”。该立法解释，明确了1950年《婚姻法》允许夫妻就财产问题进行约定。由于建国初期社会条件的制约，及受传统习惯的影响，实际生活中进行财产约定的人极少，发生财产约定纠纷诉诸法律的更难见，以至于在相当长的一个时期里，该立法解释的精神没有再以其他法律文件重述。

新中国成立30年后，我国内地经济有了长足发展，人们的婚姻家庭观念有了一定变化，部分婚姻当事人产生了夫妻财产关系多样化的要求。1980年《婚姻法》为适应社会政治、经济、家庭关系发展需要，因婚姻生活特殊性，在原第13条第1款规定“双方另有约定的除外”，约定财产制作为法定财产制的必要补充，正式得以确立。《婚姻法修正案》进一步完善了我国的夫妻约定财产制度。

我国的夫妻约定财产制类型有三种：一般共同制、分别财产制、限定共同制（或者称为部分共同制）。《婚姻法修正案》第19条规定，“夫妻可以约定婚姻关系存续期间所得的财产以及婚前财产归各自所有、共有所有、部分共同所有、部分各自所有”。提供三种夫妻财产制度供婚姻当事人只能在法律允许的三种夫妻财产制中选择其一，超过该范围的夫妻财产制约定，将不被法律承认，对当事人也无拘束力。夫妻财产约定，不仅涉及夫妻相互的权利与利益，而且事关未成年的子女及家庭其他共同生活成员的利益，适度统一很有必要。提供若干种约定财产制的类型，可避免夫妻一方利用经济强势或知识优势引诱对方订立不公平条款。从交易安全考虑，放任夫妻随意约定，导致夫妻财产关系过于复杂，对交易第三人利益保护有所不利。

二、夫妻财产约定的成立

夫妻订立财产约定依法必须具备下列有效成立要件。

（一）当事人双方具有完全民事行为能力

夫妻财产制约定属重大民事行为，订立夫妻财产约定的当事人必须具备相应的民事行为能力。民事行为能力是指当事人以自己的行为取得民事权利、承担民事义务的资格。确定一个人是否具备行为能力，看两方面：一是年龄。我国《民法通则》第11条规定，18周岁以上的成年公民，具备完全行为能力。二是看智力发育程度，只有达到了一定智力发育水平的人，才能正确地认识自己的行为及其后果。我国法定结婚年龄高于成年年龄，而且未成年人权益保障法禁止未成年人的父母或者其他监护人为未成年人订立婚约。因此，只有具有正常心智而有完全行为能力的婚姻当事人，才能订立夫妻财产契约。限制民事行为能力人或完全无民事行为能力人，依法不能订立夫妻财产约定，其夫妻财产关系只能依法适用法定夫妻财产制。

订立夫妻财产契约必须由当事人亲自实施,不适用代理。一方面,夫妻财产约定是与当事人身份密切联系的法律行为,当事人必须亲自实施。另一方面,财产契约关系当事人双方重大乃至一生的个人财产利益,关系到婚姻共同体利益并涉及扶养、抚养、赡养等,只有当事人本人才能恰当地估计该订约是否合适。因此,如果夫妻一方为民事行为能力受限制的人,或者完全无民事行为能力人,则该对夫妻依法不可能订立夫妻财产契约,只能适用法定婚后所得共同制处理夫妻财产关系。如果夫妻双方在心智正常情况下订立了夫妻财产契约,事后婚姻当事人一方丧失了完全或部分民事行为能力,不影响原先已订立的夫妻财产约定的法律效力。

(二)当事人意思表示真实

意思表示真实是指当事人在意志自由并能认识到自己意思表示法律效果的前提下,内心意图与外部表达相一致的状态。意思表示真实的情形下订立的夫妻财产约定,对当事人双方产生法律效力。如果当事人的内心意图与外部表达不一致则意思表示不真实。导致意思表示不真实的原因,可分为主观原因和客观原因两类,前者是由表意人自己的原因造成意思表示不真实;后者是由他人的原因造成意思表示不真实。主观原因的不真实,进一步区分为故意的不真实和基于错误的不真实。前者是指当事人明知自己的内心意图与外部表示不一致仍为之的意思表示。为了维护相对人的信赖利益,此时表意人无权主张行为无效或请求撤销。后者是指当事人因某种认识上的缺陷导致内心意图与外部表示不一致。错误的发生是基于表意人自己的原因,而错误已经使相对人产生了信赖。此时对双方利益的保护,立法采用折中主义,基于一般错误的意思表示,不影响法律行为的效力;但意思表示是基于重大错误的,法律行为可以撤销。客观原因的不真实,是指表意人因其认识或意志受他人不正当干涉,在非自觉或者非自愿基础上作出的不符合其内心真实意图的意思表示。欺诈、胁迫、乘人之危等不正当干涉表意人认识或者意志的行为,严重地破坏了意思自治原则,损害了表意人的利益,这些行为导致的意思表示于理于法均不能使法律行为产生效力。

(三)不违反法律或社会公共利益

法律行为要取得法律效力,必须符合法律规定,否则无效或者可予以撤销。《民法通则》规定,法律行为不得违反法律和社会公共利益。这里的"法律"不仅包括民事法律规范,也包括其他部门法的法律规范。

(四)夫妻财产约定必须采用书面形式

夫妻财产约定是一种要式法律行为。要式法律行为是指依法律规定必须采取一定形式或者履行一定程序才能成立的法律行为。《婚姻法修正案》第19条第1款规定，夫妻财产约定应当采用书面形式。书面形式是指用写成书面文件的方式进行意思表示。书面形式具体区分为一般书面形式和特殊书面形式两种。一般书面形式是指用文字来进行意思表示，如书面协议、书信、电报、电传、电子邮件等；特殊书面形式是指除用文字进行意思表示外，还必须对书面法律行为采用可取信于社会公众的外部表现形式予以确认。我国的夫妻财产约定只需采用一般书面形式即可成立，法律不强制要求采用特殊书面形式，但当事人自愿采用特殊书面形式的，也可以成立。

夫妻财产约定形式具有法律意义。《婚姻法修正案》第19条第1款规定，没有书面约定或者约定不明确的，适用《婚姻法修正案》第17条、第18条规定。我国夫妻财产制约定必须采用书面形式，而不能采用口头形式及其他形式。夫妻财产约定涉及利益不论大小，均事关婚姻家庭的物质基础，是一件极其严肃的事，应该慎重对待。同时，夫妻财产约定的存续期间长，需要相对明确、稳定的形式表达。书面形式证据明显，当事人约定内容确定，有利于预防和减少争议。口头形式，虽简便易行、直接迅速，却因没有书面根据，一旦发生争执，不易确定婚姻当事人之间的权利和义务。夫妻关系天长日久，生活千变万化，口头形式不适宜夫妻财产关系约定。特殊书面形式程序较为复杂，成本较高不宜强求。此外，夫妻财产约定事关婚姻外第三人利益，为严肃夫妻财产约定，保证民事交易安全，夫妻财产约定必须是要式民事法律行为。当事人必须依照婚姻法规定，采用法定形式订立夫妻财产约定，才能实现当事人预期的法律后果。

世界各国或地区的立法均要求夫妻财产约定是一种要式法律行为，但在是否须经公示程序问题上存在较大差别。从中外立法看，夫妻财产约定形式有两种立法例，一是只需当事人双方订立书面契约，即对夫妻双方具有法律拘束力；二是夫妻财产约定采用书面形式订立，且经一定公示程序始产生法律效力。公示程序又有登记和公证两种模式。《婚姻法修正案》对夫妻财产契约没有公示程序要求，是考虑到在婚姻内部，夫妻财产契约的订立只要采用了书面形式，夫妻双方就足以明白彼此间的财产权利和义务。①

---

① 学术界对夫妻财产契约是否应经公示程序及采用何种公示程序争议较大。多数人主张登记制，部分人赞同公证方式，还有学者提议由律师见证。笔者认为，夫妻财产制是婚姻效力的组成部分，若未来立法采用公示制度，由婚姻登记机关受理申报较合理可行。采其他程序与方式，虽也具有公示效果，但最终仍有将相关法律文书交予婚姻登记机关备案的必要，不如直接由婚姻登记机关受理申报。

夫妻订立财产契约必须采用要式行为，促使当事人谨慎进行，使财产约定明确具体并留下可靠证据，防止发生纠纷，切实保障夫妻财产约定正常进行。《婚姻法修正案》在总结以往 20 年经验教训的基础上，明确夫妻订立财产约定应该采用书面形式，从总体上看对婚姻当事人利益的保护以及民事交易的保护都是利大于弊。

夫妻虽达成了财产协议，但欠缺夫妻财产约定有效要件的，婚姻当事人设立、变更和终止相应夫妻财产关系的意思表示依法不发生法律效力；夫妻财产关系仍应适用法定夫妻财产制或原约定财产制。

三、一般共同财产制

(一)一般共同财产制的概念

一般共同财产制是指夫妻双方婚前和婚后全部财产均归夫妻共同共有的夫妻财产制度。对于夫妻，不论各自婚前财产还是婚后财产，也不论是动产还是不动产，一律归夫妻共同共有。

婚姻是男女以共同生活为目的的结合，当事人双方发生亲密的人身联系的同时，不可避免地产生财产联系。婚姻作为一个法律单位的同时，又是一个伦理实体，其强烈的伦理性提醒和鼓励当事人双方财产共享。共同财产制既符合夫妻关系的特点，更能符合婚姻共同体的要求。部分婚姻当事人因种种原因确有将双方全部财产共有的愿望和要求。法律尊重当事人在自愿基础上通过契约商定实行一般共同制。实行一般共同制更有助于克服婚姻可能遇到的巨大财政困难，促进夫妻双方团结互助、同甘共苦。此外，一般共同制有助于保障无收入或自我财产较少一方的合法权益。

一般共同制作为夫妻财产制度的一种类型，在我国有过成功实践。1950年《婚姻法》把一般共同制作为法定夫妻财产制。该法第 10 条规定，“夫妻双方对于家庭财产有平等的所有权与处理权”，即夫妻双方婚前财产和婚后所得财产均属夫妻双方共同共有。这是因为当时历史条件下内地居民的收入和财产极为有限，而且考虑到传统婚姻观念影响。我们认为考虑到婚姻作为两个人的终身结合，使得夫妻双方的人身利益与责任和财产利益与责任相融合，考虑到妇女的经济状况与地位，这种财产制在一定条件下仍有其存在的合理性。①

---

① 部分学者批评将共同财产范围无限扩大的一般共同，认为夫妻一方婚前财产与婚姻无任何联系，将其纳入共同财产范围与配偶另一方共享无依据。

(二)共同共有财产的范围

在一般共同制下,共有财产的范围包括婚姻当事人拥有的全部财产。

(1)夫妻一方或双方的婚前财产。不论是动产还是不动产,只要是夫妻一方婚前依法所有的,在婚姻缔结后均成为夫妻双方共有的财产。

(2)夫妻一方或双方婚后所得财产。自婚姻关系依法成立之日起,夫妻任何一方所得到的财产,不论是劳动所得、继承所得、接受赠与所得、偶然中奖所得、婚前财产的孳息以及其他合法所得财产,均归夫妻共同共有。

(3)夫妻一方婚前的债权。夫妻任何一方婚前个人依法享有的债权,结婚后成为婚姻的共同利益,归夫妻共同共有。

(4)婚姻存续期间形成的债权。无论是将婚前财产在婚后出借或者将婚后所得财产出借,形成的债权均归夫妻双方共有。

(三)夫妻的财产权利和义务

一般共同制下,夫妻双方对全部财产享有平等的所有权、使用权、收益权、管理权和处分权,而不论各方婚前财产的多少与有无,也不论婚后所得财产主要直接来源于何人。在这种财产制度下,夫妻之间在财产上完全不分彼此。依据男女平等原则,夫和妻对共同财产的权利无差别。婚姻当事人双方应视对方为与自己同等的共有人,享有与自己同等的权利和利益,凡重大财产利益均应征得对方同意。

夫妻对共同财产平等负担义务。夫妻各方应如实地将自己拥有的全部财产纳入共同财产。任何一方均不得隐瞒财产、故意少报或漏报财产或者以其他方法谋私利,损害配偶他方的应得财产利益。夫妻均应尊重对方对共同财产享有的权益,并协助对方行使财产权利和履行财产义务,不得无故拒绝对方在处理夫妻财产关系上的合理要求。夫妻对共同财产负担的债务承担平等的清偿责任。不论是夫妻一方婚前负担的债务还是婚后负担的债务,不论是为婚姻共同生活负担的债务,还是仅为个人利益负担的债务,均是夫妻共同债务,双方对全部债务承担连带清偿责任。

(四)一般共同制的终止

一般共同制因下列原因而终止:一是夫妻一方或双方死亡,二是夫妻双方离婚,三是夫妻双方协议商定改采法律允许的其他夫妻财产制。不论是何种原因导致一般共同制的终止,共同财产都必须进行分割与清算。

(1)因一方或者双方死亡而终止。夫妻一方死亡后,应清算共同共有财产。进行清算时应该坚持夫妻平等原则。首先确定共同财产的范围和价值。凡属夫妻一方和双方的财产,均是夫妻共同共有财产。其次将共同财产均等地分割成两份。其三对财产进行分配。将一半共有财产分配给生存配偶,这是其依法对共同共有财产享有的应得利益;另一半则由死者的合法继承人继承。分割财产时应考虑到方便生活,将对婚姻具有特殊意义的财产留给生存配偶一方。夫妻双方同时死亡的,同样应将共同财产分成均等的两份,由夫妻各方各得一半,作为死者的遗产,由其各自的合法继承人继承。

(2)夫妻双方离婚而终止。离婚时应对夫妻共同共有财产进行分割。先由当事人双方协议处理;协议不成,由人民法院判决。原则上应当均等分割,同时应根据财产的具体情况照顾子女和妇女利益。

(3)夫妻双方协议改采其他财产制而终止。这种情形下终止的法律后果较为复杂。如果夫妻商定改采法定婚后所得共同制,则终止一般共同制时只需对婚前财产和其他依法应为个人特有的财产进行清算,将夫妻各方的个人特有财产从共同财产中分析出来,归个人所有,并清算婚前债务。如果夫妻商定改采分别财产制,则必须彻底清算全部夫妻共同财产,并均等分割;各方所得共同财产的一半,为所得者个人的财产。实行分别财产制后,各方所得财产也归所得者个人所有,夫妻之间原则上不存在共同财产。如果夫妻双方商定改采部分个人所有及部分共同所有的制度,依约定夫妻将应归个人所有的财产归个人;其余财产归共有。

四、限定共同财产制

(一)限定共同财产制的概念

限定共同制是指当事人双方协商确定一定范围的财产归夫妻双方共有,共有范围外的财产均归夫妻各自所有的财产制度。《婚姻法修正案》第 19 条规定,夫妻可以约定实行部分各自所有、部分共同所有。这种限定共同制与婚后所得共同制的不同在于共有财产的范围不同。法定婚后所得共同制中共有的范围由第 17 条规定,同时,符合第 18 条规定的财产依法属于个人所有。而限定共同制下,共有财产范围由当事人双方协商确定,当事人可以将婚前的财产约定为双方共有,也可以将婚后部分财产约定为共有。共同财产的范围与法定财产制不同,否则该财产约定就失去了意义。

限定共同制来源于婚姻当事人的实际生活需要。为尊重婚姻当事人协商处理夫妻财产关系的意愿,法律有必要允许婚姻当事人就全部财产分别情况以约定确定归属。市场经济条件下,强调契约自由和当事人意思自治原则,只要不违反法律禁止性规定,无损公序良俗,不损害第三人利益,婚姻当事人就可以在约定实行某种财产制下以契约明示方式将某些部分财产排除出共有之外。由于收入和财产较少,无条件实行分别财产制,实行婚后所得共同制又有所不便,希望实行部分共同制，即婚姻关系存续期间所得，部分共有、部分分开。事实上，我国现阶段实行约定财产制的夫妻，多数属于部分共同制。因此，将部分共同制作为契约财产制之一，符合实际。

（二）限定共同财产制的约定

婚姻当事人欲实行限定共同财产制，必须订立书面夫妻财产契约，明确哪些财产归各自所有、哪些财产归共同所有。

约定不同所有的这两部分财产的各自范围，具体方法有三种：

（1）明确约定哪些财产属于夫妻共同共有，同时规定哪些财产属于夫妻一方个人所有。这种方法的优点在于夫妻对已有财产的归属肯定、明确；不足是将来有可能出现某项财产或者某些财产应归属何种性质财产的问题，约定不明。

（2）明确约定哪些财产属于夫妻一方个人所有，将其他财产全部概括地约定为归夫妻双方共有。这种约定方法通过明确归个人所有的财产的范围方法，界定了夫妻共同共有财产的范围。个人财产和共同财产各自范围都很明确。这需要婚姻当事人双方对未来财产状况有一个基本正确的估计，以免个人财产约定范围过大或者过小。

（3）明确约定归夫妻共同共有财产的范围，而将此范围之外的财产全部纳入夫妻一方个人财产范围。这是通过限定共同共有财产的范围，进而明确夫妻一方个人财产范围的。

通常，采用第二种或第三种约定方法，财产约定会更明确、完整。

（三）夫妻的财产权利和义务

夫妻双方对共同财产的权利与义务是平等的。首先，夫妻双方都应如实将约定应归双方共同共有的财产告知对方，实际纳入共同占有；不得擅自截扣、隐藏本该纳入共有的财产。其次，夫妻双方对共同财产有平等的占有、使用、管理、收益和处分权，不考虑夫妻双方对共有财产贡献的大小。夫妻对共同财产的管理事务，应多协商沟通，重要的管理行为应事先协商一致方可实施。共同财产的收益应纳入共同共有范围。夫妻对共同财产有平等的处分权。凡重大共同财产处分，必须事先协商一致，任何一方均无权擅自作重大处分。

个人财产的权利与义务由财产所有人本人独自负担，与配偶他方无关。不过，这是在婚姻内部的关系。

在婚姻对外财产责任方面，如果债权人不知道相对人的夫妻财产制约定，夫妻依法仍应共同承担清偿责任。夫妻共同财产不足以清偿共同债务时，夫妻各方应以个人财产承担清偿共同债务的责任。夫妻一方的个人债务的清偿，已由夫妻共同财产或者另一方个人财产所作的垫付，在债务人个人财产有能力时应该返还,或者在限定共同财产制终止时一并清算扣除。

(四)限定共同制的终止

经夫妻双方协商一致,婚姻关系存续期间,婚姻当事人双方可以依法终止限定共同财产制,改采其他夫妻财产制度。此时,夫妻应该就废除原先的夫妻财产制达成书面协议。夫妻自愿终止限定共同财产制后,应对共同共有的财产,包括共同债权和共同债务进行分割与清算。

夫妻一方因故死亡,依法导致限定夫妻共同财产制终止。此时,生存配偶应与死者的合法继承人共同协商分割与清算共同财产,并清偿共同债务。根据夫妻对共同财产有平等权利与义务的原则,限定归夫妻共同共有的财产的一半应是生存配偶一方应得的夫妻共同财产份额,另一半才是死者应得的夫妻共同财产份额,是死者的遗产,由死者的合法继承人继承。如果夫妻同时死亡,夫妻共同财产和个人财产依法应由死者各自的合法继承人继承。

五、分别财产制

(一)分别财产制的概念

分别财产制是指夫妻双方婚前财产及婚后所得财产全部归各自所有,并各自行使管理、使用、收益和处分权的夫妻财产制度。这种制度不排斥夫妻一方以契约形式将其个人财产的部分或者全部的管理权交给另一方。

分别财产制肯定夫妻是各自不同的独立之人,特别是承认已婚妇女有独立的人格和财产权利,反对夫权和男尊女卑,具有积极意义。分别财产制可以满足部分夫妻对财产关系的特殊需要。对夫妻双方均具有较高经济收入或有较多财产的婚姻而言,分别财产制是合适的。分别财产制使夫妻各自保持财产独立和经济独立,方便夫妻各方行使其财产权利,在一定程度上有助于促进民事交易的发达和社会经济的发展。从涉外及其他复杂民事交往看,分别财产制有较大的适应性。我国香港特别行政区、澳门特别行政区和台湾地区的夫妻财产法律制度与内地夫妻财产制有较大差异。不同法域居民交往,或者中国居民与外国人缔结婚姻,涉及婚姻家庭财产利益处理时,分别财产制能给不同文化背景的婚姻当事人提供方便。此外,分别财产制可以简化夫妻财产关系,有助于夫妻避免因财产或经济问题发生纠纷,影响感情或婚姻关系稳定。不过,迄今为止,"基本权利的社会性别不平等在所有地区始终存在",①妇女的就业机会和经济收入大

① 世界银行2000年政策研究报告《在发展中促进社会性别意识》(摘要),全国妇联妇女研究所翻译,第4页。

多低于男子，男女两性各自拥有财产的数量和价值存在明显差距；妇女承担着大部分的家庭劳动。如果没有其他法律和社会制度配套，普遍实施分别财产制，极易形成夫妻在财产权利与义务的事实上不平等。

（二）夫妻的财产权利和义务

分别财产制下，夫妻一方婚前或婚后所得财产，均归本人所有。对于某项财产的归属，夫妻有争议的，主张该项财产属于其个人所有的夫妻一方，应当承担举证责任，如果该方未能提供充分证据，则该项财产依法应推定为夫妻双方共同共有。

夫妻一方对其全部个人财产，单独享有占有、使用、管理、收益和处分权利。原则上，夫妻任何一方作为其个人财产所有者对其个人财产享有所有权人的一切权利，同时应承担所有相应的财产义务。

夫妻双方对婚姻共同生活所需承担平等的财产或经济责任。夫妻双方应该根据各自能力合理分担家庭生活的开支和责任。夫妻一方如果婚后没有收入或财产，但负担了料理家务、照顾子女或老人，协助对方从事其职业或行业，应该视为该方已履行对共同生活的负担。对作为婚姻家庭共同生活基本条件的个人财产，所有人不得擅自作出危及婚姻共同生活的处分。

（三）分别财产制的终止

夫妻一方或双方死亡或者双方离婚均导致分别财产制的终止，夫妻双方协议变更夫妻财产制度，同样导致原先实行的分别财产制的终止。由于分别财产制下，夫妻通常没有共同财产，故不存在共同财产的分割与清算。但依法应被推定为共同财产的财产，仍需要进行分割。凡共同财产，夫妻双方权利与义务平等，分割时必须遵照此原则进行。

实施分别财产的夫妻，对外产生财产责任的，如果第三人不知道夫妻财产约定，该债务依法应为夫妻共同债务，由婚姻双方共同承担。终止分别财产制时应一并确定清偿责任。对外债务清偿完毕后，无个人责任一方有权向另一方请求偿还已垫付的份额。分别财产制下，如果夫妻一方对婚姻家庭作出了特别贡献的，依照《婚姻法修正案》第 40 条规定，已作出特殊贡献一方离婚时依法享有补偿请求权。

六、夫妻财产约定的效力与适用

对当事人约定夫妻财产的时间，目前世界上主要有两种立法例：一是仅限于婚前订立，如法国、意大利、荷兰、日本等。其理由在于，一方面婚后易受感情等因素影响，订立夫妻财产契约对某一方可能不公平；另一方面为保护交易安全需要，避免婚姻当事人合谋损害第三人利益。二是无限制，无论婚前、婚后均可订立，如德国、瑞士、英国、美国等。我国多数居民希望对约定时间不作限定，以方便婚姻当事人自由约定。在财产契约订立时间方面，从尊重婚姻当事人意愿考虑，从当前我国实际情况出发，只要是当事人双方真实的意思表示，可以在婚前或婚后任何阶段约定，法律不加以限制。《婚姻法修正案》对财产约定时间无限制。

法律效力亦称法律效果，是指法律行为依法成立后产生的法律拘束力。依法订立的夫妻财产约定，受国家法律保护，对婚姻当事人双方都有法律约束力。夫妻双方都必须依约定行使财产权利、履行财产义务，夫妻财产利益的分配按照有效约定规定进行。我国《民法通则》第 57 条规定，民事法律行为从成立时起具有法律约束力，行为人非依法律规定或者取得对方同意，不得擅自变更或者解除。任何一方违背约定，均应承担相应的违约责任。必须注意，婚前订立的夫妻财产契约，依法应自婚姻成立之时生效。婚后订立的财产契约，只能自订立之日起生效，约束以后的夫妻财产关系，契约订立以前的财产关系适用法定财产制或原有约定财产制。

夫妻财产契约对第三人的效力。各国或地区的婚姻立法均要求夫妻财产契约具备公示性，始得对抗第三人；否则不产生对抗第三人的效力。例如《日本民法典》采用登记程序，规定当事人必须在婚姻申报前登记财产契约，否则不得对抗夫妻财产的承受人及第三人。在我国，只有第三人知道夫妻财产约定的，才能对该第三人产生对抗效力；否则，该财产契约只在婚姻内部有效，对外不产生对抗效力。[①] 对第三人是否知道夫妻财产约定发生争议的，根据《适用〈婚姻法〉解释(一)》第 18 条规定，夫妻一方对此负有举证责任。

此外，在夫妻财产制上，《婚姻法修正案》施行后，当事人原订立的约定，符合修正案规定的，应当继续有效；不符合修正案规定的，需依法重新订立方为有效。

第五节 夫妻的债权和债务

一、夫妻的债权

债是按照合同约定或者依法律规定，在当事人之间产生的特定的权利和义务关系，享有权利的人是债权人，负有义务的人是债务人；债权人有权要求债务

---

① 《婚姻法修正案》第 19 条规定。

人按照合同约定或者依照法律规定履行义务。夫妻债权债务应区分为共同债权与共同债务、个人债权与个人债务，并以此为前提确定清偿主体、清偿责任和清偿方法。

(一)夫妻共同债权

夫妻共同债权是指在夫妻共同生活中形成的债权和夫妻在共同生产、经营活动中形成的债权。《婚姻法修正案》没有明文规定夫妻共同债权问题，根据其中第39条、第41条有关夫妻共同财产处理和债务问题的规定，夫妻共同债权受法律保护。夫妻共同债权作为夫妻财产的组成部分，是夫妻双方的利益，对夫妻双方都有好处，不易发生争议。夫妻共同债务是对夫妻双方的不利益，易生纠纷，而且债务涉及民事交易安全即第三人利益的保护，所以特别在第41条作了专门规定。

具有下列情形之一的，依法应确定为夫妻共同债权：夫妻共同生产、经营活动中产生的债权；夫妻一方或双方将共同财产出借他人形成的债权；夫妻双方约定为共同债权的债权；其他依法应属夫妻共同债权的情形。

共同债权应由夫妻共享。不论是婚姻关系存续期间能实现的共同债权，还是离婚后才到期的共同债权，均属夫妻共同财产的组成部分，依法应归婚姻当事人双方共享。夫妻双方作为共同债权人，不论债权形成时是以谁的名义，任何一方均有权依法向债务人请求履行债务以实现债权。如果是离婚后债权才到期的，婚姻当事人双方在离婚时应协议处理共同债权。协议不成时，由人民法院依法判决。在实际处理时，应尽可能注意债权实现的方便。

(二)夫妻个人债权

夫妻一方因其个人特有财产形成的债权和约定为夫妻一方个人利益的债权，是夫妻一方个人债权。

夫妻一方个人债权的范围与婚姻当事人实行的夫妻财产制有密切关系。实行不同财产制的夫妻，其个人债权的范围大小差别很大。在一般共同制下，通常不存在夫妻一方个人债权。在限定共同制下，夫妻一方的债权范围的大小根据约定确定。在分别财产制下，夫妻一方个人债权的范围是所有夫妻财产制中最大的。法定婚后所得共同财产制下，夫妻一方个人债权的范围主要有：夫妻一方婚前依法享有的债权，夫妻一方因接受继承时作为死者遗产一并转移过来的债权，夫妻接受赠与时因赠与人在合同中确定归受赠人个人所有的债权，夫妻一方婚后个人特有财产形成的债权，其他依法应属个人债权的情形。

个人债权当由债权人个人行使并独自享受利益。配偶另一方不具有共同债权人的资格，不能行使债权人的权利。债权人对其个人债权有权依法处分，无须事先征得配偶另一方的同意或意见;但债权人利用个人债权实施有损婚姻共同利益的行为的除外。夫妻一方个人债权是其个人财产的组成部分,是确定该方个人经济能力的根据之一。

二、夫妻的债务

(一)夫妻共同债务

夫妻共同债务是指因婚姻共同生活及在婚姻关系存续期间履行法定扶养义务所负债务,包括夫妻在婚姻关系存续期间为解决共同生活所需的衣、食、住、行、医、履行法定扶养义务、必要的交往应酬,以及因共同生产、经营活动等所负之债。

认定婚姻关系存续期间所生债务属何种性质,可以从两方面把握:第一,夫妻有无共同举债的合意。夫妻有共同举债之合意则不论该债务所带来的利益是否为夫妻共享,该债务均应视为共同债务。第二,夫妻是否分享了债务的利益。尽管夫妻事先或事后均没有共同举债的合意,但该债务发生后,夫妻双方共同分享了该债务所带来的利益,则该债务应认定其为共同债务。

根据《婚姻法修正案》第 41 条规定,参照最高人民法院 1993 年《审理离婚案件处理财产分割的意见》第 17 条、第 18 条规定,共同债务的范围如下:

(1)夫妻为婚姻共同生活所负债务。例如,购置共同生活用品、修建或购置共同居住的住房、为支付夫妻一方所需医疗费用等所负债务。

(2)夫妻一方或双方为履行法定扶养义务所负债务。包括抚养双方共同婚姻所育子女、抚养夫妻各自原先婚姻所育子女、抚养养子女、抚养已形成抚养关系的继子女等。但夫妻一方抚养其在本次婚姻关系存续期间所育的非婚生子女所需费用支出而负担的债务,不是夫妻共同债务。这里的抚养费用包括生活费、教育费、医疗费、培训费及其他正当而必要的开支。

(3)履行法定赡养、扶养义务所负债务。夫妻一方依法负担赡养父母、祖父母、外祖父母或扶养兄弟姐妹所负债务,是夫妻共同债务。

(4)夫妻一方或双方因共同财产管理需要所负债务。管理夫妻共同财产期间,因修缮而支出的费用、缴交税费等所负债务,为夫妻共同债务。

(5)夫妻一方因继承遗产所负债务。婚姻关系存续期间,夫妻一方继承的遗产依法属于夫妻共同财产时,该遗产利益已为夫妻共享,继承人因接受遗产所负的债务理当视为共同债务,由夫妻双方共同承担。

(6)为支付婚姻家庭正当必要的社会交往费用所负债务。

(7)夫妻协议约定为共同债务的债务。夫妻协商确定由夫妻双方共同负担的债务,即使该债带来的利益并非婚姻共享,也应纳入夫妻共同债务。

(8)夫妻共同从事生产、经营活动所负债务。这里的共同生产、经营不仅指夫妻双方实际上直接在一起共同从事投资、生产、经营活动,而且包括夫妻一方从事这类生产经营活动但利益归婚姻共享的情形。

(9)其他在婚姻生活中应由夫妻双方共同负担的债务。

《婚姻法修正案》第41条规定,“离婚时,原为夫妻共同生活所负的债务,应当共同偿还。共同财产不足清偿的,或财产归各自所有的,由双方协议清偿;协议不成时,由人民法院判决”。关于确定夫妻共同债务清偿责任的精神适用于所有夫妻共同债务处理。凡共同债务,应由夫妻共同财产清偿;共同财产不足清偿时,应由夫妻以个人财产负担。具体清偿办法,由夫妻双方协议,协议不成时,由人民法院依法判决。

确定共同债务清偿责任时,应充分注意夫妻双方负有共同清偿责任。因此,无论是协议清偿还是判决清偿,当实际确定夫妻一方为清偿者时,另一方仍应对共同债务承担连带责任。《婚姻法修正案》强调夫妻双方对共同债务负有共同清偿责任,至于是以共同财产清偿还是用其他方法清偿尚在其次。这一修改,使夫妻各方对共同债务的责任更加明确,为债权人债权安全提供了较为周全灵活的保障。

(二)夫妻个人债务

夫妻个人债务是指夫妻一方因无关婚姻家庭共同生活或者依法约定为个人所负担所形成的债务。夫妻虽为婚姻共同体的共同主人,他们的生活紧密联系在一起,在某些方面甚至密不可分,但是夫妻作为人格独立的个体,他们仍可以存在与婚姻无关的个人利益和责任。同时,为鼓励夫妻各方多为婚姻作贡献,不做或者少做有损婚姻共同利益之事,并对其本人行为负责任,确有必要设立个人债务。

下列债务依法应认定为个人债务:

(1)夫妻一方的婚前债务。如夫妻一方为购置房屋等财产负担的债务,依法应为该方个人债务。但夫妻一方婚前财产已经约定为夫妻共同财产的,为添置该项财产所负担债务也应转化为夫妻共同债务,当然夫妻另有约定的,从约定。

(2)夫妻一方未经对方同意,擅自资助没有扶养义务人所负的债务。这里的扶养是广义的,泛指抚养、扶养和赡养三种情形。

(3)夫妻一方未经对方同意,独自筹资从事生产或者经营活动所负债务,且其收入确未用于共同生活的。

(4)夫妻一方因经营管理其个人财产所负的债务,婚姻关系存续期间,夫妻一方管理、经营其个人特有财产所负经济负担,应构成个人财产责任,与配偶他方无关。

(5)夫妻双方依法约定由个人负担的债务。本属夫妻共同生活所负债务,但双方约定由一方负担的,可以视为夫妻个人债务。不过,这种约定原则上不对债权人产生对抗效力,除非债权人事先同意该约定或者事后追认该约定。否则,该约定只在婚姻内部有法律效力,对债权人,夫妻双方仍应是共同债务人,对该债务的清偿承担连带责任。

(6)夫妻一方继承或受赠财产所负担的债务。婚姻关系存续期间,夫妻一方继承得到财产或因接受赠予获得财产时,获得该财产负担债务的,如被继承人指定或赠与合同约定财产归夫妻一方个人所有的,则该债务也应相应地纳入该方个人名下,由其个人承担。

(7)其他依法应由个人承担的债务。包括夫妻一方实施违法犯罪行为、侵权行为所负的债务;扶养非婚生子女所负的债务。例如夫妻一方因个人酗酒等明显不合理开支所负债务,应属个人债务。

个人债务依法应由责任者个人承担。个人承担是指责任人应用其个人财产承担个人债务的清偿责任,配偶他方不负连带清偿责任。如果夫妻实行共同财产制,或者责任人个人财产不足以清偿个人债务,而以夫妻共同财产垫付的。则在责任者个人财产有足够清偿能力时,应向共同财产作相当垫付部分的清算,或者在分割或清算夫妻共同财产时应扣除用共同财产替债务人垫付的部分。否则,对实行共同财产制的夫妻,有可能发生财产责任不明的结果。

【复习提要】

夫妻财产制是规范夫妻之间财产关系的法律制度,涉及婚前财产和婚后所得财产的归属、管理、使用、收益和处分,以及家庭生活费用的负担,对外的财产责任及婚姻终止时夫妻财产的清算与分割。我国的法定夫妻财产制是婚后所得共同制;婚前财产等财产依法归个人特有。一般共同制、分别财产制、部分共同制是供当事人选择适用的夫妻约定财产制类型,夫妻依法可以通过书面协议约定选用其中之一。夫妻对共同财产享有平等的权利,承担平等的义务。凡婚姻关系存续期间,为婚姻家庭共同生活需要所负担的债务,或者当事人双方约定为共同负担的债务,为夫妻共同债务,由夫妻双方共同承担清偿责任。

【课后练习】

1. 什么是夫妻财产制？夫妻财产制具有哪些意义？

2. 我国法定夫妻财产制的内涵是什么？

3. 夫妻对共同财产享有哪些权利？夫妻对共同财产应当承担哪些义务？

4. 我国为什么要确立婚后所得共同制为法定夫妻财产制？

5. 法律设立夫妻个人特有财产制度主要考虑了哪些因素？该制度会给当事人的婚姻带来哪些积极和消极的影响？

6. 我国法律允许当事人选择适用三种夫妻财产制类型是基于哪些考虑？夫妻财产约定依法应当采用什么形式？

7. 45岁的傅广定离婚两年后，欲与32岁的耿晓敏女士结婚。婚前双方签订书面协议，约定：婚后，耿晓敏搬到傅广定的公寓房居住，家庭日常开支由夫妻俩各承担一半；凡有大宗开支全部由傅广定承担；双方各自所得财产积余归各人。请问：这对当事人的夫妻财产约定是否合法？属于哪一种财产制类型？为什么？

8. 侯仲耀与章曼殊结婚后，经常拿钱给经济困难的前妻孙萌烟，还时常帮助前妻搬煤气、修自来水管等。起初，曼殊虽不乐意，也没有反对。后来萌烟找到工作，有了稳定收入，仲耀仍时不时拿钱给萌烟。曼殊很生气，说这钱有她一半，她不同意给。你认为曼殊的说法有法律依据吗？这对夫妻应当怎样协调彼此的看法和做法？

9. 特有财产制有哪些合理性？

10. 试从新中国成立以来的几次夫妻财产制修法，分析中国社会的变迁。

第七章 婚姻终止:配偶死亡

【导读案例】

案例1:齐某(男)与闻某(女)是一对恩爱夫妻。婚后先后育有二女一子,分别为齐甲、齐乙、齐丙。某日,齐某外出办事返家途中,不幸遭遇交通事故当场死亡。事故发生当年,三个子女均尚未成年。齐某的父亲、母亲获得儿子死讯悲痛万分。请问:齐某死亡后,这个家庭的法律关系会发生哪些变化?

案例2:龙某系某单位公职人员,为帮助朋友周某做生意,向梁某借款人民币20万元作担保。后来,周某生意失败,音讯全无。梁某时常催龙某还款,龙某深感压力巨大。此时,龙某不得不将为周某借款担保之事告诉妻子李某,李某认为,他们夫妻二人靠薪水谋生,要抚养年仅7岁的孩子,各自父母都生活在农村,没有能力帮助他们还债,背上如此巨额债务,一辈子都不能翻身了,对丈夫擅自为他人担保的行为极为满,夫妻关系因此不和。一年后,龙某"内忧外患"下病故。请问:龙某死亡后,龙某生前与李某的财产关系会发生怎样的变化?龙某生前为周某担保所负债务是否需要偿还?

【内容讲解】

第一节 配偶死亡和宣告死亡

一、婚姻终止与配偶死亡

婚姻终止是指合法有效的婚姻关系因发生一定的法律事实而归于消灭。终止婚姻的原因,在不同时代有一定差异。在罗马法中,导致婚姻终止的原因有三种:双方离婚、配偶死亡、配偶一方"人格大减等"。到了中世纪,寺院法禁止离婚。婚姻当事人一方或双方死亡成为终止婚姻关系的唯一原因。自近代以来,绝大多数国家法律,视配偶死亡和双方离婚为婚姻终止的基本原因。

配偶死亡会终止婚姻。配偶双方相互依存是婚姻关系的基本特征之一。配偶一方死亡或双方死亡,婚姻关系的主体消灭,婚姻失去了主体,当然无法存续。我国《民法通则》第9条规定,公民的民事权利能力终于死亡。婚姻当事人死亡,无论是其中一方死亡或者双方均死亡,其生前缔结的婚姻均不复存在。

与离婚导致婚姻终止相比,更大量的婚姻关系是因配偶一方死亡而终止。自然人死亡是生命基本规律之一,在法律上则是一种重要事实,会引发一定的法律后果。配偶一方或者双方死亡均终止婚姻,这是近代各国和地区的婚姻法共同采用的原则。因为配偶一方死亡,婚姻事实上不存在。其理甚为明显,无需再论。

配偶死亡有两种情形:一是自然死亡,二是宣告死亡。

配偶一方死亡导致婚姻终止,在我国婚姻法中从无明文规定。

二、配偶自然死亡

自然死亡是指人在生理学上作为一个生命的结束,它导致婚姻终止。在当代国家立法例中,有的国家视配偶死亡为婚姻终止当然原因,不再明文规定,有的国家则特设条款加以确认。

自然死亡是绝大多数人死亡的情形。生命有其规律,人也不例外。无论是因为疾病,或者意外事故伤害,死亡不期而至,生命随之终结;此外,也有极少数人的死亡则是自杀、自伤所致。无论何种原因致使人死亡,死亡的法律后果都是相同的。

三、配偶被宣告死亡

配偶一方被依法宣告死亡的,将导致其婚姻关系终止。宣告死亡,是指自然人下落不明达到法定期间的,经利害关系人申请,人民法院在法律上推定失踪人已经死亡的法律制度。由于自然人长期处于下落不明状态,与之建立有民事法律关系的各方当事人,其权利和义务长期处于不稳定状态,特别是其配偶的正常生活受到严重不利影响。宣告死亡是为了结束被宣告死亡人在以原住所地为中心的民事关系。

宣告死亡须依法定程序由人民法院司法判决宣告。根据《民法通则》第23条规定,凡自然人下落不明,在一般情况下自从自然人音讯消失之次日起经过4年,或者战争期间下落不明的,从战争结束之日起经过4年,因意外事故致使自然人下落不明的，自事故发生之日起经过2年的，[①]经过利害关系人申请，人民法院依据《民事诉讼法》规定的特别程序进行审理，发出寻找被申请宣告死亡人公告，[②]公告期满后仍不能确定被申请宣告死亡人生存的，则判决宣告其死亡。利害关系人，依下列顺序有权提出申请，请求被申请宣告死亡人死亡：(1)配偶；(2)父母，子女；(3)兄弟姐妹，祖父母、外祖父母，孙子女、外孙子女；(4)其他有民事权利或义务关系的人。前一顺序中的利害关系人不申请宣告被申请人死亡的，后一顺序中的利害关系人不得提出申请；同一顺序的利害关系人则无秩序先后之分。被宣告死亡的人，判决宣告之日为其死亡之日。[③]

宣告死亡是在法律上推定失踪达一定时间的人已经死亡，它与自然死亡产生基本同样的法律效力。多数国家法律规定，被宣告死亡人与其配偶的婚姻关系自判决宣告死亡之日起消灭；但个别国家规定，自生存一方再婚之日起原婚姻关系始消灭。根据最高人民法院《执行〈民法通则〉若干意见》第36条、第37条的规定，既然宣告失踪人死亡的判决宣告日为被宣告死亡人死亡的日期，则被宣告死亡人与配偶的婚姻关系应自宣告死亡之日起消灭。

我国建立了宣告失踪制度。依《民法通则》有关规定，自然人下落不明达到一定期间的，其利害关系人可以请求人民法院宣告其失踪。但某人经法定程序被宣告失踪的，不产生身份关系改变，不会导致其婚姻终止。[④] 宣告失踪后，失踪人配偶要求终止婚姻关系的，应按照离婚程序办理。

第二节　配偶死亡的法律效力

一、配偶死亡的身份法效力

配偶死亡导致婚姻关系的终止，基于夫妻身份所发生的一切权利和义务关系，均随该婚姻的结束而消灭。配偶被宣告死亡的法律效力，原则上与配偶自然

---

① 对被宣告死亡前失踪时间长短期限，各国立法的要求不尽相同。

② 公告期间通常为1年，但因意外事件而下落不明的，经有关机关证明该自然人不可能生存的，公告期间为3个月。

③ 最高人民法院《执行〈民法通则〉若干意见》第36条。

④ 世界上有少数国家把宣告一方失踪视为终止婚姻的原因。例如，《法国民法典》第128条规定："自登录时起，宣告失踪的判决与确定失踪者死亡具有同性的效力"。

死亡的法律效力相同。这两种死亡所导致的法律后果是否完全等同,在学理上未形成统一认识。配偶死亡与离婚都将终止婚姻关系,但两者的法律效力仍存在明显差异。

配偶一方死亡,对于生存配偶具有下列法律效力。

(一)婚姻终止

配偶死亡意味着婚姻关系同时结束。这与离婚相同。

(二)生存配偶再婚自由

我国实行严格的一夫一妻制度,有配偶者,在配偶生存期间,不得再行缔结婚姻。配偶死亡的,生存配偶一方重新恢复单身,依法享有再婚自由。

(三)亲子法效力

配偶死亡的,死者生前与其子女之间的父母子女关系,随着法律关系主体一方的死亡而终止。在亲子关系上,终止的只是权利与义务关系,作为死者生前所生的子女,仍是其子女,不会因父亲或者母亲死亡而改变作为“子女”的身份。配偶一方死亡后,抚养子女的责任全部由生存配偶一方负担。这一点与离婚的法律后果不同。

(四)其他亲属关系效力

配偶一方死亡后,生存配偶与死亡配偶生前的亲属是否维持亲属关系,不同国家和地区的立法采取的立场不尽相同。在我国,婚姻法没有对此作出规定。习惯上,配偶一方死亡后,死亡配偶生前所在的亲属团体之成员,仍会与生存配偶一方维持亲属关系。例如,儿子死亡后,媳妇与公婆仍保持原有姻亲关系,双方仍沿用原有亲属称谓。这情形不同于离婚后直系姻亲关系通常不再保留的习惯。

二、配偶死亡的财产法效力

配偶一方死亡,终止夫妻财产关系,会引起夫妻财产清算、债务清偿、遗产继承等一系列财产法的效力。

(一)夫妻共同财产的清算

如果死亡配偶在生前与生存配偶没有夫妻财产约定,则在婚姻关系存续期间各方所得财产、收入,均为夫妻共同财产。配偶一方死亡后,凡夫妻共同财产依法应当清算。除另有约定以外,原则上,夫妻共同财产由配偶双方各得二分之一。应当属于死亡配偶的那一半财产,是死者的遗产。

(二)债务的清偿

如前所述,配偶一方死亡后,夫妻财产应当清算,其中包括婚姻对外的财产责任。无论是死亡配偶生前欠他人的个人债务,或者是夫妻共同债务,在清算夫妻共同财产时,均应当一并清算。

死亡配偶生前的个人债务,是指依合同约定或者法律规定应由被继承人个人承担的财产义务,例如,税款、各种依法应缴而未缴的费用、生前因借款所负债务及因违法行为所生之债。这些债务应当由其本人履行而尚未履行的,债务人死亡后,其留有遗产的,应当从其遗产扣还。

(三)对配偶遗产的继承

死亡配偶一方生前个人特有的财产、夫妻共同财产中属于其应得之份额,共同构成死者的遗产,由其合法继承人继承。生存配偶和死亡配偶的其他合法继承人,在继承死者遗产时,应当在遗产价值范围内,承担清偿死者生前债务的责任。

此外,根据《民法通则》第 24 条、第 25 条规定,如果被宣告死亡的配偶重新出现或者确知其未死亡的,经本人或者利害关系人申请,人民法院应当撤销对他的死亡宣告。有民事行为能力人在被宣告死亡期间实施的民事法律行为有效。被撤销死亡宣告的人有权请求返还财产。依照继承法取得他的财产的公民或者组织,应当返还原物;原物不存在的,给予适当补偿。

第八章　婚姻终止:离婚

【导读案例】

案例1:在某机构任职公务员的邓平长与做小学音乐教师的邻居姑娘曾虹婚后育有一女邓乐进。女儿5岁时,邓平长辞去公职从商。平长在商场发展顺利,生意越做越大,在家的时间却越来越少。乐进12岁时,邓平长要求离婚,理由是夫妻因生活差异太大而难以相互理解,夫妻感情破裂。曾虹则提出,他们夫妻俩从小青梅竹马,长大后又相互关心、相互帮助,共同拜师学习音乐,有共同爱好;平长经商后,经常需要应酬,有时叫她去陪客人吃饭喝酒,她因不适应这类场合活动而拒绝,引起丈夫不悦;事实上,公司有助理、秘书等员工随同平长应酬,夫妻虽因生活方式不同有些矛盾,但感情并未破裂,不同意离婚。请问:如果你是审理这个离婚案件的法官,你应该注意哪些重要事实?你将作出什么决定?有哪些理由和法律依据?

案例2:舒飞达与本公司女员工栾玟善自愿结婚五年后,飞达以夫妻感情破裂为由提出离婚,玟善也同意离婚,但双方对财产分割各持己见。飞达认为,他与玟善结婚时,他在与其两个兄弟合开的某公司中的股份(投资当初价值50万元)属于其婚前财产,婚后五年间,该公司发展所获得利益属于其个人财产的增值;他婚后与栾玟善居住的房子,是他婚前购置的,购房时向朋友涂某借的15万元至今尚未归还。玟善则提出,在与人投资所开公司中,飞达所占股份在最近五年中已升值,市值达200万元,这多出来的差额属于夫妻共同财产;夫妻居住的公寓套房虽为飞达婚前购置,但飞达婚前只付清了三分之一房价计30万元,三分之二房款是贷款,婚后五年中飞达偿还了贷款30万元,这房屋已经变成夫妻共同财产;此外,飞达作为公司的总经理每年有年薪8万元,每年从公司得到的红利也超过20万元,欠朋友的购房款不可能至今未还。请问:本案当事人争议的财产事项,协商不成时,依法应当如何裁决?

案例3:60岁的老张经人介绍结识54岁的邱淑凤,半年后双方登记结婚。因故离婚时,老张提出女方应当还给他婚前借款5万元,但没有提供借据。邱淑凤只认同有收受5000元,说这笔钱是老张自愿送给她的结婚礼金,她是收了礼金后才与老张登记结婚的，不应该再要求她归还。老张找到当时介绍人范大姐，范大姐作证说，她帮助老张转手过两笔钱，一笔是送给邱淑凤的礼金5000元，另一笔是1.5万元现金，说是淑凤有急用，向老张借的。老张和邱淑凤各执一词，互不相让。请问：本案的债权债务是否存在？为什么？如果调解不成，本案应该如何裁决？

案例4：巫岸柳与在事业单位工作的凯子娟结婚后育一子巫钢。子娟休满产假后，岸柳以其生意收入颇丰、婴儿需专人照料为理，建议妻子辞职回家。子娟考虑到孩子，真的辞了职，全心全意料理家事和照料孩子。巫钢6岁上学后，子娟本想再出去工作，但应聘了数个单位都没有成功；从此没有再做职业的规划。巫钢12岁时，夫妻因故离婚。子娟从夫妻共同财产分割中分得各种财产价值60万元，她提出，离婚后她需要购买住房，又没有职业、无收入，生活困难，要求岸柳给予生活困难帮助，一次性给付生活费20万元。岸柳认为，子娟年仅35岁，又有高中文化，只要愿意，肯定可以找到工作养活自己；他做生意还欠着银行贷款30万元，还要抚养儿子，没有能力为子娟提供经济帮助。请问：本案中，子娟的经济困难帮助请求是否应当给予支持？为什么？

案例5：潘东进与汪希琳在大学校友会上认识，相互一见钟情；相互交往10个月后结婚。婚后，夫妻俩居住在希琳父母的家中。东进性格大大咧咧，做事比较粗糙，生活细致的希琳父母时常看不惯，双方有时也闹得不愉快。婚后次年，东进与希琳共同支付首期房款15万元并以东进之名贷款30万元购置了54平方米二房一厅公寓一套；希琳父母先后出资6万元装修新房并添置各类家具，东进夫妇搬到自己新房居住。又过了两年，希琳生育一子取名潘逢博，一家人其乐融融。东进的母亲从老家农村来到儿子家中帮助照顾婴儿。因为育儿等观念不同，希琳指责婆婆不讲卫生，婆婆则认为媳妇娇生惯养，什么事都由丈夫做，老人心疼儿子，婆媳二人时常发生矛盾。一次激烈争吵后，婆婆回了老家；希琳抱着不满2岁的儿子回了娘家。东进本希望希琳给婆婆赔不是，但岳父母一家都批评东进母子不对，年青夫妻俩越闹越僵。东进与希琳协议离婚，但双方对儿子逢博的直接抚养权争执不一。东进认为，儿子自出生后，除了吃奶，主要由他和母亲照顾，应当随父生活。希琳则坚持，儿子年幼理当随母亲，何况她现在带着儿子住在娘家。请问：根据我国婚姻法有关规定，如果这对夫妻离婚，他们儿子的直接抚养权应当归父母中哪一方？为什么？另一方应享有什么权利？

案例6：唐山与常梅香离婚时，唐山提出让10岁的女儿唐甜跟着他共同生活，他每月薪水5000元，愿意承担抚养女儿所需的全部费用。但是，女儿认为是爸爸“变心”才与妈妈离婚，愿跟妈妈在一起。梅香觉得女儿很懂事，将来应该有个好前途,担心她自身文化水平不高,且每月收入仅1500元,怕女儿跟了自己影响女儿的发展。本案中未成年子女的抚养问题应当怎样安排才符合保护儿童利益要求?

【内容讲解】

第一节　离婚概述

一、婚姻因离婚而终止

离婚是在合法有效婚姻关系的存续期间解除婚姻关系的行为。离婚的目的在于终止婚姻,因此,离婚一旦生效,婚姻依法终止。

在我国,配偶死亡是终止婚姻关系的主要原因,因离婚而终止的婚姻是少数。但是,在离婚率较高的国家和地区,离婚是终止婚姻的更常见原因。

二、离婚的分类

从不同角度看,离婚可分为不同类型。

(一)单方离婚与合意离婚

根据夫妻双方对待离婚的态度不同,离婚可分为单方离婚和合意离婚两类。

单方离婚,也称片意离婚或者一方要求离婚,是指在配偶一方坚持继续维持婚姻的情形下另一方坚决要求离婚的法律现象。合意离婚,也称双方自愿离婚,是指配偶双方对离婚达成共识,一致同意解除婚姻关系。

划分单方离婚与合意离婚,只着眼于配偶双方对离婚的主观态度,不涉及财产分割和子女抚养问题及其他有关内容。离婚是重大民事法律行为,将会导致一系列身份权和财产权的后果,因此,确认当事人对离婚的意见,应以其本人在受理机关或法律认可的公开场合所作的意思表示为准。值得注意的是,离婚的意思表示是可变的。受各种因素影响,不同意离婚的一方可能最终同意离婚;或者反之,曾经对离婚有合意的夫妻双方,其中一方改变态度不同意离婚,合意离婚变成单方离婚。

这种划分的意义在于,婚姻当事人对离婚的态度,反映出婚姻关系的状况及其当事人各方对自身婚姻的评价,在很大程度上决定着该婚姻的命运。同时,单方离婚与合意离婚往往适用不同离婚程序。此外,当事人对离婚的态度还对与离婚有关的其他问题的处理有直接或间接影响。

（二）非诉讼离婚与诉讼离婚

根据所适用程序性质不同，离婚可分为非诉讼离婚与诉讼离婚两种。

非诉讼离婚是指通过司法以外的法律程序解除婚姻关系。具体包括两种情形：一是依照法律规定当事人自行解除婚姻关系的，只要不违反法定离婚条件即发生法律效力的离婚。古代社会盛行此类离婚。如古代中国、伊斯兰国家等。二是按照行政程序登记离婚。近代以来许多国家和地区适用此程序处理协议离婚，唯登记离婚的主管机关不同。

我国实行行政登记离婚和诉讼离婚双轨制。凡夫妻双方自愿离婚并无其他争议的，适用行政登记离婚程序；凡一方要求离婚或者双方虽有离婚合意但在子女抚养、财产分割等与离婚有关的其他问题上协商不成时，适用诉讼程序。

（三）协议离婚与裁判离婚

根据解除婚姻关系的具体方式不同，可将离婚分为协议离婚与裁判离婚。协议离婚是指配偶双方达成离婚的全面协议时依法定程序自愿解除婚姻关系的离婚方式。该方式具有手续简便和气氛平和的特点，有利于减少离婚对当事人的伤害。古代就有协议离婚制度。近现代承认协议离婚的国家和地区较多，协议离婚有获普遍承认之趋势。承认协议离婚的国家认为，主张设立协议离婚制度会导致轻率离婚甚至可能增加试验婚姻人数的观点并没有足够证据。没有人忽视婚姻制度对社会的重要性，但具体的一对男女结婚却不是为了这个制度而为的，从法律上为婚姻作辩护不能以牺牲当事人一生幸福为代价。应该承认，配偶双方只有在一起共同生活一定时间后，才能真正了解对方，并给予理解；经久不渝的结合来自配偶双方自己的决定，才有道德基础。凡实行协议离婚的国家和地区，绝大多数离婚当事人选择协议离婚的事实，都说明协议离婚的实际效果好。①

裁判离婚，亦称判决离婚，是指夫妻一方以对方为被告提起离婚诉讼后，由法院判决准予原告离婚请求而强制解除婚姻关系的离婚方式。诉讼离婚并不均以获准离婚而告终，也并非均由法院判决结束。从形式意义上讲，凡经法院审理而获准离婚的均可称裁判离婚。但此处所指限于实质上的裁判离婚，即夫妻双

---

① 反对协议离婚特别是非诉讼离婚的批评声一直存在。反对者认为，法律承认协议离婚，就把婚姻降低为普通契约地位，忽视了婚姻关系的稳定和社会利益，容易引发协议离婚的滥用，并使试验婚姻的倾向得到蔓延。因此，瑞士、英国、加拿大、澳大利亚、古巴、秘鲁等不少国家和地区至今没有采纳协议离婚制度。

方就离与不离本身存在争议,由法院居中裁决违背被告意愿而准许原告离婚请求的强制离婚。如我国现行离婚制度下,由人民法院审理的离婚案件,可能经调解和好或离婚,也可能判决准许离婚或不准许离婚,这两者之间在程序上、离婚条件上均有所不同。

此外,还可以当事人国籍为依据,将离婚区分为国内居民离婚与涉外离婚;以婚姻当事人有无未成年子女为依据,可分为有子女的离婚与无子女的离婚;从是否涉及财产争议角度,可分为附财产争议的离婚与无财产争议的离婚;等等。离婚的各种分类是互相交叉的。

三、离婚的立法主义

婚姻立法受特定社会的政治、经济、文化、社会、宗教、道德等因素的深刻影响。在不同社会制度下,法律对待离婚的态度有较大不同,总体看有两大类立法例:禁止离婚主义与许可离婚主义。禁止离婚的立法例下,法律设立别居制度、婚姻无效制度例外地解决个别配偶间不可调和的矛盾。许可离婚的立法例下进一步区分为专权离婚主义、限制离婚主义、自由离婚主义。

(一)禁止离婚主义

禁止离婚主义是指法律坚持婚姻不可离异,在配偶生存期间合法婚姻关系不得人为解除的立法原则。禁止离婚的理由主要有三方面:一是基于宗教原因,天主教信奉婚姻为神撮之合,人不得违背神的意志而人为解除婚姻关系;二是基于道义,婚姻关系存续期间,夫妻离婚特别是一方单方面主张离婚是不道德的;三是基于对未成年子女利益的考虑,认为父母离婚有损未成年子女利益。

禁止离婚主义主要盛行于中世纪的欧洲,影响及于近代社会,至今仍制约着极少数国家的婚姻制度。1 世纪,基督教产生后,影响迅速扩大,从基督教分化出来的天主教信奉“婚姻不可离异”。随着教会拥有至高无上权力,世俗的婚姻家庭生活逐渐由教会法调整。10 世纪开始,禁止离婚原则风行欧洲。从此,数百年间,婚姻一旦成立便不可离异的教条成了遵守不渝的神圣信条。

但是,夫妻冲突总是伴随着婚姻而生。为避免配偶不堪共同生活产生严重冲突,教会法在禁止离婚的同时,实行婚姻无效制和别居制度,个别地给予补救。此处的婚姻无效是指基于婚姻阻碍而经教皇批准否认既存婚姻的合法性以达到消灭婚姻之目的的制度。这种否认婚姻合法性的做法与后世的婚姻无效制度完全不同。别居是指经教会法庭批准,配偶双方暂时地或者永久地免除同居义务,但婚姻关系不解除的制度。获准别居的夫妻,实行不共寝和分食而居,产生免除夫妻间同居义务的后果,别居双方仍是夫妻。因而别居与离婚有本质不同。别居从一开始，是为贯彻婚姻不可离异原则所采取的补救措施。①

禁止离婚主义使不少婚姻关系名存实亡，过于压抑人性，也不利于家庭关系的和睦。至十五六世纪欧洲封建制度开始瓦解，宗教改革运动对婚姻的不可离异性提出疑问。“婚姻还俗运动”更是极大地动摇了教会法的地位，也动摇了禁止离婚的价值观，但根深蒂固的宗教观念使得离婚制度的改革步履维艰。以法国为例，资产阶级大革命胜利后，1792 年的法律确认了离婚的合法性。然而，1816 年王朝复辟后，法国又恢复禁止离婚原则，禁止离婚法实行了将近 70 年。

当代社会，禁止离婚主义在世界范围内已基本上被摒弃，但仍有诸如菲律宾共和国、圣马力诺等少数国家至今不允许离婚。②

（二）许可离婚主义

许可离婚主义，是禁止离婚主义的对称，是指在一般意义上婚姻允许在配偶生存期间通过离婚而解除的法律制度。从世界范围看，自有国家以来，始终许可离婚，但在不同历史时期允许离婚的特点和重点有差异。

1. 专权离婚主义

专权离婚主义是指丈夫享有离婚特权而妻子无离婚请求权的立法原则。古代社会，除了中世纪天主教国家禁止离婚外，许多国家和地区法律允许离婚。从

---

① 资产阶级建立国家后，实行婚姻自由，但由于沿袭传统等原因，别居制度仍为不少资本主义国家婚姻家庭法所继承。当代国家实行别居制度，分两种不同情况，一是与中世纪别居完全相同，作为禁止离婚主义的补救手段，如《菲律宾共和国家庭法》第 55 条至第 67 条规定。1987 年《菲律宾共和国家庭法》，载中国法学会婚姻法学研究会编：《外国婚姻家庭法汇编》，群众出版社 2000 年版，第 238—240 页。二是继承传统的别居制度，同时又有所发展，如大陆法系传统的法国、瑞士、意大利和普通法传统的英国等。这些国家的别居与离婚并行，别居常常是离婚理由之一，别居有司法别居和协议别居之分，一旦别居，终止夫妻共同财产制等。对别居制度的利弊，学者的见解和评价不尽相同。归纳起来有三种：第一种意见肯定别居制度。有些人认为，别居可以缓和夫妻矛盾和冲突，并给夫妻重归于好留有余地，别居与离婚可并行不悖，并有相互调剂的效果。第二种意见否定别居制度。有些人则认为，别居制度使夫妻关系有名无实，容易引发婚外两性关系，导致非婚生子女的增加，也不利于子女的抚养教育，因而主张废除别居制。第三种意见持折中观点，认为短期别居免除同居义务，可以缓和及减少夫妻双方冲突，以便从中调解，争取夫妻谅解与和好，利多弊少；但长期别居甚至永久别居，会造成部分有妻之“鳏夫”和有夫之“寡妇”，是利少弊多，不如离婚，给双方提供开始新生活的机会，对个人、社会都有好处。20 世纪八九十年代以来，中国内地部分学者主张我国借鉴西方传统，在婚姻法中引进别居制度。

② 吴引引，韩珺译，蒋月校：《菲律宾共和国家庭法》，载中国法学会婚姻法学研究会编：《外国婚姻家庭法汇编》，群众出版社 2000 年版，第 225—279 页。

总体上说,古代实行的是专权离婚制度。《汉穆拉比法典》规定,丈夫可因妻子通奸、不育、浪费家财等理由而离弃她;还可以在负债情况下出卖妻子或者将妻子交给债权人作为债权。《古兰经》规定,男人至多可娶四妻,丈夫可以休妻。[①]中国古代的出妻制度是丈夫享有离婚特权的典型。丈夫享有离婚特权的制度,是建立在男女经济地位不平等和丈夫掌握着财产权基础上的。专权离婚违背了男女平权的价值观,已被历史所淘汰。不过,在少数伊斯兰国家至今仍存在着专权离婚。

2. 限制离婚主义

限制离婚主义是指法律对享有离婚权的主体资格或离婚理由设定严格条件予以限制的立法原则。法律允许离婚,但认为应给予一定限制。资产阶级革命中,提出自由、平等、天赋人权等主张。资产阶级建立国家后,法律承认婚姻是一种民事契约,强调无合意即无婚姻,否定包办强迫他人缔结婚姻;从根本上否定了婚姻的不可离异性,许可离婚主义普遍取代了禁止离婚主义;承认男女平等,在理论上肯定夫妻双方均享有离婚的权利,划清了与专权离婚主义的界限。这具有重大的历史进步意义。但是,资产阶级早期婚姻立法坚持认为,离婚是对过错方的惩罚和对无过错方的解救,长期实行以过错原则为中心的限制离婚主义。在世界范围内,直到第二次世界大战前的数百年间,大多可离婚的国家和地区,均在法律中严格限制当事人提出离婚之诉的条件,对法院准许离婚裁决作了严格限制。

法律对离婚设定的限制主要有两类:一是限制离婚主体,二是限定离婚理由。

对离婚主体的限制是指法律对行使离婚请求权婚姻当事人的限制,通常只允许由夫妻一方决定婚姻关系存废的立法原则。法律只允许无过错方请求离婚,过错一方无权请求离婚,把不准无过错方要求离婚、准许无过错方的离婚请求被作为对配偶一方过错作为的惩罚。

对离婚的限制,是指非具备法定事由,不得离婚的立法原则。法律明文规定了具体的离婚理由,婚姻只有发生法定情形并符合其他法定条件时才可以依法解除。法定离婚理由,通常包括两类:一是可归责于配偶一方的事由,如遗弃、虐待、通奸等;二是不可归责于配偶任何一方的事由,如夫妻一方患有不治之症、生死不明、有无法克服的生理障碍等。其中,第一类原因占主导地位,是立法限制

---

① 马坚译:《古兰经》,中国社会科学出版社 1981 年版,第 25—27 页、第 56 页、第 438—439 页。

离婚的本意所在。由此,限制离婚主义也被称为有责离婚主义或者过错离婚原则。

3. 自由离婚主义

自由离婚主义,是限制离婚主义的对称,它指法律承认离婚为解决夫妻间不可调和矛盾的合理手段,夫妻任何一方均有权请求离婚的立法原则。离婚自由成为公民的基本权利之一,法律尊重和保护婚姻当事人享有的离婚自由权。如果夫妻双方合意离婚,法律肯定离婚合意的合理性;即使配偶双方缺乏离婚合意,仅有一方要求离婚,但如果夫妻一方有明显过错或者其他原因使得夫妻无法继续共同生活,法律也允许离婚。法律摒弃了把不准离婚作为对过错一方过错的惩罚的观念,而且离婚请求权被平等地赋予婚姻当事人双方。自由离婚主义在维护社会利益和尊重婚姻当事人个人利益中取得了某种平衡。

苏联十月革命胜利后,曾全面实行自由离婚主义,是人类离婚制度改革上的重大突破。第二次世界大战结束后,资本主义国家纷纷改革离婚法,相继确立婚姻破裂原则,只要婚姻已无可挽回地破裂或者夫妻无法继续共同生活,法律就准予离婚。从世界各国现行立法看,绝大多数国家和地区的离婚法是婚姻破裂主义与过错原则的某种程度结合,从限制离婚主义向自由离婚主义过渡是一种不可逆转的趋势,在个别国家,离婚自由度相当大。

然而,自由离婚主义并不意味着可以随意离婚或者轻率离婚。离婚关乎一个家庭的破裂,是重大法律行为,实行自由离婚主义的国家和地区,均没有放弃国家对离婚的监管。

四、中国离婚法简史

(一)中国古代离婚制度

中国古代的离婚方式,包括出妻、义绝、和离及呈诉离婚。

1. 出妻

出妻,亦称休妻,因其有七条休妻理由,又称七出,是指凡妻子具有规定的七种情形之一的,丈夫或男方可单方面离异妻子或“出妇”的专权离婚方式。出妻是中国古代最主要的离婚方式,它始行于西周,经历3000多年而未间断,一直沿用到20世纪初。

出妻制度源于礼制,并被后来的律令肯定。古代中国法认为,妻从属于夫,夫有单方面离婚的权利,妻只能被动屈从。礼和法规定了出妻的实质要件和形式要件,具有强制效力。出妻条件有七种,男子出妻,若无禁例,妻仅需具备其中之一即符合被休条件。妇人七出是:无子、淫、不顺父母、口舌、窃盗、妒忌、恶疾。[①] 无子是指未为夫家生育男性继承人。淫是指妻子不守贞操。不顺父母是指媳妇不顺从公婆。口舌是指妻子语言不慎或者挑拨离间。窃盗是指妻子擅自动用和处分夫家财产的行为。妒忌是指妻子在思想上、言语上或者行为上不准丈夫纳妾或与婢女有染。恶疾是指患有不可同食共寝的疾病。显然,出妻种种理由均是为了维护夫权、家长权,是基于宗法利益的考虑。

出妻是一种要式行为,出妻应以书面形式为之,必须遵守固定程式。宗法制下,婚姻在家族利益中具有重要地位,按礼制要求,出妻必须履行正式的仪式,甚至要使用统一套语,并由夫家尊长将弃妇送回本家,通常还需在官府备案。

古代礼和法还设有"三不去",对"七出"进行限制。"三不去"是指男方不得休妻的三种法定情形。内容为妻子若被出已无可依靠的,不得休;成婚时丈夫卑贱而后飞黄腾达的,不可休;[②]子妇已为公婆服孝三年的,已恪尽为妇之道,不可休。[③] 虽备出妻条件但有三种法定情形之一的,男方不得休妻,已出妻的行为无效,并应受相应惩处。"三不去"与"七出"主要是基于宗法和伦理纲常要求。

2. 义绝

义绝是中国封建社会中因具备法定情形而由官府强制解除婚姻关系。凡符合法定义绝条件的夫妇,不问婚姻当事人及双方家庭的意愿,必须离异;经官府评判,裁决义绝的,自断离之日起解除婚姻关系。若不离异,将受到处罚。构成义绝的内容是配偶互犯和双方亲属相犯的严重情形。根据《唐律疏议》,义绝有如下五种情况:①夫殴妻之祖父母、父母,杀妻之外祖父母、伯叔父母、兄弟、姑、姐妹;②夫妻祖父母、父母、外祖父母、伯叔父母、兄弟、姑、姐妹自相杀;③妻殴詈夫之祖父母、父母,杀伤夫之外祖父母、伯叔父母、兄弟、姑、姐妹;④妻与夫之缌麻以上亲奸,或夫与妻母奸;⑤妻欲害夫。[④] 义绝的出现晚于"出妻"。它维护封建伦理纲常和宗法家庭制度。义绝条件对男女双方是不平等的(妻所负责任重于夫)。我国整个封建时代一直沿袭义绝制度。

3. 和离

和离,又称两愿离婚,是指夫妻协议解除婚姻关系。在古代社会,妇女受封

---

① 礼制规定的顺序与律法规定的顺序稍有不同。

② 《后汉书·宋弘传》载"糟糠之妻不下堂"正是此意。

③ 《唐律疏议》表述为"经持舅姑之丧"、"娶时贱后贵"和"有所受无所归"。

④ 关于义绝情形的解释,说法不一。如杨大文主编《亲属法》(法律出版社 1997 年版,第 84—185 页)列出七大类义绝情形。

建礼法严重束缚，没有独立人格，无财产权，婚姻是妇女的基本生存方式，她们很难实现离婚愿望，离与不离，主要取决于丈夫，和离实际上成了出妻的变通。这种离婚方式对后世人的婚姻心理和离婚立法产生了一定影响。

4. 呈诉离婚

这是指发生特定原因由夫妻一方请求离婚而由官府判决准许离异的离婚方式。呈诉离婚的理由，属于男方提出的诸如“妻背夫在逃”、“男妇虚执翁奸”、“妻杀子”、“妻傀魁其夫”等。妻子据以呈诉离婚的理由有“夫典雇妻妾”、“翁欺奸男妇”等。如明清律均规定，受财典雇妻妾与人者，除处以刑罚外，并勒令离之。

古代离婚的效力与现当代离婚无大不同，但财产方面除外。因为古代妇女在夫家并无法律意义上的财产所有权，离婚时不得分割夫家财产。但婚嫁时的嫁妆，原则上可携归本家。

(二) 中国近代离婚制度

中国离婚法的近代化，晚至20世纪初始开始。1911年，“民律草案”对离婚制度作了若干规定：保留两愿离婚，承认夫妻互诉离婚，删除了旧律中的义绝；裁判离婚理由，不超出有责主义。但该草案未及公布施行。辛亥革命后建立的中华民国临时政府只存在了三个月时间，未及改革婚姻家庭制度。袁世凯窃取政权后，北京政府恢复清末法制，宣布“嗣后凡关民事案件，应仍照前清《现行刑律》中规定各条办理”；后期虽编订了《民法草案》，但未正式颁行，只允许在审判实务中援用。

1930年12月，国民政府公布民法亲属编，并于1931年5月5日起施行。亲属编第二章第五节规定了离婚。据此离婚有两愿离婚和裁判离婚两种方式。

两愿离婚继承了传统和离制度。“夫妻俩愿离婚者，得自行离婚，但未成年人应得法定代理人之同意。”在程序上，两愿离婚系要式行为，应以书面为之，并应有二人以上证人之签名；无须登记或裁判，完全由当事人自行为之。离婚后，“子女之监护由夫任之，但另有约定者从其约定”。法律未涉及其他方面。

裁判离婚采用过错主义原则，列举了判决离婚的十大理由。具体包括：①重婚；②与人通奸；③夫妻一方受他方不堪同居的虐待；④妻虐待夫的直系尊亲属或者受夫之直系尊亲属虐待；⑤夫妻一方恶意遗弃他方在继续状态中；⑥夫妻一方意图杀害他方；⑦有不治之恶疾；⑧有重大不治之精神病：⑨生死不明已逾三年；⑩被判处三年以上徒刑或因犯不名誉罪被处以徒刑。法律赋予无过错配偶一方享有离婚请求权，过错配偶无离婚请求权。对第①、②项原因，无过错方事前同意或事后有恕，或者知悉后已逾六个月，或者情事发生已逾两年的，丧失离婚请求权。对第⑥项至第⑩项原因，自知悉后已逾一年，或者自情事发生已逾五年的,丧失离婚请求权。亲属编还规定了裁判离婚的四方面法律后果:子女监护适用两愿离婚的规定,但法院为子女利益,得酌定监护人;夫妻一方因判决离婚而受到损害时,无过错方可向有过错方请求给予财产或者非财产损害赔偿;无过错一方如因离婚而陷于生活困难的,他方应给予一定数额的赡养费;离婚后,双方取回各自固有财产,婚姻存续期间交给夫管理的妻之财产,如有短缺且有可归责于夫的理由,夫得予以补足。

五、我国现行离婚法的指导原则

新中国成立以来,离婚法始终坚持离婚自由原则。保障离婚自由,反对轻率离婚,是我国现行离婚制度的基本精神。

(一)保障离婚自由

保障离婚自由是法律保证那些死亡婚姻之当事人的离婚请求能及时得到批准。保障离婚自由,取决于婚姻关系的本质。马克思指出,婚姻体现的是一种特殊的伦理关系,“离婚仅仅是对下面这事实的确定:某一婚姻已经死亡,它的存在仅仅是一种外表和骗局”①。我国公民的离婚自由权受法律保障,当婚姻已经失去其存在的基础和维系的基本条件时,法律允许依法解除。

保障离婚自由是社会主义婚姻道德的要求。婚姻是男女两个人的结合,夫妻作为共同生活伴侣长久相处,只有双方愿意在一起,维持婚姻才是道德的。如果配偶双方不堪共同生活,勉强维持婚姻对当事人双方、对子女、对家庭及社会都无益。实现离婚自由,为这种无法继续的婚姻关系通过正当途径得到解除提供了条件,并使当事人有开始新生活的机会。我国提倡以爱情为基础缔结婚姻,婚姻的建立和存续以感情为基础。如果夫妻双方的感情已经完全破裂,又无恢复和好可能,强行继续维持没有感情的婚姻不符合婚姻道德要求。

保障离婚自由,有利于改善婚姻家庭关系,维护社会安定。实行离婚自由有利于树立民主平等的婚姻观,有利于建立相互尊重、团结和睦的婚姻关系,提高婚姻质量,促进婚姻家庭关系发展。同时,实行离婚自由,可以使得那些已经死亡的婚姻关系得到解除,帮助当事人摆脱痛苦,避免矛盾进一步激化或产生更严重后果,化消极因素为积极因素,保证婚姻家庭和社会安定。“离婚自由并不会使家庭关系瓦解,相反会使这种关系在文明社会中唯一可能的坚固的民主基础上巩固起来。”②离婚解除的是名存实亡的婚姻,离婚自由不是号召已婚者都去

---

① 《马克思恩格斯全集》第2卷,第184页。

② 《列宁选集》第2卷,第534页。

离婚。

（二）反对轻率离婚

公民行使离婚自由权必须依照法定的条件和程序进行，不得侵害他人合法权益，不得损害社会公共利益。离婚自由不是绝对的或者无任何约束或限制的。

反对轻率离婚是婚姻本质的要求，是维护公民权益和社会利益的需要。轻率离婚是指在婚姻关系尚可维持的情况下，轻易地、草率地予以解除。婚姻当事人由于种种原因有可能轻率地要求离婚。诸如缺乏解决婚姻生活矛盾的常识与经验，当婚姻生活出现暂时失调或局部冲突时，把离婚作为唯一手段使用；或者个人一时冲动赌气提出离婚；或者受到两性关系自由化思潮的影响，甚至错误地追求腐败荒淫的生活方式等，滥用离婚自由权等。法律规制应该是婚姻当事人利益与社会利益的结合。“婚姻不能听从已婚者的任性，相反的，已婚者的任性应该服从婚姻的本质。”①法律对离婚条件和程序的规定，体现了反对轻率离婚的精神。结婚作为一种法律上的承诺，绝不可能允许当事人随心所欲。婚姻关系是一种极为重要的伦理关系和法律关系，夫妻双方相互承担着确定的法律义务和道德责任，轻率离婚不利于当事人本人利益，而且会损害子女、配偶对方、家庭和社会利益，为法律所不允许。

应该看到，我国社会的经济文化水平还较低，封建伦理观念与传统习惯势力的残余影响仍长期存在，曲解和滥用离婚自由权的现象也不可忽视。处理离婚问题时，既要依法准许名存实亡的婚姻解除，又要对离婚采取轻率态度或者有错误思想和行为的人予以批评教育，不能轻易准许其离婚要求，对达到规定条件的过错人，依法应追究其相关法律责任。保障离婚自由和反对轻率离婚是相辅相成的两个方面，应正确理解和适用离婚法有关规定。

第二节　登记离婚

一、登记离婚的界定

登记离婚，也称行政程序离婚，是指夫妻双方一致同意离婚，并就与离婚有关的问题全面达成协议时，婚姻当事人双方本人亲自到婚姻登记机关共同申请离婚，符合条件即批准解除婚姻关系的离婚制度。《婚姻法修正案》第 31 条规

---

① 《马克思恩格斯全集》第 1 卷，第 185 页。

定："男女双方自愿离婚的，准予离婚。双方必须到婚姻登记机关申请离婚。婚姻登记机关查明双方确实是自愿并对子女和财产问题已有适当处理时，发给离婚证。"这一规定与《婚姻法》原第24条关于登记离婚的规定相比较，仅有个别文字差别。不过，结合《婚姻法修正案》增设的与离婚有关的请求权制度，登记离婚的具体内容已较过去丰富了。

登记离婚是比较自由，且简便易行的离婚方式。与诉讼离婚相比，登记离婚不仅手续简便，成本低廉，而且它不易激化当事人原有矛盾，使之能在较平静的气氛中分手，符合离婚当事人不愿张扬离婚的心理。许多婚姻当事人都有不愿在法庭上抛头露面的传统观念，更不愿意当众公布夫妻纷争详情。诉讼离婚的对抗性容易引发当事人双方间的敌意与仇恨。因此，没有外来压力的登记离婚受到越来越多的离婚当事人欢迎。在我国，每年大多数离婚夫妻是通过登记离婚程序解除婚姻关系的。

二、登记离婚的条件

根据《婚姻法修正案》第31条规定和《婚姻登记条例》第14条、第15条规定，登记离婚必须同时具备下列条件：

(1)夫妻双方均同意离婚。婚姻当事人双方一致同意离婚，且意思表示真实。这是最基本的条件，任何一件登记离婚均不可缺少。夫妻一方要求离婚，另一方不同意离婚，不得申请登记离婚。

(2)适当安排子女抚养。凡有未成年子女或者有虽已成年尚不能独立生活的成年子女的，婚姻当事人双方应就子女由何方直接抚养、抚育费负担达成协议；应就不直接抚养子女方探望子女权利的行使达成协议。针对子女抚养与探望达成的协议内容不得损害子女的利益。

(3)夫妻共同财产已适当分割。这里"财产"一词既包括物质形态存在的财产，也包括知识产权中的财产权益；既包括财产利益，也包括财产负担。凡存在夫妻共同财产的，应就共同财产的处理作出明确约定。申请登记离婚时夫妻必须已就共同财产处理达成协议。至于具体分割，只要当事人双方都能接受即可，无固定不变的分割比例。双方一致商定将夫妻共同财产全部留给一方，另一方自愿放弃其应得份额，为法律所允许。

(4)无与离婚有关的其他争议。婚姻当事人双方如有与离婚相关的问题，须就有关问题全面达成书面协议，才能申请登记离婚。例如，夫妻一方有过错，无过错的另一方要求赔偿的问题；当事人一方生活困难，要求另一方给予生活帮助的问题等。婚姻当事人双方没有就与离婚相关的问题达成协议的，不符合申请登记离婚的法定要求。夫妻双方未就离婚本身达成协议,或者双方均同意离婚,但未就子女抚养、共同财产分割等与离婚相关问题全面达成协议的,当事人依法应向有管辖权的人民法院提起离婚诉讼。

(5)夫妻双方均具有完全民事行为能力。根据《民法通则》关于民事法律行为生效条件和《婚姻法修正案》有关登记离婚的规定,登记离婚是解除夫妻身份关系的重要民事法律行为,只能由当事人本人亲自实施。申请登记离婚依法必须由婚姻当事人双方本人共同实施,不得由他人代理。凡不具备完全民事行为能力的当事人,依法不能申请登记离婚,即使登记机关因不明情况受理了登记离婚申请,一经查实则依法不予批准。夫妻一方是无完全民事行为能力人时,即使其父母等法定代理人同意对方与其离婚,并代理病患者一方与对方达成了协议,仍不能登记离婚,而应通过诉讼程序办理。这是公平地维护婚姻当事人双方合法权益的需要。《婚姻登记条例》第 18 条第 3 款明确规定,一方或双方当事人为限制民事行为能力人或者无民事行为能力人的,婚姻登记机关不予受理。

此外,当事人双方具有合法夫妻关系是开始离婚法律程序的前提。登记离婚除符合上述五个条件外,还要求当事人双方具有合法夫妻关系。凡未曾履行法定登记结婚程序的男女双方要求离婚,不适用登记离婚程序,而只能适用诉讼程序。如果当事人的关系符合婚姻法要求的,要求解除关系一方可以主动向有管辖权的人民法院提起离婚诉讼;如果双方关系是其他性质的,可以向人民法院提起相应民事诉讼,请求准予解除。

三、登记离婚的程序

登记离婚申请应向有管辖权的婚姻登记机关提出。《婚姻登记条例》规定,我国办理离婚登记的机关,在城市是街道办事处或者市辖区、不设区的市人民政府的民政部门;在农村是乡、民族乡、镇人民政府。

(一)申请

申请登记离婚的当事人,必须双方亲自到一方常住户口所在地的婚姻登记机关,共同申请离婚登记。申请时应提交下列文件和证明:当事人双方共同签署的离婚协议书,结婚证,户籍证明,居民身份证。

(二)审核

婚姻登记机关对申请人提交的申请和相关文件、证明进行认真核查,并询问相关情况,以查清申请人是否具备法定登记离婚条件。

(三)决定

自受理离婚申请之日,婚姻登记机关应对申请作出决定。凡当事人确属自愿离婚,并已对子女抚养、财产、债务等问题达成一致处理意见的,应当当场予以登记,发给离婚证。凡不符合登记离婚条件的申请,婚姻登记机关应不予登记,并以书面形式通知申请人不予登记的决定及其理由。申请人对此决定不服的,可以申请行政复议;对复议决定不服的,可以提起行政诉讼。

四、登记离婚的效力

婚姻登记机关发给当事人收执的离婚证,是证明夫妻关系已依法解除的法律文件。自当事人双方同时签收离婚证之日起,原缔结的婚姻关系即行解除。在我国,离婚证与已经生效的人民法院准许离婚的民事调解书或者民事判决书,具有同等法律效力。

获准离婚登记后,当事人一方不主动履行原离婚协议约定的子女抚养和财产处理义务的,另一方依法可向人民法院起诉;人民法院应当受理,并根据离婚登记时对子女和财产问题的处理情况、发生纠纷的原因和理由,给予审查处理。当事人就子女抚养或者财产问题发生新争议的,依法可以向人民法院起诉,由司法裁决。

第三节 诉讼离婚

一、诉讼离婚的概念

诉讼离婚,即非经诉讼程序而不得离婚之意。夫妻任何一方,基于一定原因请求离婚,经法院判断确认具有理由时,以裁判程序解除婚姻关系。

诉讼离婚程序适用于当事人双方未能就离婚及与离婚相关问题达致一致。我国婚姻法承认的行政登记离婚,须以当事人双方合意离婚并就与离婚直接相关的问题达成一致为条件。当事人一方要求离婚,另一方反对的,就不能遵循登记离婚程序解决争议。然而,夫妻感情发生裂痕,共同生活客观上已经不可能继续,甚至当事人双方已分居多年的,倘若不允许一方请求离婚,当事人难免有可能抱恨终生。结婚不允许失败,只要结为夫妻,无论如何,都得相守终生,一旦夫妻不能达成离婚合意,就没有解除婚姻的途径,这不合情理,是常人难以承受的。诉讼离婚因此而生。同时,为了避免单方离婚的弊害,绝大多数国家或地区的离婚法中,诉讼离婚的理由法定化,夫妻任何一方,非有法定离婚理由,不得离婚。

在部分国家或地区,在特殊情形下,为防止当事人一方利用离婚自由孤意妄为,损害另一方根本利益或者社会公共利益,纵使当事人具备法定离婚理由,法院仍有权根据全部案情酌情驳回原告的离婚请求。

二、诉讼离婚的法定程序

诉讼离婚的程序是人民法院对当事人的离婚请求进行审理并作出决定的过程。《婚姻法修正案》第 32 条第 1 款规定,"男女一方要求离婚的,可由有关部门进行调解或直接向人民法院提出离婚诉讼"。据此,发生诉讼离婚,有两个条件:一是夫妻一方要求离婚。因各种原因致使夫妻关系无法继续维持,婚姻当事人一方要求离婚,另一方不同意离婚,或者虽然双方均同意离婚,但就子女抚养、财产分割等与离婚相关问题无法达成协议的,均只能通过诉讼方式解决争议。二是夫妻一方充当原告,并以另一方为被告,主动向有管辖权的人民法院提起离婚及与离婚相关问题的诉讼请求。

人民法院接收婚姻当事人一方提交的民事起诉状后,符合受理条件的,准予立案,开始离婚诉讼程序。

人民法院审理离婚案件依法应当进行调解,调解无效的,才依法予以判决。调解是离婚诉讼的必经程序。这里的"调解"是诉讼内的调解,是指人民法院法官在查清案件事实的基础上,对当事人进行说服、劝解和教育,促使双方达成谅解或协议的过程。调解对离婚诉讼具有特别的适应性。调解应根据案件具体情况有所侧重。通过调解促成夫妻和好,也可以通过调解促成当事人双方达成离婚协议。婚姻生活存在矛盾甚至冲突是正常的,导致矛盾的原因虽多种多样,但都与当事人的思想认识、处事方式、生活习惯等个人素质有密切关系。夫妻一方主动请求离婚,可能是夫妻感情确已破裂所致,也可能是夫妻一方或双方一时气愤、冲动、误会所致,或者是当事人缺乏法律意识所致等。通过法官的思想疏导、分析批评,晓之以理,动之以情,完全可能促成当事人双方互谅互让,恢复和好或者达成离婚协议,息争止讼。

调解无效是判决离婚案件的前提。《婚姻法修正案》第 32 条第 2 款规定,"人民法院审理离婚案件,应当进行调解;如感情确已破裂,调解无效,应准予离婚"。由此,人民法院审理离婚案件,必须进行调解,未经调解径行判决,违反法定程序。同时,离婚案件久调不决,也不符合当事人利益和社会利益,对于调解无效的案件,依法应及时判决结案。调解无效与感情破裂本身的关系较为复杂。通常,如果婚姻当事人感情已经破裂,调解和好的可能性较小;但调解和好无效,不等于夫妻感情已经破裂。因为调解和好无效的原因较复杂,可能是婚姻当事人确实不存在和好可能,也可能是调解人员的水平问题或方法不适当等。调解无效作为判决离婚的前提,修正案的要求与原规定相比没有变化。作出准予离婚判决时,除了应该按照法定具体情形衡量判断当事人双方感情是否已经破裂外,还应该看调解的结果。如果调解有效,即夫妻双方同意继续维持夫妻关系,即使感情已经破裂,依法并不能判决准予离婚。

三、诉讼离婚程序的特别规定

(一)对丈夫离婚起诉权的限制

《婚姻法修正案》第34条规定:"女方在怀孕期间、分娩后一年内或中止妊娠后六个月内,男方不得提出离婚。女方提出离婚的,或人民法院认为确有必要受理男方离婚请求的,不在此限。"据此,婚姻当事人行使离婚请求权有了例外,即妻子具备本条规定三种情形之一的,丈夫不得提出离婚。这是为保护胎儿、婴儿和特殊时期妇女的利益需要所作的特别规定。

所称"不得提出离婚",是指如果妻子具有正在怀孕、分娩未满一年、中止妊娠后未满六个月三种法定情形之一的,人民法院依法将不受理该妇女的丈夫提出的离婚请求。依据该条规定,丈夫的离婚请求即使得到了妻子的同意,呈送相关人民法院时,人民法院依法应拒绝受理。如果丈夫隐瞒真实情况请求离婚获准受理,审理期间查证妻子有法定特别情形属实的,人民法院应依法驳回丈夫的起诉。

妻子提出离婚,或者人民法院认为确有必要受理男方离婚请求的,不在此限。一方面,妻子在法定的三种特殊情形下仍享有离婚请求权。妻子在如此特别期间主动要求离婚,往往是迫于某种紧急情况,本人被迫无奈,且既然妻子主动要求离婚,其本人对离婚及离婚后的生活安排已作了思想及其他的必要准备,不会如面临丈夫要求离婚时那样深感痛苦或不安乃至精神受打击。另一方面,确有必要时,人民法院仍可受理丈夫的离婚之诉。婚姻关系期间,由于种种原因,个别婚姻可能出现特殊的重大情形,不赋予男方离婚请求权于情理不通。例如妻子虽身怀有孕,但是妇女行为违背了婚姻的要求,其夫不堪继续与其妻共同生活,要求离婚是合理的。

本条对丈夫离婚请求权的限制,只适用于诉讼离婚,不适用于登记离婚程序。在登记离婚程序中,夫妻双方必须一致同意离婚,才可能办理。既然妻子已同意并与丈夫共同申请离婚,在法律上已不存在谁先提离婚谁后提离婚的区别。而且,既然妻子同意离婚,表明该妇女已能承受离婚及其后果。

（二）对军人配偶离婚权的限制

《婚姻法修正案》第33条规定："现役军人的配偶要求离婚，须得军人同意，但军人一方有重大过错的除外。"这是限制军人配偶离婚权的法律依据。对军人配偶离婚权的限制，旨在稳定现役军人的婚姻关系，以利于稳定军心，巩固国防。

该条规定所称现役军人，是指正在人民解放军和人民武装警察部队服役、具有军籍的人员。已退役军人、复员军人、转业军人和在军事单位服务但不具有军籍的职工，不是现役军人。现役军人配偶是指与现役军人有合法婚姻关系的人。本条规定只适用于现役军人配偶为非军人的情形下，现役军人配偶单方提出离婚。双方均为现役军人或者现役军人一方提出离婚，不适用本规定，而应适用离婚的一般程序。如果一方为非现役军人，一方为现役军人，夫妻双方合意离婚，也不适用本规定。

"须得军人同意"是指现役军人的配偶一方单方要求离婚，并起诉到人民法院获准受理后，法院审理该离婚案件时，原则上，作为被告的现役军人一方同意离婚的，始可判决准许原告离婚要求；否则，不宜判决准许原告离婚请求。适用本规定时，婚姻基础和婚后感情好或者比较好的婚姻，非军人一方主张离婚并无重要原因的，应说服劝解原告珍惜与军人的婚姻关系，撤回起诉；原告坚持离婚要求的，依法驳回原告离婚请求。当事人夫妻关系恶化导致感情已破裂，确实无法继续维持的，应通过军人所在部队团以上政治机关，做军人的思想工作，经军人同意后准予离婚。

《婚姻法修正案》第33条新增设了"但书"规定，即"军人一方有重大过错的除外"。如果军人一方有重大过错，非军人配偶一方请求离婚，不受"须军人同意"的限制。人民法院审理非军人配偶单方请求离婚案件时，军人一方有过错的，即使军人一方不同意离婚，但法院查明原被告夫妻感情已经破裂，调解无效时，依法应判决准许原告与被告离婚。增设该"但书"规定，是保护非军人配偶一方离婚自由权的需要，也是有重大过错军人一方对本人的行为依法应承担责任的结果。法律不能允许现役军人利用军人身份在婚姻家庭关系上为所欲为而不负责任。这是婚姻法2001年修正时取得的一个进步。

对"军人一方有重大过错"的理解，根据《适用〈婚姻法〉司法解释（一）》第23条规定，可以依据《婚姻法修正案》第32条第2款前三项规定及军人有其他重大过错导致夫妻感情破裂的情形予以判断。凡军人一方具有下列情形之一，均应视为军人一方的重大过错：(1)军人一方重婚。(2)军人一方与他人同居。这是指军人在与对方缔结婚姻关系后，在合法婚姻存续期间又与他人同居，不包括军人一方单身时与他人同居的情形。(3)军人一方实施家庭暴力的。(4)军人一方虐待家庭成员的。(5)军人一方遗弃家庭成员的。(6)军人一方有赌博、吸毒等恶习屡教不改的。此处的赌博、吸毒等恶习只要具备一个即满足重大过错要求。(7)军人有其他重大过错的情形。如军人一方严重违法犯罪被判处长期徒刑的,军人一方的违法犯罪行为本身严重伤害夫妻感情的等。

关于应否限制军人配偶离婚自由权问题,自1980年婚姻法原规定出台以来,在学术上始终存在重大争议。归纳起来有三种意见:第一种观点认为,为了保护军人婚姻的稳定,有必要限制军人配偶的离婚自由。其理由在于,我国军人至今不是一个职业,从军就是为社会作奉献,军人所作出的牺牲是巨大的。而且军人家属从军条件严格,加之军队驻地生活条件艰苦,军人与其配偶双方多数被迫两地分居生活。如果没有特别保护措施,军人婚姻的稳定可能受到很大影响,影响军人服役,最终影响军心和国防巩固。同时,保护军人婚姻稳定是中国共产党自革命根据地婚姻立法就有的优良传统,应该继续保持。第二种观点坚决反对立法赋予军人特殊的婚姻利益,认为婚姻自由是宪法保障的公民基本权利,部门法没有依据予以限制,否则构成违宪。军人服务国防不能成为要求享有特权的理由。任何一个行业都是为社会服务,都有奉献成分。不论从军是否是职业,国家有优待军人及其军属的相关政策,已经体现出对军人奉献的肯定和照顾。在民主社会,任何人都不能享有特权,军人也不例外。服兵役是公民的义务,务兵服兵役是履行公民义务,没有理由特殊化;自愿兵则是带薪从军,更没有理由特殊化。从世界范围看,和平时代对军人婚姻给予特殊保护的立法例,基本上没有。在法制时代,特殊保护军人婚姻利益的立法,其社会效果不一定好,相反可能成为军人择偶难的原因。在修正婚姻法过程中,多数学者赞同这种观点。第三种观点是折中观点,认为在我国国情下,不特别保护军人婚姻稳定不现实,但军人配偶的离婚自由权也不能视而不见,因此主张对军人一方的同意权作适度限制。从中国实际看,要一步到位彻底废止保护军人在婚姻关系上的特殊利益难度极大。凡军人一方本人有过错的,配偶另一方离婚还须征得过错军人同意,有违情理,应予排除。《婚姻法修正案》即采此立场。

四、法定离婚理由与判决离婚标准

法定离婚理由是法律规定的是否准予离婚的规范性标准,具有适用于一切离婚纠纷的普遍效力。法定离婚理由是离婚制度中的关键问题,它是引发离婚纠纷的统一的整合性终局原因事实,涵盖离婚纠纷中各种具体的表象化原因。法定离婚理由是当事人提出离婚诉讼的必要条件,是婚姻当事人提起离婚诉讼,请求解除婚姻关系的依据和理由,在诉讼中,构成原告举证与被告反驳的焦点。法定离婚理由是法院审理案件判决准予或不准予离婚的法定条件,是所有离婚判决都必须援引的法律依据。它是一国或地区离婚法律思想的直接、集中体现,是一个国家或民族有关离婚的传统文化与制度建设最集中、最现实的反映。对此,各国无不重视,社会大众因其与切身利益相关而极其关注。

《婚姻法修正案》第32条保留了原第25条规定的全部内容,将法定离婚理由继续表述为"夫妻感情确已破裂,调解无效,应准予离婚",并进一步规定了六类法定离婚情形。

(一)感情破裂的理解与判断

自1981年《婚姻法》施行以来,20余年间,经过理论不断提炼和司法实践经验总结,感情破裂作为我国法定离婚理由已形成了固定内涵,形成了公认的判断方法与要素。

1."感情破裂"的含义

"感情破裂"是指作为婚姻关系缔结和存续基础的夫妻情爱完全归于消失。感情破裂包括四层含义:(1)程度上应该是夫妻感情彻底、全面破裂,而不是某些方面破裂;时间上应该是夫妻感情已经完全破裂,而不是可能破裂,或将要破裂或刚刚开始破裂;从现实表现看,夫妻感情是真正破裂,而不是虚假破裂,或当事人主观上认为的破裂,更不是暂时的冲突或一时冲动。(2)夫妻感情破裂是一种彻底的无因破裂。不论导致夫妻感情破裂的具体原因,也不论婚姻当事人何方应对造成感情破裂负责任,只要当事人认为夫妻感情已破裂即有权提出离婚;法院经过审理,确证夫妻感情破裂事实存在,且调解无效的,即可判决准许离婚。(3)感情破裂作为唯一的离婚法定原则,具有独立的普遍适用的法律效力。在立法上,夫妻感情确已破裂是法律所确认的唯一的独立的离婚理由,除法定特别条款限制外,不受任何前置条件或相关因素的排斥或制约。在司法审判实践中,离婚诉讼的中心总是在于确认感情是否破裂,一切离婚判决都以夫妻感情是否破裂为法律上和事实上的双重依据。感情破裂原则是适用所有离婚诉讼活动的出发点和最后归宿。在法律推定结果中,任何一个离婚案件、每一个婚姻的解体,无论何种原因导致,也不论当事人是否有过错,最终都归结到夫妻感情这一点上。(4)感情破裂是积极破裂原则,即当事人双方都有离婚请求权。按此,在离婚诉讼中,无论当事人所持离婚理由是否正当,也不论当事人对造成婚姻解体是否应承担过错责任,双方平等地享有离婚请求权,对是否准予原告的离婚请求,只依据夫妻感情状况作出评判,而不作道德评判。

2. 判断感情破裂时应考虑的因素

认定夫妻感情破裂要以事实为依据,以法律为准绳。对夫妻感情状况作出正确判断,是处理离婚纠纷的关键。夫妻感情是否确已破裂,不能凭当事人单方面主张,只有经过全面调查和审核,才能得出符合事实真相的结论。根据司法实践经验,认定夫妻感情是否确已破裂,一般可以从婚姻基础、婚后感情、离婚原因、感情现状、有无和好可能等方面进行考察。

(1)婚姻基础。婚姻基础是指婚姻关系建立时男女双方的感情状况。考察当事人双方结合是自然认识还是经人介绍的,是完全自愿的还是勉强同意的,是相互了解后慎重结合还是草率结婚的,是基于真挚感情还是出于某种利益考虑等。通常,婚前感情基础好的夫妻,婚后发生矛盾冲突后,和好可能性较大;反之如果感情基础不好,矛盾冲突产生后不易和好,有的甚至成为导致离婚的直接原因。同时,应该看到,婚姻基础好的夫妻在共同生活过程中,由于其他原因也可能造成感情破裂;婚姻基础不好的夫妻在婚后共同生活中可能建立培养出真挚感情。

(2)婚后感情。婚后感情是指夫妻结婚后共同生活期间的感情状况。婚姻生活内容丰富,当事人双方的政治思想、道德品质、工作状况、志趣爱好、性格脾气、性生活状况、子女抚育及亲属关系等,都会反映到夫妻关系中来。婚后感情好的,容易调解和好;婚后感情一般或尚可的,调解和好的难度会大些;婚后感情差的,和好可能性较小。影响夫妻感情的因素错综复杂,必须全面分析当事人的夫妻感情状况。同时,由于人的表达感情方式的差异,要针对个案夫妻的具体情况客观地分析,不能看表象下结论。

(3)离婚原因。离婚原因是指导致夫妻发生离婚纠纷的因素。离婚原因有直接原因与间接原因、远因和近因、主因与次因之分。离婚案件中,有的只有单一原因,更多的离婚纠纷是多种因素交互作用的结果;当事人主张的离婚原因可能是真实的,也可能是虚假的,要查明产生离婚纠纷的真实的、起主要作用的原因。只有这样,才能正确分析和把握离婚原因与夫妻感情破裂间的内在联系,尽可能客观地估计是否具有和好可能,工作才有针对性。

(4)夫妻感情现状。夫妻感情是夫妻间基于自然因素和社会因素作用在共同生活中形成的相互爱慕、相互依恋的心理体验和定势。夫妻感情是由社会、家庭的物质生活条件和夫妻双方个人的身体、心理、文化、思想、道德素质决定的,具有自然性与社会性、稳定性与可变性。当事人个人特质变化也会引起婚姻的某些改变。夫妻感情变化有两个基本倾向:一是向好的方向发展,使婚姻关系日益稳定;二是向坏的方向演变,原有的夫妻感情消失。但这两个方向是可以逆转的,由于各种原因,夫妻感情从无到有,从有到好;可能从好到差或者从有到无;

也可能从差到好,又从无再到有。判断夫妻感情,要有发展的观点,不能固定地静止不变。因此,夫妻感情现状才是夫妻感情的关键所在。

(5)有无和好可能。这主要指当事人离婚纠纷时矛盾的激烈程度及有无促成和好的主客观因素。应查明夫妻是否有和好的愿望和行为、当事人的性格和年龄等个人因素,有无未成年子女等。

(二)以感情破裂作为离婚法定理由的依据

《婚姻法修正案》采用了例示主义立法技术,[①]继续坚持感情破裂原则,同时进一步具体明确了夫妻感情破裂的具体情形,使离婚理由具有可操作性,并以一条概括式规定涵盖难以一一列举的其他情形,完善了关于离婚的法定理由或者法定标准。

(1)以感情确已破裂作为判决离婚的法定理由,符合马克思主义经典作家关于离婚的观点。夫妻感情是维系婚姻关系的基础。离婚纠纷的产生,一般是夫妻感情变化造成的。现实生活中引起离婚的原因多种多样,但都与夫妻感情有关,通过夫妻感情变化而起作用。如果感情确已破裂,婚姻已经死亡,就应当依法予以解除。反之,如果感情尚未破裂,婚姻关系仍能维持,就应该驳回原告的离婚诉求。以夫妻感情状况作为准离或者不准离的标准是客观的。马克思指出,"离婚仅仅是对下面这事实的确定:某一婚姻已经死亡,它的存在仅仅是一种外表和骗局。不用说,既不是立法者的任性,也不是私人的任性,而每一次都是事物的本质来决定婚姻是否已经死亡"。"法院判决的离婚只能是婚姻内部崩溃的记录"[②]。判决离婚是通过司法从法律上确认夫妻感情已经消失。如果婚姻还能继续存续,就应该判决不准离婚,促使当事人改善关系。

(2)以感情破裂作为判决离婚标准与婚姻道德相吻合。婚姻关系是一种基础性的社会关系。婚姻是一对男女朝夕相处长期共同生活,只有建立在双方自愿的基础上,结婚后愿意维持这种结合的状态,婚姻才能稳定,婚姻的功能才能

---

① 离婚理由的立法模式,主要有三种。一是列举主义,法律逐一规定离婚的法定理由,法律未规定的,不得作为离婚的理由。这种模式便于法律适用操作,但过于具体,缺乏适度弹性,无法反映离婚原因的多样性。二是概括主义,即法律仅规定准予或者不准予离婚的原则性法律依据,而不具体列举离婚理由。这种模式下,离婚理由十分抽象、概括,因而具有较大的弹性空间,有利于司法根据婚姻个案作出灵活裁判,但也易产生理解适用困难及执法不一。三是例示主义,即法律在具体列举若干种离婚理由的同时,以一个较为抽象概括的条款作补充,以克服列举不足可能带来的局限。这种模式是前两种模式的折中,相对而言适应性强,更加实用。

② 《马克思恩格斯全集》第1卷,第184—185页。

实现。社会道德提倡以感情为基础缔结婚姻。如果当事人双方因为感情消失或者其他原因确实无法继续在一起共同生活,允许当事人离婚,无论对当事人、对社会都利大于弊。强制一个不愿与配偶共同生活的人继续维持婚姻关系,不利于婚姻当事人双方,长远看也不利于不同意离婚一方的利益,恶化的婚姻关系还会损害子女利益,使社会付出更大代价。

(3)以感情破裂作为判决离婚理由,是我国长期法律实践经验的总结。1950 年《婚姻法》第 17 条规定,"男女一方坚决要求离婚,经区人民政府和司法机关调解无效时,亦准予离婚"。1953 年中央法制委员会就有关婚姻问题的解答进一步指出,"如经调解无效而又确实不能维持夫妻关系的,就准予离婚。如经调解虽然无效,但事实证明他们双方并非到确实不能维持同居的程度,也可以不批准离婚"。自 1950 年《婚姻法》施行以后,法学界围绕离婚标准,"正当理由论"与"感情破裂论"的争论一直不曾停过。"正当理由论"要求离婚的理由必须符合道德标准,凡请求离婚的当事人行为违背社会公认道德要求的,其离婚请求将不被批准。社会生活中人们在评价离婚问题时亦有"正当理由论"的道德倾向。"感情破裂论"则主张离婚以夫妻感情是否破裂为原则,凡感情破裂即应准予离婚;反之,不准予离婚。1963 年,最高人民法院《关于贯彻执行民事政策几个问题的意见》规定离与不离的原则界限时,明确提出了以感情是否完全破裂作为离婚标准。对于感情没有完全破裂,离婚理由不当,经教育有重新和好可能的案件,法院不应判决离婚;相反,对夫妻感情已完全破裂,确实不能和好的案件,法院应积极做好坚决不离一方当事人的思想工作,判决准予离婚。1980 年《婚姻法》在离婚原则上明确采用无过错主义立法原则,夫妻感情确已破裂,调解无效,应准予离婚。无论当事人所持离婚理由是否正当,也不论原告是否有过错,只要夫妻感情确已破裂,就应准许离婚,以立法形式把感情破裂作为准予离婚标准固定下来。《婚姻法修正案》继续坚持以感情破裂作为判决离婚的标准。

此外,感情破裂观点认为,夫妻感情虽是当事人的内心活动,但必然通过行为表现出来,因此是可以认识和判断的。感情破裂标准并未超前,也可操作。1980 年《婚姻法》施行以来的司法实践处理了数百万件离婚案件,均是依据感情破裂标准作出处理的。

关于离婚法定理由表述,学界近二十年来长期存在较大争议。反对者认为,感情破裂原则在社会生活和司法实践中确实起过一定的积极作用。然而,该法定离婚理由从一开始就存在理论上的局限性。第一,夫妻感情属于人的心理活动范畴,不能够成为法律直接规范和调整的对象。任何法律都以一定的社会关系为调整对象,夫妻感情是多种心理因素和活动交织在一起构成的多元复合,具有不确定和易变的特性,法律对此只能给予引导,而不能作出强制性规定。我国法定结婚条件没有也不可能规定结婚必须以感情为基础。男女间的爱情应当成为婚姻的伦理基础,但在人类现发展阶段上,人们选择配偶还要受到各种社会因素的制约,现实生活中的婚姻并不全是以感情为基础的。婚姻法只能要求申请结婚的男女出于自愿,任何一方不能强迫对方结婚,第三人不能干涉或强迫他人结婚。至于两个人为什么自愿结婚,法律并不过问。对从未有过夫妻感情的当事人而言,离婚时又何来感情破裂? 第二,从婚姻关系的内容看,夫妻感情是道德对夫妻关系的最高要求,不是夫妻关系的全部。婚姻是夫妻双方物质生活、精神生活和性生活的共同体存在,感情只是夫妻精神生活的一部分,实际上,感情破裂不是导致婚姻解体的唯一原因。社会生活中,种种非感情因素导致婚姻解体的事例不胜枚举。以夫妻感情破裂作为离婚法定理由,存在以偏概全、挂一漏万的局限。第三,从司法实践看,以感情破裂作为离婚理由,难以客观地把握和认定,适用时主观随意性大,导致法官执法的差异性,甚至“法官造法”。同时,由于个体差异性(素质、情感体验、要求等),同一表征事实归入感情认定时容易产生分歧,不但当事人判断困难,而且法官亦难以作出客观评判。以感情破裂为法定离婚理由,增加了离婚诉讼结果的随意性和盲目性。把夫妻感情作为国家意志,有欠严肃。第四,从马克思主义经典作家的观点看,从未有人提倡过将夫妻感情作为评判婚姻是否应该继续的法律标准。马克思在批评对离婚持轻率态度的浪漫派时指出:“他们抱着幸福主义的观点,他们仅仅想到两个人,而忘记了家庭……如果婚姻不是家庭的基础,那么它就会像友谊一样,也不是立法的对象了。可见,他们注意到的仅仅是夫妻的个人意志,或者更正确地说,仅仅是夫妻的任性,却没有注意到婚姻的意志即这种关系的伦理实体。”马克思非常重视和强调两性结合所产生的家庭关系,他不赞成单纯从两个人的感情问题上来看待婚姻的本质,反对把“爱情作为特殊的本质和人分割开来”。马克思在《论离婚法草案》中指出:“无论是婚姻当事人的意志还是立法者的意志,都应服从‘婚姻意志’,而不应该任意所为;法院判决的离婚只是婚姻关系内部崩溃的记录,离开婚姻的社会因素,社会要婚姻还有什么意义?”恩格斯只是强调无产阶级的婚姻应以爱情为基础,“如果说只有以爱情为基础的婚姻是道德的,那么,也只有继续维持爱情的婚姻才是合乎道德的”。有的学者以此为依据,认为感情破裂原则是符合马克思主义经典作家的观点的,既然没有爱情的婚姻是不道德的,法律怎能帮助强制维持不道德的婚姻? 然而,法律与道德是两个不同的社会调节系统。道德标准不等同于法律标准,反之亦然。第五,从婚姻制度的作用看,感情破裂原则不承认婚姻承担的多种社会职能,可能误导在婚姻价值观上的极端个人主义倾向。夫妻作为配偶身份关系,承载着三种利益:夫和妻个人利益、婚姻共同体利益、社会利益。制定离婚法定理由时,不仅要考虑当事人的个人利益(包括感情因素),同时也要考虑家庭和社会等多方面因素以感情破裂作为离婚的法定标准,不能体现婚姻关系所包含的种种权利和义务关系,而且将此作为判断婚姻关系存亡的唯一标准,是承认和允许喜新厌旧,给视婚姻为儿戏的部分社会成员提供了制度保证。婚姻包容着当事人对配偶、对子女和对家庭以及社会的责任,要求当事人很好地承担责任、履行义务。夫妻感情不能直接引申出婚姻共同体的利益和社会利益,也不能表明夫妻在法律上的权利和义务关系。现代离婚法虽强调保护婚姻当事人的婚姻自由权,有一定的个人价值本位倾向,但并不以完全牺牲家庭和社会利益为代价,而仍保持着一定的社会化色彩。离婚的法定理由不应片面渲染个人化的所谓夫妻感情,而应坚持权利与责任、个人与家庭以及社会利益相协调。第六,感情作为决定婚姻存亡的唯一因素,不符合我国现阶段的生活实际,过于超前。第七,感情作为离婚标准与国际离婚立法潮流不合。世界上没有一个国家或地区的离婚标准是以感情来论的。绝大多数国家和地区均以婚姻关系无可挽回地破裂作为离婚的法定标准,而且诸如英国、美国、日本的立法均要求主张离婚一方举证证明破裂,法律所列破裂情形多数仍是对方有过错的情形。

《婚姻法修正案》关于离婚法定理由规定,吸收了感情标准和婚姻关系破裂标准两种不同观点的合理因素。从一定程度上讲,离婚法定理由是在坚持无过错主义原则下,吸收了过错主义的合理成分。有重大过错行为的婚姻当事人一方仍享有离婚起诉权;夫妻一方起诉离婚并不限于以对方有过错为理由,例如“感情不和分居满二年”、“其他导致夫妻感情破裂的情形”均足以成为夫妻任何一方起诉离婚的充分理由;同时配偶一方有重大过错行为是另一方请求离婚的法定理由。诚然,若以婚姻关系破裂或者不堪共同生活为法定离婚理由的表述,可能显得更为妥当。

五、判决准予离婚的法定情形

为使“夫妻感情确已破裂”有一定的客观判断标准,《婚姻法修正案》列举了重婚、配偶一方与他人同居、夫妻分居满二年等识别夫妻感情破裂的具体情形。又鉴于实际婚姻生活的复杂性,列举难以穷尽所有感情破裂的严重情形,故采用例示主义立法技术,在最后概括地规定“其他原因导致夫妻感情破裂的”,作为补救。这些具体规定中,若干情形在以往的执行婚姻法司法解释中曾出现过,也有若干情形是2001年新增设的。

(一)重婚或有配偶者与他人同居的

1. 重婚

重婚违背了配偶相互忠贞的要求,破坏了一夫一妻制这一根本原则,因此构成离婚原因。夫妻一方与婚外异性具有法律上或者事实上的夫妻关系,不仅是对夫妻感情的践踏,而且是对另一方尊严的无视。另一方因此认为婚姻关系的维持毫无意义,转而要求离婚,实属情理之中。我国现行婚姻法也允许有重婚过错的配偶一方本人提出离婚。

2. 夫妻一方与他人同居

这里的同居是指有配偶者与婚外异性在一起共同生活,但不以夫妻名义相称,故俗称姘居。夫妻一方与他人同居,违背了夫妻相互忠贞和一夫一妻制要求,构成离婚原因。近些年来,内地某些地区,有配偶者与婚外异性以夫妻以外的各种名义公开或隐蔽地同居生活的现象较为突出。① 婚外同居因不是以夫妻名义共同生活,其行为依法不构成重婚,但仍是对一夫一妻制的破坏。夫妻一方的背叛可能摧毁另一方对婚姻的信心,造成难以弥合的损伤。姘居对合法婚姻的损害一目了然,社会上要求遏制这种现象的呼声很高。允许有这种情形的夫妻离婚,实有必要。

(二)实施家庭暴力或者虐待、遗弃家庭成员的

1. 夫妻一方实施家庭暴力的

因家庭暴力导致感情破裂,是《婚姻法修正案》新增的内容,并单独列举规定,以示强调。

1980年《婚姻法》制定时没有认识到家庭暴力的严重性和危害性。后来,随着人们对家庭暴力的认识加深,因家庭暴力导致夫妻感情破裂的,在司法实践中可以作为"其他原因导致夫妻感情破裂"的情形加以判定从而准予离婚。但总体上看,并不是所有人均有此清醒认识。《婚姻法修正案》准许存在家庭暴力的夫妻离婚,说明我国加大了对家庭领域人权的保障力度。

2. 夫妻一方有虐待家庭成员行为的

虐待是指经常以打骂、冻饿、禁闭、强迫过度劳动或限制人身自由、凌辱人格等方法,对共同生活的家庭成员进行肉体上、精神上的摧残、折磨的行为。

---

① 社会生活中使用的"包二奶"一词,不是法律术语,泛指一切婚外两性关系。从社会反映的情况看主要指有配偶者与婚外异性在或长或短的时间内共同生活的情形,包括重婚现象。因此,姘居与"包二奶"不能等同。

虐待具有三个特点:一是虐待行为人与被虐待者具有亲属关系,通常是生活在一起的家庭成员,受害人往往是老人、未成年人、妇女、残疾人等弱势人员。二是具有经常性,在一段时间内,连续经常实施虐待行为。三是行为的残酷性,虐待会造成受害人肉体痛苦和精神痛苦。身为家庭成员,本应相互尊重、互相关心和帮助,和睦共处。夫妻一方却违背常理,利用自己体力上、经济上等优势非法侵犯家庭成员的人身权益,因此导致婚姻难以存续,这是可预知的后果。

3. 夫妻一方有遗弃家庭成员行为的

遗弃是指对年老、年幼、患病或者其他原因没有独立生活能力的人负有法定扶养义务而拒绝给予扶养的行为。行为人明知自己的行为会给受害人造成极大的生活困难、精神痛苦,却仍为之。夫妻一方因此要求离婚,应该予以准许。

(三)有赌博、吸毒等恶习屡教不改的

恶习是指严重影响正常生活的不良嗜好和习惯。赌博、吸毒、好逸恶劳等恶习,对婚姻生活的负面影响不仅是经济上的,更重要的是对配偶另一方及其他家庭成员的严重精神打击。近十余年来,夫妻一方沾染恶习屡教不改是内地少数家庭遇到的共同伤痛。一方沾染上某种恶习后,另一方总是想方设法帮助该方改掉恶习,希望重新开始正常生活。然而,生活中总有部分人不痛下决心根除恶习或者屡改屡犯,致使配偶另一方对婚姻绝望,夫妻关系名存实亡。在此情形下,不允许婚姻当事人离婚,会使无辜配偶受到严重伤害,很可能使未成年子女的身心受到比父母离婚可能带来的更严重的伤害。因此,夫妻一方有恶习屡教不改致使婚姻无法继续时,离婚不失为解决问题的正当方法。

(四)因感情不和分居满二年

理解"分居二年"应包括三方面:首先,它是指婚姻当事人因感情不和连续分居的状态持续已满二年,而不是数次分居时间累加的结果。其次,法律要求的"分居二年"是婚姻当事人一方起诉离婚前最后一次分居的时间,而不是共同生活史上曾有过的分居。当事人虽有分居,但未满二年又恢复同居的,或者夫妻双方曾因感情不和分居了二年甚至更长,后因某种原因又恢复了同居则原先的二年分居不是本项所称的"分居二年"。最后,造成分居的原因是夫妻感情不和。分居原因唯一化是本项规定的法定要求。如果当事人双方因客观事由而两地生活,如夫妻因工作原因两地生活,不是本项所称的分居。

这一规定较之原婚姻法实施中的司法解释对分居时间的要求,缩短了一年。

原规定明确要求分居满三年,①《婚姻法修正案》将分居期限改为二年,是一个较大变化。法律设定分居期限,用意在于两方面:一是引导婚姻当事人双方在作出离婚决定前冷静思考,并为这种思考创造条件,以避免当事人冲动离婚。二是为可能到来的离婚作某种准备。离婚意味着家庭的破裂,无论当事人本人、婚姻中的子女及与婚姻当事人共同生活的亲属,要对今后生活安排有一定准备,均需要相当时间。法定二年的分居期限能够为多数人所认同。

分居期限是1980年《婚姻法》原规定修改过程中争议较大的问题。多数学者主张分居作为识别婚姻关系是否已经破裂的标志之一,以一至三年为适当考虑期限。如果说分居三年稍嫌长的话,分居一年则稍嫌短,二年是多数人意见的折中点。② 因为判决离婚的标准,适用于一方要求离婚而另一方不同意离婚的情形。婚姻作为一种承诺,法律不能只尊重和考虑想离婚一方的愿望和利益,而不同等地尊重和考虑另一方的愿望和利益。

(五)其他导致感情破裂的情形

这个概括性规定,可以涵盖前述所有规定中没有列举到但实际生活中确实导致夫妻感情破裂的情形。现代社会生活的多元化和复杂化,使得单一列举规定过于严格。这项规定,使得法官能够灵活适用,使离婚裁判之判断富有弹性。因此,立法本意有放宽离婚之趋势。结合以往的司法实践,"其他原因"的情形有:一方被依法判处长期徒刑,或者其违法、犯罪行为严重伤害夫妻感情的;夫妻一方或双方有通奸行为;夫妻一方有生理缺陷难以治愈的;双方办理结婚登记后尚未同居生活,已无和好可能的等。

需要强调的是,上述关于准予离婚的法定情形的规定,不是专门针对无过错一方的,无论是具备上述情形之一或者同时具备上述多种情形的过错一方主动提出离婚,还是由无过错一方提出离婚,只要具备上述五类法定情形之一,就应准予离婚。诉请离婚的原告是否有过错并不影响离婚请求的获准。

此外,针对一方被宣告失踪后另一方要求离婚的情况,《婚姻法修正案》第32条第3款规定,"夫妻一方被宣告失踪,另一方提出离婚诉讼的,应准予离

---

① 1989年11月《关于人民法院审理离婚案件如何认定夫妻感情确已破裂的若干具体意见》第7条规定,"因感情不和分居已满三年,确无和好可能的,或者经人民法院判决不准离婚后又分居满一年,互不履行夫妻义务的,视为夫妻感情确已破裂,准予离婚"。

② 另有些学者主张分居二年、三年均太长,个别学者甚至认为分居3~6个月即可。认为在过了这么长的时间后,双方的离婚决定仍无改变,再长就没有意义,而纯属折磨人了。故意折磨人无论如何不应当成为一项法律的动机。参见李银河、马忆南主编:《婚姻法修改论争》,光明日报出版社1999年版。

婚”。这一情形与上述五种法定情形不同。适用此项规定判决离婚,不要求调解无效。因为此时诉讼中只有一方当事人,被告没有音讯,法院的调解工作缺乏针对性。因此,如果存在夫妻一方被宣告失踪的情形,另一方提起离婚诉讼,请求离婚,人民法院就应当依法准予原告的离婚请求。

《婚姻法修正案》关于准予离婚的具体情形规定,较之婚姻法原规定更客观合理。贯彻执行婚姻法原标准的司法解释虽规定有14种情形可视为感情破裂准予离婚,但其中有多种情形并不属于感情破裂或者离婚问题。现行离婚标准将不属于夫妻感情破裂甚至根本不是离婚问题的情形,合理地排除在离婚标准之外,而将其纳入新建立的婚姻无效制度加以解决。“其他导致感情破裂的情形”是一个兜底性规定。导致夫妻感情破裂的情形,多种多样,不可能列举穷尽,法律只能强调常见的导致感情破裂的情形,并将其单列出来。法定的五类情形之内涵,较之旧法的标准丰富。新标准列举的每一种情形之中包含了若干种不同的具体情形,凡是原标准中包含的导致感情破裂的情形,新标准仍保留其内容。从标准掌握宽严程度看,新标准较好地坚持了保障离婚自由和反对轻率离婚的指导思想,离婚较过去容易。离婚自由是公民享有的基本权利之一,部分人在婚姻法修改时担心新法会加重离婚难度,甚至认为已经公布的婚姻法修正案在离婚标准上确实加大了离婚难度。我们认为那种认为新离婚标准加大了离婚难度的观点不符合事实。

第四节　离婚对当事人的效力

一、夫妻身份关系解除

离婚解除了夫妻身份。基于夫妻身份所享有的一切权利和所负担的一切义务随婚姻解除而归于消灭。

(一)配偶资格的丧失

婚姻关系成立之日起至终止之日止,婚姻当事人双方互为对方配偶。这是当事人享有婚姻利益和承受婚姻负担的全部依据和基础。离婚解除了婚姻关系,当事人双方不再是夫妻,配偶资格不复存在。

(二)扶养权利义务的终止

夫妻本有相互扶养的权利和义务。随着离婚生效,夫妻身份关系解除后,原婚姻双方不再负担扶养对方的义务,任何一方依法无权向另一方索取扶养费。

(三)配偶继承人资格丧失

夫妻依法享有相互继承对方遗产的权利。离婚生效后,原婚姻当事人双方不再是夫妻关系,随之丧失了配偶继承人资格,无权继承对方遗产。

二、夫妻财产关系终止

夫妻财产制,本意就是为夫妻共同生活的目的而设立的,所以离婚时,夫妻财产关系理应终止。离婚时,夫妻共同财产应当依法分割,婚姻对外的财产责任应当清算。

(一)夫妻共同财产的分割

夫妻各方享有分割夫妻共同财产的请求权。首先,离婚时,当事人双方普遍有分割共同财产的愿望,法律对共同财产分割的规定只是对多数当事人愿望的推定和尊重。其次,离婚后,原婚姻当事人继续对原夫妻共同财产保持共同共有关系有客观困难。原来的共同财产若不加以分割,则当事人各方个人的财产利益难以确定,相互间的财产关系也难以处理。离婚后,由于时过境迁,未来分割的困难更大,成本更高。再次,分割原夫妻共同财产方便当事人各自生产和生活。基于这些考虑,各国离婚法均设立有分割夫妻共同财产规定,我国《婚姻法修正案》也不例外。

根据婚姻当事人双方依法对夫妻共同财产享有平等所有权(占有、管理、使用、收益和处理权),离婚时,夫妻各方依法享有对夫妻共同财产的分割请求权,通过分割共同财产,确定各方个人应得财产份额和利益,终止夫妻财产共有关系。

1.分割夫妻共同财产的原则

《婚姻法修正案》第39条第1款规定,"离婚时,夫妻的共同财产由双方协议处理;协议不成时,由人民法院根据财产的具体情况,照顾子女和女方权益的原则判决"。第41条规定:"离婚时原为夫妻共同生活所负的债务,应当共同偿还。共同财产不足清偿的,或财产归各自所有的,由双方协议清偿;协议不成时,由人民法院判决。"据此,可以确定夫妻共同财产分割和共同债务清偿办法有两种:当事人双方协议分割或清偿;协议不成时,由人民法院依法判决分割与清偿。协议分割,只要坚持自愿原则,在双方协商一致的基础上将共同财产分割处理,双方均能接受即可。司法判决分割则必须遵照法律规定的分割原则进行分割。人民法院判决分割时应遵循的原则,会反过来影响婚姻当事人协议分割。

分割夫妻共同财产,应坚持下列原则:

(1)坚持夫妻平等原则。夫妻对共同财产的利益是平等的。因此,分割夫妻共同财产时,原则上夫妻双方应当均等分割。

(2)充分注意夫妻共同财产的具体情况。这里的具体情况仅指夫妻共同财产的具体情况,不包括当事人的具体情况。财产的具体情况主要包括如下因素:财产的种类、价值,各种财产相互之间的联系等。实际处理案件时,人民法院应当坚持男女平等原则,尊重当事人意愿,从有利于生产、方便生活出发,合情合理地予以分割。

(3)照顾子女和女方权益。"照顾"可以是在财产份额上给予女方或直接抚养子女的一方当事人适当多分,可以是在财产种类上将生活特别需要的财产分配给女方或该方,也可以是其他形式。未成年子女永远是婚姻利益的中心之一,也是国家或社会利益的体现。因此,离婚时,分割夫妻共同财产,必须给予未成年人利益适当照顾,以方便未成年人在父母婚姻解除后的生活和学习,将父母离婚给未成年人带来的负面影响尽可能地减少些。照顾女方权益是保护妇女利益原则的体现和要求。在总体上,已婚妇女的经济收入与财产、谋生能力、受教育水平等低于已婚男性,妇女属于社会上的弱者,婚姻家庭是妇女的传统生存方式之一。离婚时,在坚持平等保护双方基础上给予妇女适当照顾,是世界多数国家和地区婚姻法的通行做法。我国作为发展中国家,经济发展水平有限,社会保障与福利不发达,离婚时在分割夫妻共同财产上给予妇女适当照顾,应该也是做得到的。

(4)有利于生产和方便生活原则。夫妻离婚后,生产和生活还要继续。分割夫妻共同财产时,应尽可能地充分注意到夫妻各方的生活必需和财产的实际效用,根据财产的实际状况,照顾到当事人生产、生活的实际需要。

2. 夫妻共同财产的分割办法

分割夫妻共同财产的方法,主要有实物分割、变价分割等。

依据《婚姻法修正案》第 39 条、第 41 条的规定与《婚姻法》原第 31 条、第 32 条的规定,这二者的内容和精神无大差别。不过,必须充分注意下列两方面的情况:第一,修正案第 39 条第 2 款规定"夫或妻在家庭土地承包经营中享有的权益等,依法予以保护"。这是本次修正案新增设的一款内容。原婚姻法相关规定包含着这种精神,但没有单独提出来予以明文规定。本次婚姻法修改中针对农村已婚妇女和上门女婿们遇到的实际困难,作了专门要求,以突出强调离婚并不影响原婚姻当事人依法享有土地承包经营权益。第二,分割共同财产的个别精神发生了变化。尽管《婚姻法修正案》第 41 条与原婚姻法第 32 条规定只有个别文字不同,但实际内容已发生了较大改变。这有两方面原因,一方面修正案规定,夫妻共同债务应由夫妻双方共同偿还,这是原则,至于是以共同财产首先清偿还是用其他财产清偿,当事人可以选择决定。而原婚姻法第 32 条规定直接要求当事人以共同财产清偿,清偿不足时才协议或判决清偿。这就是说原法要求离婚时夫妻共同财产首先应用于清偿共同债务。司法实践中一律都将共同债务适当地分配给当事人双方分担,即使当事人双方存有足够还债的现款,仍没有要求离婚当事人还债。如此,有关以共同财产清偿的规定形同虚设,债权的实现因债务人离婚而无端增加了困难。另一方面,《婚姻法修正案》增设了离婚损害赔偿制度,对夫妻感情破裂负有过错责任的一方通过承担赔偿责任体现其不法行为的责任。一般情况下,离婚时分割共同财产不与过错挂钩。

此外,实行分别财产制的夫妻,或无夫妻共同财产的,离婚时不发生夫妻共同财产分割。

(二)清偿夫妻共同债务

1. 夫妻共同债务的确定

离婚只表明婚姻共同体的解体,不是免除债务的理由,债的效力不受债务人离婚影响。离婚时,必须妥善解决债务的清偿问题。

为婚姻共同生活所负债务,依法应认定为夫妻共同债务,由双方共同清偿。凡夫妻在婚姻关系存续期间为解决共同生活需要所负担的债务、双方约定共同承担的债务等,应为夫妻共同债务。如夫妻一方或双方为履行抚养、扶养、赡养义务所负之债务,夫妻一方或双方为学习、培训、职业发展投入等所负债务,是典型的夫妻共同债务。

2. 夫妻双方共担共同债务的清偿责任

婚姻当事人双方对夫妻共同债务的清偿负有共同的责任。第一,夫妻双方本来就是同一债权的共同债务人。无论该债务的形成是双方同意的或者所带来的利益为双方或婚姻共享,还是债务人之间的内部关系如何变化,对债权而言,他们都必须共同承担债务的清偿责任。第二,债务人婚姻的风险是债权人不可能预知的风险。离婚只是债务人内部关系的变化,就整个民事活动环境而言,这是相对方无法预料也不应该知道的事。共同债务人仍须对债权人的债权负共同清偿责任。第三,夫妻财产是共同债务的全部担保。由于债务人的全部财产是债务的担保,对夫妻共同债务而言,不论是夫妻个人财产还是夫妻共同财产,均因是债务人的财产从而构成对该债务的担保。债务人实行共同制下,夫妻共同财产是该债务的担保,夫妻实行分别财产制或者限定部分共同制下,夫妻共同财产同样是债务的担保,夫妻各人的个人债务也与共同财产一起共同构成对夫妻共同债务的担保。夫妻离婚分割共同财产,尽管在价值上不会影响债务人以其全部财产充当债务担保,但毕竟债务的财产状况会发生较大变化。因此,法律特别明文要求夫妻对共同债务负共同清偿责任。

具体如何清偿的问题,法律允许婚姻当事人双方协商决定。协议不成时由人民法院判决。从《婚姻法修正案》第41条可知,法律仍然要求夫妻以共同财产优先清偿共同债务,不足清偿时,再由双方协议确定清偿责任,或者由司法裁判确定。当事人各方协商确定清偿时,凡是能够使债权及时得到实现的清偿方法,均是合法的。但如果婚姻当事人双方故意将巨额共同债务的全部或主要清偿责任确定给明显属于财产较少或经济收入较低的一方,甚至是没有收入也无财产的一方,而有较高收入或有较多财产的另一方反而负担少或者不负担债务清偿,则是不符合法律要求的,也有损债权的安全,不应得到法院批准。人民法院判决确定债务清偿责任时,应充分注意到当事人双方清偿能力的大小。在保护原婚姻当事人双方合法权益的基础上,重在保护债权的安全。

值得注意的是,实行分别财产制的夫妻,离婚时仍可能存在夫妻共同债务。如果确有夫妻共同债务,或者夫妻双方对债务的性质及清偿责任有争议,人民法院应依法确定债务的性质及清偿责任。

三、离婚的经济补偿

(一)补偿请求权的概念

"补偿"主要是指财产上或经济上的合理补偿。夫妻一方因为在抚育子女、照料老人、协助另一方工作等方面作出的努力明显超出其本人法定负担时,有权请求从该方贡献中获得利益的另一方给予适当补偿。《婚姻法修正案》第40条规定,夫妻书面约定婚姻关系存续期间所得的财产归各自所有,一方因抚育子女、照料老人、协助另一方工作等付出较多义务的,离婚时有权向另一方请求补偿,另一方应当予以补偿。离婚时的财产补偿请求权是本次修正案新增的一项制度。

增设离婚时补偿请求权,是公平维护婚姻双方利益的需要。夫妻双方对婚姻家庭依法负担平等的权利和义务。但是社会生活中,由于条件所限及当事人主观因素影响,夫妻各方对婚姻家庭义务的履行与贡献往往差别较大,许多婚姻当事人双方无法也不可能真正地从婚姻中获得完全同等的利益。如果婚姻维持终身,各方利益的不均衡可能不明显,而对离婚当事人而言,这种婚姻利益与负担的不均衡则可能明显不公。在离婚自由原则下,离婚率正在缓慢上升,遇到此问题的人正在不断增加。如果法律不注意这种情况并给予适度矫正,无异于"奖懒罚勤",客观上鼓励人们在婚姻生活中自私自利,影响到社会整体的公平观念,影响到法律制度建设的价值评价和道德基础。这显然不符合社会利益,不符合婚姻和家庭整体利益。因此,有必要赋予那些为婚姻家庭生活作出贡献的配偶请求补偿的权利，肯定认真履行婚姻家庭义务的当事人，支持和鼓励人们为婚姻家庭多作贡献。补偿请求权制度的增设，会促进当事人更多地投身婚姻家庭生活，有利于婚姻家庭整体利益，从而有利于社会整体利益的协调。

补偿请求权在国外早已有之。例如《瑞士民法典》第 165 条规定"夫妻一方为夫妻他方所从事的事业或行业所作的贡献已大大超过其维持家庭应尽的义务时，该方有权获得合理补偿。同样，夫妻一方以自己个人收入或财产用于家庭扶养大大超过其应尽的义务时，该方也有权获得合理的补偿。但如果夫妻一方所作的特别贡献，是基于雇佣合同、贷款合同及任何类型的合伙协议或其他合法职业关系，则该方不得请求补偿"。① 建立补偿请求权制度的目的在于协调婚姻当事人双方利益，维护社会公平，防止有人利用婚姻关系"系统地剥削"对方的劳动和财产以谋取婚姻正当利益之外的额外利益。我国实行市场经济后，社会生活较之过去复杂得多，人心随之变得前所未有的复杂，尽管绝大多数婚姻当事人对婚姻尽心尽责，但不能排除少数人在婚姻内部明显地不顾对方甚至不履行法定义务以谋取自己的利益。婚姻法本次修正充分注意到了这一点，及时予以增设，有助于婚姻关系的正常化。

(二)行使补偿请求权的条件

行使补偿请求权，必须具备下列条件：

(1)夫妻在婚姻关系存续期间约定实行分别财产制。按照《婚姻法修正案》第 40 条规定，夫妻书面约定婚姻关系存续期间所得的财产归各自所有，是适用补偿请求权制度的前提。因此，凡是实行共同财产制的夫妻，无论是一般共同制，还是婚后所得共同制，或者是限定部分共同制，无论夫妻双方对婚姻贡献差别多大，离婚时均不适用补偿请求权制度。

(2)夫妻一方对婚姻家庭有特别贡献。根据婚姻法关于父母子女间、夫妻间的权利与义务的规定，无论是子女赡养父母还是夫妻一方协助另一方，均是当事人特定身份关系下应履行的法定义务。履行法定义务的具体情形可能千差万别，但总的而言可以分为三大类：被迫履行、自觉履行、倾其所能地积极履行。第一种情形的义务人应当受到批评，第二种情形的当事人应得到法律认可与肯定，第三种情形的义务人应该得到嘉奖。如果夫妻一方在抚育子女、照顾老人、协助另一方工作等方面不仅履行了其法定义务，而且作出了超额贡献，该方就有权利要求另一方给予补偿。因为该方超额完成的部分实际上应是另一方应履行的法

---

① 中国法学会婚姻法学研究会编：《外国婚姻家庭法汇编》，群众出版社 2000 年版，第 296 页。

定义务的部分。

(3)夫妻一方主动要求另一方给予补偿。这种补偿,应该由夫妻一方本人或者其合法代理人主动提出来。如果贡献较大一方不请求补偿或者明确拒绝接受补偿,法院无权依职权强行判决确定。

(4)补偿请求权只能在离婚时行使。婚姻关系存续期间,没有发生离婚,夫妻任何一方不得请求对方给予补偿。

(三)正确理解补偿请求权

(1)补偿请求权是超额履行义务当事人一方享有的法定权利。凡婚姻关系当事人一方,在共同生活中,为抚育子女、照料老人、协助对方工作等承担了超过法定义务要求的负担的,离婚时该方依法享有向对方要求补偿的权利。这是一种法定权利,它不是基于婚姻双方具有相互扶养义务,而是建立在该方对婚姻的贡献之上,是公平维护婚姻各方利益的需要。

给予对方适当补偿是从承受了超额负担方的付出中得到利益一方当事人应履行的法定义务。在民事法律上,权利与义务通常是相对的。对具备第40条规定的法定情形的婚姻当事人,一方享有法定的补偿请求权,另一方负有法定的给予该方补偿的义务。如果案件当事人具有法定情形,并提出了明确的补偿请求的,人民法院应依法予以支持。

(2)补偿请求权制度平等地适用于男女双方,但立法侧重点在于维护已婚妇女的合法权益。只要是实行分别财产制的夫妻,具备补偿权的法定条件,不论是丈夫还是妻子,离婚时都有权请求对方给予相应补偿。不过,常见的是已婚妇女,自觉地或无奈地承担起了主要的家庭照料责任,由于家庭生活占用的时间、精力较多,她们的社会发展往往受到了较大限制,配偶对方则因有较多的时间和精力投入社会发展获得了较高的社会地位或者有了较大的谋生与赚钱能力,有了较好的发展前途等。为此,补偿请求权立法更重在保护妇女的权益。

补偿金额或财产的多少,应充分考虑到请求权人的贡献、另一方的获益、双方的经济能力及婚姻存续期间等因素综合确定。

四、离婚时生活困难帮助

(一)帮助请求权的概念及其立法意义

《婚姻法修正案》第42条规定:"离婚时,如一方生活困难,另一方应从其住房等个人财产中给予适当帮助。具体办法由双方协议;协议不成时,由人民法院判决。"这条规定赋予了离婚时生活困难一方向另一方请求帮助的权利。

离婚时婚姻当事人一方生活困难的情形常有发生,如果法律没有为困难一方提供救济途径，则困难一方婚姻当事人就难以实现离婚自由。男女双方作为原婚姻当事人，负有相互扶养的义务。一方离婚时生活困难的，离婚生效后往往只会更加困难，如果不能在离婚时给予适当帮助，困难一方当事人的未来生活将难上加难。尽管生活困难的公民可以通过其他救济制度寻求帮助，但是我国的社会保障制度还处于初创阶段，家庭保障仍是公民的主要保障途径。正是基于此，《婚姻法修正案》继续保留了原有的困难帮助制度，同时根据社会实际需要作了进一步完善。

（二）行使帮助请求权的条件

生活困难帮助是离婚时一种善后措施，具有较严格的条件。

（1）一方有生活困难。生活困难是指当事人由于健康、收入、住房等方面的原因致使其日常生活不能正常化的状态。

（2）另一方有帮助的能力。虽然当事人一方生活困难，但如果另一方的状况与其接近或相似，没有能力提供帮助，就没有实施帮助的条件。

当事人必须同时具备上述两个条件，才能适用帮助制度给予生活困难一方适当帮助。

（三）生活困难帮助的范围与办法

帮助的内容主要是提供经济帮助、住房帮助等。《婚姻法》原第 33 条明确规定帮助是经济帮助，但是修正案第 42 条规定没有继续使用“经济帮助”一词，而是改用“适当帮助”，因此该帮助内容不限于经济帮助。从修正案关于帮助方法的提示性规定可知，这种帮助显然包括提供住房供困难一方居住使用这种方式，即帮助对方解决居住困难的问题。

具体如何帮助困难一方，当事人依法可自行协商，协议不成的，由人民法院判决。从司法审判角度看，人民法院作出判决时应具体考量下列因素：请求权人的具体情况和实际需要，请求权人的具体诉讼请求，另一方个人财产状况，帮助的效果等。

生活困难帮助与夫妻财产分割是两个不同的法律问题。第 42 条明确规定，提供帮助者应从其个人财产中给予适当帮助。也就是说，夫妻财产分割或者分割时对女方的照顾不是帮助，负有帮助责任一方不能以夫妻财产已分割为由拒绝给予对方帮助。当然，如果离婚时一方的生活困难仅仅是经济陷入困境，则通过夫妻共同财产分割，经济困难是能够得到适度缓解或者解除的。

与婚姻法原规定相比，《婚姻法修正案》扩大了帮助的范围。原婚姻法只规定帮助为经济帮助，即帮助主要是提供一定数量的现金帮助对方解决困难，同时也包括提供某些财产帮助对方。而《婚姻法修正案》将帮助的范围扩大到住房、经济帮助及其他形式。修正案更明确了帮助与夫妻财产分割的区别。修正案强调帮助者应从其个人财产中拿出适当部分以帮助对方,而原规定中没有明确这一点。

五、离婚损害赔偿

(一)离婚损害赔偿的概念和立法意义

离婚损害赔偿是指夫妻一方的过错行为导致离婚,无过错的另一方有权要求过错方给予损害赔偿的民事法律制度。根据《婚姻法修正案》第 46 条规定,因一方有过错导致离婚的,离婚时无过错一方有权请求损害赔偿。即夫妻一方具有该条规定情形之一的,离婚时无过错的另一方依法享有请求过错方给予赔偿的权利。由此我国婚姻法第一次在立法上肯定了离婚损害赔偿制度。

我国《民法通则》没有赋予破坏婚姻关系行为的受害配偶损害赔偿请求权。但是,从社会生活实际看,婚姻当事人一方的重大过错行为,的确会给对方造成程度不同的伤害。配偶一方与婚外异性任何一种不正常的两性关系,给配偶他方造成的损害都是直接的、明确的、可以查证的。[①] 它完全符合损害赔偿特别是精神损害赔偿的特征,即侵权行为使受害人遭受精神上、感情上极度痛苦,甚至导致受害人精神失常等严重后果。这种情形应该适用损害赔偿,特别是其中的精神损害赔偿。如果婚姻法不给予受害人应有的救济,过错行为得不到矫治,公平产生倾斜,就会诱发无过错一方绝望之中实施过激行为,使社会付出更大代价。因此,无论是从法学理论还是从实践角度看,建立离婚损害赔偿制度都是一种维护社会公平和救济无过错者的有效手段。

从国外立法看,离婚损害赔偿是大陆法系和普通法系许多国家和地区都早已有之的救济性法律制度。资本主义国家和地区的民事立法基于婚姻契约理论,认为当配偶一方有违背婚姻义务行为致使婚姻破裂时,应赋予无过错方要求损害赔偿的权利。离婚损害赔偿制度的法例较多,如《法国民法典》第 266 条、《日本民法典》第 151 条。我国台湾地区“民法”第 1056 条规定:“夫妻一方,因判决离婚而受损害者,得向有过失之他方,请求赔偿。前款情形,虽非财产上之损害,受害人亦得请求赔偿相当之金额,但以受害人无过失为限。”中国香港特别行政区《婚姻诉讼条例》第 50 条规定:“申请人在申请离婚或申请裁判分居或只要求赔偿时,可以其妻子或丈夫与某人通奸为由,向该人要求赔偿。”

---

① 参见田岚、何俊萍:《论离婚有过错的精神损害赔偿责任》,《东南学术》2001 年第 2 期。

离婚损害赔偿作为对婚姻当事人权利受非法侵犯时的救济手段,具有三方面功能。第一,填补损害。损害赔偿作为侵权行为的民事责任,其最基本的功能是填补受害人的损害,使受损害的权益因得到救济而恢复。婚姻当事人一方的严重过错行为,非法侵害了无过错配偶他方的合法权益,造成了无过错一方权益的受损。如果说过错方用本人的收入和财产供养与其有不正当关系的婚外异性,是对配偶另一方财产利益的损害,那么,过错方的过错行为更多地给无过错配偶另一方的精神造成伤害。尽管精神损害不能用财产准确予以计算,但以财产责任方式补偿受害人所遭受的精神损害,对受害人的精神利益和精神痛苦具有填补作用。当然过错方也应对其损害配偶另一方财产利益的行为负责。第二,慰抚受害人的精神。虽然人的精神损害难以用财产补偿,但是财产毕竟是有价值的,能够在一定程度上满足人的需要。法律强制过错方为其过错行为承担法律责任,包括向受害人支付赔偿金,它体现了婚姻当事人双方行为的是与非,体现了对无过错当事人一方无端受损的同情和对其遵守法律要求的行为的肯定与尊重,这无疑是对受害人感情上和精神上的一种有力安慰,能适度减轻受害人的痛苦。第三,制裁和预防相关违法行为。任何损害赔偿作为侵权行为人应承担的民事责任之一,均具有制裁和预防违法行为的功能。婚姻法责令过错行为人对其本人的严重过错行为承担损害赔偿责任,本身就是对过错行为人藐视婚姻家庭行为基本准则的一种谴责和惩戒,体现了对过错行为的制裁;同时对其他婚姻当事人有警示作用,使行为人能够预知自己若有过错行为将付出的代价,从而减少和避免同类侵权行为发生,达到保护合法婚姻,促进家庭文明的目的。

《婚姻法修正案》建立离婚损害赔偿制度,是完善婚姻家庭法制的需要。保护婚姻家庭是我国宪法确立的基本方针。家庭是我国社会的细胞,婚姻家庭稳定是社会稳定的基础之一。《宪法》第 49 条规定:"婚姻家庭、母亲和儿童受国家保护。"为此,我国《刑法》对破坏婚姻家庭的犯罪行为给予刑事惩罚。《民法通则》第 104 条规定:"婚姻、家庭、老人、母亲和儿童受法律保护。"我国《婚姻法修正案》第 2 条和第 3 条规定:"实行婚姻自由、一夫一妻、男女平等的婚姻制度,保护妇女、儿童和老人的合法权益。""禁止重婚。禁止有配偶者与他人同居。禁止家庭暴力。禁止家庭成员间的虐待和遗弃。"因此,凡违反法律禁止性要求者,应依其行为的性质及其危害程度等情况,承担相应的法律责任。建立离婚损害赔偿制度,是新形势下保护婚姻当事人合法权益的需要,有利于依法追究重婚、姘居、通奸、婚外恋、家庭暴力等过错当事人的法律责任。婚姻含有伦理因素,但它更是一项法律制度,关系着当事人的巨大利益,并涉及社会利益,应受法律保护。近年来,因夫妻一方与人通奸、姘居、重婚或暴力伤害、虐待、遗弃对方导致的纠纷增多。合法配偶一方身心严重受摧残,却得不到法律救济,使受害人有苦难言,痛上加痛。应明确破坏他人合法婚姻等行径为违法,并予以一定制裁,同时对受害配偶给予一定补偿,以填补损害、慰藉其精神。建立该制度是司法有法可依、违法必究的需要。从司法实践看,由于1980年《婚姻法》原规定无离婚损害赔偿制度,按照分割共同财产时对无过错方给予适当照顾的原则体现了对过错方行为的惩罚,但是在共同财产不多甚至没有的情况下,该照顾原则无法实际适用,无法给予无过错一方公平合理的保护,违法行为得不到及时的处理和制裁。只有离婚损害赔偿制度,才能使合法的婚姻家庭权益受到非法侵犯时得到救济,使非法行为人承担相应法律责任。①

(二)离婚损害赔偿的构成要件

离婚损害赔偿的构成要件是指婚姻过错行为人承担民事损害赔偿责任的条件。离婚损害赔偿请求权的构成要件有四大因素。

1. 夫妻一方有重大过错行为

婚姻家庭生活中,只有重大过错行为,依法才构成离婚损害赔偿的事由。

离婚损害赔偿责任的法定事由有五大类:

(1)夫妻一方重婚的。重婚违背了夫妻之间互负忠实的义务,是对一夫一妻制的最严重破坏。夫妻另一方因此要求过错方承担损害赔偿责任,合情合理。《婚姻法修正案》将其列入损害赔偿事由中,要求责任者承担民事赔偿,是对重婚行为的处罚。

(2)夫妻一方与他人同居的。夫妻一方不论以何种名义与他人同居,均应纳入此处所称同居之列。有配偶者负有与配偶对方共同生活的义务,即使因某种正当理由免除同居期间,已有配偶者均不得与他人同居,否则该行为构成违法。因此,已有配偶者与他人同居是对婚姻义务的违反,应该承担相应民事责

---

① 离婚损害赔偿制度的建立也受到部分人质疑。其理由主要有三点:一是认为离婚损害赔偿违反婚姻的伦理本质,并使婚姻关系商业化。二是认为对婚外性关系予以惩罚,是用法律解决道德问题,不妥,主张对婚姻规范置于伦理、道德世界之中。三是认为司法介入婚姻过错调查,取证困难,诉讼成本高,无可操作性。作者认为这些理由有些似是而非。一夫一妻作为法律制度,任何人违背或破坏了它,就应该承担法律责任。调查难不是反对立法的理由。婚姻一方的重大过错给另一方造成损害的,不只是道德问题。如果已婚者可以在婚外再结两性关系甚至再建家庭而不负法律责任,一夫一妻的婚姻法律制度体现在哪?离婚损害赔偿会使婚姻关系商品化的认识,仅仅是一种假想。

任。已有配偶者与他人同居期间，仍与配偶另一方同居生活的，仍构成损害赔偿事由。

(3)夫妻一方实施家庭暴力的。因夫妻一方实施了家庭暴力而导致离婚的，行为人应承担民事赔偿责任。家庭暴力的受害者包括配偶及配偶以外的其他家庭成员。施暴者的施暴，不论是针对另一方配偶本身，还是针对其他近亲属，均会使夫妻另一方对施暴者的评价产生根本改变，可能失去对婚姻的信心。当然就离婚损害赔偿而言，重在强调施暴者对配偶另一方实施的家庭暴力，但也不排除对家庭其他成员实施的暴力。

(4)夫妻一方虐待家庭成员的。虐待是对受害人人身权益的严重侵犯。夫妻一方有虐待家庭成员行为，导致夫妻感情破裂的，无过错方有权要求行为人承担损害赔偿责任。

(5)夫妻一方遗弃家庭成员的。家庭成员在我国婚姻家庭法范围内与近亲属的外延一致。夫妻一方有遗弃家庭成员的行为，足以满足损害赔偿事由的法定要求，至于遗弃行为是否造成了严重后果，法律并没有作特别要求。对受害人而言，再多的金钱赔偿也不能改变曾被亲人遗弃的事实，但对违法行为人来说，要求其承担赔偿责任体现了法律对其行为的否定评价。

2. 夫妻一方有过错

过错是行为人决定其行动时的一种心理状态。过错有故意和过失两种形式。行为人预见到自己行为的结果，并希望该结果发生或者放任其发生的，为故意。行为人对其行为的结果应该预见到或者能够预见到但未预见到，或者虽然预见到行为的结果但轻信其不会发生，以致造成损害结果的，是过失。从《婚姻法修正案》第 46 条规定看，夫妻一方决定实施上述行为时的心理状况只能出于故意，不可能出于过失。有完全民事行为能力的人，应该并能够认识到重婚、与婚外异性同居、对家庭成员实施暴力以及虐待或者遗弃家庭成员会造成什么后果。

3. 存在另一方受到损害的事实

损害是指由一定行为或事件造成人身或财产上的不利益。以性质和内容为依据，损害可区分为物质上的财产损害和心理上的精神损害。财产损害是指违法行为人的行为导致受害人既得财产利益的损失和应得财产利益的损失。精神损害是指受害人因人格受辱、名誉受损、尊严被贬等导致其精神的痛苦和不安。离婚损害包括财产损害和精神损害，如夫妻一方的上述重大过错行为导致另一方财产受损；夫妻一方对另一方实施家庭暴力，使另一方身体机能或器官直接受伤等，但精神损害是夫妻另一方可能受到的最常见且程度最深的损害。正确理解离婚损害赔偿,必须充分注意这一客观情况。

4. 夫妻一方的过错与另一方所受损害之间存在因果联系

因果联系是指过错行为与损害事实之间具有必然联系,过错方的过错行为直接导致了另一方受损害事实的发生;没有该过错行为,就不会发生另一方受损害的事实。只有当夫妻一方的过错行为是直接导致另一方受损害的原因时,才符合离婚损害赔偿请求权的要求。强调这一点有现实意义。损害与对方行为之间没有因果联系,依法不能成为请求赔偿的理由。

请求权人证明对方确有法定过错,就足以证明其损害的存在。

(三)行使离婚损害赔偿请求权的范围

1. 只有无过错一方有权请求对方赔偿

如果夫妻双方均有过错,或者夫妻双方均无过错,就不适用离婚损害赔偿。

所称"双方过错"应作广义理解。如果夫妻双方各自有重大过错,双方都无权提出离婚损害赔偿请求;如果夫妻一方有重大过错,而该过错行为得到了另一方教唆、纵容乃至共同参与,则另一方也应被认定为具有过错,不能享有离婚损害赔偿请求权。此外,如果婚姻当事人一方虽有重大过错行为,但该行为业已得到另一方的原谅、宽恕的,离婚是因其他原因导致感情破裂引起的,另一方依法也不再享有离婚损害赔偿请求权。另一方在宽恕该方的过错行为后,出尔反尔,要求追究过错人法律责任的,对过错行为人也不公平。不过,如果夫妻一方具有重大过错,得到了另一方的宽恕后,该方又犯同样过错,另一方不再予以原谅导致夫妻感情破裂引起离婚,另一方要求该方承担离婚损害赔偿责任的,该方依法仍应承担过错赔偿责任。

2. 只适用于离婚程序

离婚损害赔偿适用于登记离婚和诉讼离婚两种法律程序。如果当事人没有进入离婚程序,不适用离婚损害赔偿。

3. 赔偿的范围和标准

离婚损害赔偿包括财产损害赔偿和精神损害赔偿两种类型。应该说只要能证明一方有过错行为的每一个案件,都存在对另一方的精神损害,但并非每个这样的案件一定都同时存在财产损失和精神损害。从立法用意看,重在强调通过离婚损害赔偿,在一定程度上抚慰无过错一方的精神,弥补其所受的精神损失,同时对无过错配偶所受的财产损失,应给予相当弥补。

财产损害比较容易确定。因遭受家庭暴力、虐待等人身受到损害的受害人提起的财产损失赔偿,自 2004 年 5 月 1 日起,参照最高人民法院法释(2003)20 号《关于审理人身损害赔偿案件适用法律若干问题的解释》有关规定予以处理。

确定精神损害赔偿的难度大,可参考最高人民法院《精神损害赔偿责任解释》。确定离婚时精神损害赔偿金时应考虑如下因素:一是受损害程度。受害人所遭受的精神伤害和痛苦的程度,是可以客观判断的。例如受害人仅是出现了愤怒、恐惧、焦虑、沮丧、悲哀、羞辱等情绪障碍,还是因精神和感情受到损害导致精神抑郁、恍惚,或者不思饮食,无法入睡影响了工作和生活;或者因对方的过错行为带来损害致使无过错一方身患重病;或者因此曾自伤、自杀(未遂);或者无过错方因此精神失常或者患有其他精神疾病,留下了后遗症等。精神损害轻重程度的确定,需要专门的医学知识。二是过错人的过错程度。过错严重或者特别严重的,其应该承担的法律责任相应较重,过错程度一般的,则其应承担的赔偿金数额适当少些。三是具体侵权情节。具体情节可区分为两大类,即根据过错行为的法律属性具体分类和根据过错行为的具体情节加以分类。例如重婚与婚外同居相比,通常前者情节较后者重。四是其他因素。例如婚姻存续期间的长短、无过错方对婚姻的贡献等。由于无过错方的具体情况不同,过错方同性质甚至是危害程度相当的行为,对不同的无过错另一方的损害,可能存在一定差别。

第五节　离婚父母对子女的抚养教育

一、离婚父母与子女的关系

父母子女关系不因父母离婚而消除。离婚后,无论子女是由父亲或者母亲直接抚养,仍是父母双方的子女。这是由婚姻关系与父母子女关系的不同性质决定的。离婚终止的是婚姻当事人之间的夫妻关系,当事人双方在婚姻存续过程中因生育子女而形成的父母子女关系,是独立于婚姻关系之外的另一种法律关系,不因婚姻的解除而终止。

父母离婚后,家庭结构发生了变化,父亲和母亲不再为同一家庭的成员,父母履行抚养未成年子女的义务之方式会发生某些变化,且为法律所允许。

对于继父母与继子女,其中未形成抚养关系的继父母与继子女关系,随生父或者生母与继母或者继父离婚而当然终止;已经形成抚养关系的继父母子女关系,如果继父或者继母不愿继续抚养的,未成年的继子女与继父母的关系因此而终止;已经受继父母抚养成年的继子女,其相互关系则不能因生父与继母或者生母与继父的离婚而当然解除。

二、直接抚养权

直接抚养权是指离婚父母对于未成年子女承担的日常照顾与管教的职责。离婚父母分别居住，在特定时期内，照顾未成年子女的职责主要由父母一方承担。未成年子女是随父亲共同生活还是随母亲共同生活，直接关系到子女切身重大利益。因此，确定未成年子女的直接抚养权，是父母离婚时必须一并解决的重大法律问题。离婚父母双方由于各自利益不同、认识差异，就子女直接抚养权的享有和行使等事项并非都能达成一致，法律有必要就争议解决提供基本判断标准和依据。

（一）直接抚养权的确认

确定直接抚养权，应坚持有利于未成年子女健康成长，视子女年龄、意愿等因素合理作出评判。《婚姻法修正案》第36条3款规定："离婚后，哺乳期内的子女，以随哺乳的母亲抚养为原则。哺乳期后的子女，如双方因抚养问题发生争执不能达成协议时，由人民法院根据子女的权益和双方具体情况判决。"结合最高人民法院《审理离婚案件处理子女抚养问题的意见》规定，未成年子女应由父母何方直接抚养，应参照下列情形分别决定：

（1）两周岁以下的子女，一般随母亲生活。年幼未成年子女处于两周岁以下的，原则上由母亲直接抚养。但母亲有下列情形之一的，可随父亲生活：一是患久治不愈的传染性疾病或者其他严重疾病，不宜与子女共同生活的；二是有抚养条件不尽抚养义务，而父亲要求子女随其生活的；三是其他原因，子女确无法随母亲共同生活的，如母亲有特殊的工作性质等。此外，父母双方协议两周岁以下子女随父亲生活，并对子女健康成长无不利影响的，可予准许。

（2）对于两周岁以上未成年子女，酌情决定由父母何方享有直接抚养权。父亲和母亲均要求随本人共同生活，一方有下列情形之一的，其请求可予以优先考虑：一是已经做绝育手术或者因其他原因丧失生育能力的；二是子女随其生活时间较长，改变生活环境对子女健康成长明显不利的；三是本人无其他子女，而另一方有其他子女的；四是子女随其生活，有利于子女成长；另一方患有久治不愈的传染性疾病或者其他严重疾病，或者有其他不利于子女身心健康的情形，不宜与子女共同生活的。父亲和母亲的抚养条件基本相同，且双方均要求直接抚养子女，但子女单独与祖父母或外祖父母共同生活多年，且祖父母或者外祖父母要求并有能力帮助子女照顾孙子女或者外孙子女的，可作为子女随父或随母生活的优先条件予以考虑。

（3）确认直接抚养权时应听取有意思表示能力的未成年子女的意见。根据

《未成年人保护法修正案》规定,凡有关有意思表示能力的未成年子女的抚养争议,均应听取子女本人的意见。年幼子女虽无足够的辨别是非之能力,但他们对于父母,有直观的切身感受,有自己的评判标准。允许他们表达对于自己事务的意见、参与自己事务的决定,是最大限度保护未成年人利益的需要。

(4)对于十周岁以上未成年子女随父或随母生活发生争执的,应尊重子女本人意见。这一年龄段的少年属于限制民事行为能力人,已有一定识别能力,父母、法官应听取儿童本人对争议问题的认识和决定,并充分尊重本人的意愿。

(5)在有利于子女利益前提下,父母协议轮流抚养子女的,可予准许。父母轮流直接抚养子女,使未成年子女尽可能地与父母双方保持共同生活,这对子女应是有益的。但对于学龄期儿童,须妥善安排好就学事宜。

此外,关于继子女、养子女的抚养问题,还应注意以下两项特别规定:一是生父与继母或生母与继父离婚时,对受其抚养教育的继子女,继父或继母不同意继续抚养的,应当允许。二是《收养法》施行前,夫或妻一方收养的子女,对方未表示反对,并与该子女形成事实收养关系的,离婚后,应由双方负担子女的抚育费;夫或妻一方收养的子女,对方始终反对的,离婚后,应由收养方抚养该子女。

(二)子女直接抚养关系的变更

在一定条件下,经过法定程序,父亲或母亲直接抚养未成年子女的关系,可以予以变更。直接抚养关系的变更,有协议变更、判决准许变更两种形式。

(1)协议变更。父母双方协议变更子女直接抚养关系的,只要有利于子女身心健康和保障子女合法权益,应予准许。

(2)判决准许变更。父母一方要求变更直接抚养关系,另一方不同意,双方经过协商、调解,仍不能达成一致的,要求变更一方可以向人民法院提起变更抚养关系之诉。

具有下列情形之一的,要求变更子女直接抚养关系的请求,依法应予支持:第一,其与子女共同生活的一方因患严重疾病或因伤残无能力继续直接抚养子女的;第二,与子女共同生活的一方不尽抚养义务或有虐待子女行为,或其与子女共同生活对子女身心健康确有不利影响的;第三,10周岁以上未成年子女,愿随另一方生活,该方又有抚养能力的;第四,有其他正当理由需要变更的。

三、探望权

探望权,也称探视权、交往权,是指未与子女共同生活的离婚父母一方依法享有定期看望子女并与之保持正常联络往来的权利。父母离婚后,未与子女共同生活的父母一方与孩子保持正常联系与交往,与过去共同生活时相比毕竟有所不便。生活中,部分得到直接抚养权的父母一方,错误地利用子女和对方对子女的感情发泄自身的不满或报复对方,故意阻碍孩子与父母另一方联系和往来,这不仅侵害了父母另一方的权利,也严重侵害了子女的合法权益。为保障未成年子女在父母离婚后能够继续得到父母双方的爱护和照顾,减少父母离婚对未成年子女的负面影响,《婚姻法修正案》增设了探望权制度。

《婚姻法修正案》第38条规定:"离婚后,不直接抚养子女的父或母,有探望子女的权利,另一方有协助的义务。"该规定赋予不与子女共同生活的父母一方探望子女的权利,让子女尽可能同时感受到来自父母双方的爱护、关心和照顾,这对未成年子女的健康成长很有必要,也有助于减轻离婚时父母对与未成年子女共同生活机会的争执。

(一)探望权的行使

探望权,虽然表述为"权利",其实它同时也是法定义务。行使探望权,主要是为了防止与孩子共同生活一方妨碍该方与孩子的正常交往。既是探望权,权利人行使权利时遇到他人非法干扰时,依法有权要求排除妨碍;父母一方享有探望权,则另一方依法负有协助义务。同时,对于孩子而言,父母的探望更是一种义务,是履行父母抚养教育未成年子女的义务。按法律规定,义务不能抛弃。未与子女共同生活的离婚父母一方不履行探望孩子职责的,也是对孩子合法权益的侵害。

行使探望权的方式、时间由当事人协议,协议不成时,由人民法院判决。离婚时,父母双方应当协商确定探望的时间、方式。协议内容应当记载在离婚协议书或民事调解书上。婚姻登记人民法院应对协议内容进行必要审查,以确保子女利益。离婚父母协商不成时,人民法院应在查明事实的基础上,就探望权行使的方式、时间作出判决。子女年满10周岁及以上的,应征求子女本人意见。

《婚姻法修正案》施行前已离婚的父母,未就探望权行使作出约定的,由双方协商确定;协议不成时,可以向人民法院提起探望权诉讼,由司法裁定。

(二)探望权的中止和恢复

享有探望子女权利的父母一方,因为较严重的行为不当,经过法定程序,其探望可以被中止;中止原因消失的,也应及时予以恢复。《婚姻法修正案》第38条第3款规定:"父或母探望子女,不利于子女身心健康的,由人民法院依法中止探望的权利,中止的事由消失后,应当恢复探望的权利。"

离婚后,不直接抚养子女的父或母,有探望子女的权利,另一方有协助的义务。不直接抚养子女的父或母是指不随子女共同生活的一方。有探望的权利是指探望人可以探望子女也可以不探望子女,任何人不得限制和干涉,但不得滥用自己的权利。

(1)中止探望权的情形。父或母探望子女,不利于子女身心健康是指探望给子女的身心健康带来损害。导致探望权中止的情形,主要有下列几种:第一,行使探望权的父或母有严重的健康障碍,威胁子女健康或人身安全。如父或母身患严重传染病,不宜与子女接触;或者父或母有严重精神方面疾病,丧失民事行为能力的。第二,行使探望权的一方当事人对子女有侵权行为或者犯罪行为,严重损害未成年子女利益的。第三,行使探望权的父或母教唆、胁迫、引诱子女实施不良行为。如旷课、夜不归宿;携带管制刀具;辱骂他人、强行向他人索要财物;偷窃、故意毁坏财物。第四,享有探望权人有严重不当作为的。例如与未成年子女一起观看、收听色情、淫秽的音像制品、读物等;参与赌博或者变相赌博;携带未成年人进入法律法规禁止的营业性场所,有其他严重违背社会公德的行为等。

(2)中止探望权的程序。根据最高人民法院《适用〈婚姻法〉司法解释(一)》第24条、第25条和第26条对中止探望权程序作了具体规定。

发生需要或者可以中止探望权的情形时,未成年子女、直接抚养子女的父亲或母亲及其他对未成年子女负担抚养、教育义务的法定监护人,有权向人民法院提出中止探望权的请求。

有中止探望权需要时,享有中止探望权之请求权人均可以向行使探望权的人提出中止请求。如果双方能够协商一致,可就中止探望权的开始时间、期限等作出规定,约定中止探望权行使。协议不成时,要求中止探望权行使的一方,可以提起诉讼,请求人民法院裁决争议。人民法院受理中止探望权请求后,人民法院在征询双方当事人意见后,依法认为需要中止行使探望权的,应裁定中止探望权的行使。当事人在履行生效判决、裁定或者调解书过程中,请求中止探望权的,法院认为需要中止探望权的,依法作出裁定。

中止探望的情形消失后,根据当事人的申请,人民法院认为符合恢复探望权行使条件的,应通知申请人及相关人恢复探望权行使。

人民法院作出的生效离婚判决中未涉及探望权,当事人就探望权问题单独提起诉讼的,人民法院应当受理。

(三)探望权的强制执行

在现实生活中,直接抚养子女的父母一方或者与子女共同生活的其他法定监护人拒不履行法院生效法律文书或双方原先达成的探望权行使协议,设置障碍阻挠另一方探望子女的情况时有发生。这些行为不但妨碍了探望权人的探望权的行使,而且也伤害了子女的身心健康。为此,对错误行为当事人必须给予批评教育。如果与子女共同生活的法定监护人经过有关部门或人民法院的教育后,仍拒不执行生效判决或裁定的,探望权人可以申请强制执行。人民法院强制执行探望权,所需费用由被执行人承担。当事人拒不执行或妨害执行行为,人民法院可以依照《民事诉讼法》第102条规定,给予罚款、拘留,情节严重构成犯罪的,应依法追究其刑事责任。但应注意:根据《适用〈婚姻法〉解释(一)》第32条规定,人民法院依法强制执行时,不能对子女的人身进行强制执行。

四、离婚父母对子女抚育费的负担与变更

夫妻离婚后,身为父母有平等负担未成年子女的抚养教育义务。一方直接抚养子女,另一方应负担生活费和教育费的一部分或全部。负担费用的多少和期限的长短,由双方协议;协议不成时,由人民法院判决。关于子女生活费和教育费的协议或判决,不妨碍子女在必要时向父母任何一方提出超过协议或判决原定数额的合理要求。无论子女是随父方生活还是随母方生活,对方都应自觉地给付子女的生活教育费。在协议离婚时,如果抚养一方既有负担能力,又愿独自承担全部费用,也允许对方不负担抚育费。但经查实,抚育方的抚养能力明显不能保障子女所需费用,影响子女健康成长的,不予准许。

(一)抚养费的负担与给付

确定子女抚育费数额,既要根据子女的实际需要,又要考虑父母的负担能力和当地的实际生活水平。有固定收入的,抚养费一般可按月总收入的百分之二十至三十的比例给付;负担两个以上子女的抚育费,比例可适当提高,但一般不得超过月总收入的百分之五十。无固定收入的,抚育费的数额可依据当年总收入或者同行业平均收入,参照上述比例确定。有特殊情况的,还可以适当提高或降低上述比例。

子女抚育费的给付期限,一般至子女十八周岁为止。十六周岁以上不满十八周岁的子女,以其劳动收入为主要生活来源,并能维持当地一般生活水平的,父母可停止给付抚养费。子女虽年满十八周岁但无独立生活能力的,如父母有给付能力,仍应负担必要的抚养费。

子女抚育费的给付方法:子女抚育费应定期给付。有条件的当事人可一次性给付。在农村地区,可按收益季度或年度给付。负担抚养费一方无经济收入或者下落不明的,可用其财物折抵应给付的子女抚育费。

(二)子女抚养费的变更

父母离婚时确定的子女抚育费,随着子女需求、负担人的经济能力等情形的变化,原先确定的抚养费金额可以通过法定程序予以增加、减少和免除。《婚姻

法修正案》第37条第2款规定:“关于子女的生活费和教育费的协议和判决,不妨碍子女在必要时向父母任何一方提出超过协议或判决原定数额的合理要求。”《子女抚养的若干意见》中具体规定,子女要求增加抚育费有下列情形之一,父或母有给付能力的,应予支持:一是原定抚育费不足以维持当地实际生活水平的;二是因子女患病、上学,实际需要已超过原数额的;三是有其他正当理由应当增加的,如物价上涨、生活地域发生变化、有给付义务的父方或母方经济收入明显增加等。

生活中,有正当理由的,负担抚育费给付义务的一方可以请求减少或免除原定子女抚育费金额。对此,父母双方可以协商解决,如协议不成,可诉请人民法院裁决。直接抚养子女的父母一方再婚,其再婚配偶愿意负担继子女抚育费的一部分或全部时,可以减少或免除他方的负担。但这种减少或免除,以继父或继母自愿为前提。如情况变化,继父或继母不愿再负担或无力负担该项费用时,有给付义务的生父或生母应按原定数额给付。有给付义务的父母一方因情况变化,确有给付困难,可通过协议或判决,酌情减免其给付数额。但这种减免也是有条件的,待给付一方情况好转,有能力按原定数额给付的,应依照原定数额给付。

实践中,由于直接抚养子女一方擅自改变子女姓氏等情形,承担抚养费给付义务的父母另一方以此为由拒绝履行给付义务的情况时有发生。为此,必须强调,一方面父母不得因子女变更姓氏而拒付子女抚育费,父或母一方擅自将子女姓氏改为继母或继父姓氏而引起纠纷的,应责令恢复原姓氏;另一方面,对拒不履行或妨碍他人履行生效判决、裁定、调解中有关子女抚养义务的当事人或者其他人,人民法院可依照《民事诉讼法》第102条规定采取强制措施。

五、离婚父母对子女财产的监管

离婚父母都是子女的法定监护人,都享有抚养孩子和维护未成年子女合法权益的权利和义务。父母一方享有对未成年子女的直接抚养权,并不意味着另一方对未成年子女承担的权利与义务的变更。我国《婚姻法修正案》及其司法解释、《民法通则》及《未成年人保护法修正案》均无关于在父母双方健在的情况下由一方单方监护的规定。因此,父母离婚后,如何监管未成年子女的财产,是一个容易争议的问题。

对未成年子女财产的监管,离婚父母应本着有利于子女利益的原则,协商决定。通常,以与子女共同生活的父母一方承担日常监管责任,便利于履行职责。不过,财产问题不同于人身问题,由父母一方享有直接抚养权,而由父母另一方承担监管子女财产职责也是可行的。

我国《民法通则》第 18 条规定："监护人应当履行监护职责，保护被监护人的人身、财产和其他合法权益，除为被监护人的利益外，不得处理被监护人的财产。监护人履行监护的权利，受法律保护。"监护人在管理和保护被监护子女的财产时，除了出于未成年子女的生活和教育等方面的合理需要外，不得随意侵犯和处理未成年子女的财产。抚养子女是一种法定的义务，不能以此义务而换取随意处分子女财产的权利。

【复习提要】

本章阐述了离婚程序、适用不同离婚程序的法定条件、法定离婚理由、离婚的法律后果等离婚法律制度的主要内容。申请登记离婚，当事人双方须均同意离婚，并对子女抚养、共同财产分割等与离婚有关的问题达成一致。适用诉讼离婚程序的，具有配偶一方与他人同居、重婚、分居满两年等法定情形之一的，依法准许离婚申请。离婚在解除夫妻身份关系的同时，终止夫妻财产关系。夫妻共同财产，依据男女平等、照顾妇女儿童利益等原则予以分割；婚姻关系存续期间发生的对外财产责任，按照债务的性质作出相应安排。离婚时生活困难一方当事人，有权请求另一方给予帮助。夫妻一方在婚姻关系存续期间具有重大过错的，另一方有权请求离婚损害赔偿。父母离婚时，应当协商确定未成年子女的抚养安排；协商不成的，由人民法院依照有利儿童健康成长为原则作出裁判。离婚父母双方对未成年子女承担平等的抚养教育义务，与未成年子女共同生活一方，行使直接抚养权，另一方行使探望权；凡有关未成年子女利益的重大事项，父母双方应当协商决定；有关未成年子女利益的事务，应当尊重其本人意见。

【课后练习】

1. 最近五年间我国每年离婚的夫妻有多少对？其所呈曲线说明了什么？

2. 当事人欲申请登记离婚的，须具备哪些条件？为什么离婚当事人离婚时更愿意选择登记程序？

3. 人民法院裁判是否准许原告的离婚请求时，应以什么为原则标准？

4. 你如何评价我国现行婚姻法规定的离婚之法定事由？

5. 怀孕妻子本人要求离婚的，是否受"不予受理"限制？为什么？

6. 对于现役军人的配偶要求离婚有哪些限制？

7. 离婚案件为什么一定要经过调解才能裁判？

8. 离婚时分割夫妻共同财产应当遵守哪些规则？

9. 哪些原因形成的债务属于夫妻共同债务？夫妻离婚时，婚姻共同生活期间产生的对外所负债务应当如何处理？

10. 父母离婚时，未成年子女未来的生活应当如何妥当安排？

11. 萧邦勇与诸葛平平婚后，尚无子女，因性格不合决意离婚。夫妻双方对离婚及财产分割等问题均已达成一致，仍希望通过法院离婚。唯二人坚持，要么双方都作原告，要么双方都当被告。如果当事人求助于你，你有什么建议？

12. 司马骊君与关志鹏结婚后，夫妻因故冲突不断。某日，未知自己已怀孕的骊君在与丈夫争吵拉扯中引起流产。1 个月后，骊君搬回自己婚前住处，与丈夫分居。关志鹏虽数次前往劝解妻子回家，均未果。10 个月后，关志鹏以夫妻感情破裂为由提起离婚诉讼。本案是否应当受理？为什么？

13. 已婚的洪金宝喜爱上网聊天，在网上经常以多个名字与异性网恋。妻子沙康康对此十分不悦，提醒丈夫注意分寸。金宝称，这不过是游戏而已，"不必当真"。后来，金宝不仅上网时间越来越多，工作之余在家不做任何家务，而且经常有异性网友把电话打到家中来，手机上更经常有内容暧昧的短信。沙康康难以忍受，提出离婚。金宝不同意离婚，并指责妻子是"小题大做、没事找事"。如果你是审理此案的法官，你将如何调解这对夫妻的矛盾？

14. 试论婚姻家庭法上的生活困难帮助与社会保障中的最低生活保障制度之关系。

15.《未成年人权益保护法》第 14 条规定："父母或者其他监护人应当根据未成年人的年龄和智力发展状况，在作出与未成年人权益有关的决定时告知其本人，并听取他们的意见。"试论本条规定的立法目的和立法根据。

第九章 父母与子女

【导读案例】

案例 1：杜登笠与齐琼景婚后育有一儿一女。因儿子杜恩钱幼时就患有严重疾病，家庭耗尽财力救治；女儿杜恩惠 9 岁开始帮助父母料理家务。恩钱 18 岁仍不能独立生活，靠父母照顾度日。初中毕业后，成绩优秀的恩惠很想升入高中继续学习，将来考大学。但是，父母为减轻家庭负担，要求 16 岁的恩惠放弃学业，协助父母打理生意。请问：杜登笠夫妻的行为是否符合法律？恩惠是否有权要求父母供她继续读书？

案例 2：农民曾某（男）与同村女青年潘某婚后，共生育二子一女，即长子曾大民、次子曾小民、幼女曾小燕。曾大民初中毕业就外出打工，帮助父母一起培养弟弟小民读书，直至小民大学毕业。多年后，大民兄妹仨人都各自成家。小燕在进城打工时结识外省的工友后，嫁到了外省。大民认为，他自己生活在农村，无论哪方面条件都差，考虑父母年迈，小民在城市工作，条件好，就向弟弟提出，由小民将父母接到城里，与小民一起生活，今后二位老人的赡养全部由小民承担，二位老人所需的粮食由大民提供。请问：曾大民的要求有法律依据吗？你怎么评价曾大民提出的老人赡养安排？

案例 3：赖某与邱某结婚后第二年生育一女赖晶晶。夫妻因故于婚后第五年离婚，四岁的晶晶由母亲直接抚养。彭某与前妻张某育有一女彭秋满。张某因病死亡后，秋满与父亲彭某相依为命。两年后，因两个孩子是同班同学的关系，邱某与彭某结识，时常在生活上相互帮助和照顾。数年后，邱某与彭某结婚。从此，邱某、彭某、晶晶、秋满四人共同生活在一起。请问：赖晶晶与彭某、邱某与彭秋满在法律上是什么关系？

案例 4：聂某与妻子曹某婚后多年未育。经医学检查认定未育是聂某的精子活力不足所致。聂某夫妇十分渴望拥有子女。后来，双方协商决定接受人工辅助技术帮助。曹某接受他人捐献的精子助孕成功，顺利产下一女，取名聂元元。但是，随着聂元元一天天长大，因聂元元外貌与聂某毫无相像之处，周围不知内情的熟人、朋友、亲戚经常说“这个小女孩长得一点儿都不像她父亲”的玩笑话。为此，聂某觉得周围人是在取笑他，误以为一定是妻子曹某泄露了他的隐私，致使夫妻关系日趋紧张。曹某请丈夫照看女儿时，聂某经常借故躲开。请问：聂元元与聂某、曹某在法律上是什么关系？为什么？

【内容讲解】

第一节　父母子女关系概述

一、父母子女关系的概念

父母子女是血缘关系最近的直系血亲，是家庭关系的重要组成部分。父母子女关系，又称亲子关系，在法律上是指父母子女之间的权利义务关系。亲是指父母亲，子是指子女。因此，调整父母子女关系的法律规范，在学理上常被称为亲子法。

父母子女关系经历了不同的社会发展时期，综观其历史，大致可以看出其经历了古代的"家本位的亲子法"、近代的"亲本位的亲子法"、现代的"子女本位的亲子法"的发展进程。① 在"家本位的亲子法"中，家长具有主体资格，包括子女在内的其他家子均不具备主体资格，家长的支配权及于人身和财产的各个方面。后来家长权逐渐衰微，子女与其说是服从家长，不如说是服从其父。原来在家长绝对权支配下的家族各成员，实际上逐渐获得分家、分产之自由，以至于原则上以父为一家之长，家长权逐渐转变为父权。随着社会的发展，亲权中的义务逐渐凸现，"亲本位的亲子法"既强调父母子女关系中父母对于子女的权利以及子女应服从父母，也强调父母对于子女的义务。到了近现代，父母子女关系注重子女的保护和教养，父母的权力是为保护及教养子女的义务履行而设立，有转为"子女本位的亲子法"的趋势。《联合国儿童权利公约》第3条明确规定了"儿童最大利益原则"，这一原则被各国立法所接受，在制定亲子法时将重点放在子女权利保护方面。这种以重视子女利益，强调对于子女权利的保护和对子女的教育，强调父母的义务和责任的立法，真正实现"子女本位"的亲子法。②

我国奴隶社会和封建社会，父母子女关系完全从属于宗法家族制度，父权、夫权和家长权三位一体，"父为子纲"被奉为天经地义，父母特别是父亲对子女享有特别的支配权，子女被视为父母的私有财产，毫无独立人格可言。秦律中明确规定"家父权"，包括：(1)对子女鞭笞教令和生杀的权利；(2)家父有支配一

---

① 王丽萍：《婚姻家庭法律制度研究》，山东人民出版社2004年版，第180页。

② 王丽萍：《亲子法研究》，法律出版社2004年版，第41—43页。

家财产的权利，甚至把全家财产及人口都视为家长所有；(3)家长有包办子女婚姻的权利。① 但唐代以后根据各法律的规定，具有"亲本位"的性质。子女被视为家族或父母的私有财产，无独立的人格，漠视子女利益是当时亲子法的特点。1930年国民党政府制定的民法亲属编有关亲子关系的立法以保护子女权益为原则，父母子女关系趋于平等。从形式上完成了中国亲属法从古代向近现代过渡。新中国成立后，1950年颁布的婚姻法规定了废除漠视子女利益的封建主义婚姻制度，实行保护子女合法权益的新民主主义的婚姻制度，并设专章规定"父母子女之间的关系"。1980年《婚姻法》原规定中近三分之一篇幅计11个条文规定父母子女关系。《婚姻法修正案》确立了新型以保护未成年子女合法权益为原则，父母子女之间平等、相互扶养继承的权利义务关系②。

二、父母子女关系的类型

亲子关系的发生，有基于自然血亲的，亦有基于收养而拟制形成的养父母子女关系。还有因为生父或者生母的再婚而形成的继父母子女关系。新中国成立后，废除了封建的婚姻家庭制度，③实行男女平等、一夫一妻的婚姻制度，保护妇女、儿童合法权益。1950年《婚姻法》和1980年《婚姻法》都确立了父母与婚生子女、非婚生子女，养父母与养子女，继父母与继子女之间的权利义务关系。根据父母子女关系产生的原因，将父母子女关系分为自然血亲的父母子女关系和拟制血亲的父母子女关系。

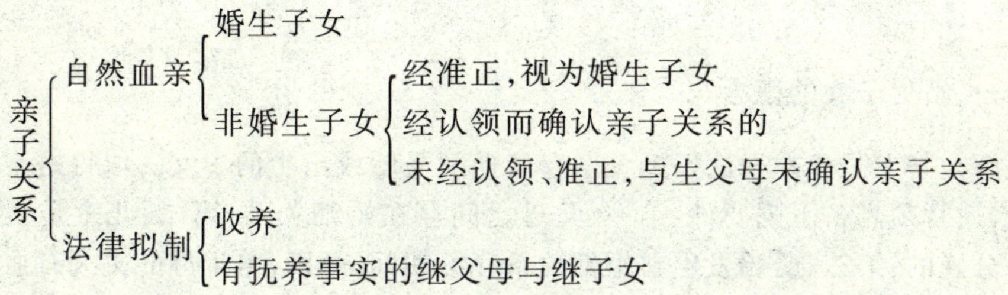

亲子关系的类型图

---

① 孔庆明、胡留元、孙季平：《中国民法史》，吉林人民出版社1996年版，第75、82页。

② 陈明侠：《亲子法基本问题研究》，梁慧星主编《民商法论丛》第6卷，法律出版社1997年版。

③ 在中国封建社会，父母子女的种类很多，关于"亲"，就有"三父八母"和"五父十母"的记载。关于"子"，则有嫡子、庶子、养子、义子、嗣子、奸生子、婢生子、乱伦子等区别。"亲"、"子"的种类不同，其在法律上的地位以及所享有的权利义务关系也有很大区别。

（一）自然血亲的父母子女关系

自然血亲的父母子女关系基于子女出生的事实而产生，包括婚生的父母子女关系和非婚生的父母子女关系。婚生的父母子女关系是指存在合法婚姻关系的男女与其所生育的子女之间的关系。非婚生的父母子女关系是指没有合法婚姻关系的男女与其所生育的子女之间的关系。根据我国《婚姻法》的规定，婚生的父母子女和非婚生的父母子女在法律上有着同等的权利义务。自然血亲的父母子女关系是客观存在的，不能人为解除，只能因一方死亡而消灭。

（二）拟制血亲的父母子女关系

拟制血亲的父母子女关系是指原不存在父母子女关系，但基于法律行为和事实抚养关系而人为地产生的父母子女关系。主要指养父母子女关系和形成抚养关系的继父母子女关系。养父母子女关系是基于收养行为而在养父母与养子女之间产生父母子女关系。形成扶养关系的继父母子女关系是基于抚养的事实而在继父母与继子女之间形成父母子女关系。拟制血亲的父母子女关系基于法律的拟制而依法产生，也可以因收养关系的解除或抚养关系的变化而终止。从我国《婚姻法修正案》的规定看，拟制血亲的父母子女关系与自然血亲的父母子女关系在法律上的地位完全相同。

第二节　婚生子女与父母关系的确认

一、婚生子女的概念

婚生子女是指在合法婚姻关系存续期间受胎或出生的子女。取得婚生子女身份，通常须具备下列要件：第一，父母之间存在婚姻关系；第二，儿童是生父的妻子分娩的；第三，受胎发生在婚姻关系存续期间；第四，与生母的丈夫有血缘联系。判断和证明前面两个要件容易，对后两个要件是否具备若发生争议，则常常需要借助技术手段辅助。

自实行一夫一妻制度以来，人类普通实施妻子在婚姻关系存续期间受胎或生育的子女，推定为生育子女的妇女之丈夫的子女的制度。各国立法对婚生子女的定位较为宽松，即只要在婚姻关系存续期间受胎或出生的子女均为婚生子女。如英国法律规定，子女在婚姻关系存续期间出生，不问其是否婚前受胎，只要出生时父母之间有合法婚姻关系，就取得婚生子女身份；如果在婚姻关系存续期间受胎，则不问子女出生前婚姻关系是否已经解除，子女均可取得婚生子女身份。有一些国家法律对此的规定较为严格,即仅限于婚姻关系存续期间受胎的子女为婚生子女。例如《日本民法典》规定,妻于婚姻中怀胎的子女即自婚姻成立起200日后,或自婚姻解除或撤销之日起300日内所生子女为婚生子女。我国台湾地区的民法规定,婚生子女的受胎期间,应为子女出生回溯第181日起至第302日止。

二、婚生子女的推定

婚生子女推定是指妻子在婚姻关系存续期间受胎或生产的子女直接认定为其夫的婚生子女的制度。推定子女系婚姻所生,有利于维护婚姻当事人的尊严和保护善意当事人的合法权益,有利于稳定婚姻和家庭关系,有利于保护未成年人的健康成长。

母子关系,基于母亲分娩的事实而容易确定。父亲与子女关系的确定,因父亲在子女孕育、生产过程中的作用之特别则较为复杂,有时存在血缘上的父亲与母亲之夫不相符合的可能,确认父子关系需要启动特别的法律程序。一夫一妻制婚姻使得父亲身份的确定变得简单,仅依据婚姻关系就足以确立父子关系了。婚生子女推定是最便宜、可行的确定亲子关系的办法,它从子女的出生于母亲这一事实出发,直接认定子女与生母之夫具有血缘关系。只需证明在子女出生或受胎时丈夫与子女的母亲有婚姻关系,且子女是丈夫之妻所生即可。

在法律明文设立婚生子女推定制度的国家中,推定子女为婚内所生的主要途径有三种:一是子女在婚姻关系存续期间受胎的,推定为婚生子女;二是子女在婚姻关系存续期间出生的,推定为婚生子女;三是子女在婚姻关系解除后300天以内出生的,推定为婚生子女。如《法国民法典》规定:子女系在婚姻关系存续期间受胎者,夫即为父;受胎期为子女出生前的300天至180天,期间的121天为受胎期;结婚满180天以上出生的子女,为婚生子女。在婚姻解除后的300天之内出生的子女也是婚生子女。《德国民法典》规定:在婚姻关系存续期间,夫在受胎期内与妻同居者,所生子女为婚生;婚前受胎,婚后所生亦同;婚姻被宣布无效也适用。子女出生前的181天至302天的期间为受胎期。在此期间的任何一天有同居行为时,所生子女为婚生子女。如经医生确认该子女的受胎期超过302天的,从有利于子女出发,也视为受胎期,推定为婚生。《瑞士民法典》规定:在婚姻中或婚姻解除后300天之内所生之子女,推定为婚生。所不同的是,推定婚生的要件,不以受胎为限,而以子女出生之期间为准则,在婚姻关系存续期间或婚姻解除后的300天之内出生的,皆为婚生子女。

新中国成立以来的婚姻法从未明文设立婚生子女推定制度,但是,实际上,法定有关父母子女关系的内容是按照婚生子女推定理论予以安排的。实践中，确认父母子女关系也是遵循婚生子女推定的原理进行的。

三、婚生子女的否认

婚生子女的否认是指当事人享有否认婚生子女为自己亲生子女的诉讼请求权的制度。婚生子女的否认，又称否认权，是对婚生子女推定的一种限制。由于婚生子女推定是根据法律的规定进行，在客观上就有可能存在推定的婚生子女不是真正的婚生子女的情况，建立婚生子女的否认制度，目的是为了保护当事人的合法权益及子女的利益，避免应尽义务的人逃避抚养责任，体现法律的公正性。

1. 否认的原因

从各国法律规定看，对于婚生子女否认的原因，大多采用概括主义，凡提供的证据能够推翻子女为婚生的，即可。否认的主要原因是能够证明在其妻受胎期间没有同居的事实，如因外出两地分居、服兵役、监内服刑、有病住院等；或者是妻的受胎与其无关，如夫有生理缺陷或丧失生育能力等。在其受胎期间如有一次同居的事实，其否认权即告丧失。

2. 否认权人

否认权人是指法定地享有否认子女为婚生的诉讼请求权人。从目前各国的规定来看，主要有三种立法例：一是仅限于丈夫有否认权，如日本、法国。二是丈夫和子女享有否认权，如德国、瑞士。三是除丈夫享有否认权外，妻、子女和检察官也享有否认权，如我国的台湾地区。

3. 否认权的诉讼时效及限制

为了尽快确定子女的法律地位，促进当事人及时行使权利，对否认权设立诉讼时效限制是完全必要的。各国法律对否认权的时效规定长短不一，《德国民法典》规定为 2 年；《日本民法典》规定为 1 年；《法国民法典》规定为 6 个月。时效的计算一般是从知悉子女出生之日起开始。不过，我国现行《婚姻法修正案》未涉及此问题。

婚生否认时效的限制，根据不同国家的立法规定，可以看出英美法以亲子关系应尽量符合自然血亲的亲子关系为目的，因而对婚生推定的否认权人及否认的时效未作严格限制。但德国、法国、日本等国家更注重亲子关系的法律身份，立法以尽量维护现有的亲子关系和家庭的稳定为目的。因此，在婚生否认的否认权人和时效上都作了严格的限制。

4. 否认权行使的法律后果

婚生子女之否认，在法院判决生效之前，任何人不得主张子女是非婚生子女。在法院判决确定否认之诉胜诉时，子女即丧失婚生资格。非婚生子女之母及生父要承担抚养教育非婚生子女的义务，非婚生子女之"养父"有权要求非婚生子女之母及成年子女补偿抚养非婚生子女所支出的费用。

我国《婚姻法修正案》中无婚生子女否认制度。实践中，丈夫否认子女为其婚生子女这类争议并不鲜见。当事丈夫认为婚姻关系存续期间所生子女非其所生的，可向人民法院提起否认之诉。主张否认者应负举证责任；必要时人民法院也可以委托有关机构进行亲子鉴定。为了更好地调整社会关系，保护当事人的合法权利，我国婚姻家庭立法未来应尽快建立该项制度。

第三节　父母与子女的权利和义务

父母对子女的权利和义务包括抚养教育未成年子女、继承子女遗产。父母对子女的人身和财产所负担的义务，通常也就是权利，或者说，是权利与义务的结合体，仅是从不同角度强调而言，有时称之为权利，有时被称为义务。

一、父母有抚养子女的权利与义务

抚养教育既是父母应尽的义务，又是子女应享有的权利。父母对子女的抚养是指父母在经济上对子女的供养和在生活上对子女的照料。包括负担子女的生活费、教育费、医疗费等。这些都是子女健康成长的物质基础，也是父母对子女所负义务的主要内容。

父母对未成年子女的抚养是无条件的。除法律另有规定外（如将子女依法送养他人），任何情况下父母都必须履行抚养义务。离婚后的父母，无论子女由谁抚养，另一方也不能因此免除对子女的抚养义务。

父母对子女的抚养义务始于子女的出生，无论男婴女婴，父母都有义务予以抚养，任何溺婴或遗弃婴儿以及其他残害婴儿的行为，都是违法甚至犯罪的行为。父母对子女的抚养义务，一般情况下到子女 18 周岁为止。但是，对尚未独立生活的成年子女，有下列情形之一的，父母又有给付能力的，仍应负担必要的抚养费：(1)子女丧失劳动能力或者虽未完全丧失劳动能力，但其收入不足以维持生活的；(2)子女尚在中学及以下学校就读的；(3)子女确无独立生活能力和条件的。对于已有独立生活能力的成年子女，父母自愿给予经济帮助的，法律并不干预。

对不履行抚养义务的强制措施。当父母不履行抚养义务时,未成年的或不能独立生活的子女,有要求父母付给抚养费的权利。当未成年子女和不能独立生活的成年子女的受抚养权利被侵害时,他们有权向父母追索抚养费。其追索抚养费的要求还可以通过父母所在单位调解或通过人民法院诉讼解决。人民法院应根据子女的需要和父母的抚养能力,确定抚养费的数额、给付的期限和方法。对拒不履行抚养义务、恶意遗弃未成年子女,情节恶劣、构成犯罪的,应依法追究其刑事责任。

二、父母有保护和教育未成年子女的权利和义务

我国《婚姻法修正案》第23条规定:"父母有保护和教育未成年子女的权利和义务。在未成年子女对国家、集体和他人造成损害时,父母有承担民事责任的义务。"可见,父母对未成年子女的保护和教育既是父母的一项权利,同时又是父母的一项义务。

(一)保护和管教的义务

保护是指父母应当对未成年子女的人身、财产和其他合法权益,有预防和排除来自外界危害的权利和责任。父母是未成年子女的法定监护人,当未成年子女的人身或财产权益遭受他人侵害时,父母有权以法定代理人的身份提起诉讼,请求排除侵害、赔偿损失;除为未成年子女的利益外,不得随意处分未成年子女的财产;有权代理或同意未成年子女进行与其智力和年龄不相适应的民事活动;当不满14周岁的子女被人拐骗、脱离家庭或监护人时,父母有权要求司法机关追究拐骗者的刑事责任,归还子女。

父母享有教育子女的权利与义务。教育是指父母在思想品德上对子女的关怀和培养;并按照法律和道德规范的要求,对未成年子女进行管理和必要的约束。教育子女是父母的一项重要职责,主要体现在两个方面:一是尊重未成年子女受教育的权利,保证未成年子女接受义务教育,不得使在校接受义务教育的未成年子女辍学;二是父母应当以健康的思想,良好的品行和适当的方法教育未成年子女,使子女身心健康地成长。我国《未成年人保护法修正案》第11条规定:"父母或者其他监护人应当以健康的思想、良好的品行和适当的方法教育和影响未成年人,引导未成年人进行有益身心健康的活动,预防和制止未成年人吸烟、酗酒、流浪、沉迷网络以及赌博、吸毒、卖淫等行为。"

父母对未成年子女的教育包含有管教的意思。未成年子女由于其年龄和智力发展的限制,对外界事物的认识不够全面,自控能力也较差,在法律上属于无行为能力人或限制行为能力人。因此,法律赋予父母教育未成年子女的权利义

务，主要是为了保护未成年子女的合法权益，同时也为了防止未成年子女进行危害他人的行为。父母对未成年子女的教育权利义务，要求父母要采用适当的方式进行，不得虐待和残害未成年子女。《未成年人保护法修正案》第 12 条、第 16 条明文规定，父母或者其他监护人应当学习家庭教育知识，正确履行监护职责，抚养教育未成年人。父母因外出务工或者其他原因不能履行对未成年人监护职责的，应当委托有监护能力的其他成年人代为监护。

父母教育和管理未成年子女时，应当尊重子女。父母或者其他监护人应当根据未成年人的年龄和智力发展状况，在作出与未成年人权益有关的决定时告知其本人，并听取他们的意见。

（二）承担民事责任的义务

由于父母作为未成年子女的法定监护人，在未成年子女的行为造成国家、集体或他人的人身或财产损失时，父母有承担民事责任的义务。根据《民法通则》第 133 条规定："无民事行为能力人、限制民事行为能力人造成他人损害的，由监护人承担民事责任。监护人尽了监护责任的，可以适当减轻他的民事责任。有财产的无民事行为能力人、限制民事行为能力人造成他人损害的，从本人财产中支付赔偿费用。不足部分，由监护人适当赔偿，但单位担任监护人的除外。"由此看出，当未成年子女造成他人损害时，父母承担的是民事责任，而且如果父母尽了监护责任，子女本身又有财产的，父母承担的是补充责任。对于离婚的父母，未成年子女造成他人损害时，同该子女共同生活的一方应当承担民事责任。但如果独立承担民事责任有困难的，也可以与未共同生活的另一方共同承担民事责任。

三、子女有赡养扶助父母的义务

《婚姻法修正案》第 21 条规定："子女对父母有赡养扶助的义务。""子女不履行赡养义务时，无劳动能力的或生活困难的父母，有要求子女付给赡养费的权利。"这说明父母子女之间的权利义务是对等的，父母抚养未成年子女，在自己年老体弱时有要求子女赡养的权利。

赡养是指子女负担的在物质上为父母提供必要的生活费用和条件、在精神上尊重和慰藉父母的法定义务。扶助是指子女负担的为父母提供生活照料、协助等帮助的法定义务。赡养扶助的义务主体一般是针对成年子女而言。赡养扶助义务的具体内容是子女应对无行为能力或生活困难的父母提供必要的生活保障。依据我国《老年人权益保障法》的规定，赡养人应当履行对老年人经济供养、生活照顾和精神慰藉的义务，照顾老年人的特殊需要；赡养人对患病的老年人应当提供医疗费用和护理;应当妥善安排老年人的住房,子女不得擅自侵占老年人的房产。

赡养扶助父母是子女的法定义务。赡养人不得就履行赡养扶助义务附加条件。《婚姻法修正案》第30条特别强调“子女对父母的赡养义务,不因父母的婚姻关系变化而终止。”子女也不得以放弃继承或其他为由拒绝履行赡养义务。赡养方式,可以是与父母共同生活中直接履行赡养义务,可以是提供赡养费。确定赡养费的数额,既要考虑赡养人的经济条件,又要能够满足父母的实际需要。一般而言,应不低于子女本人或当地的平均生活水平。有多个子女的,可以协商履行赡养义务的事项。子女赡养扶助父母是无期限的,只要父母需要赡养扶助,子女就应继续履行这一义务。

子女赡养父母的义务是法律强制的,是否履行赡养义务,不取决于子女的意愿。即使子女与父母达成免除赡养义务的协议的,但如果父母有赡养需要的,该协议条款仍因违法而无效。

对于不履行赡养扶助义务的子女,父母有追索赡养费的权利。父母既可以直接向子女索要赡养费,也可以请求有关组织调解,可以直接向人民法院提起诉讼,请求司法裁决。

四、父母与子女有继承对方遗产的权利

父母与子女有相互继承遗产的权利。父母子女是最近的直系血亲,又依法承担着相互扶养的义务,因此,通常在继承对方遗产时,享有最高法律地位。依照我国《继承法》规定,父母和子女互为第一顺序法定继承人。父母死亡时,子女有继承父母遗产的权利;子女死亡时,父母有继承子女遗产的权利。此处所称的“子女”包括婚生子女、非婚生子女、养子女及有抚养关系的继子女;此处所称“父母”包括生身父母、养父母和有扶养关系的继父母。

第四节　非婚生子女与生父母

一、非婚生子女的概念

非婚生子女是指没有合法婚姻关系的男女所生育的子女。各国婚姻家庭立法强调婚姻必须符合法定条件,加之传统习惯对婚外性行为和生育行为的排斥,

非婚生子女曾经长期深受歧视，地位低下。近现代社会，人们认识到人无法选择自己的出生，非婚生子女本人无过错，不应受到不公平待遇，法律逐渐改善非婚生子女的法律地位。如建立非婚生子女的认领和准正制度，使非婚生子女婚生化。20 世纪 70 年代以来，以德国等工业化国家为代表的婚姻家庭法进一步实施改革，在父母抚养权、姓氏、监护、继承权、生活费请求权等方面彻底消除了非婚生子女和婚生子女之间的差别，取消了“非婚生子女”这一法律术称。[①] 有一些国家仍保留了非婚生子女和婚生子女的区别待遇，如《日本民法》第 900 条规定，非婚生子女继承份额为婚生子女的二分之一。[②]

二、非婚生子女的准正

非婚生子女的准正是指非婚生子女因其父母相互结婚或司法宣告而取得婚生子女资格的制度。非婚生子女的准正是为了保护非婚生子女的利益而设立的一项制度。在现代社会，尊重和保护儿童权利，已是人类的共识。许多国家和地区的婚姻家庭法规定有该项制度。

非婚生子女的准正有两种形情形：其一，非婚生子女，因其父母结婚而准正。在法律实践中，此情形被形象地比喻为“先上车后补票”。有的国家规定，只要生父母结婚就可准正，无需其他形式。有的国家则规定，除生父母结婚外，还必须办理认领手续，虽结婚而未办理认领的，不发生非婚生子女的准正。其二，非婚生子女因司法宣告而准正。在生父或生母死亡，或存在婚姻障碍，而致使不能通过父母缔结婚姻而准正时，法院依父母一方或子女的请求而宣告子女为婚生子女。

非婚生子女的准正应具备的要件：一是非婚生父母子女之间须有其确定的血缘关系。二是生父母须有结婚的事实或有法官宣告。准正属法律事件，而非法律行为。

准正的效力，是使非婚生子女取得婚生子女的法律身份。准正的效力，通常是溯及至该子女出生之时。但是，个别国家也有不同规定。

非婚生子女准正后，如发现该子女与已获法律确认的“生父”之间并无血缘关系的，可由该子女本人、生母、“生父”或者其他有利害关系之人，随时提出确认亲子关系不存在的请求。经查证属实的，否认其亲子关系。

我国婚姻法上，现行无准正制。

---

① 郑冲、贾红梅译：《德国民法典》，法律出版社 1999 年版，第 4 页。

② 曹为、王书江译，王书江校：《日本民法》，法律出版社 1986 年版，第 176 页。

三、非婚生子女的认领

非婚生子女的认领是指确认非婚生子女与其生父或生母之间存在父母子女关系的法律行为,使父母承担和履行对子女的职责。由于生母与子女的关系因子女出生这一事实客观明了,认领通常主要针对的是生父与子女关系的确认。

(一)认领方式

认领有自愿认领和强制认领两种形式。

1. 自愿认领

自愿认领是指生父自愿表示其是非婚生子女的生父,从而确立父子关系。换言之,生父承认该非婚生子女为自己的子女,自愿承担抚养义务的法律行为。自愿认领未经法律的强制。多数国家规定生父为非婚生子女的认领人,生母因出生的事实即可确认,无需经认领程序。但也有国家规定,生父或生母均可以作为认领人。被认领人为非婚生子女,不受子女的年龄、婚否的限制,甚至已经死亡的子女也可被认领。但是,已经他人认领的或已经准正为婚生的子女,除向法院提起确认之诉、经法院判决解除原认领的亲子关系外,不得认领。

具体认领方式主要有:在子女的出生证书上予以注明;在户籍官或者负责监护事务的法官面前特别声明认领;以公证方式认领;以任何形式的遗嘱认领;由生父申请,经监护法院宣告认领。

非婚生子女的认领,一般认为以生父的意思表示,经要式行为,即可生效。为了防止冒认他人子女,发生欺诈和假冒行为,以损害非婚生子女及其生母的名誉,造成子女真正生父认领的困难和障碍,各国法律普遍在规定生父之认领的同时,还规定了认领的否认和撤销,即在认领发生后,如发现认领人非认领子女之父,子女及其他利害关系人可以行使否认权,向法院提出申请撤销认领。否认的时间,有的法律规定为 1 年,有的规定为 2 年,还有的规定为 3 个月。

2. 强制认领

强制认领是指当非婚生子女的生父或生母应当承认而拒不承认为其子女时,经非婚生子女本人或者其生母或者其他法定代理人、有关当事人的请求,法院查证属实后判决确认非婚生子女与其生父或生母之间存在父母子女关系的制度。由于认领非婚生子女将导致父母对子女所负担义务的履行,故也有部分生父母应当承认自己的子女却拒不予以承认,从而发生强制认领。

强制认领的请求权人,各国法律规定的范围不同,法国等国家限定为非婚生子女本人,如法国。瑞士等国家规定母及子女均可以为请求权人。《日本民法》规定,非婚生子女及其卑亲属,以及他们的法定代理人,均有请求权。有些国家法律对请求强制认领权有一定限制,即生母在受胎期间曾与他人有通奸或放荡行为时,不适用强制认领的规定。① 这种限制又称不贞抗辩。强制认领的时间,各国规定不尽相同。一般从子女出生时计算,为1年。但《法国民法典》规定为2年,从子女出生时起计算。如果生母与被主张之父已同居,或被主张之父已供养子女抚养教育费时,从中断同居或停止供养之日起计算。

请求强制认领的原因,必须是非婚生子女与被强制认领的生父或生母之间存在血缘关系。强制认领的请求权人,在向法院提起诉讼时,负有举证责任。通常构成强制认领的原因或事由主要有下列几类:受胎期间生父与生母自愿发生性关系的事实的;受胎期间生母与生父有同居事实的;由生父所作的文件可证明其为生父的;生母系受生父强迫或者诱惑而与之发生性关系致使受胎的。当有一定证据指向被告,但尚不足以认定时,可采用亲子鉴定技术辅助。亲子鉴定关系到夫妻双方、子女和他人的人身关系和财产关系。根据最高人民法院法(研)复[1987]20号《关于人民法院在审判工作中能否采用人类白细胞抗原作亲子鉴定问题的批复》,对要求作亲子关系鉴定的案件,应从保护妇女、儿童的合法权益,有利于增进团结和防止矛盾激化出发,区别情况,慎重对待。对于双方当事人同意作亲子鉴定的,一般应予准许;一方当事人要求作亲子鉴定的,或者子女已超过3周岁的,应视具体情况,从严掌握,对其中必须作亲子鉴定的,也要做好当事人及有关人员的思想工作。人民法院对于亲子关系的确认,要进行调查研究,尽力收集其他证据。对亲子鉴定结论,仅作为鉴别亲子关系的证据之一,一定要与本案其他证据相印证,综合分析,作出正确判断。

(二)认领的效力

非婚生子女经生父或生父母承认,即取得婚生子女的身份,从而与生父或生母建立起父母子女关系,负担法定的权利与义务;并与生父或生母的亲属也发生相对应的亲属关系。自愿认领和强制认领所产生的效力相同。

对非婚生子女的认领应当具有溯及力,即溯及到子女的出生时。各国家庭法就认领非婚生子女的溯及力的规定并不相同。《日本民法》规定,认领溯及出生时生效,但不得侵害第三人的既得权利,如家产已经分析,非婚生子女后被认领,不得要求重分家产。《法国民法典》规定,因判决取得婚生子女资格的,在宣

① 《法国民法典》规定,有下列三种行为之一的,对确认之诉不予受理:一是生母在受胎期内,有明显的放荡行为或与他人有不正当男女交情时;二是在生母受胎期内,所主张之父因远离,或因其他事故,处于生理上不能为父时;三是被主张之父,经验血或其他医疗方法检查,证明不能为该子女的生父时。

布判决之日生效。认领的效力还涉及认领后子女的姓氏,以及生父对生母生育等费用的补偿问题,涉及第三人的权利。对非婚生子女认领的溯及力不应影响第三人在认领之前已经取得的权利。

新中国成立以来的婚姻家庭法,至今未曾明文规定认领制度,但司法实践中,长期承认和保护非婚子女的认领,也有裁判强制认领的。

四、非婚生子女与父母之间的权利义务

非婚生子女和婚生子女的法律地位平等,有关父母子女之间的权利义务关系,如抚养教育、管教保护、赡养扶助和遗产继承等,适用于非婚生子女与其生父母之间。新中国成立以来的婚姻法未曾规定非婚生子女的认领和准正制度。《婚姻法修正案》第25条规定:"非婚生子女享有与婚生子女同等的权利,任何人不得加以危害和歧视。不直接抚养非婚生子女的生母或生父,应当负担子女的生活费和教育费,直到子女能独立生活为止。"据此,当非婚生子女的生父母不尽抚养义务时,非婚生子女有权要求生父母给付抚养费,直至非婚生子女能独立生活为止。

第五节　继父母与继子女

一、继父母和继子女的概念与类型

继子女是指夫与前妻或妻与前夫所生的子女。继父母是指母之后夫或父之后妻。继父母与继子女之间的关系,是由于父母离婚或一方死亡,他方再行结婚而形成的姻亲关系。子女对父母的再婚配偶称继父或继母,夫或妻对其再婚配偶的子女称为继子女。

现实生活中,继父母子女关系有两种类型:

(一)未形成抚养关系的继父母与继子女关系

在父亲或母亲再婚时,继子女已经成年并独立生活;或者虽未成年但仍由其生父或生母提供生活教育费,没有受继父或继母的抚养教育,也没有对继父或继母尽赡养义务。此类继父母与继子女之间在法律上没有形成父母子女关系,属于直系姻亲关系。

(二)形成了抚养关系的继父母与继子女关系

在生父或者生母再婚时,未成年或未独立生活的继子女随生父母一方与继

父或继母共同生活，继父或继母对其承担了部分或者是全部的抚养费的，形成抚养关系。成年继子女在事实上对继父母长期进行了赡养扶助，亦视为形成了扶养关系。此类继子女与继父母之间形成了法律上的父母子女关系，同时继子女又与自己的生父母之间保持父母子女关系。因此，该子女有双重的父母子女关系。

确定继父母子女之间是否形成抚养关系，是一个比较复杂的问题。我国《婚姻法修正案》无明文规定，理论和实践中也有争议。只要继父母履行了负担继子女的全部或部分的生活费和教育费的，或者继父母与未成年的继子女共同生活，对继子女履行了生活照顾和教育职责，均应认定继父母对继子女形成了抚养教育关系。

此外，经生父母同意，继父或继母收养继子女为其养子女的，继父母与继子女之间形成养父母子女关系，在法律身份上，双方不再为继父母与继子女。该子女与共同生活的生父母一方是直系血然血亲关系，与没有共同生活的生父母另一方之间的权利义务关系消灭。

二、继父母与继子女之间的权利义务

继父母与形成抚养教育关系的继子女之间，既有姻亲关系，又有扶养关系，类同于法律拟制的直系血亲关系，其各自的权利和义务，适用法律关于父母子女关系的规定。继父母与没有受其抚养教育的继子女之间，仅为姻亲关系，相互之间不负担法定的权利和义务。

继父母与受其抚养教育的继子女间的权利义务，包括继父母对继子女有抚养教育的义务；继子女对继父母有赡养扶助的义务。继父母不履行抚养义务时，未成年的或不能独立生活的继子女，有要求继父母付给抚养费的权利。继子女不履行赡养义务时，无劳动能力的或生活困难的继父母，有要求继子女付给赡养费的权利。继父母有保护和教育未成年继子女的权利和义务。在未成年继子女对国家、集体或他人造成损害时，继父母有承担民事责任的义务。继父母和继子女之间有相互继承遗产的权利。在继父母死亡时，继子女是第一顺序法定继承人；同理，在继子女死亡时继父母作为第一顺序法定继承人。

形成抚养教育关系的继父母与继子女间产生法定的父母子女的权利义务，不影响继子女与其生父母之间的权利义务关系。一方面，继子女与自己的生父母保持父母子女关系，享受生父母对其的抚养、教育，有权继承生父母的遗产；又对生父母承担赡养扶助义务，其生父母有权继承遗产；另一方面，继子女与承担了抚养教育责任的继父母又形成了同于父母子女之间的权利义务关系。继子女

享受双重的权利，负担双重的义务。同理，继父母因为履行了双重职责，既与自己的亲生子女之间保持父母子女关系，又与受其抚养教育的继子女之间存在适用父母子女关系的权利义务关系，也是双重负担，享受双重权利。

三、继父母子女关系的解除

继父母子女关系能否解除，我国现行法律无明文规定。社会生活实践中，基于一定原因，继父母子女关系可以解除。

（一）未形成抚养关系的继父母子女关系的解除

这类继父母子女关系，是通过婚姻为中介而联结起来的姻亲，在其生母与继父或生父与继母离婚时，该姻亲关系因离婚而解除。但在生父或生母死亡时，其与继母或继父的姻亲关系是否解除，尊重当事人的意愿和风俗习惯。

（二）形成抚养教育关系的继父母子女关系的解除

在生母与继父或生父与继母离婚时，其与继父或继母之间的父母子女关系是否解除，应区别情况分别认定。形成抚养关系的继父母子女之间的关系，是基于继父母与生父母结婚和抚养这两项事实而产生的，以此为依据法律赋予法律拟制的父母子女之间的权利与义务。既然其权利义务关系既是法律人为创设的，那么理当可以人为解除，主要决定于形成身份关系的各方当事人的意思表示。① 根据最高人民法院《关于继母与生父离婚后仍有权要求已与其形成抚养关系的继子女履行赡养义务的批复》②，对于长期共同生活而形成的抚养关系，尽管继母与生父或者生母与继父离婚而致原有婚姻关系消失，但继父母与继子女之间已经形成的抚养关系不因此当然消失；有负担能力的继子女对曾经长期抚养教育过他们，且现已年老体弱、生活困难的继父母仍应尽赡养扶助的义务。

已经形成扶养关系的继父母与继子女关系是否能够解除，应视具体情况判定。最高法院《关于继父母与继子女已形成的权利义务关系能否解除的批复》规定，“继父母和继子女已形成的权利义务关系不能自然终止，一方起诉要求解除这种权利义务关系的，人民法院应视具体情况作出是否准予解除的判决或调解”。最高人民法院《法院处理子女抚养问题的意见》第 13 条规定：“生父与继

① 对此问题，有不同学术观点。有观点认为，有抚养关系的继父母子女身份一旦形成，即受法律保护，一般不得任意解除。还有观点主张，继父母子女关系是因为生父母与对方的结婚而形成，既然生父母已经与继父母离婚，那么，以婚姻关系为中介而产生的继父母子女关系不再继续，应自然解除。

② 该文件是最高人民法院于 1986 年 3 月 21 日下发的（1986）民他字第 9 号批复。

母或生母与继父离婚时，对曾受其抚养教育的继子女，继父或继母不同意继续抚养的，仍应由生父母抚养。”据此，在继子女未成年时，继父或继母有解除继父母子女关系的意思表示的，继父母子女关系随继父或继母与该儿童的生母或生父的离婚而解除；当受继父母抚养教育的继子女已成年时，继父母子女关系是否解除仍由继父母与继子女的合意而决定。一方要求解除，另一方不同意的，应当通过调解或者诉讼途径解决争议。继父母因与继子女关系恶化不堪维持继父母子女关系，要求解除继父母子女关系而解除的，继父或继母有权要求继子女补偿在共同生活期间所支出的抚育费。对缺乏劳动能力又没有生活来源的继父母，继子女还有给付赡养费的义务。

继父或继母与其形成抚养关系的继子女，在生母或生父死亡时，继父母子女关系是否解除，现行《婚姻法》没有规定。视当事人各方意愿协商决定。协商不成时，可通过调解或者诉讼解决争议。

此外，如果继子女成年后，此外，对继父母因收养继子女而形成的养父母子女关系能否解除，适用我国《收养法》有关规定，在此不赘述。

第六节　生殖技术辅助所生子女与父母

一、生殖技术辅助所生子女的界定

人工辅助所生子女，是指利用人工生殖技术受胎而出生的子女。人工生育技术是根据生物遗传工程理论，将精子或卵子通过人工方式取出，再经人工技术将精子或卵子或精子与卵子的结合体注入妇女子宫，使其受孕并生育的一种新的生育技术。人工生育技术为人类繁衍提供了更多途径。

随着生殖科技的进步，人类生殖方式实现多样化，不仅可以通过非自然性行为方式在人体内实现卵子受精形成胚胎，而且可以在实验室完成精卵子结合形成胚胎。到目前为止，人工辅助生殖技术有三种：一是同质人工生殖，即取出不育夫妻的精子、卵子，在体外结合形成胚胎后，再植回妻子体内，或者直接将丈夫的精子注入妻子的体内致其怀胎分娩；二是异质人工生殖，由于不育夫妻中有一方无法提供精子或者卵子，由第三人捐赠精子或卵子，在体外与夫妻一方的卵子或者精子结合形成胚胎后，植回妻子体内使其怀孕分娩；三是妻子的子宫无法怀胎分娩，借由第三人怀胎分娩，即代理母亲，这种情形也涉及同质受精或异质受精之分。① 这使得无法自然性行为方式受孕生育子女的人,有可能借助先进的人工辅助生育技术生育子女,有了做父母的新愿望。不过,人工辅助生育不同于自然生育,它不仅切断了生育与性行为之间的关系,而且也打破了生育与遗传合为一体的生育规律。人工辅助生育技术的应用还带来了伦理道德、婚姻家庭、法律价值等方面的冲突。因此,国家法律必须给予必要的规范。

为了保证人类辅助生殖技术安全、有效和健康发展,规范人类辅助生殖技术的应用和管理,保障人民健康,中国国家卫生部于2001年8月发布《人类辅助生殖技术管理办法》等法规,开始规范开展人类辅助生殖技术的各类医疗机构等;对人类辅助生殖技术和精子库技术实行严格的评审、论证和准入制度。迄今已批准了多家医疗机构开展人类辅助生殖技术服务,批准了若干家医疗机构设置人类精子库,提供捐精、供精服务。

二、生殖技术辅助所生子女的类型

(一)人工授精生育的子女

人工授精是指实施人工辅助将精液注入女性子宫内以取代性交使妇女受胎分娩。人工授精主要是解决男性不育问题。根据精子来源不同,人工授精区分为同质人工授精、异质人工授精两种。同质人工授精是使用丈夫的精液对妻子实施人工授精;异质人工授精是使用丈夫以外的第三人捐赠的精子对妇女进行人工授精。人工授精虽属非自然生育,但其与自然生育方式的区别仅体现为受精方式的不同。

(二)试管婴儿

试管婴儿是在实验室试管中使精子和卵子结合形成胚胎后,再移植到妇女的子宫内,使其受孕分娩。试管婴儿是对于卵子是缺陷的妇女或因男性因素而不孕夫妻的一大福音。试管婴儿引发的问题比较复杂,精子可以来源于丈夫或第三人,卵子可以来源于妻子或其他妇女。从试管婴儿胚胎移植至妻子子宫的情况看,就存在以下三种情况:妻子卵子和丈夫精子结合;妻子卵子和第三人精子结合;丈夫精子和其他妇女卵子结合。

(三)代孕母亲生育的子女

代孕是指妇女受他人委托代为孕育孩子,并将生产的孩子交给委托人的行

---

① 克隆技术(Clone)用于动物的繁殖,如克隆羊、克隆牛等已经获得成功。近年来,有科学家宣称正在利用克隆技术造人实验。如果利用人的上皮细胞能够成功造人,彻底改变"新人"的产生须有精子与卵子结合的自然属性,将改写人的历史。而且,其对人类的风险尚难预料。故大多数国家和地区明确禁止或反对对人的克隆。

为。某些妇女，由于疾病或接受子宫切除术等原因不能孕育孩子，代孕是弥补她们生育可能的另一种方法。提供子宫代替他人怀孕生育子女的妇女，被称为代孕母亲。代孕分为：精子和卵子均来自夫妻双方的代孕；精子来自丈夫，卵子由代孕者提供，通过体外授精方式的代孕；卵子来自妻子，精子由第三人提供，经胚胎移植至代孕母亲子宫的代孕；以及精子和卵子均来自第三人的提供，将胚胎植入代孕母亲子宫的代孕。目前世界主要国家明文普遍禁止商业性代孕行为。

此外，迄今为止，世界各国的公共政策均反对或禁止克隆人。

三、生殖技术辅助所生子女与父母的关系

（一）人工授精所生孩子的父母子女关系

在婚姻关系存续期间，经夫妻双方同意进行同质人工授精，由于所采用的是丈夫的精子，受孕出生的子女，不论在生物学、遗传学、社会学和法学上，都是夫妻双方的子女，他们之间存在父母子女关系，且该子女被当然视为婚生子女。世界各国法律对此的规定完全相同。

利用异质人工授精技术所生子女的亲子关系，要区分情形。经夫妻双方知情和同意的，异质人工授精所生育的子女，被认定为是双方的婚生子女，即使孩子是在夫妻离婚或者丈夫去世后出生，都不影响其婚生子女的地位。但是，妻子未经丈夫同意接受异质人工授精受孕的，所出生的子女与授精母亲的丈夫的关系仍然有争议。就我国目前的司法实践看，如果在婚姻关系存续期间，丈夫不同意人工授精的，实施人工授精系妻子一方的行为，其丈夫事后不予追认的，所生子女与丈夫之间无父子（女）关系，丈夫对该子女的婚生性享有否认权，该子女为妻的非婚生子女。因此，取得丈夫同意是确立人工生育子女法律地位的关键。

（二）试管婴儿的父母子女关系

试管婴儿胚胎的生物遗传材料来源具有多样化的可能性（试管婴儿最多有五位“父母亲”：精子提供者、卵子提供者、子宫提供者，另两个是孩子扶养者），在法律上确认试管婴儿的父母子女关系，更为谨慎、复杂。第一，在夫妻双方同意情况下，使用妻子的卵子和丈夫的精子在体外结合，然后将受孕胚胎植入妻子子宫怀孕生育，所生育的子女属于夫妻双方的婚生子女，试管婴儿的遗传父母也就是其法律父母。第二，在夫妻双方同意情况下，使用妻子的卵子和第三人提供的精子在体外结合，将受孕胚胎植入妻子子宫怀孕生育，所生育的子女属于生母和生母之夫的婚生子女。第三，在夫妻双方同意情况下，用丈夫的精子与第三人提供的卵子在体外结合，然后将受精卵子植入妻子的子宫怀孕生育，所出生婴儿的母亲出现了遗传母亲和生身母亲分离的情况。怀孕的妻子和其丈夫才是该婴

儿的法律父母。第四，在夫妻双方完全同意的情况下，使用第三人提供的精子和第三人提供的卵子在体外结合，然后将受孕胚胎植入妻子的子宫怀孕生育。应从最有利于婴儿利益的角度，确认生育母亲和其丈夫是婴儿的法律父母。

（三）代孕行为下的父母子女关系

针对实施代孕行为的情形，其父母子女关系确认也有别。对代孕母亲所生婴儿如何确定亲子关系，各国的判例和法律规定并不完全一致。主要是生者为母。英国普通法认为，人不能利用契约转让或放弃其作为父亲或母亲的权利和义务。根据《1985 年代孕协议法》、《1973 年监护法》代孕行为违反了法律的基本原则，代孕协议无效，生下孩子的妇女就是孩子的母亲，不问卵子和精子来自何方，生育婴儿的母亲和她丈夫为婴儿的父母。但英国又允许代孕关系中的委托方利用收养制度，向法庭申请父母令，谋求代孕所生孩子的监护权。法庭裁决此类监护权争议时，以谁最适合担当监护人为标准。对于捐赠胚胎经代孕妇女孕育所生的儿童，委托人不得申请父母令。建立父母子女关系，美国的情形也类似。但由于美国宪法授予各州自行决定有关家庭事务，如结婚、离婚、收养和生育权利等的职权，各州对代孕的规定不完全相同。

在确定代孕行为的父母子女关系时，应把子女利益保护置于首位，以最有利子女成长为前提。尽管代孕关系中，委托人无论从心理上还是物质上都做好养育孩子的准备，但是，孕育孩子的妇女的利益也应予以考虑。我国法律禁止代孕，孩子应当与生育的妇女建立法律上的父母子女关系。

【复习提要】

本章讨论了父母子女关系。父母与子女是最近的直系血亲关系，是家庭关系中最常见的亲属类型。父母与子女相互负担有法定的权利和义务，父母应当抚养教育子女，子女应当赡养扶助父母。父母与子女有相互继承遗产的权利。凡婚姻关系存续期间出生的子女，推定为生育子女的妇女之丈夫所生。没有婚姻关系的男女共同生育的子女，享有与婚生子女平等的权利和义务。父亲或者母亲再婚后，前一个婚姻所生子女与父母后婚的配偶之间形成继父母与继子女关系。凡与继父或者继母共同生活的未成年的继子女，或者接受继父或者继母抚养教育的继子女，与继父或者继母形成抚养关系，双方适用父母子女关系的法律规定。夫妻双方经协商一致而利用人工辅助生殖技术生育的子女，应视为夫妻双方的婚生子女。

【课后练习】

1. 父母对未成年子女承担哪些法定义务?

2. 父亲与母亲平等地承担对子女的权利和义务,为什么?

3. 子女对父母有哪些法定义务?

4. 父母以子女名义购置房产办理了房产登记后,父母是否有权以法定代理人身份出卖该房产?

5. 在某大学读三年级的卓同学向你咨询,已离婚的父亲突然不付给他生活费和教育费了,他该怎么办。你会给他什么建议解决问题?

6. 父母是否可以自由约定子女的姓氏?

7. 近年来,我国内地发生多起未成年人谋杀自己父母或者祖父母的严重事件,你认为导致这些事件发生的原因是什么?

8. 父亲不信教,认为孩子是否信教等成年后由其本人思考决定。但是,信奉基督教的母亲,坚持未成年子女随母亲修习基督教。夫妻为此发生争执时,该如何处理为妥?

9. 我国现实生活中,许多子女结婚、购房乃至抚养子女都依赖自己父母的经济资助,被社会俗称为"啃老族",你如何看待这一现象?

10. 你认为我国现行婚姻法对于父母子女之间关系的规定,是否还存在不足,有何理由?

第十章 收 养

【导读案例】

案例1：19岁姑娘周某与20岁的男友吴某未婚生产一子吴小平。吴某以本人尚无工作、无固定收入养不起孩子为由，要求周某将小平送给他人。周某不同意。为此，双方时常有矛盾。一年后，周某鉴于单身抚养孩子困难，转而有意将小平送给他人收养。因此，周某、吴某决定将小平送给婚后长期未育子女的友人夫妇王某、廖某收养。请问：周某、吴某的送养行为合法吗？王某、廖某夫妇欲收养吴小平，应该履行哪些程序？

案例2：戴雪梅自幼由戴某、何某夫妇收养。雪梅17岁时，因治病需要20万元医疗费用。戴某、何某倾其所有，仍不足支付。雪梅的生父焦某、生母谭某开店经营小本生意，得知雪梅的病情后，先后交给戴某共3万元，并称家里实在拿不出更多钱，请戴某、何某夫妇尽力想办法筹钱为孩子治病。可是，戴某、何某借遍亲友，梅梅的治疗费还差8万元。戴家的邻居们向雪梅提起，她生父母有一个市值20万元左右的店面，应该可以向银行抵押借钱来帮她渡过难关的。可是，焦某、谭某夫妻认为，他们全家三口就靠开这个小店为生，孩子还在读初中，实在无力再在经济上帮助戴某。请问：戴雪梅的生父母是否有法定义务承担雪梅的医疗费？雪梅的医疗费用如何寻求解决？

案例3：腿脚不便的尹可钦与其弟弟尹可鸿一家共同生活。可钦45岁时收养一被遗弃幼儿并取名尹爱奇后，弟弟按父母嘱托将祖上留下来的两间老屋交给可钦，让他们父子独立门户。可钦将自己全部积蓄用于治疗养子的先天性疾病，并精心抚养，爱奇终于康复。数年后，冯守业和妻子贾倍找到尹可钦父子俩，提出爱奇的本名冯世雄，他们是爱奇的生父母，当年因家中贫困无力为儿子治病才做了对不起儿子的事；他们要领回儿子，补偿孩子。经有关部门和机构查实，冯守业和贾倍与爱奇确实存在父母子女关系。但是，可钦认为他生活的全部意义就是爱奇，坚决不同意将养子送还生父母。冯守业夫妇见儿子已经成为一个健康少年，理解可钦为孩子的付出。冯守业夫妇与尹可钦商定，爱奇继续留在可钦身边，生父母有权随时来看望孩子，孩子也可以随时与生父母往来。又过了几年，尹可钦不幸病故，当时爱奇年仅12岁。从此，冯守业夫妇将尹爱奇接回身边共同生活。请问：爱奇与尹可钦的收养关系解除了吗？爱奇与尹可鸿是否仍是叔侄关系？为什么？

【内容讲解】

第一节 收养概述

一、收养的界定

(一)收养的概念

收养是指自然人依照法定的条件和程序，领养他人的子女为自己的子女，使原本没有父母子女关系的当事人建立拟制父母子女关系的民事法律行为。因该行为而成立的法律关系，称为收养关系。在收养关系中，领养他人子女的人为收养人，即养父或养母；被他人收养的人称为被收养人或养子或养女；将自己的子女或者所监护的未成年人送给他人收养的人，称为送养人。未成年养子女的父母、儿童的监护人或社会福利机构，医院、民政部门等可以作为送养人。

收养具有下列法律特征：

(1)收养是一种民事法律行为。收养涉及当事人利益和社会公共利益，古今中外，收养均受到当时社会法律的调整。收养行为是通过收养关系的当事人的意思表示真实一致，在收养人与被收养人之间创设父母子女关系的民事法律行为。

(2)收养是设立或变更亲属身份和民事权利义务关系的行为。收养行为成立后，收养人与被收养人之间产生法律拟制的父母子女身份，具有等同于生父母与生子女间的权利义务关系，拟制血亲不同于自然血亲，其可以依法产生也可依法解除。被收养人与其生父母之间原有的权利义务随之消灭。但被收养人与生父母及其亲属间的血缘关系依然存在，关于禁止近亲结婚的规定对他们仍有约束力。

(3)收养只能发生在非直系血亲之间。收养目的在于确立父母子女之间的权利义务关系，收养的宗旨，决定着收养关系只能发生在原本没有直接血缘关系或非直系血亲的亲属关系的人们之间。且收养只发生在自然人之间，属于亲属身份变更的行为，仅限于长辈对晚辈的收养。

(4)收养须具备法定的条件并履行法定程序。在现代社会中,收养被纳入了法律调整的范畴。收养不仅关系着收养人、被收养人和送养人的切身利益,而且还涉及社会的整体利益。因此,各国法律都要求,成立收养关系的必须符合法定条件、履行法定程序,否则不发生收养的效力。

(二)收养与相关概念的区别

收养与寄养、国家公养不同。寄养是指父母在某种特殊情况下不能直接抚养子女时,委托他人代为抚养照顾的行为。在寄养关系中,被寄养的儿童与受托人之间并不发生父母子女身份和父母子女的权利义务。寄养是父母抚养方式的一种变通,法律对此一般不作限制。

收养不同于社会福利机构对孤儿、遗弃儿的收容和抚育。社会福利机构对孤儿、遗弃儿的收容和抚育是国家采取的一种社会救济措施,由社会福利机构自行决定。而收养行为是一种民事法律行为。由有关当事人协议,依法成立的。社会福利机构与被收容和抚育的孤儿、遗弃儿除依法对孤儿、遗弃儿履行抚育、监护外,他们之间并不发生父母子女间的权利义务关系。而收养行为成立后收养人与被收养人之间(非直系血亲间)发生父母子女的权利义务关系。

二、收养的简史

收养是自然人领养他人的子女为自己的子女,法律上将两者视同为亲生父母子女关系。收养协议虽是身份契约,但其效力涉及当事人的人身关系和财产关系。收养关系一经依法成立,收养人与被收养人之间,被收养人与其亲生父母之间、被收养人与收养人的亲属之间会产生一系列的法律后果。收养法是调整养父母与养子女之间的拟制血亲关系的主要法律规范。收养是家庭法上的重要制度。

收养制度作为家庭制度的一项重要组成部分。它大致经历了“为氏族的收养”、“为家的收养”、“为亲的收养”、“为子女的收养”等不同发展阶段。我国收养制度有着悠久历史。古代的收养制度被分为“立嗣”和“乞养”两种。立嗣,即立后,又称“过继”或“过房”,指男子无子,许立同宗同姓辈分相当的他人之子为嗣子。它是我国封建宗法社会里的一种主要的特殊的收养形式。目的在于继承宗祧、绵长家族。立嗣人和嗣子关系允许解除,称为“退继”。乞养是立嗣的补充,是古代一种非亲属间的收养。乞养是收养无父母或父母下落不明的孤儿、遗弃儿的收养,使其免受冻馁之苦。乞养不限男女,不论异宗异姓,一般也不以无后为条件。乞养的子女称为养子女或义子女,与养父母原则上不发生宗祧继承关系,其地位远低于嗣子,而且法律规定不得立养子为嗣子,不能承继宗祧。旧中国时的国民政府废除了宗祧承继，在亲属编中确立了收养制度，养父母的年龄必须长于养子女20岁以上，养子女的地位与婚生子女的法律地位相同。对于不符合收养条件的民间的立嗣，法律上持不禁止的态度。新中国成立后，我国收养制度发生了根本变化，彻底废除了以宗祧继承为目的的立嗣制度。1950年《婚姻法》开始就明确规定承认和保护合法的收养关系，2001年《婚姻法修正案》第26条规定“国家保护合法的收养关系。养父母和养子女间的权利和义务，适用本法对父母子女关系的有关规定。养子女与生父母间的权利和义务，因收养关系的成立而消除”。

三、收养的类型

按照不同的标准，收养可以区分为不同类型。

（一）完全收养和简单收养

这是按照收养关系成立后，被收养人与其生父母之间的权利义务关系是否终止为标准而划分的。完全收养是指收养关系成立后，被收养人解除与其生父母之间的权利义务关系，养父母养子女间发生等同于父母与婚生子女关系。简单收养也称不完全收养，是指被收养人在与收养人建立父母子女关系的同时，与其生父母之间继续保持父母子女关系。我国古代的“兼祧”就是属于简单收养。当代国家中，法国、罗马尼亚等国家同时设立完全收养和不完全收养两种制度，允许当事人自由选择。当前世界收养立法呈现完全收养的发展趋势，认为完全收养比简单收养能更好地保护儿童的最大权益，特别在收养不可撤销时表现得更加突出。我国收养法上规定的收养就是完全的收养。

（二）共同收养和单独收养

这是以收养人的人数为标准而划分的。共同收养是指夫妻双方收养子女的行为。非夫妻者不能共同收养。单独收养是指收养人为一人的收养，主要是指无配偶的收养（即独身收养）与继父母收养。我国收养法对共同收养和单独收养的情形以充分保护被收养婴儿和儿童的利益为出发点作了规定。

（三）私法收养和公法收养

私法收养是指公民依照民事法律规定实施的收养行为，它直接发生亲属关系的改变或转移。这是各国普遍采用的收养形式。公法收养是指国家设立的儿童福利机构或社会慈善机构依法收留养育孤儿、弃儿，它不发生法律上的亲属关系转移。严格意义上讲，公法收养不是本章范围之内。

（四）法律收养和事实收养

以收养是否依法成立为依据，将收养分为法律收养和事实收养。依照法律规定的实质要件和形式要件而成立的收养为法律收养。符合法律规定的实质要件，当事人以父母子女关系长期共同生活，周围群众也认为是父母子女关系，但未办理收养手续的收养为事实收养。我国有条件地承认事实收养。

（五）生前收养和遗嘱收养

生前收养是指收养人生存在世期间收养子女建立法律拟制血亲的行为。遗嘱收养是指收养人利用遗嘱方式确定其养子女的行为。由于遗嘱收养侧重于继承和传宗接代，不利于未成年人的养育和保护，各国收养法一般均采用生前收养。

（六）本国人收养与外国人收养

这是按照收养人的国籍的不同而划分的。中国公民之间的收养（包括华侨回国收养，台湾同胞到大陆收养，港澳同胞来内地收养），均为本国人收养。外国人来华收养子女，称为外国人收养。我国收养法及《中国公民收养子女登记办法》和《外国人在中华人民共和国收养子女登记办法》等行政法规对这两种不同的收养关系的登记分别加以规范。

四、收养法的基本原则

我国收养法的基本原则包括：收养应当有利于被收养的未成年人的抚养、成长，遵循平等自愿的原则，并不得违背社会公德；收养不得违背计划生育的法律、法规。

（一）有利于被收养人的抚养成长

保障未成年人健康成长是实行收养制度的主要目的。未成年人身心发育尚未完成，缺乏独立的生活能力和辨认行为后果的能力，属于无行为能力人或限制行为能力人，需要社会尤其是家庭的特别照顾。为了使丧失父母的孤儿、查找不到生父母的弃婴和儿童以及生父母有特殊困难而无力抚养的未成年人，享受到家庭温暖和父母关爱，接受尽可能完整的教养、保护，收养法规定了收养成立条件，特别是对收养人的能力和品德有较高要求，并对收养解除设置了严格的限制。

（二）平等自愿

收养关系的设立、解除，都是变更身份的重要民事行为。因此，必须以当事人双方平等、自愿为基础，以真实、一致的意思表示为要件，任何一方当事人都不得以强迫、欺诈等手段缔结或解除收养关系。如有配偶者须共同送养、共同收养的，以及协议解除收养的，必须收养人、送养人双方自愿，被收养人年满 10 周岁的，成立、解除收养都须尊重被收养人本人自愿等，都是这一原则的体现。

（三）不违背社会公德

收养作为重要的身份行为，不仅关系到当事人的权益，而且直接涉及社会公共利益。因此，收养必须有正当的动机、目的，不违背社会公共道德和伦理准则，更不得以收养之名掩盖非法目的。我国收养法中有关无配偶的男性收养女性须达法定年龄差的规定，以虐待、遗弃为解除收养关系的法定理由的规定，尊重和保护收养秘密的规定等，都是这一原则的体现。

（四）不违背计划生育的法律、法规

计划生育是我国的一项基本国策，是每个家庭、每对夫妇的义务。收养行为直接导致家庭人口的增减。因此，收养行为与计划生育之间有着密切联系。为了与计划生育原则相一致，收养时，除收养法另有规定外，无子女者才能成为收养人，且只能收养一名子女，年满 30 周岁始得为收养人；送养人不得以送养为理由违反计划生育等。

第二节 收养的成立

收养是变更亲属关系的重要民事行为，涉及当事人的人身、财产利益，关系到社会公德和国家计划生育的实施。因此，收养成立必须具备实质条件，当事人须依法履行法定程序，即收养成立的形式条件，始能产生当事人预期的法律后果，受到法律保护。鉴于我国《收养法》规定，收养行为有一般收养和特殊收养两种，收养成立的法定条件亦被划分为一般收养成立的实质条件和特殊收养成立的实质条件。

一、一般收养成立的实质条件

我国《收养法》规定，普通收养关系成立的条件，涉及对被收养人、送养人、收养人的不同资格要求。

（一）被收养人的条件

依照我国《收养法》第 4 条规定，符合下列条件的人，可以被他人收养：

（1）未满 14 周岁的未成年人。这是为了有利于对被收养人的抚养，有利于收养关系的稳定和发展。未成年人在养父母的抚养教育下，享受家庭温暖，得以健康成长。我国《民法通则》规定年满 10 周岁的未成年人为限制民事行为能力人。收养年满 10 周岁以上的未成年人的，应当征得被收养人的同意。

（2）得不到生父母抚养的子女。这是指下列三类人。第一，丧失父母的孤儿,父母死亡和人民法院宣告其父母死亡的不满14周岁的未成年人,可以被收养。《收养法》第13条规定:监护人送养未成年孤儿的,须征得有抚养义务的人同意。有抚养义务的人不同意送养、监护人不愿意继续履行监护职责的,应变更监护人。第二,查找不到生父母的弃婴和儿童。被父母或其他监护人遗弃而脱离家庭或监护人的婴儿和未满14周岁的其他未成年人,可以成为收养对象。通过收养,使他们得到家庭的温暖,身心得以健康成长,也可以减轻国家的负担。第三,生父母有特殊困难无力抚养的子女。生父母双方因健康原因或者家庭经济原因,遭遇到特殊的困难,丧失了抚养子女的能力,致使子女陷于困境的生父母将子女送给他人收养。

(二)送养人的资格

我国《收养法》认可的合格送养人,包括下列公民和社会组织:

(1)孤儿的监护人。被收养人的父母死亡的,由孤儿的监护人决定是否将该儿童送养他人。按照《民法通则》第16条规定,孤儿的监护人应由以下人员中有监护人能力的人担任:祖父母、外祖父母;兄、姐;关系密切的其他亲属、朋友愿意承担监护责任,须经未成年人的父、母所在单位或者孤儿住所地的居民委员会、村民委员会同意。对担任监护人有争议的,由孤儿的父、母所在单位或者孤儿住所地的居民委员会、村民委员会在其近亲属中指定;对指定不服提起诉讼的,由人民法院裁决。如果没有上述监护人,由孤儿的父、母所在单位或者孤儿住所地的居民委员会、村民委员会或者民政部门担任监护人。

为了有利于孤儿顺利健康地成长,《收养法》对监护人送养孤儿有限制。监护人送养未成年孤儿,须征得有抚养义务的人同意。有抚养义务的人不同意送养、监护人不愿意继续履行监护职责的,应变更监护人。这里所称的"有抚养义务的人",是指孤儿的有监护能力和抚养能力的祖父母、外祖父母、兄、姐。

(2)社会福利机构。社会福利机构是各级人民政府兴办的慈善机构,对孤儿、弃婴、儿童进行收容抚养。在符合收养条件时,社会福利机构可以作为送养人。社会福利机构送养儿童时,应公示弃儿的情况,以查找其父母的下落。确实查找不到其生父母下落的,可由公民收养。

(3)有特殊困难无力抚养子女的生父母。父母对子女有抚养教育的义务,正常情况下这种义务是不能免除的,但如果父母因身体健康原因或家庭经济原因等特殊困难确实无力抚养子女的,可以通过送养变更亲属关系,以利于子女的健康成长。

为了保护当事人及相关人的合法权益,必须注意下列三种情形:第一,生父母送养子女,须双方共同送养。无论生父母是否离婚,都须共同送养;生父母一方下落不明或者查找不到才可单方送养。第二,配偶一方死亡,另一方送养未成年子女的,死亡一方的父母有优先抚养的权利。这是因为祖父母、外祖父母作为孙子女、外孙子女的第二顺序的抚养人,如果死亡方的父母要求优先行使抚养未成年孙子女或外孙子女的权利,且有抚养能力的,生存方不能将该未成年子女送养。第三,未成年人的父母均不具备完全民事行为能力的,该未成年人的监护人不得将其送养,但父母对该未成年人有严重危害可能的除外。

(三)收养人的条件

根据《收养法》第 6 条规定,收养人应同时具备下列条件:

(1)无子女。我国基于计划生育国策的要求,原则上只有自己无子女的公民,才具备收养他人子女的资格。具体有下列几种情形:一是夫妻因故无生育能力或不愿生育的,或者因原有子女已经死亡而无子女的;二是作为单身公民准备收养子女的,该单身者没有子女的。

(2)有抚养教育被收养人的能力。为保证被收养人健康成长,收养人必须同时具备两方面条件:第一,收养人有保证被收养人成长的物质条件。收养人本人无自立的经济条件的,或者其收入或所拥有的个人财产仅够本人生活所需的,显然未来无法满足被收养人的生活所需,也无足够经济能力供被收养人接受必要的教育,若准其收养,会明显不利于被收养人。第二,收养人具有良好的道德品质。作为合格的收养人,在具有良好经济条件的同时,还必须在道德品质方面无明显瑕疵。这是因为收养人承担着教育被收养人的法律责任。收养关系一旦成立,被收养人与收养人共同生活,朝夕相处,收养人的言传身教对未成年的被收养人将起潜移默化的影响。道德品质上存在明显问题的人,即使在实施教育子女过程中,行为并无不妥,仍可能在不经意间对未成年人产生不利影响。

(3)未患有医学上认为不应当收养子女的疾病。即收养人未患有影响被收养人健康成长的精神病或其他严重疾病。

(4)年满 30 周岁。收养是建立父母子女关系的法律行为,各国法律都对收养人最低年龄作出了规定,以利于收养人更好地担当起养父母的职责。收养人年满 30 周岁,是对有配偶者双方和无配偶者的共同要求。

除此之外,《收养法》还对一般收养的成立条件作出相应的其他规定。《收养法》第 8 条规定,收养人只能收养一名子女。第 9 条规定,无配偶的男性收养女性的,收养人与被收养人的年龄应当相差四十周岁以上。第 10 条规定,有配偶者收养子女,须经夫妻共同收养。

二、特殊收养成立的实质条件

为了更好地发挥收养制度保护儿童的效用，我国《收养法》对某些特殊收养关系，适当放宽收养若干条件。这主要涉及两种情形：具有特殊情形的被收养人或收养人与被收养人之间具有特定的亲属关系。

（一）收养三代以内同辈旁系血亲的子女

国内公民收养三代以内同辈旁系血亲，条件适当放宽。其生父母无特殊困难、有抚养能力的子女，也可为被收养人；其生父母亦可为送养人；无配偶的男性收养三代以内同辈旁系血亲之女，不受收养人与被收养人之间须有40周岁以上年龄差的限制；被收养人不受未满14周岁的限制。华侨收养三代以内同辈旁系血亲的子女，除了享有以上的放宽条件外，还可以不受无子女的限制。

（二）收养孤儿、残疾儿童或者弃婴和儿童

《收养法》第8条第2款规定"收养孤儿、残疾儿童或者社会福利机构抚养的查找不到生父母的弃婴和儿童，可以不受收养人无子女和收养一名的限制"。放宽此类收养的条件，是因为此行为具有援助弱者的人道主义性质，国家所鼓励。为了确保被收养人的健康成长，收养人在收养这些儿童时，仍应符合一般收养关系所具备的其他实质条件。

（三）收养继子女

根据《收养法》第14条规定，继父母经生父母同意，可以收养继子女，且不受生父母有特殊困难无力抚养子女；收养人无子女、年满30周岁、有抚养教育被收养人的能力、须没有医学上认为不应当收养子女的疾病，被收养人年满14周岁和收养一名子女等限制。此适用放宽条件的规定，是鼓励变继父母继子女关系为养父母养子女关系，有利于保障当事人各方的权益，有利于家庭关系的和睦、稳定。

简言之，涉及上述三种情形的收养，有特别规定的，从特别规定，不受一般条件限制；但无特别规定的事项，仍应受一般条件约束。

三、收养成立的形式条件

收养是一种民事法律行为，收养关系当事人成立收养关系，除应符合成立的实质条件外，还必须符合形式要求即履行一定的收养程序。各国所设定的收养程序有：一是司法程序，二是行政程序。依司法程序而成立的，当事人向法院提出申请，并提供有关证件，经法院审查决定宣告或认可后，收养才能成立。依行政程序而成立的，当事人必须向主管行政机关提出申请并提供有关证件，经行政

机关审查批准后,收养方能成立。

在中国内地,收养实行行政审批,不管是监护人、生父母送养的,还是社会福利机构送养的,一律实行登记制。收养程序单一、明确。对于国内收养,收养公证是当事人可以自愿选择的程序,不影响收养登记的效力。

中国公民在中国境内收养子女,应当按照民政部发布施行的《中国公民收养子女登记办法》的具体规定办理登记。

(一)办理收养登记的机关

办理收养登记的机关是县级人民政府民政部门。如果是社会福利机构送养的,由社会福利机构所在地的民政部门办理收养登记;如果是生父母、监护人送养的,由生父母、监护人住所地的民政部门办理收养登记;收养非社会福利机构抚养的弃婴、儿童的,由弃婴、儿童发现地的民政部门办理收养登记;收养三代以内同辈旁系血亲的子女或继子女的,由被收养人生父或生母住所地的民政部门办理收养登记。

(二)办理收养登记的程序

1. 申请

收养人要求办理收养登记的,应本人亲自到收养登记机关提出申请。夫妻共同收养的,应当共同去申请。一方因故不能亲自前往的,应当书面委托另一方,该委托书须经村民委员会或居民委员会证明或者经过公证。送养人为公民,其本人应亲自到场办理收养登记。如果送养人为社会福利机构的,须由其负责人或委托代理人到收养登记机关办理收养登记。被收养人是年满 10 周岁以上未成年人的,也须亲自到场,并提交相应的证明材料。

收养人除提交收养申请书外,还应当向收养登记机关提交下列证件、证明材料:第一,收养人的居民户口簿和居民身份证。第二,由收养人所在地单位或者村民委员会、居民委员会出具的本人婚姻状况、有无子女和抚养教育被收养人的能力等情况的证明。第三,县级以上医疗机构出具的未患有医学上认为不应当收养子女的疾病的身体健康检查证明。第四,收养人住所地计划生育部门出具的收养人无子女的证明,如果收养是由社会福利机构送养的弃婴、儿童、孤儿的,收养人所在地计划生育部门要出具收养人生育情况证明。

如果收养继子女的,只需提交收养人身份证、户籍证明以及收养人与被收养人生父或生母结婚的证明。

送养人应提交下列证件、证明材料:第一,送养人的居民户口簿和居民身份证(组织作监护人的,提交其负责人的身份证件)。第二,《收养法》规定送养时应征得其他有抚养义务的人同意的,应提交其他有抚养义务的人同意送养的书面意见。第三，社会福利机构作为送养人的，要提交被送养人进入社会福利机构的原始记录，公安机关出具的捡拾弃婴、儿童报案的证明，孤儿的生父母死亡或宣告死亡的证明，第四，监护人为送养人的，要提交实际监护的证明；孤儿的生父母死亡或被宣告死亡的证明，或被收养人的生父母无行为能力并对被收养人有严重危害的证明。第五，生父母作为送养人的，应提交与当地计划生育部门签订的不违反计划生育规定的协议；单位或村民委员会、居民委员会出具的生父母有特殊困难的证明；单方送养的，还要提交配偶下落不明或死亡的证明以及死亡一方的父母同意送养的书面意见。第六，子女由三代以内旁系血亲的亲属收养的，要提交公安机关出具的或经公证的亲属关系证明。第七，被收养人为残疾儿童的，要由送养人提交县级以上医疗机构出具的残疾证明。

2. 审查

收养登记机关收到登记申请书及有关材料后，要依法进行审查：审查收养当事人提交的材料是否有效、齐全，当事人是否符合法律规定的条件，收养目的是否正当，收养当事人的意思表示是否真实等待。

收养查找不到生父母的弃婴和儿童的，登记机关还要在登记前进行公告，公告期为60天，自公告之日起满60日，无人认领的，视为查找不到生父母的弃婴、儿童。公告期不计入登记办理期限。

3. 登记

经过审查，收养登记机关认为收养申请符合《收养法》规定的条件的，应当在受理收养申请次日起30日内，为申请人办理收养登记，发给收养登记证。收养关系自登记发证之日起正式成立。对不符合法律规定的条件的，不予登记，并对当事人说明理由。

此外，收养关系当事人在自愿的基础上，可以订立书面的收养协议。收养协议的主要条款，应当包括收养人、送养人和被收养人的基本情况，收养的目的，收养人不虐待、不遗弃被收养人和抚养教育被收养人健康成长的保证，以及双方要求订入的其他内容。收养协议形式，应以书面协议。收养协议不是收养成立的必经程序。

4. 收养公证

收养公证是根据收养关系当事人各方或者一方的要求对所签订的收养协议进行公证的，应由公证机关依法作出公证证明。收养公证由收养当事人的申请，必须公证机关予以审查收养协议的真实性、合法性。收养公证不是收养的必经程序。

四、涉外收养

涉外收养是指具有涉外因素而成立的收养关系。涉外收养应包括中国公民在外国收养子女和外国人在中国收养子女。我国《收养法》仅规定了外国人在中国收养子女。《收养法》第 21 条规定："外国人依照本法可以在中华人民共和国收养子女。外国人在中华人民共和国收养子女，应当经所在国主管机关依照该国法律审查同意。收养人应当经其所在国有权机构出具的有关收养人的年龄、婚姻、职业、财产、健康、有无受过刑事处罚等状况的证明材料，该证明材料应当经其所在国外交机关或者外交机关授权的机构认证，并经中华人民共和国驻该使领馆认证。该收养人应当与送养人订立书面协议，亲自向省级人民政府部门登记。"1999 年民政部《外国人在中华人民共和国收养子女登记办法》，对涉外收养作了具体的规定。

（一）外国人在中国收养子女的条件

1. 收养人的条件

外国人收养中国公民后，通常将养子女带离中国。为了保护被收养人的权益，法律对外国收养人规定了明确的条件。

收养人必须具有抚育被收养人的能力；无子女；年满 30 周岁；有配偶的须由夫妻共同收养；无配偶的男性收养女性的，收养人与被收养人的年龄相差 40 周岁以上。但收养人与被收养人的父母属于三代以内同辈旁系血亲关系的，或者被收养人是残疾儿童的，收养人可以不受上述规定的限制。收养人无刑事犯罪记录。收养关系不违背收养人经常居住国的法律。收养人身体健康，未患有医学上认为不应收养子女的疾病。收养人家庭和经济状况良好。

2. 被收养人的条件

被收养人应为未满 14 周岁的丧失父母的孤儿或查找不到生父母的弃婴、儿童和生父母有特殊困难无力抚养的子女。但被收养人的父母与收养人存在三代以内同辈旁系血亲关系的，或被收养人是残疾儿童的，不受到这些限制。

3. 送养人的条件

送养人为孤儿的监护人、社会福利机构、有特殊困难无力抚养子女的生父母。

4. 只能收养一名子女

收养人与被收养人的父母属于三代以内同辈旁系血亲关系的，或者被收养人是孤儿、残疾儿童和社会福利机构抚养的查找不到生父母的弃婴、儿童的，收养人可以不受"只能收养一名子女"这项条件的限制。

(二)外国人在中国收养子女的程序

外国人在中国收养子女,应必须签订书面收养协议并办理收养登记。

(1)收养人与送养人签订书面收养协议。收养人与送养人在平等自愿基础上,经过协商一致,达成成立涉外收养协议。被收养人在10周岁以上的,收养协议应经被收养人同意并签名。

(2)办理涉外收养登记的机关是被收养人常住户口所在地的省、自治区、直辖市人民政府民政部门。

(3)外国人在中国收养子女,应经过申请、审核、登记三个环节。外国人在华收养子女,应当通过其所在国政府或者政府委托的收养组织向中国政府委托的收养组织转交收养申请书以及有关的证明材料。有关证明文件包括:出生证明;婚姻状况证明;职业、经济收入和财产状况证明;身体健康检查证明;未受过刑事处罚的证明;收养人所在国主管机关同意跨国收养子女的证明;家庭情况报告。

收养人的申请书以及由收养人所在国的有关机关出具的上述文件,经其所在国外交机关或外交机关授权的机构认证,并经中国驻该国的使馆或领事馆认证。

在华连续居住1年以上的外国人在华收养子女的,还须提交所在单位或有关部门出具的收养人的婚姻状况证明、职业、经济收入、财产状况证明、健康状况证明、未受刑事处罚证明。

送养人也应向省、自治区、直辖市人民政府民政部门提交有关的证明材料。这些证明材料同前面所述的国内收养中送养人所要提交的材料是一致的。

(4)涉外收养的审查、登记。涉外收养的审查、登记同国内收养的审查、登记基本一致。

五、事实收养

鉴于《收养法》于1992年4月1日开始实施之前,民间事实上长期存在收养。在司法实践中对于《收养法》施行前成立的没有办理收养手续的收养有条件地承认其为事实收养。

认定事实收养,应具备以下几个要件:

(1)当事人之间须以父母子女相待。这是构成事实收养的重要条件。对于民间的隔代收养,只是因为年龄差的原因,而在称谓上以祖孙相称,实际上应将他们认定为养父母养子女关系,且可以相关的证明材料佐证。

(2)须有多年共同生活的事实。这是确认事实收养存在的一个客观标志。

(3)须群众和亲友公认或有关组织证明。

为了保障法律的权威性,对事实收养的认定应以《收养法》实施前形成的,当事人没有办理收养登记的,但只要符合上述的条件,应认定为事实收养。事实收养具有收养的法律效力。《收养法》实施以后,只要未办理收养登记的,就不具有收养的法律效力。

六、收养的无效

确认收养无效,可依诉讼程序,也可依行政程序。对于不符合法定条件的收养行为,当事人可请求人民法院确认其无效,人民法院在审理收养纠纷案件时,如果发现该收养不符合法定条件的,应当以判决的形式确认其无效。对于当事人弄虚作假骗取收养登记的,由收养登记机关撤销收养登记,并收缴收养登记证。一经确认收养无效,收养行为从行为开始起就没有法律效力。

对以收养为名买卖儿童的犯罪人,由人民法院追究其相应的刑事责任。对以欺骗手段骗取收养证的行为人,可由收养登记机关予以必要的行政处罚。

第三节 收养的效力

收养的效力是指收养一经合法成立,对当事人及相关人所产生的法律约束力。收养效力包括收养的拟制效力、收养的解消效力及禁婚效力三方面。

一、收养的拟制效力

收养的拟制效力,是指收养产生新的由法律确认的养父母与养子女间的父母子女权利义务关系,以及养子女与养父母的近亲属间发生相应的亲属关系等法律后果。

(一)养父母与养子女间产生拟制直系血亲关系

养父母与养子女之间产生拟制直系血亲关系。自收养成立之日起,养父母与养子女间形成了与生父母子女间完全相同的权利义务关系。包括:养父母对养子女有抚养教育的权利义务,养子女对养父母有赡养扶助的权利和义务,养子女可以随养父或者养母的姓,经当事人收养成立后,应当依法为被收养人办理户口登记,养父母与养子女互为第一顺序的法定继承人。

(1)养子女取得养父母婚生子女的身份。收养成立后,养子女与养父母发生直系血亲关系,取得婚生子女身份,是收养的最基本效力。养子女与养父母之间，除法律另有规定外，其权利义务与婚生子女完全相同。

(2)父母与子女间的权利义务全部转归养父母与养子女。养父母承担、行使对养子女的权利与义务；养子女负担对养父母赡养扶助义务。

(3)养子女从养父母姓氏。收养成立后，养子女从收养人的姓氏。有配偶者收养子女的，养子女的姓氏由收养人夫妻协商确定，如果被收养人有意思表示能力的，并应听取被收养人的意见。养父母与送养人协商一致，被收养人也可以保留原姓。

(二)养子女与养父母的近亲属间形成法律拟制直系或旁系血亲的关系

(1)养子女与养父母的亲属发生亲属关系。根据我国《收养法》第23条明文规定："自收养关系成立之日起，养父母与养子之间的权利义务关系，适用法律关于父母子女关系的规定；养子女与养父母的近亲属间的权利义务关系，适用法律关于子女与父母的近亲属关系的规定。"

(2)养子女的直系卑亲属与养父母及其亲属发生亲属关系。我国《收养法》并无明文规定，但是，解释上并无异议，收养发生后，收养的效力及于养子女的直系卑亲属。

二、收养的解消效力

收养的解消效力，是指养子女与生父母及其他近亲属间的权利义务关系因收养成立而终止的法律后果。我国《收养法》第23条明文规定，养子女与生父母及其他近亲属间的权利义务关系，因收养关系的成立而消除。养子女与其原生父母及其近亲属，在法律上不再负担父母与子女等近亲属间的权利义务，但他们之间的自然血缘联系是无法割断的，所以，养子女与生父母及其近亲属间仍要遵守婚姻法中有关通婚的禁止性规定。

三、禁婚亲的适用

收养成立后，养子女及其直系血亲卑亲属与养父母及其亲属发生亲属关系，结婚法有关禁婚亲的规定，同样适用于养亲。收养关系为法律拟制血亲，适用禁婚亲的考虑，应是为了维持基本伦理及亲属辈分的考虑。养子女与养父母及其亲属适用禁婚亲规定，不因其彼此是拟制血亲而有所不同。

养子女与其自然血亲的父母及其亲属之间，虽因收养成立终止法律上的权利义务关系，但是仍须遵守禁婚亲规定。收养成立改变仅仅是法律关系，彼此的自然血缘关系如故。从优生和伦理两方面考虑，养子女与原有亲属之间，凡在法律禁止相互结婚的亲属等级之内的，相互不能结婚。

第四节 收养的解除

收养制度是以保护被收养人利益为宗旨,已经成立的收养关系,原则上不宜解除,特别是在被收养人未成年时,解除收养关系违背收养法律保护儿童利益的价值目标。但是,养亲之间关系严重恶化难以共同生活的,强制维持收养关系可能难达成保护儿童利益需求。因此,因收养成立的法律拟制的父母子女关系,可依法设立,也可依法解除。收养关系的解除有两种情形:依收养当事人的协议解除和因收养当事人一方请求依法解除。依法解除收养关系,需履行法定程序。

一、协议解除收养关系

(一)协议解除收养关系的条件

养父母与成年的养子女关系恶化,无法共同生活的,可以协议解除收养关系。协议解除收养关系,根据《收养法》第26条、第27条规定,必须达成解除收养的书面协议。在养子女成年之前,协议解除收养须征得收养人、送养人同意。年满10周岁以上的养子女有部分民事行为能力,解除收养依法应征得本人同意。养子女未满10周岁,但有意思表示能力的,也要听取他(她)对解除收养的意见。被收养人已成年后,解除收养应征得收养人、被收养人同意;送养人的同意并非必要。

当事人双方合意终止收养的,除了双方都同意终止收养关系外,当事人还应根据具体情况就与解除收养有关的财产和生活等问题,一并达成协议。协商不成的,可通过诉讼程序解决。

(二)协议解除收养关系的程序

凡协议解除收养关系的,根据《收养法》第28条、《中国公民收养子女登记办法》第9条和第10条规定,当事人应持身份证、户口本、收养登记证和解除收养关系的书面协议,共同到被收养人常住户口所在地的县级以上民政部门申请办理解除收养关系的登记。收养登记机关应当自申请的次日起30天内进行审查,符合收养法规定的,准予解除收养登记,受理回收养登记证,发给解除收养关系证明。

二、单方要求解除收养关系

(一)单方请求解除收养关系的程序

收养关系当事人双方未能就解除收养达成协议的,要求解除收养关系的一方可以向人民法院起诉。人民法院审理解除收养关系的案件,应当查明要求解除收养关系的事实和理由,保护合法收养关系、保障被收养人和收养人合法权益,可以对当事人进行调解,帮助他们达成解除收养的协议;在调解无效时,应当依法作出裁判。

(二)准许单方请求解除收养关系的事由

根据《收养法》第26条第2款、第27条规定,具有下列情形之一的,单方请求解除收养关系的,应予以准许:

(1)收养人不履行抚养义务。收养在养父母与养子女间形成法律拟制直系血亲,养父母甚至必须承担抚养、教育养子女的义务。如果养父母不履行抚养教育的法定义务,甚至有虐待、遗弃等侵害行为,侵害被收养人的合法权益,允许送养人、被收养人请求解除收养关系。

(2)养父母与成年养子女关系恶化,无法共同生活,又不能达成解除收养关系协议的,任何一方均有权要求解除收养关系。这是概括规定事由。养子女已成年,收养法律保护儿童的目标已经实现。养父母有权要求养子女履行赡养扶助义务。然而,凡养父母与成年养子女相互关系确因故恶化,以致双方不能继续维持彼此关系的,无论是由于何方的原因,依法可以准许解除。

三、解除收养的法律后果

收养解除是消灭亲属关系的重要民事行为,会产生一系列法律后果。依据我国《收养法》第29条、第30条规定,收养关系解除的法律后果包括身份丧失、财产关系变化。

(一)身份关系的效力

从养父母及其亲属方面看,收养关系终止的,因收养成立而发生的拟制直系血亲和拟制旁系血亲关系及拟制姻亲关系随之消灭,养子女与养父母及其拟制近亲属间的权利义务即行消除。养父母对养子女不再负有抚养教育、保护义务,无相互继承遗产的权利。收养关系终止的效力不溯及既往。

从养子女一方而言,收养终止,原养子女不再是原养父母的子女,不再对原养父母承担赡养扶助义务,也无继承原父母遗产的权利。

养子女与其生父母的亲属关系是否恢复,区分该养子女是否成年而有别。被收养人未成年的,其与生父母及其他近亲属间的权利义务自行恢复。成年养子女与生父母及其近亲属间的权利义务是否恢复,由成年养子女与生父母协商确定。

收养关系解除后,原养子女与原养父母一方的亲属,原属于拟制直系血亲和拟制三代以内旁系血亲的人之间,不再受禁婚亲规定约束,但收养人与被收养人在收养成立之前就属于禁婚亲范围之内的亲属的除外。但是原曾有拟制直系血亲、拟制直系姻亲关系的当事人之间,不宜相互结婚。

(二)财产关系上的效力

解除收养关系的效力,在财产关系上不溯及既往。养子女、养父母既得财产,可以继续保有。但养父母支付的抚育费、对养父母的赡养费存在追索的可能。

(1)经养父母抚养成年的养子女,对缺乏劳动能力又缺乏生活来源的养父母,仍应当给付赡养费。

(2)因养子女成年后虐待、遗弃养父母而致解除收养关系的,养父母有权要求养子女补偿其收养期间为养子女支出的生活费和教育费。

(3)生父母要求解除收养关系的,养父母可以要求生父母适当补偿其在收养期间支出的生活费和教育费,但因养父母虐待、遗弃养子女而导致收养关系解除的,养父母无权要求生父母补偿收养期间养子女的生活费和教育费。

【复习提要】

收养是依据法定条件和程序领养他人的子女为自己的子女,使原本无父母子女关系的当事人之间产生法律拟制的父母子女关系的民事行为。我国现行收养法的基本原则包括有利于被收养的未成年人的抚养成长、平等自愿、不违背社会公德。一般收养关系成立的条件,是收养人无子女、年满30岁、未患有医学上认为不应当收养儿童的疾病;被收养人应是未满14周岁的儿童、得不到父母抚养;送养人则因其与被送养儿童的关系不同而需具备各不相同的条件。收养三代以内的同辈旁系血亲的子女、收养孤儿、残疾儿童或者查找不到生父母的弃婴和儿童、继父母收养继子女为特殊收养关系,其成立条件有所放宽。收养须经登记机构审查登记,始受法律保护。收养关系一经依法成立,收养人与被收养人之间形成养父母与养子女关系,其权利与义务同于自然血亲父母子女;与收养人的亲属产生相应亲属联系;被收养人与生父母及原有亲属丧失亲属身份。在被收养人成年之前,收养人不得解除收养关系,但收养人与送养人双方协议解除的除外,养子女年满10周岁以上的,应当征得其本人同意。

【课后练习】

1. 你是否知道中国内地每年依法成立多少件收养?有多少件收养关系被依法终止?

2. 法律规范收养,其目的和功效何在?

3. 根据"保护被收养人健康成长"原则,你怎样分析评价我国现行《收养法》

关于收养成立条件的规定?

4. 为什么已有子女的人只能收养福利院的儿童?

5. 成立收养有哪些程序法上的要求?

6. 收养关系成立后,会产生哪些法律后果?

7. 是否应该允许撤销收养?

8. 为什么要规定单性男性收养女童时年龄须相差40岁以上?

9. 某女4岁时由他人收养,与养父母共同生活到21岁。其养父母因养女的恋爱对象无工作无收入,不赞同他们继续往来,养女因此与养父母时常发生激烈争吵。为此,养女坚决要求解除收养关系,养父母则不同意。如果你是审理此案的法官,你的裁判结论会是什么? 为什么?

10. 中国现行《收养法》是否存有不足? 为什么?

第十一章　祖孙和兄弟姐妹

【导读案例】

案例 1：詹小刚 4 岁时，母亲病故。小刚被父亲詹某送到祖父母家，从此，与祖父老詹、祖母孙某共同生活。詹某因痛失爱妻深受打击，精神和健康状况每况愈下，三年后失业，也来到父母家，吃住依赖父母。老詹年近 70 岁，每月养老金 1500 元，孙某每月养老金仅 800 元。老詹考虑到小刚的未来，也为了督促儿子走出痛苦阴影，要求詹某自己承担起抚育小刚的责任。但是，詹某认为，他现在无工作无收入，连自己都养不了，客观上无力养小刚，请父母继续帮助他。请问：老詹、孙某有抚养詹小刚的法定义务吗？你如何看待詹某面对生活挫折后的所作所为？

案例 2：高天放与妻子及两个未成年子女在中原某省的某县城生活，因夫妻俩靠做小买卖养家，家中经济不宽裕。某日，天放远在新疆打工的弟弟高天地打来电话，说病得很重，请哥哥赶紧去新疆一趟。天放将弟弟接回家中，夫妻二人悉心照料一年有余，天地终于康复。期间，嫂子好言劝说已年过三十的天地，在老家说门亲事，找个合适的人结婚。但天地说，他在老家没钱没房，还是去新疆做工好。天地再次去新疆后，不到三年，旧病复发，又住进医院接受治疗。天放得知后，嘱托妻子照顾好儿女，自己只身前往新疆。考虑到家中数年前为弟弟治病借的债尚未还清，天放决定在新疆做工挣钱为弟弟治病。当天放把这一决定告诉妻子时，没想到，善解人意的妻子不同意，指责天放为了弟弟，不顾正在读初中、高中的子女的生活和前途，是不负责。天放则认为，他父母早已过世，兄弟俩相依为命长大，孤身一人的弟弟只有他这个兄长可以依靠，他不出手相助，天地就会陷入绝境。天放在新疆一住就是两年，直到天地病愈，才回到家中。你如何评价天放的行为？

【内容讲解】

第一节 祖孙关系

一、祖孙关系的概念

祖孙关系是指祖父母与孙子女、外祖父母与外孙子女之间的权利义务关系。祖孙之间是除父母以外的最近直系血亲,其关系的密切程度通常仅次于父母子女。在我国现实社会中,祖孙共同生活较为普遍。他们在一个家庭中,互相关心、彼此照料、提供经济供养。尊老爱幼是我国的优良传统,尤其是当未成年子女的父母无力抚养子女时或者先行死亡的,祖父母或外祖父母主动抚养孙子女或外孙子女的情况比比皆是。当祖父母或外祖父母的子女不能赡养父母时或者先行死亡的,孙子女或外孙子女往往承担起赡养祖父母或外祖父母的义务。祖孙之间的抚养又称隔代扶养。

二、祖孙之间的权利和义务

通常情况下,子女由父母抚养,父母由子女赡养,祖孙之间不发生扶养的权利义务关系。我国《婚姻法修正案》第 28 条规定:“有负担能力的祖父母或外祖父母,对于父母已经死亡或父母无力抚养的未成年的孙子女、外孙子女,有抚养义务。有负担能力的孙子女、外孙子女,对于子女已经死亡或子女无力赡养的祖父母、外祖父母,有赡养的义务。”祖孙之间存在一定条件下的权利义务关系,主要包括以下三个方面的内容。

(一)祖父母、外祖父母对孙子女、外孙子女的抚养义务

具有下列情形的,祖父母、外祖父母对孙子女、外孙子女有抚养义务:

(1)孙子女或外孙子女的父母已经死亡或无力抚养子女。死亡包括自然死亡和宣告死亡。父母死亡,无法再对自己的子女尽抚养义务,但是,父母一方死亡的,生存一方仍应承担抚养子女的义务。父母无力抚养是指不能以自己的劳动收入和其他收入全部或部分满足未成年的子女(包括亲生子女、养子女和有扶养关系的继子女,下同)和没有独立生活的成年子女的生活需要。对于父母已经死亡或者父母一方死亡,另一方也无力抚养子女的,有负担能力的祖父母、外祖父母对未成年孙子女、外孙子女以及不能独立生活的成年孙子女、外孙子

女,有抚养的义务;对于父母虽生存,但因经济或身体条件而无力抚养子女的,有负担能力的祖父母、外祖父母也有对未成年孙子女、外孙子女或无独立生活能力的成年孙子女、外孙子女尽抚养义务。

(2)祖父母、外祖父母有负担能力。有负担能力是指祖父母、外祖父母具有经济条件和监护能力。只有在祖父母、外祖父母本身具备负担能力时,才有可能对未成年孙子女、外孙子女尽抚养义务,才能保证未成年孙子女、外孙子女的健康成长。如果祖父母、外祖父母年老体弱,没有经济来源,那么祖父母、外祖父母也就不存在对未成年孙子女、外孙子女的抚养义务。

(3)孙子女、外孙子女尚未成年。未成年人一般是指未满 18 周岁的人。但是,已满 16 周岁不满 18 周岁的未成年人,以自己的劳动收入作为主要生活来源的,视为完全行为能力人,不在此列。孙子女、外孙子女未满 18 周岁,不能独立生活的,有负担能力的祖父母、外祖父母才对他们尽抚养义务。如果孙子女、外孙子女已满 16 周岁,且以自己的劳动收入作为主要生活来源时,祖父母、外祖父母就不必对他们尽抚养义务。

(二)孙子女、外孙子女对祖父母、外祖父母的赡养义务

孙子女、外孙子女对祖父母、外祖父母的赡养是在一定条件下进行,主要包括:

(1)祖父母、外祖父母的子女已经死亡或者无赡养能力。祖父母、外祖父母的子女已经死亡(包括自然死亡和宣告死亡),无法再对自己的父母尽赡养义务。或者祖父母、外祖父母的子女虽然生存,但由于经济条件和身体原因,没有赡养能力的,祖父母、外祖父母有权要求孙子女、外孙子女承担赡养义务。但如果祖父母、外祖父母有多个子女的,并不因为其中的子女死亡,而免除其他子女的赡养义务,其他子女依然要对自己的父母尽赡养义务。由此,孙子女、外孙子女就可以不承担祖父母、外祖父母的赡养义务。

(2)孙子女、外孙子女有负担能力。有负担能力是指能以自己的劳动收入或其他收入满足自己和配偶或未成年子女的生活和教育需要。一般情况下,孙子女、外孙子女已经成年且有独立的收入来源,能尽赡养义务时,对于需要赡养的祖父母、外祖父母应尽赡养义务。如果孙子女、外孙子女中数人均有负担能力,应根据他们的经济条件共同负担。

(三)祖父母、外祖父母与孙子女、外孙子女之间的继承权

祖父母与孙子女、外祖父母与外孙子女之间存在遗产继承权。我国《继承法》第 10 条规定,祖父母、外祖父母为第二顺序的法定继承人。根据继承顺序的要求,第二顺序继承人只有在没有第一顺序继承人参加继承,或第一顺序继承

人全部放弃继承或全部丧失继承权的情况下，才参加继承。祖父母、外祖父母可以作为孙子女、外孙子女的第二顺序继承人继承财产。孙子女、外孙子女在《继承法》中，虽未被列为法定继承人，但享有代位继承权，即在父亲先于祖父或者祖母死亡的，孙子女有权代替已死亡的父亲之位，继承祖父或者祖母的遗产；母亲先于外祖父或者外祖母死亡的，外孙子女有权代替已故母亲之位，继承外祖父或者外祖母的遗产。当然，父母亲均健在的孙子女、外孙子女，对祖父母、外祖父母的遗产不享有继承权。不过，这通常并不会太大程度地不利于孙子女、外孙子女。因为子女是父母遗产的第一顺序法定继承人，父亲继承了祖父母的遗产、母亲继承外祖父母的遗产后，仍将以抚养或者未来通过继承等形式有益于孙子女、外孙子女。

第二节　兄弟姐妹关系

一、兄弟姐妹的界定

兄弟姐妹是最近的旁系血亲。兄弟姐妹关系是指法律规定的兄弟姐妹之间的权利义务关系。一般情况下，兄弟姐妹各自均由父母抚养，彼此之间不发生扶养的权利义务关系。但在特定条件下，他们之间也产生权利义务关系。

兄弟姐妹既包括同全血缘的兄弟姐妹、半血缘的兄弟姐妹，又包括养兄弟姐妹以及有抚养关系的继兄弟姐妹。全血缘的兄弟姐妹是指由同一对父母生育的兄弟姐妹，他们之间的血亲关系是自然血亲关系。半血源的兄弟姐妹是指同父异母或同母异父的兄弟姐妹，他们之间也存在自然血亲关系。养兄弟姐妹是指因父母的收养行为，从而使原本没有兄弟姐妹关系的人之间产生兄弟姐妹关系，他们之间是拟制旁系血亲关系。有抚养关系的继兄弟姐妹是因为父母再婚后，因父或母与继子女之间的抚养或继兄弟姐妹本人对另一方的扶养而形成的拟制血亲关系。

二、兄弟姐妹之间的权利和义务

《婚姻法修正案》第 29 条规定："有负担能力的兄、姐，对于父母已经死亡或父母无力抚养的未成年的弟、妹，有抚养的义务。由兄、姐抚养长大的有负担能力的弟、妹，对于缺乏劳动能力又缺乏生活来源的兄、姐，有扶养的义务。"由此可见，兄弟姐妹之间的权利义务是在特定的条件下产生的，其具体包括以下三个方面。

(一)兄、姐对弟、妹的扶养义务

兄、姐对弟、妹的扶养应达到以下条件：

(1)父母已经死亡或者父母无力抚养。父母对未成年子女的抚养义务是父母应尽的法定职责，兄、姐对弟、妹的抚养只是对父母对子女的抚养义务的补充。在父母自然死亡或宣告死亡或因经济条件和身体原因无力抚养的情况下，有负担能力的兄、姐对未成年的弟、妹应尽抚养义务。但如果父母只有一方死亡或一方丧失抚养能力，另一方仍有抚养子女的义务。兄、姐无需对未成年弟、妹进行抚养，只有在父母均已死亡或都无力抚养的情况下，有负担能力的兄、姐才承担对未成年弟、妹的抚养义务。

(2)兄、姐有负担能力。为保证未成年弟、妹的健康成长，兄、姐必须有负担能力，具有经济条件和监护能力，才能承担抚养未成年弟、妹的义务。若兄、姐已经死亡或丧失抚养能力，则对未成年弟、妹的抚养义务终止。

(3)被扶养的弟、妹尚未成年。被抚养的弟、妹必须是未满 18 周岁，无法独立生活的未成年人。包括无民事行为能力人和限制民事行为能力人。如果弟、妹已经成年，就无需兄、姐的抚养。如果弟、妹年满 16 周岁，且能以自己的劳动收入为主要生活来源时，兄、姐的扶养义务也告终止。

(二)弟、妹对兄、姐的扶养义务

弟、妹对兄、姐的扶养义务应达到以下条件：

(1)弟、妹由兄、姐抚养长大。在父母死亡或无力抚养的情况下，兄、姐扶养未成年的弟、妹长大成人，从权利义务相一致的原则出发，在兄、姐需要他人扶养时，由弟、妹对兄、姐尽扶养义务。

(2)弟、妹有负担能力。要对兄、姐尽扶养义务的弟、妹必须具备负担能力。如果弟、妹本身因缺乏劳动能力而没有生活来源，或自身还需要他人的扶养时，尽管他们是由兄、姐扶养长大，也无法对兄、姐尽扶养义务。

(3)兄、姐本身需要他人扶养。需要他人扶养的兄、姐，因缺乏劳动能力而没有生活来源，同时其又无子女赡养或子女本身无力赡养时，由兄、姐扶养成人的弟、妹应承担对兄、姐的扶养义务。

(三)兄弟姐妹之间的继承权

兄弟姐妹之间可以相互继承遗产。根据我国《继承法》第 10 条规定，兄弟姐妹为第二顺序法定继承人。在法定继承中，如果无第一顺序法定继承人(父母、配偶、子女)或者第一顺序法定继承人全部放弃继承权或全部丧失继承权时,遗产由第二顺序继承人继承。如果兄、姐对弟、妹或弟、妹对兄、姐尽了主要扶养义务时,即使存在第一顺序继承人,根据我国《继承法》第14条规定,兄、姐或弟、妹也可以适当分得遗产。在遗嘱继承中,如果遗嘱人指定兄、弟、姐、妹为继承人的,被指定继承遗产的兄、弟、姐、妹有权继承所指定的遗产。因为遗嘱继承不考虑继承顺序,只要法定继承人范围内的人,都可以被指定为遗嘱继承人。

此外,公婆与儿媳、女婿与岳父母在有特别约定或者符合法定的非常特殊情形下,也可以成为家庭成员。

【复习提要】

祖父母与孙子女、外祖父母与外孙子女、兄弟姐妹是一个人除父母子女、夫妻以外的重要亲属关系。在我国现行法下,通常情形下这两类亲属相互之间不承担扶养责任,但在某些特殊条件下,彼此依法需承担扶养责任。在继承法上,祖孙之间、兄弟姐妹之间位列第二顺序法定继承人。

【课后练习】

1. 祖孙之间在哪些情形下发生扶养的权利或义务?

2. 在哪些情形下,兄弟姐妹之间发生扶养的权利或义务?

3. 你如何看待“兄弟姐妹手足情深”这句话?

4. 为什么要赋予祖父母、外祖父母继承孙子女遗产的权利?

5. 兄弟姐妹在什么情况下会发生现实的遗产继承?

6. 媳妇对公婆或者女婿对岳父母是否负担在法定上的权利或义务?为什么?

7. 你了解中华民族的传统对祖孙关系的要求与评价吗?

8. 我国实行“一对夫妻只生一个孩子”的独生子女政策后,会对兄弟姐妹关系产生哪些影响?

9. 你认为我国现行《婚姻法》对祖父母与孙子女关系的规范是否还有欠缺?为什么?

10. 你认为我国现行《婚姻法修正案》对兄弟姐妹关系的规范,是否还有欠缺?为什么?

第十二章　家庭财产

【导读案例】

案例1：某村村民林柯萨与戴阿如婚后共育有二子一女，依次为林甲、林乙、林丙，兄妹仨各差2岁。林甲在家与父母一起务农；林乙、林丙成年后先后均外出进城务工，打工所得收入，除日常开支外，交给父母。林甲23岁时与邻村的周小妹结婚。次年，林甲与小妹育一女。因家庭人口增多，住房拥挤，林阿萨向村里申请宅基地一块，获准。其后，阿萨将家庭全部积余4万元全部投入建房，又让林乙留在家中协助父亲，经过全家半年多的努力，终于建成二层楼房一幢，一楼二房一厅附厨房和卫生间分配给林甲夫妇及孩子居住；二层的二房一厅留给林乙将来作结婚用房。请问：该新房是属于家庭共同财产还是其中某人或者某几个人所有的财产？为什么？案例中哪些人对该房屋享有哪些权利？为什么？

案例2：万信与常舒艳夫妻婚后育有二子二女，依次为万朝鲜、万爱红、万爱苏、万抗美。万朝鲜成年后，一家人将祖上传下来的两间平房翻建成三间大新房，另附设厨房和柴火间，万信夫妻住中间，两个女儿、两个儿子各合用一间。万朝鲜准备结婚前，万信以家庭人口多住房挤为由，向村里申请了一块新的宅基地，全家老小共同努力一年，建成了二层楼新房一幢。家庭会议商定：新房一楼归万朝鲜三口小家居住使用，二楼由万抗美使用，兼将来结婚用房；万信夫妻仍住旧宅中间一间，两头各一间分给两个女儿住，等将来女儿出嫁，空房归老人使用。村里土地实行承包制后，万信以户主名义，按家庭人数承包村集体土地4.8亩(按人均0.8亩的标准)、山林7.2亩(按人均1.2亩)。万朝鲜与邻乡姑娘田某结婚，婚后育一子万斤。村里因暂无空置土地，同意未来万家两个女儿如果出嫁，女儿的土地份额转为媳妇和孙子的承包地。万爱红与邻村小伙子结婚后，搬到夫家，在夫家村庄分到了承包地。万爱苏与邻县城镇户籍的青年游某结婚后，与丈夫一起长年在邻县做小本生意，户籍未迁。万抗美农闲时外出做工。请问：本案例中，对于宅基地、承包土地和山林，哪些人享有权利？属于什么性质的权利？为什么？

案例3：何承志与妻子乔铮好结婚时，父亲何诺果和母亲姬京珊将向单位购置的福利房送给儿子，由承志出资装修一新，用作婚房。第二年，女儿何欢畅出生。数年后，何承志因公死亡时，女儿年仅7岁，父亲57岁、母亲54岁。为财产分配，媳妇乔铮好与公婆发生争执。乔铮好认为，她与丈夫婚后居住的房屋是公婆当年送给他们的，应当归她与丈夫共有；承志名下存款20万元，是夫妻共同财产，应留作女儿抚养费；她从丈夫生前单位领回来的25万元抚恤金，应当归她与女儿共有。公婆则坚持，当年提供的房屋是他们老夫妻俩一辈子工作的福利，所有权登记在何诺果名下，当年只提供给儿子结婚及婚后居住使用，所有权没有转让；承志名下的20万元存款中大部分是儿子婚前的积蓄，因为儿子结婚前一直与父母共同生活在一起，吃住均免费；婚后收入主要用于供养孩子、一家三口日常开支，没有多少钱可以积余；抚恤金更是儿子生前单位对老人和幼女的照顾，乔铮好不宜参加分配。承志单位也说明，25万抚恤金是对承志全家人的抚恤，不是死者配偶一个人的。请问：本案争议的财产中，哪些是何承志的遗产？认定后的遗产应当由哪些人继承？怎样继承？请说明理由与依据。

家庭是以永久共同生活为目的而共居的亲属团体。人类实行家庭制度已数千年，家庭是基本的社会组织。在近代以前，亲属身份关系和财产关系密不可分。法律对于两者调整也无显著区别。但是，资本主义国家建立以后，倡导个人自由、独立，亲属关系以个人主义为原则，家庭关系中承认家庭成员个人独立。随着社会发展，人格独立、平等的原则普遍流行，反映在财产关系上，逐渐承认个人财产权独立，特别是承认已婚妇女和卑亲属的独立财产权，财产关系与亲属共同生活相分离而独立存在。反过来，独立的财产关系又体现出人格的独立。家庭财产关系是家庭关系的重要方面之一。鉴于本书相关章节专门讨论了父母子女、祖孙及兄弟姐妹等家庭成员之间的相互关系，本章仅讨论家庭财产。

【内容讲解】

第一节　家庭财产关系

一、家庭财产的个人所有

法律承认个人独立的财产权。财产权，也称物权，是权利人在法律允许范围内按照本人的意思直接支配物并排斥他人干涉的权利。物权的客体是特定物、有体物。物权包括所有权和定限物权两类，而定限物权又可进一步区分为用益物权、担保物权、抵押权、质权、留置权及占有。作为财产权客体的财产(或者物)通常区分为动产、不动产两大类。

包括未成年子女在内的家庭成员依法可以拥有个人所有的财产。所有权是指财产的所有人在法律允许范围内,自由地占有、使用、收益和处分其物,并排斥他人干涉的权利。所有权包括不动产所有权、动产所有权。《物权法》第64条规定,“私人对其合法的收入、房屋、生活用品、生产工具、原材料等不动产和动产享有所有权”。根据《民法通则》第75条规定,公民的个人财产,包括公民的合法收入、房屋、储蓄、生活用品、文物、图书资料、林木、牲畜和法律允许公民所有的生产资料以及其他合法财产。公民的合法财产受法律保护。

家庭成员在一起共同生活并不当然形成财产共有关系。在我国,大多数家庭由两个或两个以上家庭成员组成。但是,如果没有发生财产共有的原因,家庭成员个人所得到的财产,仍属于其个人所有。因为我国法律没有建立专门的家庭财产制度,除家庭成员对本人或家庭其他成员在共同生活或者维持家庭关系过程中所得到的财产,适用财产法的一般规定,但是,夫妻除外。不过,家庭成员对其个人所有的财产享有所有权,不排除与其共同生活的家庭成员,经其允许利用该财产。

二、家庭财产的共同所有

财产可以由两个以上的公民、法人共有。共有区分为按份共有和共同共有。按份共有人按照各自的份额,对共有财产分享权利,分担义务。按份共有财产的每个共有人有权要求将自己的份额分出或者转让。但在出售时,其他共有人在同等条件下,有优先购买的权利。共同共有人对共有财产享有权利,承担义务。

家庭成员所获得的财产,基于法定事由或者家庭成员共同劳动或者当事人的约定或者其他原因,可以形成共同所有。共同所有人的范围,可以是全家所有成员共同所有,也可以是家庭成员中某几个人共同所有。例如,婚姻关系存续期间,夫妻一方所得财产依法归夫妻双方共同共有,但当事人另有约定的除外;父母、子女共同种植的林木、果树归共同种植人所有;家庭成员共同建造的房屋或其他建筑设施归共建人共有;等等。

生活中,家庭财产的共有是常见的家庭财产所有权情形。因为家庭成员在一起共同生活,相互具有婚姻、血缘关系,感情亲密,相互信任,财产的共有有较多便利条件,较少障碍或顾虑,容易形成共同所有。考虑到家庭生活的方便和需要,部分家庭财产的共同所有也有某种必要。共同所有人对共同所有的家庭财产所享有的权利,依共有形式不同而有所区别。对于共同共有的家庭财产,所有共同共有人享有相同的权利，承担相同的义务；对于按份共有的家庭财产，按份共有人按照各自所有的份额，对共有的家庭财产享有权利，承担义务。

三、家庭的用益物权

用益物权，是指对他人所有之财产，在一定范围内加以利用、收益及处分的定限财产权。用益物权包括土地用益物权、建筑物用益物权。在我国现有法律体系下，可成为家庭用益物权的，主要是农村土地承包权、宅基地使用权。

农村土地承包经营权是指承包人依法通过承包合同而取得的对农村集体所有的土地享有的使用和收益的权利。凡农村集体经济组织成员，依照《农村土地承包法》规定，与集体经济组织签订土地承包合同，对本集体所有的或者由国家所有依法由农民集体使用的耕地、林地、草地以及荒山、荒沟、荒丘、荒滩等农村依法用于农业的土地，进行利用和收益。对于农村土地，原则上采取农村集体经济组织内部的家庭承包经营方式。通过家庭承包所取得的权利，是用益物权。公民依法对集体所有的、国家所有而由集体使用土地之承包经营权，受法律保护。家庭承包经营权可以通过转包、出租、互换、或者其他方式流转。

宅基地使用权是指农村集体经济组织的成员依法享有的在其宅基地上建设住宅的权利。宅基地是农村集体经济组织所有的土地，经法定程序批准而准许其成员用于建造住宅之地。依据《土地管理法》及其实施条例的规定，宅基地使用权只能由农村集体经济组织成员享有，经本组织成员的申请，集体经济组织将其所有的土地，无偿或者廉价地提供给本村村民或者本小组居民建设住宅，以满足其个人及其家庭成员居住所需。审批宅基地使用权，实行"乡（镇）人民政府审核，县级人民政府批准"的制度。

申请获准的宅基地使用权，归家庭成员共享，而非属于申请人个人独自享有。宅基地在本集体经济组织内部可以转让；在家庭内部，可以继承。

四、知识产权的财产权

随着公民个人和家庭越来越多地参与到社会主义市场经济活动之中，某些知识产权作为家庭财产性权益的情形增多。

知识产权是指知识产品的所有人根据法律规定对其创造的智力成果在一定期限和地域内享有的专有权利，包括专利权、商标权和著作权。家庭成员个人因为发明创造、继承或者转让获得的专利权、商标权和著作权归其个人所有；数个家庭成员或者全体家庭成员在共同经营中创造、继承或者转让等途径依法取得的专利权、商标权、著作权中的财产权，归这些成员共同所有或者共同使用。

第二节 家庭财产的继承和遗赠

财产继承是生者依法对死者生前所有的财产的承受。在继承关系中,遗留财产的死者称为被继承人;死者遗留的个人合法所有的财产称为遗产;依法继承遗产的人称为继承人,继承人依法无偿取得遗产的权利称为继承权。根据我国《物权法》第 64 条、第 65 条规定,"私人对其合法的收入、房屋、生活用品、生产工具、原材料等不动产和动产享有所有权";"私人合法的储蓄、投资及其收益受法律保护。国家依照法律规定保护私人的继承权及其他合法权益"。由于《继承法》规范的财产继承,只限于私人财产,且须为公民个人生前合法所有的财产;继承人须与被继承人有一定亲属身份关系,故私人财产继承涉及的就是家庭财产的继承。我国《继承法》第 5 条规定,"继承开始后,按照法定继承办理;有遗嘱的,按照遗嘱继承或者遗赠办理;有遗赠扶养协议的,按照协议办理"。属于公民个人生前合法所有的财产,在其死亡后,通过法定继承、遗嘱继承、遗赠或者遗赠扶养协议转移所有权。

一、遗产与继承

(一)遗产

遗产是指公民生前合法拥有,且在死亡时尚存在的个人财产。遗产具有三方面特征:第一,遗产是公民死亡时遗留的财产。公民生前对这些财产依法享有所有权,并且在所有权人死亡时,该财产尚未转让、抛弃或消灭。第二,遗产是指依法可以转让的财产。人身权利或者以特定身份为前提而享有的利益,不属于遗产,不能由继承人继承。第三,遗产包括财产权利和财产义务。遗产是包括死者生前享有的财产权利和所承担的财产义务两方面。

遗产包括死者生前享有的下列各项财产:

(1)个人生前的收入。在法律允许范围内,公民生前取得的工资、奖金等劳动收入,从事生产、经营活动所得的其他合法收入,接受赠与、偶然中奖所得的财产等。

(2)个人生前所有的房屋、储蓄和生活用品。死者生前个人合法所有的私房,通常是最大宗的遗产。仅享有使用权的房屋,不构成使用者的遗产。储蓄是指公民的存款及利息。生活用品是指公民所有的满足日常生活基本需要,包括衣、食、住、行、用等各方面的生活用品。

(3)个人生前所有的林木、牲畜和家禽。公民的林木包括依法归公民个人所有的树木、竹林、果园等,包括公民依法占有使用的宅基地、自留地、承包地及在承包经营的荒山、荒地、荒滩上种植的归属个人所有的林木。公民的牲畜与家禽是指公民自己饲养的牲畜与家禽,不仅包括用于自己生活消费的牲畜与家禽,也包括用于商品交换的牲畜与家禽。

(4)个人生前所有的文物、图书资料。公民生前所收藏和所有的具有历史、艺术和科学价值的文物和图书资料,在公民死后可以作为遗产转移给继承人。但公民在处分这些文物和图书资料时,应遵守《中华人民共和国文物保护法》等有关法律的规定。

(5)个人生前所有的生产资料。法律允许公民所有的生产资料,才可作为遗产由继承人继承;法律不允许公民所有的生产资料,不构成遗产。

(6)个人享有的著作权、专利权中的财产权利。著作权和专利权中的财产权利如著作使用费、专利使用费等可以作为遗产,由继承人继承。但著作权和专利权中的人身权利是不能构成遗产而转移给继承人的。目前法律确认和保护的无形财产权包括公民个人的商标专用权、发现权、发明权、科技进步权、合理化建议权等知识产权中的财产权利,个体工商户、私营企业的名称权或商号权等也可作为遗产。

(7)个人生前合法享有的其他合法财产。公民其他可作为遗产的个人合法财产主要包括抵押权、质押权、留置权等担保物权和依法可继承的用益物权;股票等有价证券;土地使用权;以财物为履行标的的债权和债务等。与人身有关的具有专属性质的债权和债务,如人身保险合同中的受益权等则不能作为遗产。

(二)继承

继承是指自然人死亡时,继承人直接依照法律规定或者被继承人生前所立合法有效遗嘱的指定,依法取得死者所遗留的个人合法财产。生前依法拥有相应财产的所有权,在死亡时转移给继承人的死者,称为被继承人;被继承人死亡时遗留的个人财产,称为遗产;依法取得被继承人遗产的人,称为继承人;继承人承接死者遗产的权利,称为继承权。

(1)继承的发生以死亡为唯一的法定原因。继承从被继承人死亡时开始。财产所有人死亡,即发生以继承方式转移财产所有权的法律关系。倘若财产所有人存活的,其财产权利和义务均由其本人享有和承担,不发生继承。继承从被继承人生理死亡或者被宣告死亡时开始。失踪人被宣告死亡的,以法院判决中确定的失踪人的死亡日期为继承开始时间。

(2)继承人通常是与被继承人有一定亲属关系的人。在我国,不论法定继承人或者遗嘱继承,继承人只能是与被继承人具有近亲属关系的亲属。非近亲属、国家、集体以及社会组织不能作为继承人。当然,这些组织、机构和人员可以成为死者的遗产的受遗赠人。

(3)继承是被继承人遗产概括转移归继承人的财产法律制度。公民一旦死亡,就不再是财产权利的民事主体,其生前拥有财产的权利和义务转归继承人享有或承担。继承是被继承人的所有财产的权利和义务概括地发生转移,因而也区别于因买卖、赠与等法律行为而产生的一般意义上的个别的财产转移。

二、继承人的范围

继承人的范围是指无论适用何种方式继承时,哪些人有资格继承死者的遗产。这是继承首要解决的问题。在我国,法定继承人的范围有明文规定;遗嘱继承人范围不得超越法定继承人范围的限制。

根据《继承法》第 10 条、第 11 条、第 12 条规定,我国主要根据婚姻关系、血缘关系和扶养关系三个要素来确定法定继承人范围。具体包括:配偶、子女、父母、兄弟姐妹、祖父母、外祖父母;对公婆尽了主要赡养义务的丧偶之儿媳或者女婿。

(1)配偶。配偶继承权的取得,是基于合法有效的婚姻关系。即被继承人与配偶在死者死亡之前一刻还存在合法有效的婚姻关系,彼此具有夫妻身份。双方的婚姻关系因配偶一方死亡始终止的,生存配偶一方对死亡配偶个人生前合法所有的财产享有配偶继承权。尽管双方具有同居关系或者其他关系,但没有配偶身份的人,不享有配偶继承权。

我国实行一夫一妻制,故公民死亡时,其合法的生存配偶只可能有一人。不过,对于 1950 年《婚姻法》实施以前已经形成的一夫多妻或者一夫一妻多妾关系,属于历史遗留问题,仍给予承认,因此妻、妾对死亡丈夫的遗产享有同等继承权。

(2)子女。子女是与父母具有最近血缘关系的亲属。我国《继承法》赋予子女继承父母遗产的权利。子女,不论成年与否,也不论婚否,不区分男女,均享有平等的继承权。根据《继承法》第 10 条规定,子女包括婚生子女、非婚生子女、养子女和有扶养关系的继子女。

(3)父母。父母是子女最亲近的直系尊血亲。父亲和母亲均对子女的遗产享有继承权。根据我国《继承法》第 10 条第 3 款规定,对子女的遗产享有继承权的父母,“包括生父母、养父母和有扶养关系的继父母”。

(4)兄弟姐妹。兄弟姐妹是血缘关系最近的旁系血亲。我国《婚姻法》、《继承法》均规定兄弟姐妹相互有继承遗产的权利。根据《继承法》第 10 条规定，享有法定继承权的兄弟姐妹包括同胞兄弟姐妹、同父异母或者同母异父的兄弟姐妹、养兄弟姐妹和有扶养关系的继兄弟姐妹。

(5)祖父母、外祖父母。祖父母、外祖父母是孙子女、外孙子女除其父母以外的血缘关系最近的直系尊血亲。现实生活中，祖孙关系通常也十分亲密。我国继承法赋予祖父母继承孙子女的遗产、外祖父母继承外孙子女遗产的权利。这里的祖父母、外祖父母包括亲生祖父母、养祖父母、形成扶养关系的继祖父母。

(6)对公婆或岳父母尽了主要赡养义务的丧偶的儿媳或者女婿。儿媳与公婆、女婿与岳父母均为直系姻亲关系，通常情形下，他们彼此不负担法律上的权利和义务，不论儿子或者女儿是否已经死亡，儿媳对公公或婆婆的遗产、女婿对岳父或岳母的遗产均无继承权。但是，在社会生活中，由于传统生活习惯的影响，有些儿媳长期与公婆共同生活，有些女婿长期与岳父母共同生活，甚至在丈夫或者妻子死亡后，仍对公婆或者岳父母照顾有加，履行了主要赡养义务。为了鼓励社会善良习俗，《继承法》第 12 条规定，“丧偶儿媳对公、婆，丧偶女婿对岳父、岳母，尽了主要赡养义务的，作为第一顺序继承人”。因此，特定情形下，儿媳或女婿成为法定继承人。

此外，孙子女、外孙子女以及更晚辈的直系血亲卑亲属，在其享有继承权的父亲或者母亲先于更尊长的直系血亲死亡时，有权代替已故父亲或者母亲继承祖父母或者外祖父母或者辈分更高的直系尊血亲的遗产。在我国《继承法》中，孙子女、外孙子女仅为代位继承人，而非基于自己固有的继承地位而参加继承，未将他们列入继承人顺序。所以，本书也未将孙子女、外孙子女纳入继承人范围。

三、法定继承

法定继承是我国社会生活中主要的继承方式。法定继承，也称无遗嘱继承，是指在无合法有效遗嘱的情形下，依照法律规定的继承人范围、继承顺序及遗产分配原则继承财产的继承方式。法定继承具有两个显著特点：一是法定继承人与被继承人具有婚姻关系或者较近的血缘关系；二是法定继承人的范围、继承顺序、继承份额和遗产分配原则均由法律明文作出强制性规定，不允许当事人协商变更。

(一)法定继承的顺序

法定继承的顺序，是指法律规定的各继承人继承遗产的先后排序。继承开始后，所有继承人并非均可以同时参加继承，而必须按照法律直接规定的参加继承的先后顺序进行继承。继承顺序排列在前的继承人先参加继承;继承顺序排列在后的继承人暂不能参加继承,只有当无排列在前的继承顺序中的继承人或者前一继承顺序中的继承人均放弃或者丧失继承权时,才能递补参加遗产继承。

我国《继承法》根据亲属关系的亲近程度、扶养关系的密切程度确定继承人各自的继承顺序,亲属关系越近、扶养依赖程度越深的亲属,其继承顺序排列在前;反之,则排列在后。根据第 10 条规定,法定继承顺序有二:第一顺序继承人包括配偶、子女、父母;第二顺序继承人包括兄弟姐妹、祖父母、外祖父母。因此,发生现实继承关系时,被继承人的遗产应当由生存配偶、子女、父母这三类亲属继承。只要这三类亲属中有一人存活或者已故子女留有子女的,第二继承顺序所列的所有继承人均不能参加继承。当配偶、子女、父母这三类亲属中无人存活,或者所有人均放弃继承或者依法丧失继承权的,兄弟姐妹、祖父母、外祖父母才参加继承。至于同一继承顺序中的各类亲属,其各自继承地位平等,其参加继承,无先后之别。

(二)法定继承人的继承份额

在法定继承中,如果参加继承的继承人有二人或者二人以上时,遗产应当如何分配问题,即如何确定同一继承顺序中的继承人各自应得的继承份额。根据我国《继承法》第 13 条规定,法定继承时遗产分配原则如下:

(1)同一顺序继承人应继承的遗产份额,一般应当均等。同一顺序中的多个继承人参加继承时,在各继承人的生活状况、劳动能力、对被继承人履行扶养义务的情形等相同或者相近时,应当把遗产按照继承人的人数,均等地分割成相应份数,平均分配给每位继承人。

(2)对生活有特殊困难又缺乏劳动能力的继承人,分配遗产时,应当给予适当照顾。继承人,如果有人因为年幼或者年老、疾病等原因没有独立经济来源或者经济收入而致维持基本生活有困难的,分配遗产时,其应得的继承份额应当大于其他继承人应得的遗产份额。

(3)对被继承人生前履行扶养义务较多的继承人可以适当多分得遗产。对被继承人尽了主要扶养义务的继承人,分配遗产时,可以多分;有扶养能力和扶养条件而不履行或者少履行扶养义务的继承人,分配遗产时应当不分或者少分。履行扶养义务较多的情形主要有:一是对被继承人生前日常照料较多的,如与被继承人生前在一起共同生活的;二是为被继承人提供主要经济供养的;三是对被继承人生前提供主要精神抚慰的继承人等。被继承人生前有固定收入或者巨额财产,不需要继承人提供经济供养的,继承人未提供经济供养,不影响其继承遗产的份额。

(4)继承人协商同意的,可以不均等分配遗产。继承法鼓励继承人自愿基础上,协商分配遗产。

(三)法定继承的适用

法定继承适用于下列情形之一:

(1)被继承人生前未订立合法有效的遗嘱的;

(2)被继承人虽订立有合法有效的遗嘱,但遗嘱继承人先于被继承人死亡的;

(3)被继承人生前未与他人订立遗赠扶养协议;

(4)被继承人生前所订立遗嘱未处分的遗产。

在我国,由于传统文化和风俗习惯影响,绝大多数公民长期来没有生前立遗嘱处分财产的意识和习惯,所以,绝大多数情况下,公民死亡后,其遗产按照法定继承分配遗产。

(四)法定继承人以外的人酌情分得遗产

法定继承人以外的人,与被继承人生前形成有一定扶养关系的,依法可以分得适当遗产。这类人依法享有的可以酌情分得遗产的权利,也称为酌分遗产权。根据我国《继承法》第14条规定,“对继承人以外的依靠被继承人扶养的缺乏劳动能力又没有生活来源的人,或者继承人以外的对被继承人扶养较多的人,可以分给他们适当的遗产”。

酌分遗产权具有下列特点:酌分遗产权的取得根据是在被继承人生前与之形成了一定的扶养关系,或者是受被继承人扶养,或是权利主体具有特定性,仅限于法定继承人以外的下列两种人:第一,继承人以外的依靠被继承人扶养的缺乏劳动能力又没有生活来源的人;第二,继承人以外的对被继承人扶养较多的人。

(五)代位继承

代位继承是指被继承人的子女先于被继承人死亡,继承开始后,由被继承人子女的晚辈直系血亲代替已故父亲或者母亲继承被继承人遗产。在代位继承中,先于被继承人死亡的继承人称为被代位继承人或者被代位人;代替被代位人继承遗产的人称为代位继承人或代位人;代位人代替被代位人继承遗产的权利,称为代位继承权。代位继承人不论有几位,他们一般只能继承其父亲或者母亲有权继承的遗产份额。代位继承只发生在法定继承中,不适用于遗嘱继承。该制度旨在保护被继承人的已失去父亲或者母亲的晚辈直系血亲能够通过代位继承获得遗产,增强其经济能力,有利于其顺利成长。

代位继承有四项特征:第一,发生代位继承的原因,是被继承人的子女先于被继承人死亡。第二,被代位人只能是被继承人的晚辈直系血亲。只要被继承人的子女先于被继承人死亡,就发生代位继承。代位继承不受代数限制。此处所称"子女",包括亲生子女、养子女、形成扶养关系的继子女。第三,代位继承人只能是被代位人的晚辈直系血亲。第四,被代位人须有继承权,且代位继承人只能继承被代位人有权继承的遗产份额。换言之,如果被代位人依法丧失了继承权的,其晚辈直系血亲不得代位继承。代位继承人只继承其父亲或者母亲有权继承的遗产份额。当代位继承人有二人以上时,数个代位继承人共同继承被代位人应得遗产份额,再由代位继承人分享。

四、遗嘱继承

遗嘱继承是指在被继承人死亡后,按照被继承人生前所立遗嘱的指定分配遗产的继承方式。根据《继承法》第 16 条规定,公民可以依法立遗嘱处分个人财产,可以立遗嘱将个人财产指定由法定继承人中的一人或者数人继承。依法用遗嘱处分个人财产的人称为遗嘱人;依遗嘱取得遗产的权利称为遗嘱继承权;依遗嘱享有继承权的人称为遗嘱继承人。

(一)遗嘱的概念

遗嘱是遗嘱人生前依法定形式处分其个人所有的财产,并于其死亡时发生效力的单方民事行为。遗嘱具有下列法律特征:第一,遗嘱是单方民事行为。遗嘱人生前设立、变更或者撤销自己的遗嘱,只须本人单方意思表示并依法定形式为之,无须征得任何人同意,即可发生民事法律后果。第二,遗嘱是遗嘱人须亲自实施的民事行为,不得由他人代理。因此,遗嘱人须具有完全民事行为能力。第三,遗嘱是遗嘱人死亡时生效的民事行为。第四,遗嘱是要式民事行为。为防止伪造或者篡改遗嘱,遗嘱人订立遗嘱时须依照法定形式进行,才能发生法律效力。

(二)遗嘱成立的条件

根据我国《继承法》规定,订立遗嘱须同时具备下列条件,才能合法有效成立。

1. 遗嘱人立遗嘱时须具有遗嘱能力

遗嘱能力是指遗嘱人设立遗嘱的行为能力。遗嘱是处分本人所有的财产的民事行为,因此遗嘱人须具有完全民事行为能力,才能胜任设立遗嘱。无行为能力人、限制行为能力人均不具备遗嘱能力。遗嘱人是否具有遗嘱能力,应以遗嘱人设立遗嘱时来判断。遗嘱人立遗嘱时有遗嘱能力,即使后来丧失了行为能力的,不影响遗嘱的效力;遗嘱人立遗嘱时无遗嘱能力的,即使后来具有完全行为能力的,原先所立遗嘱仍无效。[①]

2. 遗嘱须是遗嘱人的真实意思表示

遗嘱人是根据本人的真实意愿自愿订立遗嘱,处分其个人所有的财产,才能有效。凡遗嘱人是受胁迫、受欺骗而订立的遗嘱,或者伪造的遗嘱、被篡改的遗嘱,均非出自遗嘱人的真实意思,因而无效。

3. 遗嘱内容须合法

遗嘱内容必须明确,不得违反法律,不得损害社会公共利益。遗嘱人只能处分个人所有的合法财产,并应为缺乏劳动能力又没有生活来源的继承人保留必要的遗产份额。否则,应当认定遗嘱无效。[②] 同时,遗嘱应明确指定遗嘱继承人或受遗赠人;指明所处分遗产的名称、数量、特征及其所在地;指明遗嘱继承人继承的遗产份额或受遗赠人受遗赠的遗产数额,遗产分配方法;如果遗嘱人对遗产继承人或者遗赠人接受遗产附有义务的,则应指明义务;指定遗嘱执行人等。此外,必须注明设立遗嘱的时间。

4. 遗嘱的形式须符合法律规定

遗嘱是要式行为,须符合法定形式要求。为了保证遗嘱真实合法,减少日后争议,我国《继承法》第 17 条规定,设立遗嘱允许采用下列五种形式之一:

(1)公证遗嘱。公证遗嘱是指经由公证机关证明的遗嘱。公证遗嘱是所有遗嘱形式中效力最高的遗嘱;其他法定形式的遗嘱不得变更公证遗嘱。

(2)自书遗嘱。这是遗嘱人亲笔书写的遗嘱,并注明年、月、日。这类遗嘱,因为简便易行,是最常见的遗嘱形式。

(3)代书遗嘱。这是指他人记录遗嘱人口述而形成的遗嘱。为保证代书遗嘱真实,代书遗嘱时应当有两个以上的见证人在场见证,由其中一人代书,注明年、月、日,并由代书人、其他见证人、遗嘱人签名。如果遗嘱人不能签名的,以捺指印代替;不得由他人代为签名。

(4)录音遗嘱。这是指遗嘱人的口述的意思表示经录音磁带记录而形成的遗嘱。为保证录音真实,利用录音形式设立遗嘱时,应当有两个以上见证人在场见证。

(5)口头遗嘱。这是指遗嘱人利用口头语言表示意思的遗嘱。鉴于遗嘱人死后,口说无凭,口头遗嘱容易被篡改或者伪造,发生争议时,不易查证,我国《继承法》对采用口头形式设立遗嘱有严格限制。遗嘱人只有在危急情况下,才

---

① 最高人民法院《执行〈继承法〉的若干意见》第 41 条。

② 最高人民法院《执行〈继承法〉的若干意见》第 38 条。

可以立口头遗嘱；而且应当有两个以上见证人在场见证。危急情况解除后，遗嘱人能够用书面或者录音形式立遗嘱的，所立的口头遗嘱无效。

上列遗嘱形式中提到的见证人，担负着证明职责。因此，见证人须具备完全民事行为能力，且与遗嘱处分的财产没有直接利害关系。下列人员不能担任遗嘱见证人：无行为能力人、限制行为能力人；继承人、受遗赠人；与继承人、受赠人有利害关系的人，包括继承人、受遗赠人的父母、子女、配偶等近亲属，以及继承人、受遗赠人的债权人、债务人、共同经营合伙人等。①

（三）遗嘱的变更、撤销和执行

在立遗嘱人生存期间，他（她）可以根据本人意愿改变或者撤销原先所立遗嘱，以确保其遗嘱反映立遗嘱人的真实意思表示。考虑到社会情况和个人情况可能的变化，我国《继承法》第20条规定，“遗嘱人可以撤销、变更自己所立的遗嘱”。遗嘱的变更是指立遗嘱人依法改变原先所下的遗嘱的部分内容。遗嘱的撤销是指立遗嘱人取消原先所立遗嘱的全部内容。与订立遗嘱相同，遗嘱的变更或者撤销须由立遗嘱人本人亲自实施，不得由他人代理。

变更或者撤销遗嘱的方式有两种：明示方式和推定方式。明示方式是指遗嘱人公开表达其意思，明确表示修改或者撤销其遗嘱。变更或者撤销遗嘱的形式，应符合遗嘱的法定形式要求。推定方式是指根据遗嘱人的行为或者内容相抵触的数份遗嘱，在法律上推定遗嘱人变更或者撤销了原先所立遗嘱。立遗嘱人先后立有数份内容相抵触的遗嘱的，推定最后所立遗嘱为遗嘱人的最后真实意思表示；如果其中公证遗嘱的，则公证遗嘱效力优先。在继承开始前，遗嘱灭失或者部分灭失的，或者遗嘱处分的财产之所有权全部或者部分依法转移的，遗嘱视为被撤销或者部分被撤销。

公民可以依法立遗嘱处分遗产，可以指定遗嘱执行人。遗嘱执行是指遗嘱人死亡后，由特定人按照遗嘱人所立遗嘱的内容处理遗产，实现遗产所有权转移的行为。执行遗嘱的人称为遗嘱执行人。遗嘱执行时间始于因遗嘱人死亡而致遗嘱生效时。

遗嘱执行人可以是公民个人，也可以是法人或者社会团体、相关组织。遗嘱执行人的产生有三种不同情形：一是遗嘱指定遗嘱执行人；二是法定继承人作为遗嘱执行人；三是遗嘱人生前所在单位或者继承开始地点的基层组织作为遗嘱执行人。遗嘱执行人必须具有完全民事行为能力，且具备独立的管理遗产并执行遗产分配行为的能力。当然，遗嘱执行人负有管理遗产和执行遗嘱的职责。

---

① 最高人民法院《执行〈继承法〉的若干意见》第36条。

（四）遗嘱的适用

遗嘱的效力高于法定继承。根据我国《继承法》第 5 条、第 27 条规定，继承开始后，有遗嘱的，按照遗嘱继承或者遗赠办理；无遗嘱的，按照法定继承办理。

死者生前虽立有遗嘱，但具有下列情形之一的，有关遗产仍按照法定继承办理：第一，遗嘱继承人先于遗嘱人死亡的；第二，遗嘱继承人放弃继承或者受遗赠人放弃遗赠的；第三，遗嘱继承人丧失继承权的；第四，遗嘱无效或者部分无效涉及的遗产；第五，遗嘱未处分的遗产。

五、遗　赠

公民享有遗赠权。遗赠是指公民立遗嘱将其个人财产部分或者全部赠给法定继承人以外的人，并于遗嘱人死亡时才发生法律效力的单方法律行为。立遗嘱人称为遗赠人；接受遗赠的遗产的人称为受遗赠人或者遗赠受领人；通过立遗嘱将自己的个人财产赠与他人的权利称为遗赠权；接受遗赠财产的权利称为受遗赠权。受遗赠人可以是自然人、法人、非法人社会组织、国家。

遗赠具有下列法律特征：第一，遗赠是遗赠人亲自实施的单方无偿民事行为。公民可以在其个人财产的实际价值范围内，通过遗嘱将其财产赠送他人，并于其死亡时发生法律效力。第二，遗嘱是要式民事行为。遗嘱须通过遗嘱方式为之，故须符合法定的遗嘱形式。第三，受遗赠人须是法定继承人以外的人，包括自然人、法人、非法人社会组织、国家。因为如果受遗赠人属于法定继承人，则属于遗嘱继承而非遗赠了。第四，遗赠财产不得违背法律强制性规定。遗嘱人只能处分其个人合法财产，不得侵害他人利益，不得侵害缺乏劳动能力又没有生活来源的法定继承人的合法权益，也不得逃避税费和债务。

遗赠不同于遗嘱继承和赠与。三者虽都是自愿无偿地将自己的财产赠与他人，但是，在遗嘱继承中，接受遗产的人只能是法定继承人范围内的人，他们既依法享有继承遗产的权利，又承担在遗产价值范围内清偿被继承人生前债务的义务；遗嘱继承人在继承开始后遗产处理前明确表示放弃继承的，始放弃继承，未作任何表示的，视为接受继承；而在遗赠关系中，接受遗产的人须为非法定继承人，他们只享受接受遗产的权利，不承担清偿死者生前债务的义务，受遗赠人应当在知悉遗赠后两个月内作出接受或者放弃受遗赠的意思表示，否则视为放弃受遗赠。赠与是公民、法人或非法人组织、国家在其存续期间实施的将其所有的财产无偿送给他人的行为，须有双方合意始得成立，无法定形式要求，但以赠与人实际交付赠与物才能生效，这与公民死亡时才生效的遗赠不同。

六、遗赠扶养协议

遗赠扶养协议是指遗赠人与扶养人之间自愿订立的协议,约定由扶养人承担遗赠人生养死葬的义务,遗赠人死亡后,其遗产归扶养人所有。遗嘱扶养协议一旦签订,即发生法律效力,对当事人双方均具有法律约束力。为了保证年老、体弱等人有尊严地体面生活,我国继承法鼓励公民通过订立遗赠扶养协议解决养老困难。这也有利于减轻家庭、社会的负担。遗嘱扶养协议的效力高于遗嘱继承和法定继承。

遗嘱扶养协议具有下列法律特征:第一,遗赠扶养协议主体有一定限制。遗赠人只能是自然人;扶养人须具有扶养能力和扶养条件,既可以是自然人,也可以是法人、非法人组织。第二,遗赠扶养协议是双务的有偿行为。遗赠扶养协议须当事人双方意思表示一致,遗赠人享受扶养人扶养,是以承诺将自己的遗产遗赠给扶养人为前提条件的;扶养人有义务按约定扶养遗赠人,在履行扶养义务后受领遗赠人的遗产。第三,遗赠扶养协议是生前行为,但其赠与须等待遗赠人死亡才发生效力。第四,遗赠扶养协议是要式行为,即双方须订立书面协议,明确约定双方各自的权利和义务。

遗赠扶养协议的内容,包括遗赠和扶养两个方面。通常涉及遗赠财产的名称、数量及财产所在地;扶养的内容、要求和方式;以及当事人双方要求写明的其他事项。遗嘱扶养协议签订后,双方均应当自觉履行协议约定条款。当事人一方无正当理由拒不履行的,另一方当事人有权依法维护自己的权利。

遗赠扶养协议依法可以解除。当事人双方协商同意的,可以协议解除;当事人一方坚决要求解除,双方协商不成时,要求解除一方可以通过调解、诉讼等途径解决争议。扶养人无正当理由拒不履行扶养义务,致使遗嘱扶养协议解除的,扶养人已经支付的扶养费一般不给予补偿;遗赠人无正当理由要求解除的,应当偿还扶养人已经支付的扶养费用。

【复习提要】

我国现行没有法定的专门的家庭财产制度。家庭财产关系中,除夫妻适用夫妻财产制度外,其他家庭成员相互之间,在所有权关系上,适用普通财产法规定,与一般社会成员无区别。但是,家庭成员长期共同生活,可以通过约定或者共同劳动等形成家庭财产的共有关系。特别是农村家庭对农地的承包经营,通常以家庭人口共同劳作、共同经营,是特有的家庭用益物权。一个家庭成员死亡,会发生遗产继承。公民有权通过遗嘱指定遗产继承人或将遗产赠与他人,生前未立遗嘱或者所立遗嘱无效的,则按照法定继承处理。法律鼓励公民与他人订立遗嘱扶养协议。

【课后练习】

1. 家庭财产关系包括哪些具体的财产关系类型?

2. 家庭财产的功能有哪些?

3. 家庭成员对家庭承包经营的集体土地享有哪些权利?

4. 家庭成员死亡时,其生前个人财产应当如何处理?

5. 公民如果立遗嘱对其财产作出安排时,能有哪些处理方案? 须受到哪些限制? 为什么?

6. 现年16岁的程杰浩一直与其父母共同生活,他自己积攒的压岁钱已有5000元。请问:这笔钱是家庭财产吗?

7. 父母所在单位或者乡镇奖励给只生育一个孩子的父母的"独生子女费"属于什么性质的财产?

8. 我国《继承法》规定现行法定继承人范围时主要基于哪些因素考虑?

9. 遗产依法可以由哪些财产项目构成?

10. 无人继承又无人受赠的遗产该如何处理?

第十三章　监　护

【导读案例】

案例1：温小鑫与岳丹明结婚后育有一子岳望远。小鑫夫妻与公婆共同生活。望远5岁时，岳丹明因车祸死亡。小鑫带着孩子继续与老人生活，期间，丹明生前同事兼好友刘跃升经常关心这家老小。数年后，小鑫与刘跃升产生感情，准备结婚，征求丹明父母意见时，老岳夫妻表示，他们理解小鑫有权利追求她自己的新生活，但孙子望远得留在岳家，丹明是他们唯一的孩子，如今已经不在了，他们要代儿子把孙子养大，他们俩都50余岁，愿意也有能力抚养孙儿成年。小鑫内心很想把儿子带在身边照顾，虽然爷爷奶奶疼爱孙子，但让儿子单独与祖父母一起生活，觉得太委屈儿子。可是爷爷奶奶态度坚决。你认为岳望远未来的生活应当怎样安排为好呢？

案例2：9岁的于树新是某小学三年级学生。暑假期间，树新在姑姑家度假。某日傍晚，树新在姑姑家门前园子玩耍时，被邻居李大叔家的大黄狗咬伤右腿。树新的父母第二日雇专车将树新接回城市大医院处理，但由于某乡村卫生所当日处理不妥，引发伤口感染，医治共花费医疗费3500元，树新母亲为照顾儿子请假1个月。树新父母认为，李大叔没有看管好会咬人的大黄狗，应当赔偿全部医疗费和树新母亲的误工费3000元。李大叔则提出，他家的大黄狗从不咬人，是树新调皮触怒了大黄狗，是树新的姑姑没把外地来的侄儿照看好，才会发生这种不幸事件；主要责任应该由树新的姑姑承担；他自己经济困难，也没钱赔，最多只能赔1000元。请问：本案中，哪些人应当对树新受伤承担法律责任？为什么？

【内容讲解】

第一节 监护概述

监护是为欠缺行为能力的人提供保护的法律制度。监护有两种:一是为未成年人设立监护;二是为无民事行为能力的成年人设立监护。有父母的未成年人之监护,由父母负担,其与亲权合二为一,以亲权或者父母权或者父母职责命名,不称监护。监护是为无父母或者父母均不能行使父母权利和义务的未成年人,因为某种原因而缺乏自我保护和自理能力的成年人提供弥补其能力不足,以克服困难,维持生活的。人类长期以来的生活中,家庭是保障儿童、妇女、疾病患者、残障者等弱者的社会组织。在法律上,大多数国家长期基于伦理观念,主要根据血缘关系远近或某种亲属关系来确定监护人,故将监护设置于民法中,也有的国家制定专门的监护法,或者将其置于婚姻家庭法之中。迄今为止的法律实践中,监护主要是一种家庭关系,但又不仅仅限于家庭关系。

一、监护的界定

(一)监护的概念

监护是指为保护无民事行为能力人、限制民事行为能力的人身和财产权利而由公民个人或者社会组织依法对其加以监督和保护的民事法律制度。监护关系是指在监护人和被监护人之间发生的由监护人对被监护人予以监督和保护的权利义务关系。在该关系中,履行监督、保护职责的人,称为监护人;被监督、保护的人,称为被监护人。

监护是对未成年人和精神不健全成年人的行为能力的补充。自我生活和自我保护是人在社会生活中最基本的要求。未成年人、精神不健全的成年人,是社会之人,不能脱离于社会生活之外,但是,由于年龄和精神健康原因,与智力正常的成年人相比,这两类人行为能力不足。在人身和财产方面自我保护能力不足,常常也不能有效地通过本人意思创造地设立、变更或者消灭所需要的法律关系。监护制度因此而生。

根据监护范围的宽窄,民法学界对监护概念的认识素有争议,主要有广义、狭义两种观点。广义的监护,认其为对一切未成年人和限制民事行为能力人及无民事行为能力的成年人的人身、财产及其他合法权益进行监督和保护的法律制度。狭义的监护是对于不能得到亲权保护的未成年人和限制民事行为能力人及无民事行为能力的成年人的人身、财产及其他合法权益,进行监督和保护的法律制度。这两种观点的分歧在于监护与亲权是否区分。广义的观点将亲权视为监护之一,主张统称为监护;我国《民法通则》采纳此种观点。狭义的观点采取监护与亲权分立说。我国婚姻法长期以来虽无亲权之名但有亲权之实。

(二)监护与亲权的关系

亲权是指父母为未成年子女提供人身和财产的管教和保护之权利和义务的总称。亲权只存在于父母与其未成年子女之间特定的人身关系为前提,依法律规定而当然发生。

亲权与监护不同。监护一般是对不在亲权下的未成年人和其他处于特殊情况下的人才实施的保护措施。从国外立法看,大陆法系一般采纳狭义的监护概念,设有亲权与监护两种制度,在法理上,监护视作亲权的延长;而英美法系等国家采广义的监护概念,不严格区分监护与亲权,统称监护,父母为当然的监护人,父母在子女未成年时对子女享有父母的权利和监护义务。考察国外关于亲权与监护的立法,两者应当是有区别的。

1. 产生依据不同

父母子女之间的身份关系是亲权产生的依据,监护关系的发生不以亲属关系为限,社会团体、政府部门均可充任监护人。

2. 亲权权利主体的特定性

亲权是父母基于其身份依法律规定而对未成年子女当然发生的。子女已经成年的,不再受亲权保护。

3. 亲权的内容是照护未成年子女的人身和财产

亲权是以保护和教养未成年子女为目的,父母对于未成年子女的权利义务可分为对子女人身上的权利义务和财产上的权利义务。

亲权包括对未成年人身照护和财产照护两方面。参照德国、日本等大陆法系国家亲权的立法和学说,亲权人身照护权,是指与子女人身有密切关系的事项的管理权,包括姓名命名权,居、住所指定权,子女返还请求权,管教保护权,身份行为的代理权和同意权。财产照护权,是指管理子女本人所拥有的财产的事项时涉及的内容,包括财产管理权,使用收益权,处分权,财产行为的代理权和同意权,亲权终止时的财产返还义务。

4. 亲权具有权利、义务双重属性

亲权是父母的法定职责,父母通过行使亲权,照护未成年子女的人身和财产。同时,亲权是父母为了未成年子女的利益所负担的法定义务。基于亲权的义务属性，决定了亲权具有专属权的性质，即亲权专属于父母，不得让与、继承和抛弃，没有法律特别规定不得由他人代为行使。

监护则是一种职责，是义务。只是为了监护人履行监护的方便，法律才赋予监护人一定的权利。

5. 亲权作为一项利他的民事权利

亲权制度是为保护未成年子女的利益而存在，父母基于法律规定而享有此项权利是为了保护、教养未成年子女，但监护人履职可以请求报酬。

6. 亲权具有绝对权、支配权的性质

亲权的行使一般不必借助他人的积极行为，只要义务人不加妨碍和侵犯，亲权即可实现，故亲权具有绝对权的性质；亲权人依法对未成年子女的人身和财产进行支配，又具有支配权的色彩。但这种支配以父母子女的人格平等为前提。父母行使亲权不得与上述目的相违背，否则亲权将被停止。

对亲权人行使亲权，法律多采放任态度，而为保护被监护人合法权益，法律对监护人执行监护有诸多限制。

二、监护的功能

监护制度作为古老的民事法律制度，经过不断的发展演变，仍被当今世界各国民法所确认。监护制度尤其是中国的监护制度，有以下四个方面功能。

（一）补充部分民事主体能力的不足

即补救无民事行为能力人和限制民事行为能力人的能力瑕疵，使其民事权利能力得以完满实现。同时通过监护制度及与其存在必然联系的代理制度、民事责任制度，既可保护非完全民事行为能力人的权利和利益，又可活跃民事活动，促使每个民事活动都能正常运转并能产生预期法律效果。此可谓监护制度民法上即私法上的功能。

（二）衔接和扩充亲属制度

基于亲属间相互扶持、照顾的伦理道德基础，通过监护制度固化具有法律意义的亲属范围，明确亲属间强制性的权利义务关系，使监护与亲权、抚养等制度沟通和衔接，形成完整的亲属制度。亲属之间的扶养、抚养、赡养等人身性、财产性的权利义务归位不仅主体明确、内容清晰，而且层次分明、顺序确定。同时，对于缺乏近亲属的自然人，通过为其设立监护人，在关系较远的亲属之间，甚至没有亲属关系的人之间建立起亲密的身份关系，有利于被监护人。监护总是与亲属制度紧密联系在一起。

(三)补充家庭保障职能

在社会保障体系尚不完善、不健全的条件下,国家或社会尚未对无完全民事行为能力者、限制民事行为能力者等弱者群体进行完全的福利化程序保障。国家公力救济在此方面明显不足,所以相当长的一段时期内,即经济供养、人口教育、赡老育幼,扶助看护病患伤残等相当一部分保障性工作必须依靠家庭和亲属来完成。监护制度的设计,在一定程度上是对家庭职能的规范化反映和确认。对那些不能享受到家庭监护的非完全民事行为能力人,则通过社会性、政府性和公共福利性的监护机构得到保障。此可谓监护制度的社会保障功能,亦含"公法"功能色彩。

三、监护的类型

从不同角度,监护可予以不同分类。

(一)法定监护与指定监护

这是以监护关系产生的直接依据为标准,对监护所作的分类。我国《民法通则》采用此分类方法。

1. 法定监护

法定监护是指按法律的直接规定而产生的监护。在此种监护关系下,监护是监护人的法定义务,被监护人则享有人身和财产受监督与保护的法定权利。例如,《民法通则》第16条第1款、第2款关于未成年人监护的规定,未成年人的父母为未成年人的监护人;如果未成年人的父母已经死亡或者没有监护能力的,则由具有监护能力的祖父母、外祖父母、兄姐担任监护人;关系密切的其他亲属、朋友愿意承担监护责任,经未成年人的父母的所在单位或者未成年人住所地的居民委员会、村民委员会同意;如果没有前述法定监护人的,由未成年人的父母的所在单位或者未成年人住所地的居民委员会、村民委员会或民政部门担任监护人。我国《民法通则》第17条第1款规定,无民事行为能力或者限制民事行为能力的精神病人,由其配偶、父母、成年子女其他近亲属担任监护人,关系密切的其他亲属、朋友愿意承担监护责任需经精神病人所在单位或者住所地的居民委员会、村民委员会同意。如果没有上述监护人,由精神病人所在单位或者住所地的居民委员会、村民委员会或者民政部门担任监护人。

2. 指定监护

指定监护是指按照法院或者社会组织的指定而产生的监护。即在存在有多个监护资格的人的情况下,为避免多个具有监护资格的人争当监护人或者都不愿意承担监护职责,互相推诿的情况,为充分保护被监护人的合法权益,充分实现监护制度的功能,《民法通则》作出相应规定。对担任监护人有争议的,由未成年人父母所在单位或者未成年人住所地的居民委员会、村民委员会在近亲属中指定。对指定不服提出诉讼的,由人民法院裁决。《民法通则》第17条第2款规定:对担任监护人有争议的,由精神病人所在单位或者住所地的居民委员会、村民委员会在近亲属中指定,对指定不服提出诉讼的,由人民法院裁决。

(二)未成年人的监护与成年人的监护

这是根据监护对象的年龄所作的区分。无论未成年人监护还是成年人监护,各自又均包含有法定监护、指定监护。

(1)未成年人的监护,即以未成年人为监护对象——被监护人的监护。未满18周岁的公民均为未成年人。包括未成年人的精神病人都属此类。

(2)成年精神病人的监护。这种监护的对象为成年人,但因其精神上的不健全致使民事行为能力欠缺,为弥补其民事行为能力的欠缺,维护其人身与财产上的合法权益,维护社会秩序的安定,设定此种监护制度。《民法通则》第16条、17条规定此两种类型的监护。

第二节 监护人的确定

根据有利于实现无民事行为能力人和限制民事行为能力人的人身权利和财产权利的立法宗旨,《民法通则》、《未成年人保护法修正案》分别对未成年人和成年人设定监护提出不同的法律要求。

一、未成年人的监护人

(一)未成年人的法定监护人

对未成年人的法定监护,其设立应遵循下列两个层次进行。

1. 未成年人的父母是第一顺位的法定监护人

《民法通则》第16条第1款规定,未成年人的父母为未成年人的监护人。父母对未成年子女的监护,在本质上是一种亲权性的监护,即集保护、教育、抚养于一体的监护。我国《婚姻法修正案》第21条规定:父母对于子女有抚养教育的义务……父母不履行抚养义务时,未成年的或不能独立生活的子女,有要求父母付给抚养费的权利。第23条规定:父母有保护和教育未成年子女的权利和义务。在未成年子女对国家、集体或他人造成损害时,父母有承担民事责任的义务。

确定父母为未成年人的法定监护人应当明确以下几点：

(1)父母为未成年子女的监护资格是法律直接赋予的。亲子的血缘关系和子女未成年状态是这一监护关系设立和存在的自然基础，所以父母是未成年子女自然的监护人。任何人一旦出生，即与父母形成监护关系，不需另设附加条件和程序。

(2)作为未成年人法定监护人的父母，包括生父母、养父母、有抚养教育关系的继父母。当未成年人依法被他人收养，养父母取得监护人资格时，该未成年人的生父母的监护权消失。

(3)父母离婚后，子女无论是同父亲生活还是同母亲生活，仍是父母双方的子女，父和母仍是未成年子女的法定监护人。即父母担任未成年子女的法定监护人的资格，不因父母的离婚而丧失。

2. 未成年人的第二顺位的法定监护人

《民法通则》第16条第2款规定："未成年人的父母已经死亡或者没有监护能力的，由下列人员中有监护能力的人担任监护人：(一)祖父母、外祖父母；(二)兄、姐；(三)关系密切的其他亲属、朋友愿意承担监护责任，经未成年人父、母所在单位或未成年人住所地的居民委员会、村民委员会同意的。"根据上述法律规定，其他人担任未成年人的法定监护人，既应按照法定的先后顺序，又要符合法定的必要条件。

(1)其他人担任未成年人的法定监护人的法定顺序：第一顺序是未成年人的祖父母、外祖父母；第二顺序是未成年人的兄、姐；第三顺序是关系密切的其他亲属朋友(以其自愿并经未成年人父母所在单位或未成年人住所地的居民委员会、村民委员会同意为必要前提)。如果同一顺序中有数人符合法定监护人条件，则应当由与未成年人共同生活并照料未成年人的法定监护人履行职责。

(2)其他人担任未成年人法定监护人的法定条件。第一，未成年人的父母已经死亡，或者没有监护能力如部分丧失行为能力或全部丧失行为能力。第二，未成年人的祖父母、外祖父母、兄姐和关系密切的又愿意担任监护人的亲属、朋友必须具有监护能力。第三，关系密切的亲属朋友愿意担任监护人的，还必须经过未成年人的父母所在单位或者未成年人住所地的居民委员会、村民委员会同意。

(二)未成年人的指定监护人

对担任监护人有争议的，由未成年人的父母所在单位或未成年人住所地的居委会、村委会在其近亲属中指定。对指定不服的，可以提起诉讼，由人民法院指定裁决。

为未成年人指定监护人时,应注意把握以下几点:

(1)指定监护人未超出法定监护人的范围。即在具有法定监护资格的监护人中选择确定监护人,而并非在法定监护人之外指定监护。

(2)发生指定监护的前提条件:①未成年人父母死亡或者无监护能力的,未成年人需要由第二顺位监护人监护。②未成年人的第二顺位法定监护人对担任监护人有争议。这种争议有下列两种情形之一:数个法定监护人争当监护人,需从中指定;数个法定监护人均不愿担任监护人,相互推诿,需从中指定。

(3)指定监护人仅限于未成年人的近亲属。根据婚姻家庭法律有关扶养责任的规定,未成年人的成年兄姐和祖父母、外祖父母,而且他们有监护能力的,应担任未成年人的监护人,以有效维护未成年人合法权益。

(4)有权指定监护人的机关。未成年人父母所在单位、未成年人住所地的居民委员会或者村民委员会、人民法院有权为未成年人指定监护人。上述指定机构在行使指定监护人的权利时,应遵循有关组织在先、人民法院在后的原则,即应当先由未成年人的父母所在单位或者未成年人住所地的居委会、村委会指定的监护人;只有在监护人发生争议并起诉时,人民法院才有权以裁决方式为未成年人指定监护人。

二、成年人的监护人

(一)成年人的法定监护人

根据亲属关系的亲疏远近,《民法通则》第 17 条第 1 款和第 3 款分别规定:对于无民事行为能力或限制民事行为能力的精神病人,由下列人员担任其监护人:(1)配偶;(2)父母;(3)成年子女;(4)其他近亲属;(5)关系密切的其他亲属,朋友愿意承担监护责任,经精神病人的所在单位或住所地的居民委员会、村民委员会同意。

根据以上法律规定成年精神病人的自然人的法定监护人,第一顺位的法定监护人依照上述法律规定,自然人的法定监护人的监护顺序依次为:(1)配偶;(2)父母;(3)成年子女;(4)其他近亲属;包括成年的兄弟姐妹、祖父母、外祖父母、成年的孙子女、外孙子女;(5)经精神病人的所在单位或住所地的居委会、村委会同意并愿意担任监护人的关系密切的其他亲属朋友。依照法律规定,监护人应具备如下条件:第一,必须具有监护能力。第二,关系密切的其他亲属、朋友愿意担任监护人,必须经过精神病人的所在单位或住所地的居民委员会、村民委员会同意。

（二）成年人的指定监护人

对担任监护人有争议的，《民法通则》第 17 条第 2 款规定，由需要监护的成年人所在单位或者住所地的居民委员会、村民委员会在其近亲属中指定。对指定不服的，可以提起诉讼的，由人民法院裁决。为成年人指定监护人与为未成年人指定监护人，主要有两个方面不同：第一，指定机关被另定为成年病人的所在单位或者住所地的居委会或村委会；第二，被指定的近亲属范围和顺序依次为配偶、父母、成年子女、其他近亲属（祖母、外祖母、兄弟姐妹、孙子女、外孙子女），指定监护人的亲属范围大于为未成年人指定监护人的亲属范围。除此之外，在指定监护人的操作程序条件和要求上，二者则应适用相同的规则。

此外，现实生活纷繁复杂，因天灾人祸等原因难免使有些未成年人成为无父母又无其他亲友监护的孤儿或弃儿，或者成年病人没有配偶或亲人监护的情况。为了保护其合法权益，有关单位和社会公益组织担负着不可推卸的社会义务。《民法通则》对有关机构监护人有所规定。《民法通则》第 16 条第 3 款明确规定，在没有第一顺位、第二顺位的监护人外，由未成年人父母的所在单位或者未成年人住所地的居民委员会、村民委员会或民政部门担任监护人。当不存在第一顺位的作为自然人的法定监护人时，为保护成年精神病人的合法权益，《民法通则》第 17 条第 3 款明确规定，由精神病人的所在单位或住所地的居委会、村委会或者民政部门担任监护人。

三、监护能力

监护人是为保护被监护人而设，所以监护人是否具有监护能力，是确定监护人是否胜任职务的重要问题，它关系到被监护人的权益能否得到切实保障。各国法律均对此从反面作出了规定，即对于不能胜任监护工作者，法律规定不许其担任监护人，即所谓：监护人缺格的规定。监护人缺格的情形归纳起来主要有六种：(1)未成年人；(2)无民事行为能力或限制民事行为能力人；(3)被法院（家庭法院、监护法院等）免职的法定代理人或保护人；(4)破产人；(5)对被监护人提起诉讼或曾经提起过诉讼的人及其配偶和直系血亲，即可能对被监护人人身造成危害或损害其利益的人；(6)去向不明的人。

《民法通则》原则规定了监护人须有监护能力，未具体列举监护人缺格的原因，对于如何认定某人是否有监护能力，不明确。《执行〈民法通则〉意见》第 11 条解释认为，应当根据监护人的身体健康状况、经济条件、与被监护人在生活上的联系状态来确定。据此，具有哪些情形的人不得担任监护人，仍不够清晰。

第三节 监护人的职责

监护人应当履行监护职责,保护被监护人的人身、财产及其他合法权益,除为被监护人的利益外,不得处理被监护人的财产。监护人依法履行监护的权利,受法律保护。《婚姻法修正案》、《民法通则》第18条及最高法院《执行〈民法通则〉意见》、《未成年人保护法修正案》、《义务教育法》、《残疾人保护法》、《预防未成年人犯罪法》等有关规定规范了监护人的职责。

一、对未成年人的监护职责

(一)人身监护

对于未成年人的监护是父母照护的补充,法律赋予未成年人的监护人与父母大致相同的权利义务,但附加若干必要限制。

在我国,对未成年人人身监护,包括下列内容。

1. 保护未成年人的人身,使其健康成长

《未成年人保护法修正案》第10条规定:"父母或者其他监护人应当创造良好、和睦的家庭环境,依法履行对未成年人的监护职责和抚养义务。禁止对未成年人实施家庭暴力,禁止虐待、遗弃未成年人,禁止溺婴和其他残害婴儿的行为,不得歧视女性未成年人或者有残疾的未成年人。"

2. 监督教育未成年人

其中最重要的是被监护的未成年人受教育的权益。我国《义务教育法》第11条规定:"父母或其他监护人必须使适龄的子女或者被监护人按时入学,接受规定年限的义务教育。"《未成年人保护法》第11条、第13条、第15条规定:"父母或者其他监护人应当关注未成年人的生理、心理状况和行为习惯,以健康的思想、良好的品行和适当的方法教育和影响未成年人,引导未成年人进行有益身心健康的活动,预防和制止未成年人吸烟、酗酒、流浪、沉迷网络以及赌博、吸毒、卖淫等行为。""父母或者其他监护人应当尊重未成年人受教育的权利,必须使适龄未成年人依法入学接受并完成义务教育,不得使接受义务教育的未成年人辍学。""父母或者其他监护人不得允许或者迫使未成年人结婚,不得为未成年人订立婚约。""家庭和学校及其他有关单位,应当配合违法的未成年人所在的少年管教所等单位,共同做好违法犯罪未成年人的教育挽救工作。"据此规定,监护人应当监督被监护人的学习、生活,使其德、智、体全面发展。当发现未成年人有不良行为时应及时制止纠正,对被监护人有适度的惩戒权。但惩戒须以合法的方式进行,不得采用违法的方式,也不能违反《未成年人保护法》的规定。

3. 交还被监护人的请求权

当被监护人被诱骗、拐卖、绑架、隐蔽时,监护人享有请求交还被监护人的权利。

4. 指定被监护人的住所地

不得让被监护的未成年人脱离监护单独居住。

5. 为被监护人的法定代理人

监护人有权代理被监护人进行民事活动,也有权同意或撤销被监护人实施的与其年龄、智力不相适应的民事行为,在被监护人的合法权益受到侵害或者与人发生争议时,还有权代理其进行诉讼活动。但是监护人行使代理权必须遵守法律的有关规定,不得滥用代理权,损害被监护人的利益。

(二)财产监护

财产监护主要是监护人对被监护人的财产的保全和管理。《民法通则》第18条规定:"监护人应当履行监护职责,保护被监护人的人身、财产及其他合法权益,除为被监护人的利益外,不得处理被监护人的财产。"此条仅为原则性规定,对监护人在财产监护上享有哪些具体的权利,应承担哪些义务均无规定。

监护人监护被监护人的财产,主要有下列几方面内容:

(1)制作被监护人的财产清单。监护人管理被监护人的财产,首先应当进行财产清点、登记造册,制作财产目录。

(2)财产管理义务。为被监护人的利益使用,处分被监护人财产的权利义务,代理被监护人进行民事活动。

(3)禁止财产受让。为了维护被监护人的合法权益,各国民法规定监护人不得受让被监护人的财产,不得代理被监护人与自己为民事行为。

(4)财产报告义务。监护终止前的财产报告、清算及财产返还义务。

二、对成年病人的监护职责

对成年的无民事行为能力和限制行为能力人的监护,同样包括人身监护和财产监护两方面,内容大致与未成年人的监护事务相一致。

对成年人的监护事务主要包括:照顾被监护人的身体健康,保护监护对象人身权利不受侵害;为被监护人医治疾病、疗养身体作出妥善安排;担任被监护人的法定代理人。

三、监护人的法律责任

监护人应当在法律规定的范围内履行其职责，维护被监护人的合法权益。否则监护人应承担相应法律责任。监护人监护职责的规定与监护责任制度相配合使监护的功能得以实现。

（一）失职责任

我国《民法通则》第 18 条第 3 款规定："监护人不履行监护职责或者侵害被监护人的合法权益的，应当承担责任，给被监护人造成财产损失的，应当赔偿损失。"即监护人怠于履行监护职责或不法侵害被监护人的合法权益的应当承担停止侵害、返还财产、赔偿损失等民事责任或者相应的行政责任，甚至刑事责任。同时监护人的上述行为可能导致监护人资格被撤销的后果，如有关人员或者有关单位可以向人民法院起诉，起诉要求变更监护关系的按照特别程序审理。

（二）代偿责任

我国《民法通则》第 133 条规定："无民事行为能力人、限制民事行为能力人造成他人损害的，由监护人承担民事责任。监护人尽了监护职责的，可以适当减轻他的责任。"监护人对被监护人导致损害承担民事责任，其理论依据在于监护人对被监护人负有管理责任，负有教育保护、监管的义务。对被监护人的一切行为应尽良好的注意，不使其侵害他人。如果被监护人不法侵害他人，就说明其监护人有怠于其注意力所致。因此，监护人应承担民事责任。但实际生活中，有时监护人已竭尽职责，仍不能避免被监护人给他人造成损害。在此情形下，如果仍要监护人对此承担完全责任，也失之过严。因此法律又规定"监护人尽了监护责任的，可以适当减轻他的民事责任"。这样规定，比较全面合理。

（三）第三人责任

为保证监护人职责的履行，第三人不法侵害监护关系的，监护人有请求赔偿的权利。参考最高人民法院《精神损害赔偿责任解释》第 2 条规定：非法使被监护人脱离监护，导致亲子关系或者近亲属间的亲属关系遭受严重损害，监护人向人民法院起诉请求赔偿精神损害的，人民法院应当依法予以受理。

监护人的监护职责与监护责任制度相配合，维护被监护人人身和财产方面的合法权益，实现监护的功能。但我国《民法通则》未明确规定具体的监护监督机关。监护监督机关即为保护被监护人的利益，负责对监护人的活动进行监督的机关。监护立法这一缺失，致使我国对监护活动没有国家公权力的介人和监督。鉴于居(村)民委员会就设在被监护人的住所地,便于及时了解监护人和被监护人的情况,迅速采取行动予以干预,可以考虑扩大居(村)民委员会在监护中的职责。

第四节 监护的变更、撤销和终止

一、监护的变更

监护关系设立后,可以基于一定的法律事实而变更。

监护的变更是指监护人因某种事由而不再或不能继续担任监护人,而由新的监护人继任。从监护关系和被监护人角度看,这种变更只是监护人的更换,是监护关系中监护权主体的变更。监护变更的前提条件是被监护人尚需继续监护,但监护人因发生某些事情不能继续履行监护职责,需要变更监护人,由新的监护人继续对被监护人履行监护职责。故监护的变更,也即原监护关系消灭,新监护关系确立。

变更监护的事由主要有以下几种:

(1)监护人死亡。监护人死亡包括自然死亡和宣告死亡。监护人在客观上不复存在。

(2)监护人丧失监护能力。监护人因疾病、伤残、经济极度贫困等不能实际履行监护职责或被宣告为无民事行为能力人或者限制民事行为能力人。以上情况均属于监护人丧失监护能力。

(3)协议变更。《执行〈民法通则〉意见》第15条规定:有监护资格的人之间协议确定监护人的,应当由协议确定的监护人对被监护人承担监护责任。按此规定,如果有监护资格人之间达成新的协议,确定由新的监护人代替原监护人,亦属于监护变更,法律应予许可。

(4)指定监护下的变更。对于指定监护,监护人在指定后,不得自行变更。凡经人民法院或有关单位指定的监护人,在更换时应按原指定程序进行。未经人民法院或有关单位重新指定而擅自变更的,由原被指定的监护人和变更后的监护人承担监护责任。

(5)被监护人被收养,养父母替代生父母成为监护人。

(6)成年被监护人由配偶担任监护人的,因离婚而引起监护人变更。

此外,我国法律没有规定监护人辞职制度。生活复杂,从情理上讲,监护人有正当理由要求辞职的,应当准许。借鉴外国相关立法,我国法律应明确规定,监护人辞退监护义务的,为引起监护变更的事由。

二、监护的撤销

监护的撤销即撤换监护人。监护人的撤换,是指对不履行监护职责的监护人,经有关人员或有关单位的申请,由人民法院撤销其监护人的资格,另行确定监护人的制度。《民法通则》第18条第3款规定:监护人不履行监护职责或者侵害被监护人的合法权益的……人民法院可以根据有关人员或者有关单位的申请,撤销监护人的资格。撤销监护人的资格须具备以下要件:第一,有关人员或有关单位的申请。这里的有关人员或有关单位可以是其他有监护资格的人,也可以是有关单位或居民委员会、村民委员会,还可以是被监护人。第二,监护人不履行监护职责或者侵害被监护人的合法权益。第三,须由人民法院撤销。人民法院受理此类案件后,应依特别程序作出判决,在作出撤销原监护人的资格的判决时,应同时指定新的监护人。

三、监护的终止

监护的终止是指依法设定监护的客观情况已经消失,监护关系没有继续存在的必要,从而导致监护关系消灭。关于监护的终止,我国《民法通则》未有规定,使得我国的监护制度不够完整,应加以补充与完善。参见外国立法例,引起监护终止原因有以下几种。

根据被监护人的人身状态,监护终止有三个事由:被监护人已成年并具有完全的民事行为能力;被监护人死亡,包括自然死亡和被宣告死亡;成年精神病人已治愈,恢复完全民事行为能力。

此外,我国必须尽快完善监护制度。我国《民法通则》第16条规定,未成年人的父母是未成年人的监护人。未成年人的父母已经死亡或者没有监护能力的,由下列人员中的有监护能力的人担任监护:(1)祖父母、外祖父母;(2)兄姐;(3)……从形式上看我国采用广义的监护概念。然而目前这种亲权与监护不分的大监护制度不利于全面保护无民事行为能力人及限制民事行为能力人的合法权益。为保护未成年子女的利益,我国应当分设亲权与监护两种制度,并系统完整地予以规定。理由如下:第一,《婚姻法修正案》虽有亲权之实,但没有关于亲权停止、恢复等方面的明确规定,不能针对性地解决父母子女关系中诸多实际问题,不足以防止父母滥用权利等。将来立法应当设立父母职责制度,全面规定父母职责的主体、内容、履行及限制和停止、消灭等,更好地保护未成年人的合法权益,顺应儿童权利保护立法的国际新发展。第二,随着我国人口大规模流动趋势的加剧,未成年人的抚养、管教、保护问题日益突出,无民事行为能力或者限制民事行为能力成年人的监管负担加重,这类人拥有的个人财产数量也在增长,仅依靠家庭成员之间担任监护人,恐难以完全满足需求。国家公权力应该尽早地介入家庭监护之中,协助家庭成员监护不力或者无法妥善担当监护照顾职责的人担任监护职责,以保护未成年子女、无民事行为能力或限制民事行为能力成年人的民事权益。第三,亲权和监护相互衔接和协调,既传承中华传统文化强调父母责任的思想,又合乎法理和我国社会实际需要,法律区分亲权与监护设置是可行的。

【复习提要】

监护是监护人对未成年人和精神病人的人身、财产和其他合法权益依法实行的监督和保护。未成年人的父母已死亡的或者没监护能力的,由其祖父母、外祖父母、兄、姐、关系密切的其他人担任监护人。监护人的职责,是保护被监护人的身体健康,照顾被监护人的生活,管理和教育被监护人,管理和保护被监护人的财产,代理被监护人进行民事活动及为维护被监护人的权益进行必要的诉讼活动。监护关系可以发生变更、撤销和消灭。

【课后练习】

1. 监护关系是属何种性质的法律关系?

2. 在我国法律上,哪些人可以担当监护人? 法人和非法人组织可以担任监护人吗?

3. 确定监护人顺序的依据是什么?

4. 如何认定监护人的能力?

5. 监护人依法承担哪些职责?

6. 龚策的父母因公长期在国外工作,小龚一直与爷爷奶奶共同在中国生活。小龚与其爷爷奶奶之间的关系是监护吗?

7. 小蔡的父母亲都去外省打工,临行前将8岁儿子小蔡送到同村的舅舅家,托付舅舅照顾,说好由舅舅照顾一年。一年过去后,小蔡的父母因为路途遥远,也为节约旅费,打电话给小蔡的舅舅说,今年春节不回家了,请舅舅再帮着照顾一年,还邮寄来了小蔡一年的读书费用和生活费。但是,小蔡的舅舅回复说,他实在不堪负担,不同意再照顾了。请问:小蔡与其舅舅之间是否存在监护关系?为什么? 舅舅不同意再照顾了,照顾小蔡的责任应该如何落实?

8. 房锦秀的父母因车祸死亡后,10 岁的锦秀就和叔叔共同生活,车祸赔款也由叔叔保管。两年后,叔叔称小女孩开始长大,由他带着不方便,经与锦秀的姑姑商定,锦秀转学到姑姑所在城市,住进姑姑家。锦秀每年所需的教育费、生活费用由舅舅按时寄给姑姑。请问:谁是锦秀的监护人?为什么?

9. 金小民的父母因为吸毒被依法带离居所,强制戒毒。期间,负担该地段警务的胡警官将 12 岁的小民托付给小民居住地村民委员会。两个月后,该村委会改选,原担任村长的村民不再担任,新村委会不同意继续监护小民。你认为此事依法应如何处理?

10. 钱海燕的丈夫庄培文因故精神失常,海燕欲起诉离婚解除夫妻关系,但庄培文的父母均不同意代理儿子的离婚诉讼。请问:如果钱海燕提起离婚诉讼,庄培文一方的离婚诉讼事务该如何办理?

第十四章　家庭扶养

【导读案例】

案例1：来自农村家庭的闰青大学毕业后留在城市工作后，经人介绍结识城市长大的姑娘李莫娇。双方相互交往期间，闰青表示，他本人收入平均分为两份：一份寄给父母，供养读高中的妹妹、读初中的弟弟，余钱存储起来，待将来用于弟妹上大学；一份留给自己。莫娇因此觉得闰青这个人厚道、可靠。双方自愿结婚后第三年，莫娇生下一对双胞胎儿女，家庭经济开支大增。莫娇认为，眼下养儿女是他们夫妇俩最重要的任务，故与闰青商量，让其读大学二年级的弟弟通过申请助学贷款、勤工俭学等途径解决经济困难，闰青不再给予资助；每月寄给读高中的妹妹的钱也要减少，够她日常开支就行。但闰青不同意，提出他自幼家贫，能供他完成大学，父母已经付出太多；上大学前他已答应父母，只要他弟弟、妹妹愿意读书，能够考上大学，就由他承担供养弟妹读书的所有费用；现在不能半途而废。家里经济紧张，他可以在工余再做一份兼职增加收入。莫娇看到，闰青在工余已做了一份兼职，再做一份兼职就几乎没有时间休息了，长此以往，严重损害健康，这不是合理的解决办法。她坚持要闰青跟弟弟、妹妹商量，重新安排家庭收入开支。你认为这个家庭的问题应该怎么解决为好？

案例2：同为某公司员工的秋海与宁宁结婚后，夫妻恩爱。但俩人时常为经济问题发生争执，原因是宁宁打算自己那份工资收入只用于添置她本人的衣饰等个人用品，余钱存储起来，家庭生活所有开支都由秋海承担。秋海不乐意，称虽然他的收入比宁宁高许多，但两个人一起生活应当双方共同承担开支。宁宁则说，夫妻有相互扶养的义务，反正她的收入少，就是全部拿来开支，也远远不够家用。你认为这对夫妻的经济矛盾应当如何处理？

【内容讲解】

第一节 扶养概述

社会生活中,总有部分人依靠自己的能力仍难以维持本人生活的,老人、儿童、有较严重残疾的人是典型群体。如何保障不能谋生者的生活,每一个时代的回答不尽相同。人类社会长期以来,强调亲属团体对成员生活的保障责任。事实上,当亲属共同生活团体稳定、巩固时期,亲属团体成员的生活皆由该团体保障,特别是其中的血缘团体。以现代社会,国家仍以法律形式强制一定范围内亲属个人相互之间承担扶养职责,与此同时,建立保障制度,国家提供社会救助保障凡生活不能自立之人。

一、扶养的界定

扶养,作为家庭法上的义务,是指特定人负担的对不能依靠本人的财产或劳力谋生的特定亲属,提供必要的经济供给的法定义务。有权请求并接受扶养义务人履行扶养的人,为扶养权利人;有义务扶养权利人的人,为扶养义务人。在婚姻家庭法上,扶养是一种身份行为,既是义务,也是权利。例如,父母扶养子女,既是父母的权利,也是父母的义务。

婚姻家庭法上的扶养不同于公法上的扶养。国家以公法规范强制使法人或者非法人社会组织负担扶养职责,并督促其履行的,是公法上的扶养。例如,社会福利院对于院内留养的孤儿、被遗弃儿童的照顾,个人或机构以行慈善的方式,认养特定人口的,即为公法扶养。

二、扶养权的性质

基于特定亲属关系发生的扶养权利(对相应一方而言即为扶养义务),是扶养请求权,即当权利人有扶养的需要、义务人有扶养能力时,有权请求义务人履行扶养义务。

扶养请求权,如同身份法上的债权,是一种专属权,只能由权利人本人行使,由本人享受。扶养请求权不得转让,不能继承;更不能通过扣押、抵消等行为予以处分。因此,就抽象的扶养权而言,权利人不能通过预先订立协议抛弃扶养权。当然,对于现实的扶养给付,权利人可以放弃受领。

扶养权的性质关系到已经过去的扶养费,能否请求追索问题。例如,未成年子女有权请求父母履行其扶养义务,如果父母故意遗弃子女,在子女由他人或者相关机构代为扶养成长的情形下,子女或支付了扶养费的相关人能否请求该父母给付相应已支出的扶养费呢?我国《婚姻法修正案》没有涉及这个问题。考察我国长期来的婚姻家庭司法实践,答案似乎是否定的。我国应当尽快承认并建立扶养费垫付制度,应当履行扶养义务的人因故未及时履行扶养义务时,鼓励社会适当的人自愿承担扶养责任,以保障未成年人的健康成长。至于无法定义务者因此支出的扶养费用,提供相应法律救济途径允许其向扶养义务人请求追偿。

三、扶养的义务人和扶养权利人

扶养义务人、扶养权利人均限于《婚姻法修正案》及其相关司法解释有明文规定的亲属。

(一)扶养义务人

扶养义务人问题主要涉及两个方面:一是扶养义务人的范围;二是扶养义务人的顺序。

根据《婚姻法修正案》第20条、第21条、第27条、第29条规定,我国的法定扶养义务人包括:父母、子女,夫妻,祖父母、外祖父母、孙子女、外孙子女,兄弟姐妹。

上列各组亲属关系中的亲属,作为扶养义务人是相互的。理解扶养义务人时,应注意下列几点:

(1)父母与子女,是指父母对未成年子女负担扶养义务。对于成年子女,父母通常无扶养义务。继父母与继子女,因彼此非属血缘亲属,而是姻亲,通常他们相互之间不负担扶养义务。但继父母与形成抚养关系的继子女,有扶养义务。

(2)夫与妻相互负担扶养义务,适用于婚姻关系存续期间。即使夫妻因感情不和分居期间,扶养义务并未免除。

(3)祖孙之间负担扶养义务,既包括自然血亲的祖孙,也包括拟制血亲的祖孙。

(4)兄弟姐妹,既是指全血缘的兄弟姐妹,也包括半血缘的兄弟姐妹;不仅是指自然血亲的兄弟姐妹相互负担扶养义务,也包括收养形成的养兄弟姐妹。

扶养义务人的顺序是指当扶养义务人有数人时,履行扶养义务的先后排序。对此,应根据亲属关系的亲疏远近、共同生活的地位、相互依赖关系等酌情而定。亲属关系近者,为先;亲属关系远者,为后。共同生活地位高者、相互依赖程度深者为先,否则为后。

《婚姻法修正案》未明文规定扶养顺序,但从对各种亲属所负担的具体权利和义务的规定中,可以推断出何者为先何者为后。扶养义务人的顺序应为:(1)配偶;(2)直系卑血亲;(3)直系尊血亲;(4)兄弟姐妹。当同一顺序的亲属为数人时,不分先后。

(二)扶养的权利人

扶养权利人的范围与扶养义务人范围相一致。其顺序也与扶养义务人的排列相对应,以亲等近者为先。

第二节 扶养义务的履行、变更和消灭

一、扶养义务的履行

扶养义务的履行,须同时具备下列两个条件。

1. 权利人有请求扶养的必要

扶养的必要,是指权利人不能依靠本人的财产或劳动而维持生活。

不能维持生活的人,通常有两种情形:一是无财产;二是无劳动能力。虽无财产,但具备劳动能力,自己能够谋生的,不会发生生活困难;虽无劳动能力,但有足够财产供其本人使用的,生活也不会发生困难。既无财产又无劳动能力的人,就会遇到生活不下去的困难。

2. 扶养义务人有扶养能力

负担扶养义务的人,本人生活尚不能维持的,或者其收入或财产刚刚够其本人生活的,也难以履行扶养义务。法律不要求扶养义务人牺牲自己的生活去扶养他人。此时,权利人也有扶养需要,也不能强制义务人履行扶养。

扶养义务的履行,须同时具备上述两个条件,两个条件均缺,或者欠缺其中之一,均不具备履行扶养义务的条件。

理解扶养义务履行的条件时,应注意下列两方面:一方面,父母抚养未成年子、夫妻相互扶养,要求"有福同享、有难同当",扶养权利人与扶养义务人处于同等生活水平之中,而不能是自己生活有余力才履行扶养对方的义务。另一方面,对于父母抚养未成年子女,不受子女无财产的限制。子女虽有个人财产,但父母有扶养能力的,父母首先应利用自己的财产抚养子女,只有当自己的财产或

经济能力不足时，才可以为了未成年子女本人的利益，动用子女自己的财产来抚养子女。

二、扶养义务的变更

扶养义务的变更，主要是指扶养费的增加或减少。扶养义务的履行视权利人的需要和义务人的能力而定，在履行过程中，若其中任何一个方面发生变化，均可能导致扶养义务变更的可能。例如扶养权利人完成义务教育升入高中，其教育费用大增，可能要求义务人增加扶养费给付金额。又如，扶养义务人失业，经济状况发生重大改变，扶养能力大减，原先确定的扶养费金额难以支付，可能就有变更的必要。

扶养义务变更需由当事人提出请求。有扶养义务变更的需要时，当事人一方提出变更请求，双方协商达成一致的，即可变更。若当事人双方协商不成的，要求变更一方可以提起扶养费变更诉讼，经司法程序解决争议。

三、扶养义务的消灭

扶养义务的消灭有三种原因：

(1)当事人死亡。扶养义务具有人身专属性，故无论是扶养权利人或者义务人，当事人双方或者一方死亡的，扶养义务即终止。

(2)当事人身份关系消灭。扶养义务的发生，是以当事人双方具有特定的亲属关系为前提的。如果当事人之间的特定亲属身份消灭，必然引发扶养义务消灭。例如夫妻离婚后，相互不再是配偶，当然无配偶扶养义务可言；子女被他人收养的，法律上的父母子女关系转移给了养父母与养子女，原先亲生父母子女之间相互扶养的义务随即终止。

(3)扶养条件消灭。扶养需要和扶养能力均具备时，扶养义务始得履行。故两者俱缺或缺一时，扶养义务停止或消灭。例如原先未成年的子女已经成年，则其要求父母扶养的条件已消灭，扶养义务当然消灭。

第三节 扶养范围和扶养方式及程度

一、扶养范围

亲属之间的扶养是相互的。现代扶养法基于人格独立的观念，每个家庭成员都有独立的财产权，所以扶养义务的负担、扶养权利的享有均不是片面的。婚姻法基于个人人格独立、财产独立的原则，规定近亲属相互之间负有扶养义务，促使一定范围亲属彼此协助，共同维持生活。

二、扶养方式

关于扶养方式，我国《婚姻法修正案》无明文规定。从社会生活实际看，通常的扶养方式有三种。第一，将扶养权利人迎进扶养义务人家中，与扶养义务人一起生活。这种扶养方式是在共同生活过程中实时履行扶养义务，不仅方便及时履行扶养义务，而且扶养权利人在获得物质供养的同时，获得了精神上的慰藉和满足。第二，给付一定的生活费。这种扶养方式下，有定期给付、不定期给付及设定供养财产供扶养权利人收益等多种方法。履行扶养义务仅限于给付一定生活费的方式，仅适用于生活能够自理的受扶养人。否则，给付扶养权利人最多的金钱，仍不能帮助其实现维持生活。第三，提供必需的生活用品。这种扶养方式省却了扶养权利人购置生活用品的劳累，方便生活。

三、扶养程度

履行扶养义务时，扶养权利人总希望越充裕越好；扶养义务人则可能相反，希望越微薄越好，这是人之常情。正因双方的利益趋向不同，扶养水平或程度容易发生争议，应当有适当标准作为评判依据。但是，扶养以何种水平为适当，我国《婚姻法修正案》无明文规定。对此问题，学者们的理解不尽相同。

应区分扶养权利人与义务人关系的不同，而有所区别。父母子女之间、夫妻之间，履行扶养须与扶养义务人的能力、受扶养者的需要和身份相当，不以支付其不可或缺的需要为足矣。这是父母子女关系或婚姻关系的特点所决定的，若无此义务，就无所谓父母子女或夫妻了。不应该允许父母与未成年子女、夫与妻双方的生活是差异极大的“二重天”。而对于兄弟姐妹之间的扶养，因只有一方具备特殊情形不能维持生活时才适用，宜理解为与受扶养者的需要和身份相当即可，即以支付其不可或缺的需要足矣。例如，兄长过着富裕的生活，受兄长扶助的弟弟并非一定能过上富裕生活。扶养无论发生在哪一类亲属之间，都没有要求扶养义务人牺牲自己而扶养他人。

扶养义务的内容，包括维持日常生活的费用、医疗费用、未成年人的教育费用、丧葬费用等。

【复习提要】

本章讨论家庭成员相互之间的扶养权利和义务。扶养是特定人对不能依靠本人的财产或劳力谋生的特定亲属,提供必要的经济供给的法定义务。扶养请求权只能由权利人本人行使、享有。权利人行使扶养请求权,须具有扶养的必要,扶养义务人有扶养能力。扶养义务的承担限于近亲属之间。扶养方式无特别限制,以满足扶养权利人必需为首要。扶养费根据权利人的需求和义务人的经济能力可以增加或者减少。

【课后练习】

1. 扶养的意义有哪些?

2. 扶养的性质是什么?

3. 夫妻之间的扶养有无程度要求?

4. 父母对子女的抚养、子女对父母的赡养是以满足对方的必需即可抑或虽无余力仍需牺牲自己而扶养对方?为什么?

5. 当一个人同时承担对多人的扶养义务时,扶养义务的履行是否有先后顺序之分?

6. 扶养方式有哪些?

7. 离婚父母对未成年子女的抚养义务履行有无特殊性?

8. 哪些情形会导致扶养关系的终止?

9. 未成年子女有较多个人财产时,父母能否动用子女的个人财产履行抚养义务?为什么?

10. 当代社会强调国家组织提供社会保障的环境下,家庭法是否有必要规定近亲属之间相互负担扶养义务?为什么?

第十五章 民族婚姻、区际、涉侨及涉外婚姻家庭关系

【导读案例】

案例1:汉族青年毛永弟与藏族姑娘卓玛相爱,准备适当时候结婚。毛永弟在外经商多年,对藏族人的生活习惯有一定了解,希望找一位法律专业人士详细咨询国家有关民族婚姻的法律政策。请问:你能为当事人毛永弟提供哪些方面的建议呢?

案例2:在大陆某中医医院研修的台湾青年施某与在该医院附近某药店工作的四川籍姑娘匡某相爱。二人恋爱半年余,匡某携施某回四川拜见父母,匡某的父母见26岁的施某与21岁的女儿年龄相配,而且对方忠厚朴实,人也勤快,心中甚喜。唯因施某是台湾人,不知道大陆和台湾的婚姻法律政策是否有很大不同?不知两个人结婚后未来生活是否方便?请两位年轻人慎重考虑决定。请问:施某与匡某欲在四川结婚,需要准备哪些文件?应该向哪个机构提出结婚申请?

案例3:自小学时就随父母由上海移居英国的钟丽丽,今年19岁,已是某研究所机房管理员;与在该研究所从事访问研究的来自中国内地某大学的青年学者吴某相爱。如果他们俩决定结婚,需要办理哪些手续?应向何种机构提出结婚申请?你能给他们什么法律建议吗?

案例4:在中国内地某外资企业工作的法国青年萨布利与中国同事相知萍,在工作中相互欣赏、互生爱慕。知萍考虑到萨布利在中国的工作合同只剩下两年,曾心有顾虑。但是,这对单身的异国青年,终于因爱而明确建立恋爱关系。一年后,萨布利准备利用回国休假期间准备齐全相关文件,在中国与知萍结婚。如果你是受理萨布利咨询要求的律师,请你根据中国婚姻法律有关规定,为萨布利解答下列问题:他需要准备哪些文件?知萍应准备哪些文件?他们还应该做哪些准备?应当向哪级机构提出结婚申请?

【内容讲解】

《婚姻法修正案》是普遍适用于全国各民族的普通法。不过，我国少数民族聚居地区实行民族区域自治政策，为照顾少数民族婚姻家庭的特殊情况，婚姻法长期以来允许各少数民族自治地方制定某些变通或补充婚姻法的规定。同时，鉴于国际交往需要及我国存在多个不同法域的国情，涉外婚姻家庭关系、涉及不同法域的区际婚姻家庭关系日益增多。为加强对其调整，国家有关部门先后颁布了一系列专门规范，为处理涉外和区际婚姻家庭问题提供法律依据。

第一节　民族婚姻家庭关系

一、民族婚姻家庭关系的界定

民族婚姻家庭是指同一少数民族人之间、不同少数民族人相互之间、少数民族人与汉族人之间缔结的婚姻和家庭关系，包括结婚、离婚、复婚、抚养、监护、收养等。

我国是统一的多民族国家，除汉族外，还有55个少数民族。由于生产生活条件、传统文化、生活方式、宗教信仰、风俗习惯不同等原因，少数民族形成了各自独特的婚育习俗，其婚姻家庭关系也有一些独特之处。民族婚姻家庭关系具有强烈的民族特色和地方特色。即使同一民族的不同支系之间、居住在不同区域的同一少数民族之间，婚姻家庭的生活内容和形式也不尽相同。民族婚姻家庭从内容到形式，各方面特别受到各民族特有的婚姻家庭传统习俗和伦理道德的影响。

二、民族变通规定的制定程序和适用范围

（一）变通规定的制定程序

《婚姻法修正案》适用于全国各民族人，不过它的内容主要是根据全国大多数人口的情形确定的，汉族人口具有更好的适应性。鉴于少数民族人婚姻家庭生活的某些特别情况，《婚姻法修正案》第50条规定："民族自治地方的人民代表大会有权结合当地民族婚姻家庭的具体情况，制定变通规定。自治州、自治县制定的变通规定，报省、自治区、直辖市人民代表大会常务委员会批准后生效。

自治区制定的变通规定,报全国人民代表大会常务委员会批准后生效。”

这种变通规定的制定原则有二:一是以《婚姻法修正案》为依据。婚姻法规定的原则和基本制度反映了我国婚姻家庭关系的基本要求,适用于民族自治地方。民族自治地方所作的有关规定,只能是对婚姻法中某些具体规定的变通。二是必须适用当地民族婚姻家庭的实际情况。制定变通规定时,应当保持和发扬健康有益的民族婚姻家庭传统,破除落后的习俗。

1980 年《婚姻法》施行以来,我国各民族自治地方多数相继制定了本地区的变通规定。如 1981 年 1 月 1 日施行的《新疆维吾尔自治区执行〈婚姻法〉的补充规定》;1982 年 1 月施行的《西藏自治区施行〈婚姻法〉的变通条例》;1981 年 6 月施行的《宁夏回族自治区执行〈中华人民共和国婚姻法〉的补充规定》;1981 年 9 月施行的《内蒙古自治区执行〈婚姻法〉的补充规定》等。此外一些自治州、自治县也作了变通或补充规定。这些结合当地实际制定的民族婚姻法规,加强了少数民族自治地方婚姻家庭方面的法制建设,对当地婚姻家庭制度的改革起了积极促进作用。

(二)变通规定的适用范围

在民族婚姻法规的适用范围上,民族自治地方执行婚姻法的变通或补充规定的适用范围,各民族自治地方的规定不尽相同。新疆、西藏、宁夏、内蒙古四个自治区规定只适用于本自治区的少数民族。循化、松桃、化隆、沧源等自治县规定只适用于本地少数民族中的一般群众,双方都是国家职工的,仍按《婚姻法》规定执行。甘孜、阿坝、凉山等自治州规定既适用于本州的少数民族,也适用于与少数民族结婚的汉族。

三、变通补充规定的主要内容

(一)适当降低法定婚龄

我国许多少数民族有早恋早婚的习俗。因此《婚姻法》规定的法定婚龄在少数民族地区难以执行。从当地实际情况出发,各少数民族地方的变通或补充规定都把法定婚龄降低了两岁,即结婚年龄变通为男不得早于 20 周岁,女不得早于 18 周岁。少数民族男女自愿晚婚晚育的,应予鼓励。

(二)禁止近亲结婚的变通

历史上少数民族长期盛行民族内部通婚,近亲结婚较为普遍。对此各少数民族地区对禁止近亲结婚作了变通规定。如内蒙古自治区规定“大力提倡三代以内旁系血亲不结婚”,宁夏回族自治区变通为推迟到 1983 年 11 日起执行“禁止三代以内旁系血亲结婚的规定”。

（三）强调结婚、离婚须履行法律手续

由于传统婚俗和宗教的影响，许多少数民族男女结婚、离婚一般都只按传统习惯举行一定的仪式，很少履行法律手续。为了保护合法婚姻，防止违反婚姻法的行为发生，各民族自治地方都明确规定：结婚、离婚必须履行登记手续，禁止用宗教仪式代替婚姻登记。例如，宁夏回族自治区规定："禁止用宗教仪式代替法定的结婚登记。信奉伊斯兰教的男女结婚，自愿举行宗教仪式的，只能在领到结婚证后进行。"新疆维吾尔自治区还特别规定，"禁止用口头或文字通知对方的方法离婚"。

（四）计划生育问题

原则上，少数民族地区要实行计划生育，但各民族根据自身的人口状况实行不同内容的计划生育，与汉族人口相比，总体上适当宽松，一对夫妻可以生育两个孩子，特殊情况下可以生三个孩子。有的地区规定宣传生命科学知识，做好妇幼保健工作，对生育孩子的数量无限制。

（五）其他补充规定

部分少数民族自治地方还结合当地实际，对子女的民族从属、订婚、非婚生子女保护等问题作出补充规定。例如，西藏自治区的规定："非婚生子女生活费和教育费的负担，应按《中华人民共和国婚姻法》第19条的规定执行，改变全由生母负担的习惯。"

第二节 区际婚姻家庭关系

一、区际婚姻家庭关系的界定

区际婚姻家庭关系指的就是中国内地、香港、澳门及台湾四个地区间所实行的各自不同婚姻、家庭关系，包括结婚、离婚、收养等内容。

婚姻家庭法是国家最基本的民事法律之一。中国实行一国两制，香港、澳门各有其不同于内地的法律制度；在婚姻家庭法领域享有立法权、独立的司法权和终审权。台湾的"法律"也自成体系，未来也将在立法和司法上高度自治。内地、香港、澳门和台湾四地是四个不同法域，婚姻家庭法上的区际法律冲突将不可避免。因此，涉及不同法域的婚姻家庭关系的处理，必须尊重各区域法律，妥善解决区际法律冲突。

二、涉港澳居民的婚姻家庭关系

(一)内地居民与港澳居民相互结婚

香港、澳门居民与内地居民自愿结婚,应遵守内地婚姻法规定,共同到内地居民一方户口所在地县级以上人民政府婚姻登记管理机关申请办理结婚登记。结婚条件和程序适用《婚姻法修正案》有关规定,但在具体手续上有特别要求。

(1)内地居民一方的证件。申请同港澳地区居民结婚的内地居民须持有本人户口簿和身份证;所在单位或乡、镇、街道办事处出具的本人出生年月日、民族、职业、婚姻状况未婚、离婚、丧偶证明。

(2)港澳居民一方的证件。港澳地区居民身份证,港澳地区居民回乡证或海员证;我司法部委托的香港律师辨认的香港婚姻注册处了解的婚姻状况未婚、离婚、丧偶证明和该律师证明的由申请人作出的其他任何地方从未登记结婚的声明书;澳门政府"婚姻及死亡登记局"出具的《结婚资格能力证明书》或《无结婚登记证明书》。

我驻港澳地区机构,如新华社香港分社、香港中国银行、华润公司、招商局的工作人员和工会联合会、香港中华总商会、香港教育工作联合会等,免交前列两项规定的证明。

港澳地区居民还须持有在港澳地区从事的职业或可靠经济来源的证明。不在原籍登记结婚的港澳地区居民须持有原籍或原住地、工作单位乡镇人民政府、市、镇、街道办事处出具的本人婚姻状况未婚、离婚、丧偶证明。如果申请结婚登记的当事人离过婚的,须持有离婚证正本,丧偶的须持有配偶死亡证件,有过同居关系的,须持有脱离同居关系的协议书。

内地居民同香港、澳门居民在香港、澳门特别行政区结婚,适用特别行政区婚姻家庭法。

(二)涉及港澳居民的离婚

香港、澳门居民与内在居民自愿离婚并已就子女抚养和财产分割等与离婚有关问题作了妥善处理,要求在内地办理离婚时,必须共同到内地居民一方户籍所在地县级以上人民政府婚姻登记管理机关申请办理。一方要求离婚或一方不能到婚姻登记机关申请离婚的,要求离婚一方应向内地居民一方户籍所在地或居所地人民法院提起离婚诉讼,由人民法院根据内地婚姻法和民事诉讼法有关规定处理。

当事人双方现在均是香港、澳门居民,如他们原先是在内地办理结婚登记缔结婚姻的,现因特殊原因要求回内地办理离婚的,可以回内地办理;双方自愿离婚，可以向原婚姻登记机关申请离婚登记；一方要求离婚，可以向原婚姻登记机关所在地的人民法院提起离婚诉讼。

（三）港澳居民在内地收养子女

香港居民在内地收养子女，适用内地收养法。香港居民一方必须提供下列证件：香港、澳门居民身份证、回乡证或其他有效身份证件；经国家主管机关委托的香港公证人证明的本人年龄、婚姻、有无子女、健康、职业、财产状况和有无受过刑事处罚的证明（证明自出具之日起6个月内有效）。

澳门居民在内地收养子女，须持有下列证明材料：澳门居民身份证、澳门同胞回乡证或其他有效身份证件；澳门特区政府民事登记或公证等部门签发的本人年龄、婚姻、有无子女、健康、职业、财产状况和有无受过刑事处罚的证明。该证明经新华社澳门分社审核，并加盖“外事部译文审核专用章”。

三、涉台婚姻家庭关系

涉台婚姻家庭，是指居住在我国台湾省内的台湾同胞与祖国大陆公民之间的结婚、离婚和婚姻家庭关系。处理好涉台婚姻家庭问题关系到两岸人民的切身权益，关系到两岸人民的团结和祖国和平统一大业的发展。

（一）涉及台湾同胞的结婚

根据民政部《大陆居民与台湾居民婚姻登记管理暂行办法》①和现行《婚姻登记条例》规定，台湾居民与大陆居民的结婚登记应按照如下规定办理：

（1）申请结婚登记的大陆居民应当提交下列证件和证明：本人的户口簿、身份证；本人无配偶以及与对方当事人没有直系血亲和三代以内旁系血亲关系的签字声明；

（2）申请结婚登记的台湾居民应当提交下列证件和证明：本人的有效通行证、身份证；经居住地公证机构公证的本人无配偶以及与对方当事人没有直系血亲和三代以内旁系血亲关系的声明。

台湾居民在香港、澳门地区连续停留6个月以上来大陆的，除提交上述证件、证明外，还应当提交香港婚姻注册处或澳门婚姻及死亡登记局出具的婚姻状况证明。台湾居民在外国连续停留6个月以上来大陆的，除提交上述证件、证明外，还应当提交居住国出具并经公证机关和中华人民共和国驻该国使（领）馆认证的婚姻状况证明。大陆居民赴台湾地区定居时已达到法定婚龄的，应当提交经大陆原居住地公证机关公证的赴台湾婚姻状况证明。

---

① 该办法于1998年12月10日发布。

申请结婚登记的当事人离过婚的,应当提交离婚证件。离婚证件系台湾离婚协议书的,应当经台湾公证机关公证;无法提交离婚协议书的,应当提交公证的台湾地区报纸刊登的当事人离婚的声明书或公告,未经公证的影印件不具有法律效力。离婚证件系台湾地区有关法院的离婚判决书或离婚调解书的,如果离婚的一方系大陆居民,该离婚判决书或调解书应当经人民法院裁定认可。离婚证件系外国登记离婚证书的,应当经驻在国公证机关公证、驻在国外交部或外交部授权的机关论证,并经中华人民共和国驻外使(领)馆认证。丧偶的,应当提交配偶死亡证明。死亡证明系台湾地区有关部门出具的,应当经台湾公证机关公证。死亡证明系外国有关部门出具的,应当经驻在国公证、驻在国外交部或外交部授权的机关认证,并经中华人民共和国驻外使(领)馆认证。

已加入外国国籍或已取得外国永久居留权的台湾同胞要求与大陆居民结婚,适用中国公民与外国办理婚姻登记的有关规定。在香港、澳门特别行政区取得永久居留权的台湾同胞申请与大陆居民结婚,适用香港、澳门居民与内地居民结婚的有关规定。

(二)涉及台湾同胞的离婚

大陆居民与台湾同胞双方自愿离婚的,双方须共同到大陆居民一方户籍所在地的婚姻登记管理机关申请办理离婚登记。婚姻当事人一方要求离婚的,应向大陆居民一方户籍所在地的人民法院起诉离婚。去台湾一方回大陆定居后,要求与在台配偶离婚,欲起诉离婚的,可向定居后的户籍所在地的人民法院提起离婚诉讼。人民法院应当受理,并按以下方法处理:

(1)由人民法院通过适当途径向被告送达。例如,公告、委托回台人员带信、或由第三地区的有关人员传递,通知在台一方于限定时间内应诉。在台配偶可亲自来大陆应诉,也可委托代理人参加诉讼。如在规定时间不能应诉,人民法院可作出缺席判决。

(2)适用受理案件的法院所在地法律,即人民法院应根据我国《婚姻法》的规定,作出是否准予离婚的判决。

(三)台湾同胞在大陆收养子女

台湾居民在大陆收养子女的,应当提供:在台湾地区居住的有效证明;中华人民共和国主管机关签发的在有效期内的旅行证件;经台湾地区公证机关公证的收养人的年龄、婚姻、有无子女、职业、财产、健康、有无受过刑事处罚等状况的证明材料。还应到被收养人常住户口所在地的直辖市,设区的市、自治州人民政府民政部门或地区行政公署民政部门申请办理收养登记。

(四)去台人员与其在内地的配偶之间婚姻关系的处理

(1)已办理离婚手续,双方均未再婚的,应分别不同情况处理:双方分离后,留在内地的一方要求离婚,已经人民法院判决离婚,不论对方是否接到判决书,人民法院的判决都是有效的。如果双方要求恢复婚姻关系,原审法院审查,双方均未再婚的,则可用裁定注销原来的判决,宣告婚姻关系恢复。双方分离后,去台一方已依照台湾有关法律与留在内地的一方解除了婚姻关系,但双方均未再婚,现双方自愿恢复婚姻关系,可承认其婚姻关系存续。

(2)未办离婚手续,一方或双方分别在大陆和台湾再婚的:双方分离后,一方或双方分别在大陆或台湾再婚,且其再婚配偶健在的,如双方自愿恢复与原配偶的婚姻关系,应按一夫一妻制的原则,先与再婚配偶解除婚姻关系后,方可与原配偶重新办理结婚登记。如再婚配偶已经离异或死亡,现双方自愿恢复婚姻关系的,亦应重新办理结婚登记。对离婚后未办理离婚手续,大陆一方又与他人结婚或者长期与他人以夫妻关系同居生活的,原则上承认这种婚姻关系。对于双方分离后未办理离婚手续,一方或者双方分别在大陆和台湾再婚的,对这种由于特殊原因形成的婚姻关系,不以重婚对待,当事人不告诉,人民法院不主动干预。如果其中一方当事人提出与其配偶离婚的,人民法院应当按照离婚案件受理,准予离婚。

第三节 涉侨结婚

一、华侨的结婚

(一)华侨在中国境外结婚

由于华侨定居国外,为了方便华侨生活,我国法律鼓励华侨按照居住国的法律在当地办理结婚登记或举行结婚仪式,并承认其效力。但这种承认是相对的,据《民法通则》关于适用外国法律不得违背中华人民共和国的社会公共利益原则,该项婚姻不得与我国《婚姻法修正案》规定的基本原则相抵触,如果该项婚姻违反了我国婚姻法的基本原则,如婚姻自由、一夫一妻制等规定,则我国不承认其婚姻效力。

若申请结婚的当事人双方都是居住在国外的华侨,驻在国法律又允许外国使(领)馆办理婚姻登记的,也可到我国驻该国使(领)馆办理结婚登记。

（二）华侨在中国结婚

华侨与国内居民自愿结婚，要求在国内办理的，男女双方必须共同到国内居民一方户口所在地的县级以上人民政府婚姻登记管理机关申请登记。由于此类婚姻主体没有涉外因素，婚姻缔结又在我国境内，因此，结婚条件和程序完全适用我国婚姻法和其他有关规定，仅在具体手续上有某些特殊规定。

华侨同国内居民结婚，申请结婚登记的双方须分别持有下列证明材料：

（1）内地公民须持有的证件：本人身份证或本人户口所在地公安派出所出具的户口证明；本人所在工作单位或市、镇、街道办事处、农村乡（镇）人民政府出具的本人出生年月、民族、职业和婚姻状况证明。

（2）华侨须持有的证件：我驻该国使（领）馆颁发的本人护照；经我驻该国使（领）馆认证的居住国公证机构出具的本人无配偶证明，或我驻该国使（领）馆出具的本人无配偶证明；在国外从事的职业或可靠经济来源的证明；婚姻登记机关指定的县级以上医院出具有婚前健康检查证明。不在原籍登记结婚的港澳同胞还须持有原籍（或原驻地、原工作单位）乡（镇）人民政府、市、镇街道办事处出具的本人婚姻状况证明，或内地两个了解情况的亲友为其出具的无配偶保证。

对于与我国无外交关系国家（地区）的华侨同国内公民之间申请结婚登记的，需持有华侨居住国（地区）公证机构的公证，并经与我国和华侨居住国都有外交关系的第三国使（领）馆认证的无配偶证明；取得该证明确有困难的，可由其国内原籍乡（镇）人民政府、街道办事处了解后出具婚姻状况证明和国内两个了解情况的亲友为其出具的无配偶保证，以及本人出具的无配偶的书面声明，由县以上民政部门会同侨务部门审查后，可予办理结婚登记。

这类申请结婚登记的当事人，如果是离过婚的，须持有离婚证件；丧偶的，须持有配偶的死亡证件；有过同居关系的，须持有脱离同居关系的协议书。

申请婚姻登记的男女双方，对婚姻登记机关所要了解的情况，必须如实提供。故意隐瞒事实或伪造证件的，婚姻登记机关不予登记，情节严重的，提请当地司法机关依法处理。

二、涉侨离婚

（一）华侨与内地居民之间的离婚

华侨与国内居民之间离婚，要求在国内办理时，如双方自愿离婚并已对子女抚养和财产作了妥善处理，须共同到国内居民常住户口所在地的省、自治区、直辖市人民政府民政部门或者省、自治区、直辖市人民政府民政部门确定的机关申请离婚登记；一方要求离婚的，不论哪一方向人民法院提起离婚诉讼，国内一方住所地的人民法院都有管辖权。如国外一方在居住国法院起诉,国内一方向人民法院起诉的,受诉人民法院有管辖权。

根据《婚姻法修正案》和《婚姻登记管理条例》的要求,对华侨与内地居民离婚问题应按如下规定处理:

(1)华侨与内地居民办理离婚登记的机关是省、自治区、直辖市人民政府民政部门或者省、自治区、直辖市人民政府民政部门确定的机关。

(2)办理离婚登记的内地居民应当出具下列证件和证明材料:本人的户口簿、身份证;本人结婚证;双方当事人共同签署的离婚协议书。

(3)办理离婚登记的华侨应当出具下列证件和证明材料:本人的有效护照或者其他有效国际旅行证件;本人的结婚证;双方当事人共同签署的离婚协议书。

(4)离婚后的子女抚养教育和财产分割等问题,按《婚姻法》的规定处理。

(二)夫妻双方均是定居国外华侨的离婚

对这种离婚,原则上应向居住国有关机关申办离婚手续。但居住国因某种原因不受理时,根据《最高人民法院关于适用〈民事诉讼法〉若干问题的意见》规定,区分下列情形予以不同处理:

(1)在国内结婚并定居国外的华侨,如定居国法院以离婚诉讼须由婚姻缔结地法院管辖为由予以受理,当事人向人民法院提出离婚诉讼的,由婚姻缔结地或一方在国内的最后居住地人民法院管辖。

(2)在国外结婚并定居国外的华侨,如定居国法院以离婚诉讼须由国籍所属国法院管辖为由不予受理时,当事人向人民法院提出诉讼的,由一方原住所地或在国内的最后住所地人民法院管辖。

华侨同国内公民、港澳同胞同内地公民之间办理婚姻登记所使用的结婚申请书和结婚证,均须贴有双方当事人的照片。结婚证、离婚证加盖县级以上人民政府婚姻登记专用章。婚姻登记机关在办理婚姻登记时,应收取婚姻证书工本费和登记手续费,所需翻译费由本人自理。

三、华侨收养儿童

华侨在国内收养子女应当符合《收养法》第 7 条的规定,但对于华侨收养的是三代以内同辈旁系血亲的子女的,可以不受收养人无子女,被收养人是生父母有特殊困难无力抚养的未满 14 周岁未成年人、送养人是有特殊困难无力抚养子女的生父母、无配偶的男性收养女性时收养人的年龄与被收养人的年龄应当相差 40 周岁等条款的限制。

华侨在内地收养子女的，应当到被收养人常住户口所在地的直辖市、设区的市、自治州人民政府民政部门或地区（盟）行政公署民政部门申请办理收养登记。

第四节 涉外婚姻家庭关系

一、涉外婚姻家庭关系的界定

涉外婚姻家庭关系是指当事人具有一项或者多项涉外因素的婚姻家庭关系，包括涉外结婚、涉外离婚、涉外复婚等。广义理解，涉外婚姻家庭关系是不同国籍的人相互之间或具有同一国籍的公民在外国缔结和存续的婚姻家庭关系，它由国际私法调整。狭义理解，涉外婚姻家庭关系限于中国公民与外国人或外国人在中国境内的婚姻家庭关系。本节讨论内容仅限于狭义的涉外婚姻家庭关系。这类关系具有两个显著特征：一是主体涉外，当事人中至少有一方是外国人，另一方为中国公民，或者双方均为外国人；二是在中国境内办理，缔结或者解除婚姻家庭关系的行为是在我国境内实施。

涉外婚姻家庭关系涉及两个或两个以上国家，需要合理解决法律冲突。我国《民法通则》设有专章规定“涉外民事法律关系的法律适用”，其中既规定了法律适用的一般原则，又对有关准据法作了明确规定：

(1)中国公民同外国人结婚适用婚姻缔结地法律。即涉外结婚以结婚行为地法为准据。

(2)中国公民同外国人离婚适用受理案件的法律所在地法律。即涉外离婚以法院地法为准据法。我国最高人民法院的司法解释明确规定，我国法院受理的涉外离婚案件，离婚以及因离婚而引起的财产分割，适用我国法律。认定其婚姻是否有效，适用婚姻缔结地法律。

(3)扶养适用与被扶养人有最密切联系的国家的法律。最高人民法院的司法解释指出，父母子女相互之间的抚养、夫妻相互之间的扶养以及其他有扶养关系的人之间的扶养，应当适用与被扶养人有最密切联系国家的法律。扶养人和被扶养人的国籍、住所以及供养被扶养人的财产所在地，均可视为与被扶养人有最密切的联系。

(4)适用外国法律或者国际惯例的，不得违背中华人民共和国的社会公共利益。因此，凡属婚姻当事人违反我国婚姻法基本原则或规避我国强制性、禁止性法律规范的行为,均不发生适用外国法律的效力。

二、涉外结婚

(一)涉外结婚的条件

1. 中国公民同外国人在中国结婚

中国公民与外国人要求在中国结婚,根据“结婚适用婚姻缔结地法律”的原则,应适用中国法律。在不违背我国婚姻法律基本原则的前提下,对外国人一方的结婚条件,可适用考虑其本国法律中的有关规定,以免该项婚姻被其本国法认定无效。

下列两类中国公民,不得与外国人结婚:第一,担任某些特定公职的人员。现役军人、外交人员、公安人员、机要人员和其他掌握国家重大机密的人员,不得与外国人结婚。这是出于维护国家的安全和利益需要。第二,正在接受劳动教养或服刑人员,不准与外国人结婚。因为这类人正在接受法律制裁,被限制了人身自由,不便与外国人结婚。①

2. 外国人与外国人在中国境内结婚

当事人双方均为外国人,自愿在中国境内结婚的,可按下列情形办理:双方都是临时来华的外国人,或一方是在华工作的外国人、另一方是临时来华的外国人,要求在我国办理结婚登记的,如果符合我国《婚姻法修正案》规定的结婚条件,双方可到我国婚姻登记管理机关办理结婚登记。为了保证我国婚姻登记在当事人所在国得到承认,婚姻登记机关可以要求当事人提供本国法有关在外国办理结婚登记有效的法律文本。

(二)涉外结婚的程序

结婚登记是中国公民与外国人在中国境内结婚的法定程序。鉴于涉外结婚的特殊性,我国对涉外结婚程序作了特别规定。

根据《中国公民同外国人办理结婚登记的几项规定》,中国公民同外国人在中国境内自愿结婚的,男女双方当事人必须共同到中国公民一方户口所在地的省、自治区、直辖市人民政府指定的婚姻登记机关申请登记。

申请结婚登记的中国公民和外国人,须分别持有下列证件。

中国公民一方:本人的户籍证明,本人户口所在地的县级人民政府或工作所在单位的县级以上机关、学校、事业、企业单位出具的本人姓名、性别、出生年月、民族、婚姻状况(未婚、离婚、丧偶,下同)、职业、工作性质、申请与何人结婚的

---

① 《中国公民同外国人办理结婚登记的几项规定》第4条。

证明。

外国人一方：本人护照或其他身份、国籍证件；公安机关签发的《外国人居留证》，或外事部门颁发的身份证件，或临时来华的入境、居留证件；经本国外交部（或外交部授权机关）和我驻该国使（领）馆认证的由本国公证机关出具的婚姻状况证明；或该国驻华使（领）馆出具的婚姻状况证明。

当事人一方或双方为外国侨民的，外国侨民还须持有下列证件：本人护照或代替护照的身份、国籍证件（无国籍者免交）；公安机关签发的《外国人居留证》；本人户口所在地县级人民政府或工作所在单位的县级以上机关、学校、事业、企业单位出具的本人姓名、性别、出生年月、婚姻状况、职业、申请与何人结婚的证明。申请结婚的男女双方，还须提交婚姻登记机关指定医院出具的婚前健康检查证明。

凡证件齐全、符合本规定的中国公民和外国人，可持证件和男女双方照片，到婚姻登记机关提出申请。经婚姻登记机关审查了解，符合中华人民共和国婚姻法和本规定的准予登记，一个月内办理登记手续，发给结婚证。结婚证须贴有男女双方当事人照片，并加盖办理涉外婚姻登记的县级以上人民政府婚姻登记专用章。

三、涉外离婚

根据《中国公民与外国人办理婚姻登记的几项规定》要求，中国公民与外国人在华要求离婚，应按照我国《民事诉讼法》的有关规定，一律向中国公民一方户籍所在地或常住地的人民法院起诉。中国公民和外国人双方自愿离婚，不适用我国《婚姻法修正案》规定的离婚登记程序。这是考虑到许多国家不承认诉讼外协议离婚的情况而定的，说明涉外离婚在程序上有更严格规定。

涉外婚姻当事人请求离婚，欲在中国办理离婚事宜时，须经司法程序处理。须至少有一方当事人在中国境内，并有中国户籍或者有居所并连续居住满一年以上，人民法院始能受理。而且，当事人应向有管辖权的中级人民法院提起诉讼。如果被告在国外定居，符合上述要求的原告可向其户籍所在地或居住地的中级人民法院起诉离婚。夫妻双方均系外籍华人的，或者一方是华侨，另一方是外籍华人的，要求离婚应由居住国有关机关办理。如果当事人原在中国境内或中国驻外使（领）馆结婚登记，居住国有关机关出于某种原因不受理离婚请求时，原在中国境内登记结婚的当事人，可以回国向原婚姻登记机关所在地的中级人民法院提起离婚诉讼；原在中国驻外使（领）馆缔结婚姻的，可回国向出国前最后户籍所在地或居所地的中级人民法院提起离婚诉讼。

四、涉外儿童收养

涉外收养是指外国人或无国籍人在我国境内收养中国公民的子女的行为。外国人可以依照《收养法》在中华人民共和国收养子女。

对外国人在我国境内收养子女,除应符合中国《收养法》有关规定外,并应当符合收养人所在国关于收养的法定要求。因收养人所在国法律与中国法规定不一致而产生的问题,由两国政府有关部门协商处理。

【复习提要】

本章阐述了调整我国不同民族人口之间的婚姻家庭关系、不同法域居民之间的婚姻家庭关系、涉及华侨婚姻家庭关系、涉外婚姻家庭关系的若干特别规定。这些类型的婚姻家庭关系在适用婚姻法时,鉴于其自身的特殊因素,除了要遵守婚姻法的一般规定外,还需要适用某些专门规定。

【课后练习】

1. 在中国历史上,不同民族通婚情况如何?
2. 在处理涉及汉族人与少数民族人之间的婚姻家庭争议时,法律政策有哪些基本内容?
3. 中国每年有多少件华侨与国内居民相互结婚的申请? 最近十年间,我国每年核准登记的涉外结婚有多少件?
4. 大陆居民与台湾居民之间的通婚,目前还存在哪些客观困难?
5. 在全球化背景下,不同国家或地区成长起来的青年对婚姻有哪些相同和不同的认识?
6. 允许民族自治地区对婚姻法作变通或补充规定的必要性和依据是什么?
7. 我国民族自治地区制定的婚姻法变通或者补充规定主要涉及哪些事项?
8. 我国主要限制哪几类特定人员与外国人结婚? 为什么?
9. 华侨与国内居民结婚需要满足哪些特别要求?
10. 为什么内地居民与香港或澳门居民相互结婚,除适用婚姻法有关结婚的一般规定外,还要适用某些专门规定? 台湾居民与大陆居民相互结婚时,对台湾居民一方的结婚资格申请应注意哪些事项?

后 记

一本好的教科书，对于本专业知识学习的意义是巨大的。最近二十余年来，各种版本的法学教材越来越多。但是，获悉该套丛书的出版意图和编写规划后，因丛书的设想与本人近年来对法学教材的思考不谋而合，并为本丛书的创新设想所吸引，我欣然接受浙江大学出版社和本书总策划王建东教授的邀请，承担此《婚姻家庭法》教材的撰写任务。我乐于在实现本丛书总体设想的基础上，在婚姻家庭法教材的编纂上融进我对这门课程的新观察，以更好地满足法学本科教学需要，达成法律重在应用的目的。

本书的结构和内容包括四大部分：第一部分婚姻家庭法基本原理，包括第一章婚姻家庭与婚姻家庭法、第二章亲属、第三章婚姻家庭法基本原则。第二部分婚姻制度，包括第四章结婚、第五章夫妻人身关系、第六章夫妻财产制、第七章婚姻终止：配偶死亡、第八章婚姻终止：离婚。第三部分家庭关系，包括第九章父母子女、第十章收养、第十一章祖孙和兄弟姐妹、第十二章家庭财产、第十三章监护、第十四章家庭扶养。第四部分涉外与涉港澳台居民的婚姻家庭关系，即第十五章民族婚姻、区际、涉侨及涉外婚姻家庭关系。

本书着眼于阐述中国现行婚姻家庭法律制度和精神，以阐述现行有效的婚姻家庭法律制度的基本理论、基本知识及法律适用为己任，并加大法律适用的阐述。其内容有两个显著特点：第一，对婚姻家庭制度史的知识之阐述能少则少，原则上不涉及外国法相关规定。自从杨大文教授主编的高等学校法学试用教材《婚姻法教程》于1982年（由法律出版社）出版以来，近三十年时间里，内地出版的婚姻家庭法教材，无论是内容或者结构，均以该书为蓝本，以阐述中国婚姻家庭法为主，兼顾外国婚姻家庭法的诸多介绍，并讲解中国婚姻家庭法律的部分历史知识。改革开放二十余年后的今天，婚姻家庭法的教学和研究、司法裁判都已有长足发展。本科法学教材，学习者是初学法律，学法的目的主要是为了“用法”。鉴于外国婚姻家庭法已有专门教材，有许多法学院（系），也开设了专门课程从比较法角度介绍外国婚姻家庭法，本教材不夹叙夹议外国法相关内容。本书也省略了对婚姻家庭法律制度史、思想史内容的回顾。有进一步学习兴趣者，建议找寻系统地介绍外国婚姻家庭法或者婚姻家庭制度史的专门文献资料来研习。第二,设置了“家庭财产”、“家庭扶养”等专章。婚姻家庭法学教科书长期未曾就扶养、家庭财产作专章或者专节讨论。尽管新中国成立以来的几部婚姻法均将扶养、家庭财产纳入“家庭关系”一章,没有作专章规定,而且仅有的若干规定也过于简单,但是结合相关民事法,特别是考虑到社会实际生活中,扶养、家庭财产等问题的重要性、复杂性,有必要对其予以专门讲解。

本书形式的新颖之处有二。第一,设计了50个导读案例。每章正文之前的导读案例,旨在从应用角度引导学习者关注本章节阐释婚姻家庭法中的基本知识、基本法律关系、基本原理、基本问题及适用相关法律时的核心问题。希望这些案例不仅能激发读者的学习兴趣,启发思考,引领读者探索解决方案,培养法律思维习惯和能力,而且有助于研习者深入地把握法律的解释、适用、论证说理;有助于培养处理实际问题的专业视角和工作方法。研习法律,认识其基本概念、原理和制度,尽管记忆概念和原理,如同背诵法条都是必要的,但更重要的是在于应用、融会贯通地适用法律解决实际问题。对于初学者而言,虽然一开始就要分析案例,会增加学习的难度,但是有适当的实例演练,能更生动地掌握现行婚姻家庭法的相关规定,促使学习者始终理论联系实际,使学习更有成效。第二,在每章正文内容之后,不仅有“复习提要”简练地归纳了本章要点,而且设置了“课后练习”,针对各章节的内容,安排5~10题,使读者检测学习效果,以便查漏补缺。习题练习中的问题和案例,在教科书中不容易翻找可直接抄袭的既成答案,而需要学生对所学知识进行一定的归纳、整理、补充、查证等,有部分还需要同学相互讨论或者完成一定的社会调查后才能作出较圆满的回答,习题关注的是本章所学知识的背景、运用,重在培养学生的专业思考能力和实务处理能力。

关于学习婚姻家庭法,无论是初学者或者法律职业者,正确理解了现行法律条文,才能妥当地适用法律。因此,有效的学习方法是阅读教科书时,应查阅相关法条;阅读法律文本时,对照教科书的阐述;结合案例分析演习,相互启发,相互促进。细心揣摩体会,定能事半功倍。学习者相互讨论,亦会让讨论参与者收益更多。

为方便叙述,本书在援引中华人民共和国的法律文本时均使用自拟的简称,未冠国名。例如1980年《中华人民共和国婚姻法》,简称为1980年《婚姻法》;2001年对该法的修正案简称为《婚姻法修正案》。特此说明。

蒋 月

2007年12月10日

于厦门大学法学院

图书在版编目(CIP)数据

婚姻家庭法 / 蒋月主编. —杭州：浙江大学出版社，2008.10

(21 世纪实用法学系列教材)

ISBN 978-7-308-06204-6

Ⅰ.婚… Ⅱ.蒋… Ⅲ.婚姻法-中国-高等学校-教材 Ⅳ.D923.9

中国版本图书馆 CIP 数据核字(2008)第 154277 号

婚姻家庭法

蒋　月　主编

丛书策划　石国华
责任编辑　石国华
文字编辑　何　瑜
封面设计　俞亚彤
出版发行　浙江大学出版社
(杭州天目山路 148 号　邮政编码 310028)
(网址：http://www.zjupress.com
http://www.press.zju.edu.cn)
排　　版　星云光电图文制作工作室
印　　刷　杭州浙大同力教育彩印有限公司
开　　本　787mm×960mm　1/16
印　　张　21.25
字　　数　390 千字
版 印 次　2008 年 10 月第 1 版　2008 年 10 月第 1 次印刷
书　　号　ISBN 978-7-308-06204-6
定　　价　30.00 元
